Im Namen Gottes, des Allerbarmers, des Barmherzigen

Aus dem Bosnischen
von **Rijad Dautović**

Mit einem Vorwort
von **Rijad Dautović**

Islam

zwischen

Ost & West

Alija Izetbegović

Bibliografische Information der Deutschen Nationalbibliothek
Die Deutsche Nationalbibliothek verzeichnet diese Publikation in der
Deutschen Nationalbibliografie; detaillierte bibliografische Daten
sind im Internet über http://dnb.d-nb.de abrufbar.

Titel der bosnischen Originalausgabe:
Islam izmeđuistoka i zapada
© der Bosnische Verlag, Sarajevo 1988

2., unveränderte Auflage 2022

Herausgegeben von
Al Hamra Verlag
1230 Wien, Österreich
www.alhamra.at

in Kooperation mit
new academic press og
1160 Wien, Österreich
www.newacademicpress.at

ISBN 978-3-200-02572-1

Für die deutsche Übersetzung
Copyright © 2012 by Al Hamra Verlag, Wien
Alle Rechte, insbesondere das Recht der Vervielfältigung und Verbreitung sowie der Überset-zung, auch die des auszugsweisen Nachdrucks, der fotomechanischen oder jeglicher Wieder-gabe, sind Al Hamra vorbehalten.
Kein Teil des Werkes darf in irgendeiner Form (durch Elektrofotografie, Mikrofilm oder ein anderes Verfahren) ohne schriftliche Genehmigung des Verlages reproduziert oder unter Ver-wendung elektronischer Systeme gespeichert, verarbeitet, vervielfältigt oder verbreitet werden.

Übersetzung: Rijad Dautović
Redaktionelle Bearbeitung: Martin Muhammad Weinberger
Umschlaggestaltung: Serkan Zararsiz
Satz & Layout: Serkan Zararsiz
Kalligrafie: Sharif Masoomi
Druck und Bindung: FINIDR, s.r.o.
Printed in Czech Republic

INHALTSVERZEICHNIS

Erläuterung 14
Wortabkürzugnen und Begriffserklärungen 15
Vorwort des Übersetzers 19
Einführung 25
Tabelle der Gegensätze 39

TEIL I
ERÖRTERUNG DER PRÄMISSEN

KAPITEL I
EVOLUTION UND SCHÖPFUNG

Darwin und Michelangelo 47
Ursprünglicher Idealismus 53
Der Dualismus der lebendigen Welt 69
Der Sinn des Humanismus 84

KAPITEL II
KULTUR UND ZIVILISATION

Werkzeuge und Kult – Zwei Geschichten 95
Der Reflex des Dualismus 96
Bildung und Meditation 100
Exakte und klassische Bildung 103
Die Massenkultur 106
Stadt und Land 110
Die Arbeiterklasse 111

Religion und Revolution..114
Der Fortschritt gegen den Menschen...115
Der Pessimismus des Theaters 124
Nihilismus 128

KAPITEL III
DAS PHÄNOMEN DER KUNST

Kunst und Wissenschaft...133
Kunst und Religion 139
Kunst und Atheismus...146
Die konkrete Welt der Kunst 150
Person und Persönlichkeit...155
Der Künstler und sein Werk...158
Stil und Funktion 162
Kunst und Kritik 163

KAPITEL IV
MORAL

Pflicht und Interesse 167
Absicht und Tat...170
Dressur und Erziehung..173
Moral und menschlicher Verstand 175
Die Wissenschaft und der Wissenschaftler
oder die zwei Kritiken Kants 181
Moral und Religion..183
Das Moralische und das Nützliche –
die gewisse Moral des Gemeininteresses..188
Moral ohne Gott 196

KAPITEL V
KULTUR UND GESCHICHTE

Ursprünglicher Humanismus 205
Kunst und Geschichte 210
Ethik und Geschichte 215
Der Künstler und die Erfahrung 218

KAPITEL VI
DRAMA UND UTOPIE

Die ideale Gesellschaft 221
Utopie und Moral 226
Untergebene und Häretiker 229
Gesellschaft und Gemeinschaft 230
Persönlichkeit und das „gesellschaftliche Individuum" 234
Utopie und Familie 237

TEIL II
ISLAM – EINE BIPOLARE EINHEIT

KAPITEL VII
MOSES – JESUS – MUHAMMAD

Hier und Jetzt 249
Pure Religion 252
Annahme und Ablehnung Christi 255

KAPITEL VIII
ISLAM UND RELIGION

Der Dualismus der fünf fundamentalen Gebote 265
Eine der Natur zugewandte Religion 277
Der Islam und das Leben 291

KAPITEL IX
DIE ISLAMISCHE NATUR DES RECHTS

Der Dualismus des Rechts 301
Strafe und gesellschaftlicher Schutz 311

KAPITEL X
VON DER UNMÖGLICHKEIT PURER RELIGION
UND PUREN MATERIALISMUS

Idee und Wirklichkeit 321
Jesus und das Christentum 323
Marx und der Marxismus 326
Die Ehe 333
Die zwei Arten des Aberglaubens 337

KAPITEL XI
DER „DRITTE WEG" AUSSERHALB DES ISLAMS

Der Dualismus der angelsächsischen Welt 343
Der „historische Kompromiss" und die Sozialdemokratie 353

ZUSATZ

Hingabe 361

ERLÄUTERUNG

Umschrift	Aussprache des Buchstaben
a	kurzes *a*, meist kein reines *a*, sondern nach *ä* oder *o* verfärbt
ā	langes *a* wie deutsches *ah* oder *aa*
ʾ	bezeichnet Stimmansatz, wie deutsch das *a* in „be-*a*chten"
ʿ	ganz tief in der Kehle ausgesprochenes *a*
b	wie deutsches *b*
d	wie deutsches *d*
ḍ	dumpfes stimmhaftes *d*
f	wie das *f* in „*F*rau"
h	wie das *h* in „*H*alt"
ḥ	scharfes, ganz hinten in der Kehle gesprochenes *h*
ī	langes *i* wie deutsches *ie*
k	wie das *k* in „*K*ind"
l	wie das *l* in „*l*ang"
m	wie das *m* in „*M*ann"
n	wie das *n* in „*N*uss"
q	hinten am Gaumensegel gesprochenes hauchloses *k*
r	rollendes Zungenspitzen-*r* wie in „*r*und"
s	dumpfes stimmloses *s* wie in „Ra*s*pel"
ṣ	dumpfes stimmhaftes *s*
ṭ	dumpfes stimmhaftes *t*
t	helles, vorne in der Mundhöhle gesprochenes *t*
ū	langes *u*
w	rundes *w* wie im engllischen „*wh*ite"
y	wie *j* in „*J*acht"
z	weiches, stimmhaftes *s* wie englisches *z*

WORTABKÜRZUGNEN UND BEGRIFFSERKLÄRUNGEN

Anm. d. Übersetzers	Anmerkung des Übersetzers
usw.	und so weiter
u.Ä.	und Ähnliches
u.a.	unter anderem
a.s. (aleyhissalam)	der Friede sei mit ihm
s.a.s. (salla Allahu aleyhi wa sallam)	Allahs Frieden und Segen seien auf ihm
s.t. (subhanahu wa ta'ala)	gepriesen und erhaben ist Er
Abdest/Wuḍū	die rituelle Gebetswaschung
Akhlāq	Charaktereigenschaften
Aqā'id	Glaubensbekenntnisse; Überzeugungen
Āya	Zeichen; quranischer Vers
Dscham'a	Gemeinschaft; Gemeinschaft der Muslime
Dschum'a	Freitag
Gharib	fremd; ist ein Begriff in der Hadithwissenschaft, der für den Hadith steht, der von nur einer Person in einer oder mehreren Stufen der Überlieferungskette überliefert wird
Haddsch	Pilgerfahrt
Ḥadīth	prophetische Überlieferung, auf dem die erste göttliche Offenbarung zum Propheten Muhammad s.a.s. stattgefunden hat
Hirā'	ein Berg nordöstlich der Stadt Mekka
Ḫuṭba	Rede, wie beispielsweise die Rede beim Freitagsgebet
Idschmā'a	Konsens; eine der Methoden zur Urteilsfindung in der Scharī'a
Kā'ba	Allahs Haus, befindet sich in Mekka
Khalīfa	ein Titel für den Nachfolger des Propheten s.a.s.
Nafs	Ego; Wesen; Seele
Namaz/Ṣalā	das rituelle Gebet
Qiyās	Maßstab; Vergleich oder Analogieschluss; eine der Methoden zur Urteilsfindung in der Scharī'a
Rūḥ	Seele
Sahih	gesund; ist ein Begriff in der Hadithwissenschaft, der für die authentische Überlieferung steht
Schahīd	Märtyrer

Scharīʿa	kleiner Fluss; religiöse Richtlinien der Muslime
Sure	Abschnitt im Quran
Tafsīr	Exegese; Erläuterung des Qurans
Tarāwīḥ	das freiwillige Gebet ausschließlich im Monat Ramadan, welches nach dem Nachtgebet durchgeführt wird
Tayammum	das Aufsuchen von reiner Erde, um diese unter Einhaltung bestimmter Regeln als Ersatz für Wasser bei Durchführung der rituellen Gebetswaschung zu verwenden
Umma	Gemeinschaft; die religiöse Gemeinschaft aller Muslime
Waqf	Stiftung
Zakā	religiöse Sozialabgabe, die als gottesdienstliche Handlung abgegeben und an bestimmte Gesellschaftsgruppen übergeben werden muss

VORWORT DES ÜBERSETZERS

Wie soll man einleitend über ein Werk, das an Komplexität und Verständnisanforderungen seinesgleichen sucht, etwas Repräsentatives aussagen?

Für mich handelt es sich bei Izetbegovićs „Islam zwischen Ost und West" zweifelsfrei um ein denkerisches Meisterwerk, dessen Inhalt sich dem Leser nur allmählich und mit viel Geduld erschließt. Daher war es erforderlich, sich mit einer Vielzahl von klassischen Werken der Literatur und Philosophie zu beschäftigen, um die mit Zitaten und Verweisen reich ausgefüllten Gedankengänge des Autors nachvollziehen zu können.

Izetbegovićs Werk ist schwer fassbar und geprägt von intellektuellen Größen und deren Zitaten. Verglichen mit dem heute oft üblichen Sprachgebrauch mag sein Stil vielleicht stellenweise zu komplex und zu „geschwollen" wirken. Wenn man aber die Zeit, in welcher der Autor seinen Bildungsweg genommen, und die Literatur, mit welcher er sich beschäftigt hatte, berücksichtigt, dann ist es verständlich, wieso der Autor gerade in diesem Stil schreibt. Verständnisschwierigkeiten für die Leserschaft ergeben sich auch aus dem einfachen Grund, weil sich diese Übersetzung dem Grundsatz der Ursprünglichkeit und Authentizität verschrieben hat. Ich habe versucht, möglichst nahe am Original zu bleiben und dabei nicht plump und unverständlich, sondern flüssig und natürlich zu übersetzen. Diese beiden Ansprüche waren manchmal schwierig zu vereinbaren. Stellenweise mag durchaus die Frage auftauchen, ob meine Übersetzung diesem Grundsatz gerecht geworden ist.

Schwierige Stellen des Werkes habe ich natürlich zugunsten der Verständlichkeit, jedoch zulasten der wortwörtlichen Übersetzung, vereinfacht, aber dennoch die Komplexität in jenen Stellen des Werkes beibehalten, in denen sie aufgrund des sprachlichen Niveaus zu finden ist. Daher ist aufgrund dieser Vorgehensweise meiner Übersetzung der sprachliche Anspruch des Autors in der Übersetzung auch wiederzufinden. Stilistisch habe ich die Übersetzung dem Stil bzw. den Stilarten der zitierten Denker und Autoren (d.h. vor allem der deutschen klassischen Philosophie) angenähert und auch mein persönlicher Schreibstil ist in die Übersetzung mit eingeflossen ist, was unumgänglich ist.

Die im Buch behandelte Thematik ist zweifelsfrei zeitlos, dennoch muss berücksichtigt werden, dass der zeitliche Kontext der Genese des Buches jener des Kalten Krieges und des zum Zeitpunkt der Veröffentlichung noch nicht absehbaren Ausganges des damit verbundenen ideologischen und politischen Konfliktes ist. Dementsprechend stammen die vom Autor angeführten Daten auch aus einer zum Verfassungszeitpunkt nahestehenden Zeit. Manches mag heute hinsichtlich dieser Daten anders sein. Insofern habe ich auf eine Kommentierung im Sinne eines Updates, aber auch auf Erklärungen verzichtet, außer in jenen Fällen, in denen es angemessen und notwendig erschien, wie beispielsweise bei Fragen der Verständlichkeit von Osmanismen/Turzismen. In diesem speziellen Fall habe ich es bevorzugt, bei Abweichungen des im Bosnischen gebräuchlichen osmanischen Begriffes vom gebräuchlichen arabischen, beide Begriffe – getrennt durch einen Schrägstrich – zu verwenden. Denn im Gegensatz zu den bosnischen Muslimen werden bei den Muslimen des deutschsprachigen Raumes neben den osmanischen Versionen auch die arabischen verwendet. In all jenen Fällen, in denen sich die Unterschiede nur auf die Schreibweise beschränken (wie beispielsweise „Dscham'a"), bin ich nicht so vorgegangen. Bei Fällen wie „Namaz" hingegen werden beide Begriffe angeführt. Darauf wird an den betreffenden Stellen nochmals gesondert in der Fußnote hingewiesen.

Nun zur Art der Transkription aus dem Arabischen: Grundsätzlich habe ich die Transkriptionsformen der Deutschen Morgenländischen Gesellschaft angewandt. Aus mehreren Gründen bin ich aber punktuell davon abgewichen. Zum einen sind manche Transkriptionsarten der DMG vor allem für die deutschsprachigen Muslime befremdlich. Andererseits sind manche meiner Ansicht nach im nichtwissenschaftlichen Gebrauch auch schlicht überflüssig, da es bereits entsprechende Schreibweisen im Deutschen dafür gibt. Dies gilt beispielsweise für das deutsche „sch" oder „dsch", die völlig ausreichend zum Zwecke der korrekten Aussprache sind. Mit einem „š" können bis auf Personen vom Fach nur Personen mit Slawisch – und mit dem „ğ" nur Personen mit Türkischkenntnissen etwas anfangen. Daher wurden die Regeln der DMG nur subsidiär verwendet. In einigen Fällen, in denen weder die deutsche Sprache eigene Schreibweisen bietet, noch die Regeln der DMG sinnvoll erscheinen, wurde auf bekannte und auch im deutschsprachigen Raum (vor allem auch unter Muslimen) geläufige Schreibweisen aus dem Englischen, wie z.B. „th" und „kh" zurückgegriffen.

Es sei auch darauf hingewiesen, dass der Autor nur stellenweise und nicht durchgehend die Formel „s.a.s." oder „a.s." (Erklärung und vollständige Ausschreibung befindet sich auf den Folgeseiten) nach der Erwähnung des Namen des Gesandten Muhammad s.a.s. verwendet. Daher sei der muslimische Leser daran erinnert, dass es üblich ist, nach Erwähnung des Gesandten Segens- und Friedenswünsche zu sprechen.

Abschließend hoffe ich, dass die Übersetzung auch für die Leserinnen und Leser gelungen ist und dadurch dieses bedeutende Werk einer großen Leserschaft näher gebracht wird.

Rijad Dautović

*Though it is out the East that the sun rises
showing itself bold and bright, without a veil,
only then it burns and blazes with inward fi e
when it escapes from the shackles of East and West,
drunk with splendour it spring up out of its East
that it may subject all horizons to its mastery;
its nature is innocent of both East and West,
though relationship-wise, true, it is an Easterner.*

Muhammed Iqbal, Javid Nama

EINFÜHRUNG

1.

Die moderne Welt steht im Zeichen eines zugespitzten ideologischen Konflikts, der seit Jahren andauert und dessen Ende nicht absehbar ist. Alle sind wir auf die eine oder andere Weise in diesen Konflikt verwickelt, sei es nun als seine Mitwirkenden oder als seine Opfer. Welche Rolle hat der Islam in dieser kolossalen Konfrontation? Hat er irgendeine Bedeutung für die Gestaltung der heutigen Welt?

Dieses Buch versucht, zumindest teilweise, auf diese Fragen zu antworten. Es gibt nur drei integrale Weltanschauungen und weitere kann es nicht geben: die religiöse, die materialistische und die islamische.[1] Sie entsprechen drei elementaren Kapazitäten, die wir Bewusstsein, Wesen und Mensch zu nennen gelernt haben – oder sind ihre Projektionen. Die wie weit auch immer reichende Farbpalette der unterschiedlichsten Ideologien, Philosophien und Denksysteme kann man seit ihrem Auftauchen bis heute in einer endgültigen Analyse auf eine dieser drei fundamentalen Weltanschauungen zurückführen. Die erste geht von der ausschließlichen oder primären Existenz der Seele aus, die zweite von der ausschließlichen oder primären Existenz der Materie, die dritte von der simultanen Existenz der Seele und der Materie. Wenn es nur Materie gäbe, so wäre der Materialismus die einzig konsequente Philosophie, Religion aber wäre vollkommen irrelevant. Umgekehrt, wenn es die Seele gibt, dann gibt es auch den Menschen, und das Leben wäre undenkbar ohne eine Art Religion oder Moral. Islam ist die Bezeichnung für ein Prinzip der Einheit von Seele und Materie, deren höchste Form das menschliche Leben darstellt. Das Leben des Menschen ist sich selbst gegenüber folgerichtig, wenn es ein

---

[1] Da der Terminus „Religion" in diesem Buch in jenem Sinne verwendet wird, den er in Europa hat (nämlich die Beschränkung auf die persönliche Beziehung zu Gott), ist Religion nicht mit Islam gleichzusetzen. Denn Islam ist mehr als Religion.

humanes Konzept verwirklicht, ohne die biologischen Mechanismen der Existenz abzulehnen, sondern sie sogar zu bestätigen. Alle Fehlschläge des Menschen sind im Wesentlichen entweder auf die religiöse Ablehnung des biologischen Lebens des Menschen oder auf die materialistische Verneinung des Menschen zurückzuführen.

Die einen berufen sich auf die Natur, fasziniert von ihrer Ordnung und Sicherheit rufen sie diese zur einzigen Wirklichkeit aus. Die anderen gehen vom Menschen aus und finden, vom Blick auf den Sternenhimmel verblüfft, in ihrer Seele eine neue wertvolle Lebensweise. Wir, die Dritten, berufen uns auf den einheitlichen Auftritt des Menschen in der Welt. Die Seele ist ewig, aber der Mensch ist endlich und in dieser befristeten Zeit gibt es eine Mission, die nicht vernachlässigt werden kann (Quran 28:77).

Die Alten sagten, dass es zwei Substanzen gibt, die Seele und die Materie, unter diesen Begriffen verstanden sie zwei Anfänge, zwei Welten, zwei Sachordnungen, die verschiedenen Ursprungs, verschiedener Natur sind, die weder eine aus der anderen hervorgehen, noch aufeinander zurückgeführt werden können. Selbst die luzidesten und vernünftigsten Führer der Welt konnten dieser Unterscheidung nicht entgehen, auch wenn ihre Herangehensweise sich nicht deckte. Wir könnten uns diese Welten als zwei zeitlich verschiedene, als zwei „sukzessive" Welten (die „jetzige" und die „zukünftige") vorstellen, oder sie von ihrer Natur her, von ihrem Sinne her verschieden, aber als zwei gleichzeitige, „simultane" Welten betrachten, was dem Wesen der Sache näher kommt.

Den menschlichen Gefühlen ist der Dualismus am nächsten, er ist aber nicht die höchste menschliche Philosophie. Im Gegenteil, alle großen philosophischen Richtungen waren monistisch. Die Menschen leben, fühlen und nehmen die Welt dualistisch auf, aber der Monismus liegt in der Natur jeder Philosophie und vernünftigen Denkens. Philosophie duldet keinen Dualismus. Trotzdem bedeutet diese Tatsache nicht viel. Denn Vorstellungen können nicht über das Leben urteilen, das über ihnen steht. In Wirklichkeit befinden wir uns allein dadurch, dass wir Menschen sind, in zwei Realitäten. Diese zwei Welten können wir negieren, sie nicht anerkennen, doch können wir sie nicht verlassen. Das Leben hängt nicht davon ab, wie sehr wir es verstehen.

Daher stellt sich nicht die Frage, ob wir gleichzeitig zwei Leben leben werden (denn anders kann man gar nicht leben), sondern ob wir entschlossen und mit dem Verständnis des finalen Sinnes leben werden. Darin liegt die tiefste Bedeutung des Islams. Jedes Leben ist zweigeteilt. Nur ein Leben zu führen, ist für den Menschen seit dem Zeitpunkt, als er aufgehört hat ein Baum oder ein

Tier zu sein, seit der Zeit von *qalu bala* (Quran 7:172[2]), seitdem ein moralisches Rätsel am Himmel befestigt wurde, seitdem der Mensch „in die Welt" oder „in die gesellschaftliche Wirklichkeit geworfen" wurde, „technisch" gesehen unmöglich. Der Mensch kann an *ein Leben* denken oder glauben, wenn er aber lebt, lebt er zwei Leben.

Wir haben keine rationalen Beweise, dass es noch ein Leben außer dem äußeren, dem sinnlichen, gibt, aber wir haben das deutliche Gefühl, dass Produzieren und Konsumieren nicht das einzige im Leben ist. Ein Gelehrter oder Denker, der sich bemüht, die Wahrheit aufzudecken, wird in Wirklichkeit nicht dieses andere, höhere Leben entdecken, aber allein sein mit der Suche nach der Wahrheit, und in der Vernachlässigung des animalischen Lebens verbrachtes Leben ist diese andere, höhere Form der menschlichen Existenz. Der Kampf für andere Menschen oder die Wahrheit, die Gerechtigkeit und das Gute ist immer eine Negation der Beschränktheit und Endlichkeit des Lebens. Die Opfer derer, die Leben, Freiheit und Frieden verlieren, da sie irgendwelchen moralischen Gesetzen treu bleiben, repräsentieren am Besten die Verkündung der Unendlichkeit des Lebens und seines zweiten, höheren Sinnes. Das sind Funken des Lichts, die uns wie das Aufleuchten des Blitzes in der dunklen Nacht rasch ferne Horizonte erhellen. Auch wenn uns weiterhin das Umherirren in der Dunkelheit bleibt, so sind Ansichten, die sich uns für einen Moment zeigen, weder falsch noch hellseherisch; sie sind und bleiben die tiefste und größte Wahrheit.

Nun, auch unsere eigene Antwort auf die Frage, wo wir selbst hingehören, entspricht, so ehrlich sie auch ist, oft nicht unserer wahren Meinung. Jeder von uns hat sich seine eigene Sicht der Welt zusammengestellt, die normalerweise inkonsequent ist und sich nur dank unserer natürlichen Kritiklosigkeit aufrecht hält. Wir bezeichneten sie als Religion oder Atheismus, sie hat aber meistens wenig mit diesen Bezeichnungen zu tun. Hierunter fallen Gläubige, die versuchen, mit Hilfe der Wissenschaft ihren Glauben zu beweisen, und Atheisten, die das Opfern im Namen „höherer Ziele" propagieren oder Bilder von Miche-

---

[2] Anm. d. Übersetzers: gemeint ist hier und in weiterer Folge in der Übersetzung von Abdullah Frank Bubenheim (Quran 7:172): „Und als dein Herr aus den Kindern Adams, aus ihren Rücken, ihre Nachkommenschaft nahm und sie gegen sich selbst zeugen ließ: ‚Bin Ich nicht euer Herr?' Sie sagten: ‚Doch wir bezeugen (es)!' (Dies,) damit ihr nicht am Tag der Auferstehung sagt: ‚Wir waren dessen unachtsam.'"

وَإِذْ أَخَذَ رَبُّكَ مِنْ بَنِىٓ ءَادَمَ مِن ظُهُورِهِمْ ذُرِّيَّتَهُمْ وَأَشْهَدَهُمْ عَلَىٰٓ أَنفُسِهِمْ أَلَسْتُ بِرَبِّكُمْ ۖ قَالُوا۟ بَلَىٰ ۛ شَهِدْنَآ ۛ أَن تَقُولُوا۟ يَوْمَ ٱلْقِيَٰمَةِ إِنَّا كُنَّا عَنْ هَٰذَا غَٰفِلِينَ

langelo oder Skulpturen von Rodin bewundern. Wie viele von ihnen verblieben vor dem Anblick ihrer konsequenten Welt in völliger Verwirrung? Sowohl der Materialismus als auch die bloße Religion verdanken ihre scheinbar große Anhängerzahl vor allem der Tatsache, dass die Mehrheit der Menschen ihre wahre Bedeutung nicht versteht.

2.

Diese beiden ununterbrochenen Denklinien in der Geschichte der Menschheit lassen sich leicht skizzieren. Sie sind parallel, simultan und weisen im Wesentlichen keine Entwicklung auf. Bereits im alten Griechenland zeigen sie mit Epikur (oder Aristoteles) und Plato alle Konturen eines klaren und geformten Systems. Die bekannte Maxime Aristoteles', dass „Genuss und Schmerz große Triebkräfte des menschlichen Lebens" sind (wir werden sie bald in unveränderter Form bei Holbach zwanzig Jahrhunderte später finden), erhält fast zeitgleich ihre Antwort in Platos vollkommen entgegengesetztem Gedanken, dass ein ungerecht handelnder Mensch auf jeden Fall ein unglücklicher ist, und um so unglücklicher, wenn er unbestraft bleibt – ein Gedanke, der im Wesen jeder wahrhaften Ethik liegt.

Trotz der erbitterten gegenseitigen Feindschaft und Kämpfe setzen sich diese beiden Denklinien bis in unsere Tage fort. Wir werden klare epikureische Ideen bei Lukrez[3], Bacon, Hobbes, Gassendi, Helvétius und Holbach, und auf diese folgend über Spencer und Marx bis Russell in unserer Epoche sehen. In gleicher Weise wird Plato ehrenvoll von allen christlichen Denkern aufgegriffen werden, aber auch von Ghazali, Malebranche, Leibniz, Fichte, Cudworth, Schelling, Hegel, Kant und in jüngster Zeit Bergson und Whitehead. Wenn wir diese Systeme folgerichtig rekonstruieren, werden wir uns vielleicht angesichts des Resultats erschrecken und für viele wird das Bild verblüffend sein.

In der Domäne der praktischen, menschlichen Ziele können Fortschritt und Humanismus diese beiden Pole des menschlichen Denkens repräsentieren. Religion führt nicht zu Fortschritt, Wissenschaft nicht zu Humanismus. Im besten Fall könnten dies ihre Nebenprodukte sein, denn im wahren Leben gibt es weder eine Religion, die nicht bis zu einem gewissen Grad eine Wissenschaft ist, noch eine Wissenschaft, die nicht gewisse Hoffnungen der Religion enthält.

---

[3] Anm. d. Übersetzers: Titus Lucretius Carus – altröm. Dichter und Philosoph.

Aber eben dies ermöglicht das Auftauchen einer Mischung, anhand derer man den wahren Ursprung der Erscheinung oder der Tendenz nicht erkennt. Am größten ist die Zahl jener, welche alles in die gleiche Schublade werfen, und ohne die wahren Unterscheidungsmaßstäbe zu kennen, ihrem Geschmack und ihren Entscheidungen folgen.

Indem wir diese zwei entgegengesetzten Ansichten behandeln, ist es unser Ziel, sie ausgehend von ihren äußersten, logisch folgerichtigen, aber praktisch oft absurden Schlüssen, in ihrer „reinen Gestalt" darzustellen. Man wird dann sehen, dass diese beiden Ordnungen von innen gesehen logische Einheiten sind, die in einem Moment beginnen, einander gegenseitig aufzubauen. Manchmal hat dies wörtliche Bedeutung, dann kann eine Lücke im Puzzle auf Basis des gegenteiligen Arguments vervollständigt werden. Wenn z.b. der Materialismus beteuert, dass die wahren Motoren historischer Ereignisse objektive, vom Menschen unabhängige Mächte sind, wird in der Antithese eine vollkommen gegenteilige Beteuerung gefunden werden müssen. In Wirklichkeit war es nicht notwendig, viel zu suchen, um eine Lehre zu finden, die nach der heroischen Auslegungsweise der Geschichte benannt ist (z.b. Carlyle), die historische Verläufe mit dem Einwirken und der Energie außerordentlicher Persönlichkeiten erklärt. „Geschichte geht nicht mit dem Kopf"[4] nach der Meinung einiger, nach anderen erst recht: Geschichte machen Genies.

So wie im ersten Beispiel dem historischen Materialismus der christliche Personalismus gegenüber stehen musste, so muss, nach der gleichen notwendigen Logik, der Evolution die Schöpfung gegenüberstehen, gegenüber dem Interesse das Ideal, gegenüber der Uniformität die Freiheit, gegenüber der Gemeinschaft das Individuum usw. Die religiöse Forderung: „Zerstört die Wünsche" musste ihr umgekehrtes Äquivalent im zivilisatorischen Imperativ haben: „Schafft immer wieder neue Wünsche" usw. In der Tabelle, die am Ende dieser Einführung dargestellt wird, wird der Leser einen umfassenden Versuch der Klassifizierung von Ideen nach diesem Gesichtspunkt erkennen. Dieser Versuch kann, obwohl unvollständig und gänzlich summarisch, aufzeigen, dass gerade Religion und Materialismus jene zwei elementaren Weltanschauungen sind, die sich nicht weiter voneinander entfernen, aber auch nicht aufeinander zurückführen lassen – „zwei Meere (…), zwischen beiden ist eine Barriere, beide überqueren sie nicht" (Quran 55:19-20[5]).

---

[4] Karl Marx: *The Karl Marx Library*, New York, McGraw-Hill. 1972

[5] Quran 55:19, 20 .مَرَجَ ٱلْبَحْرَيْنِ يَلْتَقِيَانِ . بَيْنَهُمَا بَرْزَخٌ لَّا يَبْغِيَانِ

Man kann davon ausgehen, dass diese kleine Anatomie der Ideen jenen nicht gefallen wird, denen die gegenwärtige Verwirrung entspricht, aber eine richtige Unterscheidung muss der Ausgangspunkt aller Überlegungen dieser Art sein.

Es gibt nichts Unfruchtbareres, als nach rationalen Argumenten für die Wahrhaftigkeit der einen oder anderen Weltanschauung zu suchen. Sie sind beide innerhalb ihrer selbst logische Systeme, und es gibt keine Logik, die über ihnen stehen und über sie richten könnte. Sowohl prinzipiell als auch praktisch steht nur das Leben über ihnen. Denn zu leben und noch mehr als das: korrekt und vollkommen zu leben – das übersteigt jede Religion und jeden Sozialismus. Das Christentum verlangt und bietet Rettung, aber nur innere Rettung. Der Sozialismus verlangt und bietet nur äußere Rettung. Mit diesen zwei parallelen Welten und ihrem logischerweise unlösbaren Konflikt konfrontiert, fühlt der Mensch, indem er ihren neuen natürlichen Schwerpunkt findet, dass er sie beide akzeptieren muss. Die gesamte Wahrheit über das Leben und das menschliche Schicksal teilen sie je zur Hälfte untereinander.

3.

Es gibt eine Anzahl von Tatsachen, mit denen trotzdem alle, unabhängig von ihrer offiziellen Philosophie, im Leben rechnen. Entweder es belehrt sie ihr gesunder Verstand über diese Tatsachen, oder der Mensch akzeptiert sie, belehrt durch seine eigenen Niederlagen. Solche Tatsachen sind z.B. Familie, materielle Sicherheit, die Neigung zum Glück, die Sympathie für die Gerechtigkeit und Wahrheit, Gesundheit, Erziehung, Arbeit, die Neigung zur Freiheit, Interesse, Macht, Verantwortung u.Ä. Wenn wir diese Tatsachen vergleichen, werden wir merken, dass sie sich in größerem oder kleinerem Abstand um eine gemeinsame Achse gruppieren und ein vielleicht inkonsequentes und heterogenes, aber sehr realistisches System bilden, das an die grundlegenden Prinzipien des Islams erinnert.

Die Unterschiede zwischen den verglichenen Lehren sind im Wesentlichen unüberwindbar. Aber das ist nur in der Theorie so. Im Leben entwickelt sich, trotz der erbitterten Feindschaft, ein Prozess des wechselseitigen Leihens von Ideen. Für viele Dinge, die bis gestern noch unthematisiert blieben, werden Platz und Rechtfertigungen gefunden, aber viele andere Beteuerungen bleiben nur Dekoration der Theorie.

Der Marxismus hat z.B. die Familie und den Staat angegriffen, aber in der Praxis blieb er bei diesen Institutionen. Jede folgerichtige Religion hat die Sorge um diese Welt angegriffen, aber als praktische Ideologie realer Menschen hat sie selbst die Parolen der sozialen Gerechtigkeit angenommen und ist zum Faktor des Kampfes für ein besseres Leben geworden. Der Marxismus musste einen gewissen Grad an Freiheit akzeptieren, die Religion aber musste, der eigenen Philosophie widersprechend, den Nutzen der Macht anerkennen, usw. Es hat sich nämlich gezeigt, dass es meistens nicht möglich ist, innerhalb der Grenzen des gesunden Verstandes trotzdem einer folgerichtigen Philosophie treu zu bleiben.

In Wirklichkeit geht es nicht darum, ob das Christentum auf der einen Seite und der Materialismus auf der anderen einen Ausweg aus diesen Schwierigkeiten, in denen sie versinken, finden können, weil sie nicht „der Maßstab" des Lebens sind, oder weil sie nicht der menschlichen Natur entsprechen. Es geht um die Frage, ob sie diesen Ausweg finden können, auch wenn sie das bleiben, was sie sind, und ihren eigenen Rahmen nicht überschreiten. Denn meistens ist es der Fall, dass dieser Ausweg in nicht erlaubtem Leihen von der anderen Seite gesucht wird. So wird uns das Christentum, das nun eine Institution geworden ist, der Katholizismus, die Kirche, über Arbeit, Besitz, Hierarchie, Bildung, Wissenschaft, Ehe, Gesetze, soziale Gerechtigkeit usw. predigen. Der Materialismus hingegen, der nun eine Praxis geworden ist, der Sozialismus, die politische Ordnung beginnt über Erziehung, Humanismus, Moral, Kunst, Schöpfung, Gerechtigkeit, Verantwortung, Freiheit und andere Kategorien geistiger Ordnung, die nichts mit dem Materialismus zu tun haben, zu reden. Anstatt reiner Doktrinen, die unannehmbar sind, werden uns ihre Interpretationen „für den allgemeinen Gebrauch", in Wirklichkeit eine Art der Religion und des Materialismus für die Massen, die alles sind, aber keine folgerichtigen Muster dieser Lehren, angeboten. Die Deformierung der Religion und des Materialismus, ihre Entfernung von den ursprünglichen Lehren entwickelt sich nach einer Art Gesetzmäßigkeit, denn in beiden Fällen geht es um ein und dasselbe: um die Notwendigkeit, etwas, das ein Ausdruck nur eines Aspekts des Lebens ist, auf das Leben in seiner Gesamtheit anzuwenden.

Man kann daher in der Theorie vieles sein, Materialist oder Christ, in radikalerer oder gemäßigterer Form, aber vieles davon wird vor den Türen der Praxis zurückgelassen. Im wirklichen Leben ist niemand ein konsequenter Materialist oder ein konsequenter Christ.

Die modernen Utopien in China, Korea und Vietnam, die sich als konsequenteste Muster der marxistischen Lehre erachten, sind ein herrliches Beispiel des Kompromisses und der Inkonsequenz. Anstatt zuzulassen, dass sich das neue Modell „als Reflexion neuer Verhältnisse an der Basis" bildet, haben sie traditionelle moralische Werte dieser Gesellschaften in ihren Dienst gestellt, aber vor allem zwei: Bescheidenheit und die Achtung der Älteren.[6] So haben sich selbst in den Fundamenten des Systems, neben den Prinzipien des radikalen Marxismus, auch zwei sehr bekannte Normen der anzutreffenden Religionen vorgefunden. Die Urheber des Systems geben diese Tatsache ungern zu, aber der Schluss ist unzweifelhaft und Tatsachen hängen nicht besonders davon ab, ob wir sie anerkennen.

In der Praxis mancher sozialistischer Staaten, welche sich dem Materialismus verschworen haben, werden Sie gewisse moralische Stimulanzen (statt materiellen) bei der Belohnung von Arbeit begegnen. Diese Tatsache bedarf einer Erörterung und einer Erklärung, doch der Ausgangspunkt ist, dass erörtert wird, ob das Vorkommnis, von dem die Rede ist, überhaupt in das Arsenal des Materialismus fällt, oder ob es etwas Fremdes, Geliehenes ist. Eines ist auf jeden Fall sicher: Keine moralischen Stimulanzen können mit konsequenter materialistischer Philosophie erklärt werden. Ähnlich ist es mit dem Aufruf zum Humanismus und humanistischen Parolen, der Gerechtigkeit, der Gleichheit der Menschen, der Freiheit, den unveräußerlichen Menschen- und Bürgerrechten und ähnlichen Deklarationen, deren authentischer Ursprung nur in der Religion sein konnte. Es versteht sich, dass jeder das Recht hat, zu leben, wie er es als am besten erachtet, einschließlich des Rechts, sich nicht an sein folgerichtiges Muster zu halten, aber für das richtige Verständnis der Welt und für jeden Beobachter und Analytiker (und nicht nur für sie) ist es wichtig, den wahren Ursprung und die Bedeutung der Ideen, welche die Welt bewegen und führen, zu kennen.

Die größten Gefahren in dieser Untersuchung gehen von den verschiedenen Offensichtlichkeiten und den allgemein akzeptierten Verständnissen aus. Die Sonne dreht sich nicht um die Erde, sondern umgekehrt, auch wenn das Erstere offensichtlicher ist. Ein Wal ist kein Fisch, obwohl das ein Großteil der Menschen glaubt. Materialismus und Freiheit passen nicht zusammen, ungeachtet der ähnlichen Parolen und der hartnäckigen Wiederholungen. Trotz des allgemeinen Durcheinanders, verstärkt durch die Tatsache, dass eines gedacht, aber etwas anderes gesagt und getan wird, bleiben die Dinge, was sie sind, aber

---

[6] Bescheidenheit ist gerade recht für einen sehr niedrigen gesellschaftlichen Standard, und die Achtung der Älteren hat sich leicht in eine grundlagenlose Achtung der Obrigkeit verwandelt.

Ideen wirken auf die Welt nicht nach ihrer vorläufigen und scheinbaren, sondern nach ihrer ursprünglichen Bedeutung und ihrem Sinn.

4.

So haben wir uns der Definition des Islams genähert, so wie ihn dieses Buch versteht und vertritt. Wenn man das elementare Verhältnis vor Augen hat, kann man sagen, dass der Islam der Versuch ist, diesen primären Dualismus der Welt zuerst zu verstehen, anzunehmen und ihn danach zu überwinden.

Das Attribut „islamisch" wird hier verwendet, um eine kennzeichnende Sammlung von Vorschriften und Institutionen, welche für gewöhnlich mit Islam benannt werden, aber noch mehr, um das Prinzip oder die Idee, welche sich in ihren Grundlagen findet, zu benennen. Es geht um eine tiefere Analogie (*Qiyās*), entsprechend der inneren Übereinstimmung im Kern, in der Idee, im Prinzip selbst. „Islamisch" ist hier eher die Bezeichnung für eine Methode als für eine fertige Lösung, und bezeichnet das Prinzip der Synthese von entgegengesetzten und widersprüchlichen Grundsätzen. Das grundlegende Prinzip des Islams erinnert uns an das Schema, nach welchem sich die Natur, als sie das Leben und seine Formen schuf, leiten ließ. Es scheint, dass sich in der Grundlage dessen, was die Reinigung und das Gebet in eine Verbindung, in eine Einheit in Form des islamischen *Namaz/Ṣalā*[7] brachte, jene gleiche Inspiration fand, welche im Leben die Freiheit des Geistes und den Determinismus der Natur verband. Eine kraftvolle Intuition könnte allein aus dem *Namaz/Ṣalā* den ganzen Islam rekonstruieren, und aus dem Islam den allgemeinen Dualismus der Welt.[8]

Europa war nie in der Lage, den mittleren Weg zu finden und sich auf ihm zu halten. Wir werden später sehen, dass England darin eine gewisse Ausnahme darstellt. Deshalb ist es geradezu unmöglich, den Islam in der europäischen

---

[7] Anm. d. Übersetzers: mit dem verwendeten Begriff osm./türk. *Namaz*, arabisch *Ṣalā* ist das rituelle, islamische Gebet gemeint. Aufgrund des nicht völlig identischen Begriffsgebrauchs zwischen den bosnischen und den deutschsprachigen Muslimen haben wir hier (aber auch bei *Abdest*) neben dem osmanischen Begriff auch den arabischen angeführt.

[8] Die Definition des Islams als Prinzip ist von wesentlicher Bedeutung für seine zukünftige Entwicklung. Unzählige Male wurde konstatiert – nebenbei völlig richtig – dass der Islam und die islamische Welt erstarrt sind, sich verschlossen haben. Diese Situation steht ohne Zweifel mit der Betrachtung in Zusammenhang, dass der Islam abgeschlossen und eine für immer definierte Lehre ist.

Terminologie auszudrücken. Die islamischen Bezeichnungen: *Namaz/Ṣalā*, *Zakā, Khalīfa, Dschamʻa, Abdest/Wuḍū* sind nicht: Gebet, Steuer, Herrscher, Gemeinschaft, Waschung u.Ä. Die Definition, nach welcher der Islam eine Synthese von Religion und Materialismus ist, er sich in der Mitte zwischen Christentum und Sozialismus befindet, ist sehr grob und kann nur bedingt angenommen werden. Der Islam ist nicht einfach das arithmetische Mittel dieser beiden Lehren, noch irgendein Durchschnitt aus ihnen. *Namaz/Ṣalā, Zakā, Abdest/Wuḍū* – das sind Begriffe die sich nicht weiter trennen lassen, denn sie drücken ein zutiefst intimes, und damit einfaches und untrennbares Gefühl aus, eine Gewissheit, welche zu ihrem Ausdruck nur ein Wort erfordert, ein Bild, welches aber trotzdem einen logischen, dualen Zustand ausdrückt. Die Parallele zum Menschen ist offensichtlich. Der Mensch ist ihr Maßstab und ihre Erklärung.[9]

Es ist bekannt, dass der Quran beim einfachen Leser oder Analytiker den Eindruck von Unsystematik und einer Verbindung von widersprüchlichen Elementen hinterlässt. Aber der Quran ist das Leben, nicht Literatur, und so verschwindet die Schwierigkeit, sobald wir ihn nicht als eine Denk-, sondern als eine Lebensweise zu betrachten beginnen. Der einzige authentische Kommentar des Qurans kann das Leben sein und, wie wir wissen, war dies Muhammads Leben. Die Lehre des Islams, welche in der geschriebenen Form des Qurans als unbegreiflich und widersprüchlich erscheinen mag, zeigte sich in Muhammads Leben als vollkommener, natürlicher Einklang und als sehr effiziente Einheit von Liebe und Macht, Erhabenem und Realem, Göttlichem und Menschlichem. Umgefüllt in das Leben der Menschen hat diese „explosive Mischung" von Religion und Politik unglaubliche Energien der höchsten Art freigesetzt. Die Formel des Islams hat sich in einem Moment mit der Formel des Lebens gedeckt.

Die mittlere Position des Islams offenbart sich auch in der Tatsache, dass er sich immer gegen Angriffe aus zwei entgegengesetzten Richtungen verteidigen muss: von der puren Religion, dass er zu natürlich, materiell, weltlich sei; und von der Wissenschaft, dass er religiöse, unwissenschaftliche, mystische Elemente beinhalte. Der Islam ist dennoch nur einer, aber wie der Mensch hat er eine Seele und einen Körper, aber sein für den Beobachter vollkommen anderes Aussehen hängt nur von der je verschiedenen Wahl des Blickwinkels

---

[9] Ein Absatz des Qurans scheint direkt darüber zu sprechen: „So richte dein ganzes Wesen aufrichtig auf den wahren Glauben, gemäß der natürlichen Veranlagung, mit der Er (Allah) die Menschen erschaffen hat (…)." (Quran 30:30). (…) فَأَقِمْ وَجْهَكَ لِلدِّينِ حَنِيفًا ۚ فِطْرَتَ ٱللَّهِ ٱلَّتِي فَطَرَ ٱلنَّاسَ عَلَيْهَا

ab: Ein Materialist wird den Islam immer nur als Religion und Mystik betrachten (als eine „rechte" Tendenz"), so wie der Christ in ihm immer eine gesellschaftliche und politische Bewegung (eine „linke" Tendenz) sehen muss. Aus diesen „Sichtweisen" lässt sich der spezifische Weg des Islams bestimmen, anders gesagt, seine mittlere Position.

5.

Derselbe dualistische Eindruck wiederholt sich auch bei der Betrachtung von innen. Wieder haben wir zwei „Sichtweisen". Nicht eine ursprünglich islamische Institution gehört der puren Religion oder der Wissenschaft (Politik, Wirtschaft, der äußeren Welt) an. Die Mystiker haben immer die religiöse Seite des Islams betont, die Rationalisten jene andere. Aber sowohl die einen als auch die anderen haben immer Schwierigkeiten mit dem Islam gehabt, einfach, weil der Islam sich in keine ihrer Klassifikationen erfolgreich einordnen lässt. Streng betrachtet sind weder Mystiker noch Rationalisten Muslime. Nehmen wir das *Abdest/ Wuḍū*. Der Mystiker wird es als religiöse Reinigung mit symbolischer Bedeutung definieren, Rationalisten werden es ausschließlich auf die Hygiene reduzieren. Beide haben recht, aber jeder nur teilweise. Die Fehlerhaftigkeit der mystischen Erklärung liegt darin, dass sie es zulassen wird, die Waschung im *Abdest/Wuḍū* auf die bloße Form, auf symbolische Bewegungen zu reduzieren, was mit anderen Worten, dieser gleichen Logik auch in anderen Fragen folgend, schrittweise den Islam zur puren Religion reduzieren wird, womit aus ihm Stück für Stück alle physischen, intellektuellen und sozialen Komponenten eliminiert werden. Rationalisten werden den vollkommen entgegengesetzten Weg gehen und, indem sie die Religion verdrängen, den Islam zu einer politischen Parole des Sammelns von Leuten reduzieren, zur Bildung eines neuen Nationalismus, eines islamischen Nationalismus ohne religiös-ethischen Inhalt, in dieser Hinsicht ausgehöhlt und gleich allen anderen Nationalismen. Muslim bedeutet dann nicht Aufruf oder Pflicht, keine Moral oder religiöse Neigung, keine Beziehung zur universellen Wahrheit; diese Bezeichnung bedeutet nur die Zugehörigkeit zu einer Gruppe, welche sich von anderen Gruppen unterscheidet. Aber der Islam wollte niemals nur eine Nation sein. Er wollte „eine Gemeinschaft sein, die zum Guten aufruft und vor dem Schlechten bewahrt" (Quran 3:110[10], 22:41[11] usw.), welche daher eine moralische Mission verfolgt.

Indem wir die politische Komponente vernachlässigen, uns dem religiösen Mystizismus hingeben, verlieren wir den historischen Boden unter den Füßen und stimmen stillschweigend der Unterdrückung und Sklaverei zu. Umgekehrt hören wir, indem wir die religiöse Komponente vernachlässigen, auf, irgendeine Kraft in der moralischen und allgemeinmenschlichen, kulturellen Sphäre zu sein. Ist es wichtig, ob sich irgendein Imperialismus britisch, deutsch oder islamisch nennt, wenn er sich auf jeden Fall nur auf die bloße Herrschaft über Menschen und Dinge beschränkt?

Für die Zukunft und die praktischen, menschlichen Bestrebungen stellt der Islam den Aufruf zur Formung des Menschen zum Träger des Einklangs zwischen Körper, Seele und Gesellschaft dar, dessen Gesetze und gesellschaftspolitischen Institutionen so eingesetzt werden, dass sie diese Harmonie erhalten und nicht zerstören. Der Islam ist oder sollte die permanente Suche im Laufe der Geschichte nach dem Zustand des inneren und äußeren Gleichgewichtes sein. Auf jeden Fall gibt es keine Forderung, welche natürlicher ist, aber deren Möglichkeiten so wenig erfragt und erprobt sind. Dieses Ziel steht heute vor dem Islam und darin liegt die spezifische historische Aufgabe für die kommenden Jahre.

6.

Hinsichtlich der Probleme, welche dieses Buch darlegt, welche es behandelt und auf welche es antworten möchte, so richtet es sich auf das markanteste Merkmal der aktuellen historischen Situation: die Teilung der Welt in zwei gegenüberstehende Lager mit ideologischen Konflikten in ihrer Grundlage. Der Konflikt der Ideologien hat sich deutlicher als je zuvor in die Wirklichkeit projiziert und bestimmte praktische Formen angenommen. Das Schauspiel füllt sich Tag für Tag mit neuen Einzelheiten und Erscheinungen, die Polarisation verstärkt sich bis zur schmerzhaften, fast fühlbaren Deutlichkeit. Heute haben wir zwei, ideell, emotional und politisch bis ins Mark aufgeteilte Welten

---

[10] Quran 3:110. كُنتُمْ خَيْرَ أُمَّةٍ أُخْرِجَتْ لِلنَّاسِ تَأْمُرُونَ بِالْمَعْرُوفِ وَتَنْهَوْنَ عَنِ الْمُنكَرِ

[11] Quran 22:41

ٱلَّذِينَ إِن مَّكَّنَّٰهُمْ فِى ٱلْأَرْضِ أَقَامُوا۟ ٱلصَّلَوٰةَ وَءَاتَوُا۟ ٱلزَّكَوٰةَ وَأَمَرُوا۟ بِٱلْمَعْرُوفِ وَنَهَوْا۟ عَنِ ٱلْمُنكَرِ ۗ وَلِلَّهِ عَٰقِبَةُ ٱلْأُمُورِ

vor uns. Vor unseren Augen entwickelt sich ein riesiges historisches Experiment über die Dualität der Welt des Menschen. Trotzdem ist ein Teil der Welt von dieser Polarisation nicht betroffen, und dessen Mehrheit bilden gerade die muslimischen Länder. Es geht um eine Erscheinung, die keinesfalls zufällig ist. Die muslimischen Völker fühlen, dass sie im existierenden ideologischen Konflikt nichts zu suchen haben, und auch wenn sie keine aktive Position formulieren können, nehmen sie die Position der Neutralität ein.

Dieser Prozess der ideellen und politischen Verselbständigung der muslimischen Länder wird sich fortsetzen.[12] Aber diese Unengagiertheit ist nicht nur politisch. Sie wird überall gleichermaßen mit der Forderung nach Zurückweisung fremder Modelle und Einflüsse, jener vom Osten sowie jener vom Westen, verfolgt. In Wirklichkeit ist der Islam ideologisch unabhängig, ideologisch unengagiert. Er ist dies allein schon von seiner Definition her. Es geht um einen natürlichen und gesetzmäßigen Zustand.

Nicht nur, dass der Islam die Wahrhaftigkeit des Sozialismus und des Christentums anerkennt, sondern er insistiert sogar darauf. Denn, wenn der Sozialismus eine Lüge ist, so ist auch der Islam nicht die vollkommene Wahrheit. Die Wahrhaftigkeit des Islams zu beweisen heißt zugleich, die Wahrhaftigkeit des Sozialismus und des Christentums und die Nichtabgeschlossenheit ihrer Wahrheit zu beweisen. Darin liegt die besondere Position des Islams zum derzeitigen historischen Zeitpunkt. Der Islam muss seine Chance nicht in der Negation oder Zerstörung einer dieser Welten sehen. Seine Überlegenheit besteht in der Fähigkeit, ihnen ihren Teil der Wahrheit und Gerechtigkeit zuzuerkennen. Die Gegensätze der Welt, die historisch gesehen durch die vorhandenen Blöcke ausgedrückt werden, können nur mit dem Aufbau einer dritten Welt bewältigt werden, die auch Teile der Gerechtigkeit, welche diese Welten derzeit beinhalten, einbezieht. In dem Moment, wenn klar wird, dass die Kämpfe der Ideologien in ihrer extremen Ausformung der Menschheit nicht auferlegt werden können und dass sie einer Synthese einer mittleren Position entgegengehen müssen, möchten wir zeigen, wie harmonisch der Islam an diesen natürlichen Verlauf der menschlichen Gedanken anknüpft,

---

[12] Als dieses Buch zum Druck vorbereitet wurde, haben zwei große muslimische Länder, Iran und Pakistan, ihre Mitgliedschaft im pro-westlichen Cento-Pakt aufgekündigt. Schon früher haben Indonesien, der Sudan und Somalia Versuche, in die ideologische Dominanz des Ost-Blocks einbezogen zu werden, vereitelt.

indem er sie akzeptiert, sie ermutigt und schrittweise ihr konsequentester und vollkommenster Ausdruck wird.

Gerade in der heutigen polarisierten Welt muss sich der Islam, welcher bereits öfters als Brücke zwischen Ost und West gedient hat, seiner eigenen Mission bewusst werden. Wenn er in Vergangenheit zwischen den alten Zivilisationen und Europa vermittelt hat, so ist es heute, zur Stunde dramatischer Dilemmas und Alternativen, notwendig, dass der Islam erneut seine Rolle der „Vermittlernation" in einer geteilten Welt einnimmt. Darin liegt die Bedeutung des dritten, islamischen Wegs.

7.

Zuletzt einige Worte über dieses Buch an sich. Das Buch ist aufgeteilt in zwei Teile. Sein erster behandelt das Problem der Religion im weitesten Sinne des Wortes. Der zweite Teil ist dem Islam gewidmet, genauer einem seiner Aspekte – der Bipolarität.

Ansonsten ist dieses Buch nicht Theologie, noch ist sein Verfasser ein Theologe. In dieser Hinsicht ist das Buch eher ein Versuch, den Islam in die Sprache, welche die heutige Generation spricht und versteht, zu „übersetzen". Dieser Umstand kann einige seiner Fehler und Unrichtigkeiten erklären. Vollkommene Übersetzungen existieren nämlich nicht.

TABELLE DER GEGENSÄTZE

EINFÜHRENDE ANMERKUNG

Die drei Spalten in dieser Tabelle stellen die religiöse („R"), die islamische („I") und die materialistische („M") Sicht der Welt dar, wonach die erste den Geist, die zweite den Menschen, die dritte die Materie als Ausgangsgrundlage hat. Alle Begriffe, Ideen oder Vorkommnisse innerhalb einer Spalte besitzen eine Art wechselseitiges Einverständnis oder eine innere Übereinstimmung (vertikale Linie). Das jeweilige umgekehrte Äquivalent (Pendant) ist in der entgegengesetzten Spalte (horizontale Linie) aufzufinden. Die Weltanschauungen erscheinen als Ganzheiten. Der Glaube z.b., dass die Materie (und nicht das Bewusstsein) die ursprüngliche Grundlage der Welt ist (sogenannte materialistische Weltanschauung), wird immer von einer Anzahl ihm entsprechenden Ideen, Überzeugungen und Gedanken begleitet. So wird der Materialist, in der Regel, das Primat der Gesellschaft über das Individuum vertreten und sich für Darwin, die gesellschaftliche Erziehung (statt der familiären) und den Fortschritt (statt des Humanismus) begeistern. Er wird historische Entwicklungen – wie auch individuelles menschliches Verhalten – als unerlässlichen Gesetzen unterworfen, außerhalb des Einflusses des menschlichen Willens und seiner Absichten, betrachten. Er wird ebenfalls auf die sozialen Rechte und die soziale Sicherheit auf Kosten der Menschenrechte und der Freiheit usw. bestehen. Wenn wir diese Analyse weiter fortsetzen würden, so entdeckten wir eine innere Verbindung zwischen den evolutionistischen Theorien und der Ablehnung der Menschenrechte, oder zwischen dem Atheismus und Stalins Säuberungen usw. Eine ähnliche innere Verbindung können wir zwischen anscheinend voneinander entfernten und gegenseitig unähnlichen Begriffen in der Spalte, welche die religiöse Sicht der Welt zeigt, vorfinden.

Die Tabelle ist offensichtlich summarisch und allzu starr, aber dies war nicht zu verhindern.

SPALTE „R"	SPALTE „I"	SPALTE „M"
GEIST	–	MATERIE
Bewusstsein	MENSCH	Wesen
Seele	MENSCH	Körper
Subjekt	–	Objekt
„Ding an sich" (Kant)	–	Erscheinung
„Das Wesen an sich" –	–	„Das Wesen für sich" –
(*L' être en soi*)		(*L' être pour soi*)
Das Organische	–	Das Mechanische
Gebet	*NAMAZ/ṢALĀ*	Hygiene
Almosen	*ZAKĀ*	Steuer
		(„die Enteignung der Enteigne
Werturteile – Ethik	–	Logische Urteile – Mathemati
„Kritik der praktischen Vernunft"–		„Kritik der reinen Vernunft"
Bewusstsein – Ideal –	–	Bedarf – Interesse –
Idee – Sünde		Tatsache – Schaden
Meditation – Inspiration –	–	Beobachtung – Intelligenz –
Intuition		Erfahrung
Heiliges Geheimnis	–	Problem
Drama – moralische Fragen –	–	Politische Ökonomie –
Metaphysik		soziale Fragen – Physik
Kloster – Tempel –	„MOSCHEE –	Schule – Laboratorium – Fabr
Künstlerische Galerie	SCHULE"	
Moral	RECHT – *SCHARĪ'A*	Macht
Liebe – Nichtbekämpfung	GERECHTIGKEIT –	Klassenkampf (Macht im
des Schlechten	*DSCHIHĀD*	Dienste des Interesses)
Mönch – Heiliger	*SCHAHĪD*	Ritter – Politischer Kämpfer –
		Held
Stil	–	Funktion
Ästhetische Gestaltung	–	Technische Vollendung
SCHÖPFUNG	–	EVOLUTION
Gott erschuf den Menschen		Der Mensch ist ein Produkt
		der Natur
„Prolog im Himmel", Ver-	–	Lebendige Materie – Tier –
menschlichung des Menschen		Mensch – Übermensch

TABELLE DER GEGENSÄTZE

Michelangelo	–	Darwin
Moralisches Drama,	–	Kampf ums Überleben,
Kampf um Rettung		Natürliche Selektion
–	–	Reproduktion des materiellen Lebens
Animismus – Personalismus	–	Reismus – Chosismus, Christlicher Personalismus
–		Historischer Materialismus
Heroisches Verständnis der Geschichte	–	Materialistisches Verständnis der Geschichte
Geschichte machen Genies	–	„Geschichte geht nicht mit dem Kopf"
Schrittweise Entwicklung des Absoluten Geistes	–	Fortschritt der Produktionsmittel
Triumph der Freiheitsidee	–	Klassenlose Gesellschaft
Jüngstes Gericht	–	Entropie
Den Menschen bewegen Ideen (Ideale)	–	Den Menschen bewegen Bedürfnisse (Interessen)
Askese – Erziehung	–	Dressur – Bildung
Klassische Bildung	–	Exakte Bildung
Macht über sich	–	Macht über die Natur
„Vernichtet die Wünsche"	–	„Erschafft neue Wünsche (Bedürfnisse)"
„Die Taten werden nach den Absichten beurteilt"	–	„Die Taten werden nach den Folgen beurteilt"
Prinzip der Schuld – Strafe	„SCHUTZSTRAFE"	Prinzip des Gesellschaftsschutzes. Maßnahme. Säuberung
KULTUR	–	ZIVILISATION
Humanismus	–	Fortschritt
Kultur – Konsens – Individualisation	–	Massenkultur – Manipulation – Uniformierung
DRAMA	–	UTOPIE
PERSÖNLICHKEIT	MENSCH	GESELLSCHAFTLICHES INDIVIDUUM
Geistige Gemeinschaft	DSCHAM'A	Gesellschaftliche Klasse
Civitas Dei	UMMA – KHALĪFA	*Civitas Solis*

Liberté – Egalité – Fraternité	–	Klassensolidarität
Menschliche Würde	–	Soziale Sicherheit
Menschenrechte	–	Soziale Rechte
Amerikanische „Bill of Rights" von 1776	–	Sowjetische „Deklaration der Rechte des arbeitenden und ausgebeuteten Volkes" von 1918
„Die Erniedrigten und Verletzten", Dostojewski	–	Die Ausgebeuteten. Marx
„Die östliche Sünde", Keuschheit, Zölibat	EHE	Sexuelle Freiheit, „Sexuelle Revolution"
Ehe als Sakrament	–	Ehe als Vertrag
Religiöse Verehrung des Alters, Weisheit	–	Zivilisatorischer Jugendkult, Biopotential
Zuhause, Mutter, Familiäre Erziehung	–	Kindergarten, Erzieher, Gesellschaftliche Erziehung
Drei – Generationen Familie	–	Altersheim
Jesus	MUHAMMAD	Moses
CHRISTENTUM	ISLAM	MATERIALISMUS

TEIL I
ERÖRTERUNG DER PRÄMISSEN

Kapitel I
EVOLUTION UND SCHÖPFUNG

Abschnitt 1
DARWIN UND MICHELANGELO

1.

Der Ursprung des Menschen ist der Grundstein jeder Weltanschauung. Jede Betrachtung darüber, wie der Mensch leben soll, führt uns zurück zur Frage, woher er kommt. Die Antworten der Wissenschaft und Religion sind hier, wie in anderen Fragen, widersprüchlich.

Die Wissenschaft sieht die Entstehung des Menschen als das Resultat langer Prozesse der Evolution aus niederen Formen des Lebens, wo die Grenze zwischen dem Zoologischen und dem Menschlichen nicht scharf ist und wo eine lange Übergangsperiode zwischen dem menschenartigen Affen oder dem affenartigen Menschen (Menschen-Affen) existiert. Doch was nahm sie als den entscheidenden Moment der Abgrenzung – den aufrechten Gang, die Herstellung von Werkzeugen oder ihre Verwendung, den Beginn sprachlicher Artikulation – für die Wissenschaft ist dies immer ein äußeres, materielles Faktum, egal ob es um die Entwicklung der physischen Konstitution des Menschen oder die Nutzung der Natur um ihn geht. Der Mensch ist hier das Kind der Natur, welches in ihrem Schoß aufwächst und sich nicht von ihr trennt.

Umgekehrt sprechen die Religion und die Kunst von der Erschaffung des Menschen, von etwas, das kein Prozess, sondern ein Werk der Göttlichkeit ist, von etwas, das nicht dauert, nicht fließt, sondern ein augenblicklicher, schmerzhafter, katastrophaler Akt ist. Die Vision der Erschaffung des Menschen ist in verschiedenen Ausformungen in fast allen Religionen vorhanden, sie erzählt von der Schleuderung des Menschen in die Materie, von seinem Fall auf die Erde, von der Widersprüchlichkeit des Menschen und der Natur, von der Begegnung des Menschen mit einer fremden, feindlichen Welt.

Die Frage, ob der Mensch das Resultat eines Prozesses oder ob er erschaffen ist, verwandelt sich nun in die Frage, wer er ist, ob er ein Teil der Welt ist, oder sich von ihr unterscheidet.

Für Materialisten ist der Mensch ein vollendetes Tier, *homme machine*, ein biologisches Werk. Zwischen Mensch und Tier besteht nur ein Unterschied in der Stufe, nicht in der Qualität. Es gibt keine besondere menschliche Essenz.[13] Es existiert nur der „konkrete, historische und gesellschaftliche Begriff des Menschen", und „die ökonomische und gesellschaftliche Geschichte ist eine, die konkret ist und tatsächlich existiert" (Georg Lukács, ungarischer Marxist, im Werk *Existenzialismus oder Marxismus*).

„Der Mensch ist ein den unentrinnbaren und allgemeinen Gesetzen der gesamten Natur unterworfenes System, wie alle anderen in der Natur" (Iwan Petrowitsch Pawlow in *Psychologie expérimentale*). In der Evolution des Menschen wirkt ein äußerer, objektiver Faktor als Mittler – die Arbeit. „Der Mensch ist das Produkt der äußeren Umgebung und seiner eigenen Arbeit" (Friedrich Engels). Die Entstehung des Menschen präsentiert sich wie ein äußerer, biologischer Prozess, welcher durch äußere, materielle Faktoren bestimmt ist. „Die Hand veranlasst und beschleunigt zugleich die Entwicklung des psychischen Lebens (...) Ihre ‚Einführung', wie die ‚Einführung' der Sprache, kennzeichnet das Ende der zoologischen und den Beginn der menschlichen Geschichte" (Hélène Berr im Vorwort von John Pierpont Morgans Buch *L'Humanité préhistorique*).

Diese deutlichen und überzeugenden Standpunkte wirken vollkommen offensichtlich. Indessen ist es weniger offensichtlich, dass sie auf eine gewisse Weise eine deutliche Negation des Menschen darstellen.

In der materialistischen Wissenschaft und Philosophie wird der Mensch in seine „zusammengehörigen Teile" zerteilt und es scheint, dass er am Ende des Prozesses vollkommen verschwindet. Zuerst analysiert Engels den gesellschaftlichen Menschen und zeigt, wie er ein Produkt gesellschaftlicher Verhältnisse, noch genauer der existierenden Produktionsverhältnisse ist. Der Mensch selbst

---

[13] *No dividing line between man and brute* (John Watson in *Psychological Review*, Nr. 20, 1913, S. 158)

ist hier nichts und bildet nichts; im Gegenteil, er ist das Resultat der Tatsachen, die vorgegeben sind.

Einen solchen der Persönlichkeit beraubten, auf eine biologische Tatsache reduzierten Menschen nimmt nun Darwin in seine Hände, welcher Ihnen sehr konsequent zeigen wird, wie sich dieses Geschöpf, welches spricht, aufrecht geht und Waffen herstellt, als Produkt der natürlichen Selektion und des Überlebenskampfes schrittweise aus ihm nahen tierischen Vorfahren entwickelt hat. Das Bild dieses Prozesses wird die Biologie vervollständigen, indem sie zeigt, wie sich alle Formen der lebendigen Welt auf die ursprünglichen Formen des Lebens, und diese in letzter Linie auf die Molekularchemie bzw. auf das Spiel der molekularen Kräfte zurückführen lassen. Leben, Bewusstsein und der menschliche Geist existieren in Wirklichkeit nicht. Sie sind nur besonders geordnete Formen wechselseitiger Aktion seitens dieser unpersönlichen Kräfte. Es gibt keine originelle und unteilbare menschliche Essenz.

Wenn wir uns nun von diesem etwas ermüdenden, aber deutlichen und verständlichen Schema auf einmal in Gedanken in das Innere der Sixtinischen Kapelle vor Michelangelos gefeierte Fresken an ihrer Decke versetzen und mit dem Blick einen Spaziergang von der Vertreibung aus dem Paradies, über die Erschaffung Adams bis zum Jüngsten Gericht über dem Altar machen, werden wir uns fragen müssen: Was bedeuten diese Bilder, welche als die vielleicht aufregendsten künstlerischen Werke aller Zeiten erachtet werden? Enthalten sie irgendeine Wahrheit über die großen Themen, von denen sie erzählen? Wenn sie welche enthalten, worin liegt diese Wahrheit? Oder noch genauer: auf welche Weise sind diese Bilder überhaupt wahrhaft?

Die griechischen Tragödien, Dante Alighieris Visionen von Himmel und Hölle, die Soul-Lieder der Schwarzen, Shakespeares Dramen, Goethes *Prolog im Himmel*, die malaysischen Masken, die alten japanischen Fresken oder Bilder einiger zeitgenössischer Maler – ich nehme diese Beispiele ohne eine besondere Reihenfolge, denn die gesamte Kunst ist in diesem Sinne ein einheitliches und identisches Zeugnis – offensichtlich haben sie nichts mit dem Darwin'schen Menschen zu tun, noch kann man sie sich als seinen Eindruck von sich selbst oder der Welt, welche ihn umkreist, vorstellen. Welche Wahrnehmung der Welt steht hinter dem Begriff „Erlösungsreligion"? Was bedeutet dieser dramatische Begriff? Welche Bedeutung kann das Drama in einer Existenz, welche auf den Wechsel der Materie zwischen Lebewesen und der Natur reduziert wird, haben? Welche Vorstellungen und Vermutungen liegen in der Grundlage der Zeichnungen von Ernst Iosifovich Neizvestny über die Themen von Dantes Hölle? Woher kommt die Angst als universelles Gefühl vor allem, das lebt, wenn das Leben und der Mensch im Schoße von „Mutter Natur" entstanden sind?

Diese Fragen bewirken, dass das Bild der Welt, welches uns die Wissenschaft skizziert hat, plötzlich unschlüssig und unzureichend aussieht. In Wirklichkeit gibt die Wissenschaft kein wirkliches Bild von der Welt; sie gibt nur eine äußerst glaubwürdige Photographie, welcher nun aber eine ganze Dimension der Wirklichkeit fehlt.

Im Fehlen dieser dritten, inneren Dimension, was charakteristisch für jedes Werk der Wissenschaft ist, äußert sich die Machtlosigkeit oder Unfähigkeit der Wissenschaft, irgendeine endgültige und volle Wahrheit über das Leben und insbesondere über den Menschen auszusagen. In ihren eisern-logischen Analysen bleibt das Leben ohne Leben, und der Mensch ohne das Menschliche.

Die Wissenschaft über den Menschen ist in dem Maß möglich, insofern er Teil der äußeren Welt oder ihr Produkt ist (in dem Maße, in dem er ein Ding ist). Umgekehrt ist die Kunst nur insoweit möglich, insofern er ein Fremder in ihr ist (insofern er eine Persönlichkeit ist). In ihrem authentischen Teil ist die Kunst die Geschichte dieser Fremdheit.

So befinden sich die Wissenschaft und die Kunst in der Frage des Ursprungs und der Natur des Menschen in einem Konflikt, einem vollkommenen und unwiderruflichen. Die Wissenschaft weist auf eine Unzahl von Tatsachen und Daten hin, und insbesondere auf das sorgfältige Sammeln und Erforschen fossiler Überreste, welche letzten Endes unerbittlich von der schrittweisen Entwicklung des Menschen aus der tierischen Welt führen. Die Kunst greift nach ihren aufregenden Zeugnissen vom Auftauchen des Menschen aus dem Unbekannten, dessen sich kein menschliches Herz vollkommen enthalten kann. Die Wissenschaft beruft sich auf Darwin und seine riesige Synthese; die Kunst auf Michelangelo und sein grandioses Zeugnis an der Decke der Sixtinischen Kapelle.[14]

Darwin und Michelangelo beschreiben damit zwei vollkommen verschiedene Verständnisse des Menschen und zwei sich widersprechende Wahrheiten über seinen Ursprung, von denen niemals eine die andere stürzen wird können. Die eine gestützt auf eine unglaubliche Zahl unwiderlegbarer Tatsachen, die andere eingraviert in die Herzen aller Menschen.

---

[14] Die Idee der Evolution war immer mit dem Atheismus verbunden. Die ersten Ideen über die Entstehung und das Sterben der Arten finden wir bei dem römischen Schriftsteller und Dichter Lucretius (*De rerum natura*), welcher ebenso bekannt für seinen Atheismus und für die Vertretung hedonistischer Ansichten war.

2.

Der Mensch ist ein Thema, über das zwei sich widersprechende Wahrheiten gleichzeitig existieren können. Und nicht nur das. Eine widersprüchliche Behauptung über den Menschen ist meistens der Wahrheit am nächsten.

Die Beteuerung, dass der menschliche Körper (der Mensch als biologische Tatsache) eine tierische Natur und Herkunft hat, stammt, noch vor Darwin und Lamarck, von der Religion. Schon weit vor irgendeiner Wissenschaft hat die Religion unzweifelhaft gelehrt, dass im Menschen ein Tier wohnt. Der Unterschied liegt nur in der Reichweite dieser Beteuerung. Der Wissenschaft nach ist der Mensch nur ein intelligentes Tier. Der Religion nach ist der Mensch ein Tier, das eine Persönlichkeit hat.

„Der Mensch, so wie Spezialisten ihn kennen, ist weit davon entfernt, ein konkreter, wahrhaftiger Mensch zu sein. Sie zeigen ein aus anderen schematischen Bildern, welche die Technik jeder einzelnen Wissenschaft produziert, zusammengesetztes Schema. Der Mensch ist zur gleichen Zeit eine Leiche, die ein Anatom seziert, und ein Bewusstsein, das der Psychologe erforscht; dazu jene Persönlichkeit, die jeder Mensch in seiner Tiefe fühlt, und jedes Mal, wenn er in sein Inneres blickt, erkennt. Er ist ein chemischer Stoff, aus dem das Gewebe und die Säfte des Körpers bestehen; jene seltsame Ansammlung von Zellen und nahrhaften Säften, deren organische Gesetze der Physiologe untersucht; jenes etwas, zusammengesetzt aus Gewebe und Bewusstsein, welches Hygieniker und Erzieher zur höchsten Stufe der Entwicklung, im Rahmen der ihm zugeteilten Zeit, hinführen wollen. Er ist ein homo economicus, der ununterbrochen Güter für den Verbrauch konsumieren muss, sodass die Dinge, zu deren Sklave er geworden ist, weiter funktionieren können. Aber zeitgleich ist er ein Dichter, Held, Heiliger. Nicht nur, dass er ein wundersam vielseitiges, einheitliches Wesen ist, das den Analysen wissenschaftlicher Techniken unterliegt, sondern auch die Verkörperung des Willens, des Verstehens und des Strebens der ganzen Menschheit." (Alexis Carrel, *Der Mensch, das unbekannte Wesen*)

Wir merken, wie der Begriff „menschlich" im Verstand des Menschen eine zweifache, fast entgegengesetzte Bedeutung hat. „Menschen sind wir" – das heißt: fehlerhaft sind wir, schwach, körperlich. „Seien wir Menschen" – ein Appell, welcher uns erinnern sollte, dass wir etwas Höheres sind, dass wir gewisse höhere Pflichten haben, dass wir stolz sind, aber geizlos, human. „*Du denkst an das Menschliche*" – tadelt Jesus den Petrus, indem er das Göttliche dem Menschlichen entgegensetzt. Menschentum, Menschartigkeit, Humanität

– stammt vom Wort Mensch und bedeutet mehr moralische Richtungen. Diese zweifache Bedeutung der gleichermaßen an den Namen des Menschen gebundenen Begriffe ist eine Folge der zwei Seiten der menschlichen Natur, von denen eine ihren Ursprung von der Erde bezieht und die andere „vom Himmel". Materialisten werden ihre Aufmerksamkeit immer auf den äußeren Aspekt der Dinge richten und die Stellungnahmen der Wissenschaft in eine Leugnung der menschlichen Seele verwandeln.

„Demnach ist die Hand nicht nur ein Organ der Arbeit – schreibt Engels – sondern auch ihr Produkt. Nur durch die Arbeit, sich neuen Tätigkeiten anpassend, durch das Ererben der auf diese Weise erworbenen besonderen Ausbildung der Muskeln, der Sehnen, und nach einer längeren Zeitspanne der Knochen, und durch eine ständig erneuerte, angenommene und dazu erbte Präzision bei neuen, immer geordneteren Tätigkeiten hat die menschliche Hand jenen hohen Stand der Vollkommenheit erreicht, durch den sie Raffaels Bilder, Thorvaldsens Statuen und die Paganinijev'sche Musik hervorzaubern konnte (…)." (Engels, *Die Rolle der Arbeit in der Entwicklung des Menschen*)

Dies, worüber Engels spricht, ist die Fortsetzung der biologischen und nicht der humanen (geistigen) Entwicklung, aber Malen ist nicht ein technischer Prozess, sondern ein geistiger Akt. Raffaels Bilder erschuf nicht Raffaels Hand, sondern Raffaels Geist (Beethoven hat seine besten Stücke geschrieben, als er bereits vollkommen taub war). Die biologische Entwicklung könnte, selbst ins Unendliche verlängert, nicht nur nicht von sich aus, ohne Vermittlung von etwas Drittem, zu Reffaels Bildern, sondern nicht einmal zu den allereinfachsten Zeichnungen, welche uns ein prähistorischer Maler in den Höhlen der Sahara hinterlassen hat, führen. Es geht um zwei getrennte und unterschiedliche Richtungen oder zwei getrennte Aspekte der menschlichen Existenz.

Der Mensch kann nicht auf Biologie reduziert werden, genauso wenig wie sich ein künstlerisches Bild auf eine bestimmte Menge an Farbe, aus der es hergestellt wurde, reduzieren lässt, oder ein Gedicht auf die Syntax seines Textes. Es ist richtig, dass eine Moschee aus so und so viel Stücken steinerner Blöcke, einer bestimmten Form in einer bestimmten Anordnung, einer bestimmten Menge Mörtel, Holzbalken usw. besteht, aber das ist nicht die Wahrheit über die Moschee. Aus den Daten über den Bau der Moschee ist nicht die Bedeutung der Moschee zu gewinnen. Denn worin bestünde dann der Unterschied zwischen ihr und einer Armeekaserne? Wir können eine außerordentliche, wissenschaftliche und richtige grammatikalische, sprachliche oder orthographische Analyse eines von Goethes Gedichten schreiben, ohne das Wesentliche des Gedichtes selbst auch nur zu berühren. Das ist wie der Unterschied zwischen dem Wörterbuch einer Sprache und einem Gedicht in dieser Sprache. Das Wörterbuch ist richtig, aber ohne Sinn. Das Gedicht hat einen Sinn und sein unergründliches Wesen. Auf dieselbe Weise sprechen Fossilien, die Anthropologie, Morphologie und Physiologie nicht vom Menschen, außer wir nehmen seine äußere, zufällige, mechanische, sinnlose Seite in Betracht. In diesem Beispiel ist der Mensch ein Bild, ein Tempel, ein Gedicht und nicht ein Aufbau, nach dem sie alle erstellt sind. Der Mensch ist mehr als jenes, was alle Wissenschaften zusammen über ihn sagen können.

Abschnitt 2
URSPRÜNGLICHER IDEALISMUS

1.

Dem primitiven, unterentwickeltsten Typen des Menschen musste nach der Logik der Evolution der entwickeltste Typ des Tieres vorangehen. Stellen wir nun diese zwei benachbarten Mitglieder der Entwicklung einander gegenüber, können wir uns nicht des Eindruckes erwehren, dass hier ein wesentlicher, unüberwindbarer Unterschied besteht. Auf der einen Seite sehen wir Horden von Tieren, welche sich auf der Suche nach Nahrung befinden, um das Überleben kämpfen, oder sich gegenseitig bekämpfen. Auf der anderen Seite sehen wir vielleicht in demselben Wald, verwirrt und verstrickt mit seinen seltsamen Verboten und Glaubensüberzeugungen, oder vergnügt mit seinen ungewöhnlichen und unverständlichen Spielen, Mysterien und Symbolen, den primitiven Menschen. In dieser Szene sind das zwei vollkommen unterschiedliche Geschöpfe und es ist unvorstellbar, dass sie nur ein kleinerer oder größerer Abstand in der Evolution der lebendigen Welt unterscheidet.

Das Prinzip der tierischen Existenz ist Effizienz, Nützlichkeit, Utilitarismus. Das Prinzip der menschlichen Existenz – insoweit er ein Mensch ist – ist dies nicht. Das Tier ist natürlich. Der Mensch ist übernatürlich, irrational, unbegreiflich, unglaublich, sogar rational unmöglich. Wenn er das nicht ist, so existiert er nicht, zumindest nicht als Mensch. Der Mensch existiert nur in dem

Maße, in dem er sich dem allgemeinen Ablauf der Welt, dem universellen Mechanismus, welcher Nichtigkeit und Nichtexistenz darstellt, entgegenstellt. Wir sagen: Der Mensch ist evolviert, doch das ist nur seine äußere, tote Geschichte. Aber der Mensch ist auch erschaffen. In einem Augenblick ist er auf unerklärliche Weise sich nicht nur bewusst geworden, dass er kein Tier ist, sondern hat auch den Sinn des Lebens in der Verneinung des Tierischen in sich gefunden. Wenn der Mensch ein Kind der Natur ist, wie konnte es sich zutragen, dass er in einem Moment sich ihr gegenüber- und entgegenstellt? Entwickeln wir seine Intelligenz, welche er noch von seinen tierischen Vorgängern bis zum höchsten Grad erbt, weiter und seine Bedürfnisse werden sich sowohl an Zahl als auch an Umfang nur vergrößern. Keines von ihnen wird sich verringern oder wegfallen. Die Zufriedenstellung dieser Bedürfnisse wird nur intelligenter, sicherer, organisierter werden. Ihre Zufriedenstellung, welche im primitiven Stadium vom Zufall abhing, wird sich in eine hoch entwickelte Ökonomie der Planwirtschaft in der zivilisierten Welt entwickeln. Doch vom Verstand wird nie die Idee von der Enthaltsamkeit vom Leben, von der Ablehnung von Wünschen, vom Aufopfern für das „Wohl anderer" oder dem Verringern der Intensität des physischen Lebens überhaupt stammen.

Ein Tier hat Instinkte, was ein außerordentliches Beispiel für das Prinzip der Effizienz und Zweckmäßigkeit ist. Der Mensch hat moralische Züge und eine anutilitaristische Ethik.

Tiere haben ein sehr entwickeltes Zeitgefühl und in vielem sind sie genauer als die Menschen. So hören Stare eine Stunde vor Sonnenuntergang auf, sich zu ernähren, Krabben ziehen sich in ihre Löcher zurück und verschließen den Eingang mit Schlamm einige Minuten vor der Flut. Die Wasserwellen werden sie nie außerhalb ihrer Löcher antreffen. Bienen organisieren ihren Tag mit verwundernder Genauigkeit. Die Mehrheit der Blumen bieten nicht unaufhörlich die notwendigen Mengen Nektar, sondern nur zu bestimmten Tageszeiten. Bienen sammeln Honig zu den vortrefflichsten Zeiten und weisen einander zu den besten Plätzen. Dazu bedienen sich Bienen verschiedenster Zeichen auf der Erde und orientieren sich nach dem polarisierten Licht des Himmels usw. Dies sind alles Fähigkeiten „von dieser Welt". Sie ermöglichen, helfen oder unterstützen die Fähigkeit der Art zu überleben.

Moralische Zwickmühlen hingegen – jene in der primitiven wie jene in der zivilisierten Gesellschaft – verringern die Effizienz des Menschen bei der allgemeinen Belastung, welche die Geschöpfe einander aufgelastet haben. Belastet mit moralischer Rücksichtnahme konnte der Mensch nur dank eines unvergleichbar höheren Grades an Intelligenz im Vergleich zu den Arten, welche für ihn eine unmittelbare Konkurrenz waren, überleben. Unter der Bedingung des gleichen Grades an Intelligenz würde die tierische Art mit „moralischen Vorurteilen" sehr schnell ausgerottet werden. Diesen „Defekt der Macht", welcher von der eigenen Ethik herrührt, hat der Mensch mit einem unvergleichlich höheren Grad an Intelligenz und anderen zu ihr parallelen Fähigkeiten kompensiert.

Indessen ist die Intelligenz nicht humanen, sondern zoologischen Ursprungs. „Öffnen wir die Sammlung von Anekdoten über die tierische Intelligenz. Wir werden dort neben vielen Handlungen, welche sich mit Imitation oder dem automatischen Verknüpfen Bildern erklären lassen, auch solche sehen, bei denen wir nicht einen Augenblick zögern werden, sie als intelligent einzuschätzen. Zuallererst sind jene anzuführen, in denen sich ein gewisses bautätiges Denken widerspiegelt, sei es nun, dass Tiere irgendeine grobe Vorrichtung erbauen, sei es nun, dass sie einen Gegenstand verwenden, der ein Werk des Menschen ist. Tiere, welche im Hinblick auf die Intelligenz gleich nach dem Menschen kommen, Affen, Elefanten u.ä., sind gerade jene, welche sich, bei Gelegenheit, eines künstlichen Gerätes bedienen können. Unter anderem weiß z.b. der Fuchs sehr wohl, dass die Falle eine Falle ist (...)." (Henri-Louis Bergson, *Schöpfende Evolution*)

Der Schimpanse bedient sich eines Stabes, um eine Banane zu erreichen, der Bär verwendet einen Stein. Über die Aufnahme und Weitergabe von erlangten Informationen bei Bienen, Gänsen und Affen in Hinblick aufs „Sprechen" oder die Zeichensprache wurde viel Material angesammelt (vgl. die Arbeiten des deutschen Zoologen Karl von Frisch, Konrad Zacharias Lorenz und des Moskauer Professors I.N. Zinkin).

Über die Intelligenz und die Fähigkeit des Zurechtfindens der Tiere und ihre Verwendung von Gegenständen hat Blair, langjähriger Direktor des New Yorker Zoos, interessante Beobachtungen angestellt. Seine allgemeine Feststellung: Alle Tiere denken.

Selbst die Sprache gehört der natürlichen, zoologischen und nicht der geistigen Seite des Menschen an. In Rudimenten finden wir sie in der Tierwelt. Es hat sich gezeigt, dass die Linguistik – im Gegensatz zur Musik oder überhaupt zur Kunst – streng wissenschaftlichen Nachforschungen, einer Systematisierung, ja selbst der Anwendung mathematischer Methoden zugänglich ist. Diese

Letztere gibt ihr eine eindeutige Charakteristik als Wissenschaft, aber Gegenstand der Wissenschaft kann nur etwas Äußeres sein.[15]

Es gibt eine klare Analogie zwischen der Natur und der Intelligenz auf der einen, und der Intelligenz und der Sprache auf der anderen Seite. Wie auch immer sich Materie und Intelligenz „wechselseitig geformt" haben, so formen sich Intelligenz und Sprache und fahren fort, sich in einer gegenseitigen Wechselbeziehung, einer Interaktion zu formen. „Die Sprache ist die Hand des Gehirns" und „die Funktion des Gehirns besteht darin, unser geistiges Leben auf jenes zu beschränken, was in der Praxis nützlich ist" (Henri-Louis Bergson).

Allgemein gesagt gibt es nichts beim Menschen, das in der einen oder anderen Form oder Stufe nicht bei höheren tierischen Formen vorhanden wäre: den Wirbeltieren und Insekten. Da ist die Beweglichkeit, das Bewusstsein, die Geselligkeit, die Intelligenz, die Kommunikation, die Befriedigung der Bedürfnisse, eine Art Ökonomie u.Ä. Mit dieser eigenen Seite ist der Mensch offensichtlich an die tierische Welt gebunden und zieht seinen Ursprung aus dieser Welt.[16]

Indessen gibt es in der gesamten tierischen Welt nichts, was auch nur ansatzweise an die Religion und die moralischen Verbote des Menschen, von denen das Leben des prähistorischen wie auch des zivilisierten Menschen voll ist, erinnern oder hinweisen würde. Das Leben der Tiere scheint uns, bis zur Stunde als der Mensch erschienen ist, völlig graduell, verständlich und gesetzmäßig im Vergleich zum Leben der Wilden, die in seltsamen Ansichten verstrickt und mit unverständlichen Glaubensüberzeugungen und Handlungen beschäftigt sind. Wenn ein Tier zur Jagd geht, ist es vollkommen logisch und rational. Eine umfangreiche Literatur, entstanden durch die Beobachtung der Lebensweisen von Affen, Bibern oder Katzen, bietet uns einen Überfluss an Beispielen darüber, wie ein Tier einen vollkommen vorteilhaften Schritt anwendet, um zum Ziel zu gelangen. Nicht ein einziger Fall berichtet, dass es auf eine Möglichkeit, die ihm zur Verfügung steht, verzichten würde, oder von dem Vorhandensein irgendwelcher „Vorurteile", die nur dem Menschen zu eigen sind. Bei

---

[15] Ein negativer Beweis dafür könnte die Tatsache sein, dass die Enthaltsamkeit vom Sprechen in manchen Religionen als eine Form des Fastens angesehen wird. Oder das Schweigegelübde bei manchen christlichen Orden. Es geht um die Frage der Enthaltsamkeit von einer physischen Manifestation vergleichbar mit Essen und Trinken.

[16] Selbst der Quran meint nichts anderes: „Keine Tiere gibt es auf Erden und keinen Vogel, der mit seinen Schwingen fliegt, die nicht Völker wie ihr sind (...)" (Quran 6:38).

وَمَا مِن دَآبَّةٍ فِى ٱلْأَرْضِ وَلَا طَٰٓئِرٍ يَطِيرُ بِجَنَاحَيْهِ إِلَّا أُمَمٌ أَمْثَالُكُم(...).

den entwickeltsten Hautflüglern – den Bienen, im wundersam organisierten Kollektiv, finden wir den inhumansten Umgang gegenüber der erschöpften Arbeiterin oder der gealterten Bienenkönigin: Sie werfen sie ganz einfach aus dem Bienenstock. Nirgends stehen die wundersame Ordnung und die Fähigkeit zum sozialen Leben dermaßen hartnäckig der bestürzenden Abwesenheit von all dem, was wir als Humanität bezeichnen, gegenüber wie im Beispiel der Biene: Der Schutz des Erschöpften und Schwachen, das Recht auf Leben, Anerkennung, Dankbarkeit, Beachtung. Nachdenkend über das Leben dieser Geschöpfe werden die einen mit Begeisterung, die anderen mit Schrecken (hängt von der Wahl der Standpunkte ab) „ihre unerbittliche Disziplin, die Angepasstheit der Einzelnen den gesellschaftlichen Funktionen gegenüber, ihre unabänderliche Ordnung und blinde und harte Genauigkeit, welche sie charakterisiert (…)" konstatieren.

Durch den Instinkt geführt und zu einem deutlichen Ziel – dem Erhalt – gesteuert ist ein Tier daher logisch und vernünftig. Aber was tut ein primitiver Mensch?

„Bevor man sich auf irgendeine Expedition macht, ist es notwendig, dass die Jäger und oft auch ihre Familien sich zahlreichen Tabus, Fastenarten und Gebeten unterordnen, dass sie gewisse Tänze durchführen, dass sie gewisse Träume hatten, dass sie ihre Aufmerksamkeit auf gewisse Vorzeichen ausgerichtet haben. Wenn das Wild in Reichweite ist, ist es notwendig, irgendwelche anderen rituellen Handlungen vorzunehmen. Und die Frauen, welche zu Hause bleiben, sind vielen Verboten unterworfen. Würden sie sie übertreten, so würden sie den Erfolg der Jagd aufs Spiel setzen, ja sogar die Leben ihrer Ehemänner." (Lucien Henri, *Der Ursprung der Religion*)

Für Tiere sind die Dinge das, was sie sind. Aber der Mensch schuf (oder bewahrte sich) sofort seine imaginäre Welt und vertraute ihr mehr als dieser realen Welt. Ein Tier ist für gewöhnlich ein ausgezeichneter Jäger. Der Wilde war dies ebenfalls und in dieser Hinsicht gibt es keinen bedeutenden Unterschied. Aber der primitive Mensch war auch ein unermüdlicher Schöpfer und „Produzent" von Kulten, Mythen, Aberglauben, Spielen und Idolen. Der Mensch wollte immer schon noch eine Welt, eine authentische oder imaginäre. Es wird als erwiesen erachtet, dass die primitiven Menschen vor dem Aufbruch zur Jagd die Tiere, welche sie erjagen wollten, gemalt haben, in der Überzeugung, dass dies entscheidend zum Erfolg der Jagd beitragen würde (die Jagdmagie). Während der Mensch für den Erfolg der Jagd betete oder malte (!), ging das Tier „logisch" vor, es erkundete das Terrain, folgte unhörbar der Spur seines Opfers oder belauschte es. Die Aufnahme des Jünglings, des zukünftigen Jägers, erfolgte

– so wie Henri Hubert und Marcel Mauss anführen – durch eine Reihe komplizierter Zeremonien. Sie beschreiben Bräuche, welche aus drei Phasen bestehen: Brauch der Reinigung, Brauch der Widmung und Brauch der Festigung. Auch auf den ersten Blick ist es klar, dass der Mensch – wie auch das Tier unter anderem – auch ohne diese Bräuche ein vollendeter Jäger werden könnte und dass diese Bräuche wenig mit der Jagd zu tun haben. Es geht um etwas Tieferes und Bedeutenderes. Auf jeden Fall muss man die nichtfunktionelle Seite dieser Bräuche, welche jeder ökonomischen Erklärung dieser oder ähnlicher Phänomene trotzen, anerkennen.

In seinem monumentalen Werk *Der Goldene Zweig* hat J. Frazer auf die Tatsache hingewiesen, dass sich in dem primitiven menschlichen Bewusstsein mit der Idee des Säens (Pflanzens) untrennbar der unerklärliche Gedanke von der Darbringung von Menschenopfern verbunden hat. H.G. Wells schreibt darüber:

„Das war eine Ansammlung des kindlichen, träumerischen, Märchen zugeneigten primitiven Gehirns, welches keine logische Überlegung erklären könnte. In der Welt vor 10.000 Jahren, wann immer es zum Säen kam, wurden Menschenopfer dargeboten. Das war kein Opfern irgendeiner schlechten oder verstoßenen Persönlichkeit. Geopfert wurde für gewöhnlich ein auserwählter Jüngling oder ein Mädchen, mit denen mit tiefer Hochachtung und Respekt umgegangen wurde (...) Dieses Opfern von Menschen oder zumindest irgendeine seiner Spuren tauchen überall auf, wo der Mensch hingelangt und wo er durch die anfänglichen Stufen des Ackerbaus gegangen ist (...)."

Daraus folgt aber etwas Weiteres:

„Der Rentierjäger [der Autor denkt an den paläolithischen Menschen – Anmerkung von A.I.] war zweifellos ein gnadenloser Jäger, ein kämpferisches und schreckliches Geschöpf; aber er tötete aus Gründen, welche wir noch begreifen können. Der neolithische Jäger, immerhin unter dem Einfluss des Sprechens und verwirrter Gedankengänge, tötete der Theorie nach, wegen seltsamer und nun unglaublicher Ideen, er tötete jene, die er liebte, und das aus Furcht und im Auftrag."[17]

In *Salambo* beschreibt Gustave Flaubert Szenen des Opferns, in denen die Karthager, um Regen bittend, sogar ihre eigenen Kinder in den glühenden Schlund des Gottes Moloch werfen. Aus dem Eindruck dieses Anblicks schließt der Mensch, dass die Menschen Tiere waren, was völlig falsch ist. Tiere machen so etwas Ähnliches nie, noch gibt es in der Tierwelt irgendein Phänomen,

---

[17] H.G. Wells, *Istorija svijeta*, S. 59 (Anm. d. Übersetzers: *Die Geschichte unserer Welt*)

welches sich mit dem Beispiel dieses unverständlichen Opferns vergleichen ließe. Mag sein, dass es paradox klingt, aber der Fall, von dem die Rede ist, ist ein typisch menschlicher. Es geht um das Umherirren und Leiden der Menschen, welche sich auf die eine oder andere Weise bis in unsere Tage wiederholen, um ein Drama der Menschheit, in dem Völker und Einzelne, nicht geführt durch tierische Instinkte, sondern durch maßlose Irrtümer, Gräuel anrichten. Das Opfern existierte in allen Religionen ohne Unterschied. Aber die Natur des Opfers blieb unerklärlich, geradezu absurd. Das Opfer ist eine Tatsache einer „anderen" Ordnung, der jenseitigen. Bei primitiven Religionen nahm sie manchmal schreckliche Ausmaße an. Solch ein Opfer kennzeichnete eine mächtige, ertastbare, bis zur schmerzhaften Deutlichkeit verstärkte Grenze zwischen der zoologischen und menschlichen Ära, den Eintritt eines dem Prinzip des Interesses, des Bedarfs, des Wunsches völlig widersprechenden Prinzips. Es ist ein Meilenstein auf dem Weg der Entwicklung, wo die Welt des Menschen beginnt. Denn das Interesse ist zoologisch, das Opfer ist menschlich. Das Interesse wird zu einem der grundlegendsten Begriffe der Politik oder der politischen Ökonomie und das Opfer zu einem der grundlegendsten Begriffe der Religion und Ethik werden. Die Gräuel der Primitiven nahmen manchmal unglaubliche Ausmaße an:

„Eines der seltsamen Vorkommnisse, welches sich im späten paläolithischen und neolithischen Zeitalter entwickelt hat, waren verstümmelte Körper. Die Menschen haben angefangen ihre Körper, Nasen, Ohren, Finger, Zähne u.Ä. durch Abschneiden zu zerteilen, um dadurch abergläubische Gedanken hinzuzufügen (...) Kein Tier tut so etwas." (H.G. Wells)[18]

Es ist hier notwendig, wegen des Vergleiches, an das Vorgehen des Fuchses zu erinnern, welcher seinen Fuß abbeißt, um sich aus der Eisenfalle zu befreien, was eine vollkommen rationale Tat ist. Das sinnlose Verkrüppeln des Körpers des ursprünglichen Menschen ist dem Tier völlig fremd und unbekannt.[19]

Wir könnten folgern, dass wir einem Phänomen gegenübergestellt sind, welches eine Anomalie der Evolution oder eine unerwartete Diskontinuität der Entwicklung darstellt. Plötzlich scheint es, dass die Evolution nach hinten gegangen ist und dass das Auftauchen eines „Tieres mit idealistischen Vorurteilen" unmittelbar den weiteren Fortschritt bedroht.

---

[18] H.G. Wells, *Istorija svijeta*, S. 60 (Anm. d. Übersetzers: *Die Geschichte unserer Welt*)

[19] Auch der nächste Unterschied ist der gleichen oder ähnlichen Art: Ein Tier ist gefährlich, wenn es hungrig und bedroht ist. Der Mensch ist gefährlich, wenn er satt und mächtig ist. Es sind unvergleichbar mehr Verbrechen aus Sattheit und Übermut als aus Not begangen worden.

Dieses Phänomen, welches Ausdruck eines gewissen Schwankens an der Spitze der Evolution ist und welches bewirkt, dass das Zoologische in einem Augenblick dem Menschlichen gegenüber übermächtig erscheint, nenne ich „Komplex des Wilden". Wie ungewöhnlich das auch klingt, so ist dieser „Komplex" ein Ausdruck jenes neuen Wesens, welches spezifisch menschlich ist und welches die Quelle der späteren Religion, Poesie, Philosophie und Kunst ist. Dieses Phänomen ist bedeutungsvoll, denn auf seine Art bestärkt es die Originalität des Auftauchens des Menschen und der seltsamen Paradoxa, welche mit ihr verbunden sind.

Die angeführten Tatsachen würden uns leicht zum Schluss verleiten, dass das Tier mehr Voraussetzungen hatte, um Träger der weiteren Entwicklung zu sein, und dass der primitive Mensch, in den Himmel hineinschauend und in moralischen Pflichten verstrickt, alle Voraussetzungen hatte, um zertreten zu werden. Dieser fast unausweichliche Eindruck von der Überlegenheit des Zoologischen gegenüber dem Menschlichen in der Morgenröte der menschlichen Ära wird sich in der späteren Geschichte im Hinblick auf den Aufruf zur Vernichtung des Idealismus im Namen des Fortschritts wiederholen.

2.

In dieser fernen Epoche der Emanzipation des Menschen aus dem Tierreich mussten äußerliche Unterschiede (aufrechter Gang, Entfaltung der Hand, die Sprache und Intelligenz) in einer derart langen Periode unendlich klein und unmerklich gewesen sein. Wenn ein Geschöpf, das zugleich einem Affen und einem Menschen ähnelte, mit Hilfe eines Stabes seinen Arm verlängert hat, um irgendeine Frucht an einem Baum zu erreichen, oder durch das Äußern irgendwelcher Laute einem sich selbst Ähnelnden irgendwelche Neuigkeiten berichtete, ist es überhaupt nicht gewiss, wer er war: ein Mensch oder ein Tier. Indessen wird die Anwesenheit irgendeines Kultes oder Verbotes in diesem Fall immer alle Zweifel beseitigen. Das Tier hat darauf „gewartet", ein Mensch zu werden, um mit dem Beten zu beginnen. Der entscheidende Unterschied zwischen dem Menschen und dem Tier ist daher kein physikalischer oder intellektueller. Er ist primär ein geistiger und ist gekennzeichnet vom Vorhandensein mehr oder weniger klarer religiöser, ethischer und ästhetischer Bewusstseinsformen. Von diesem Standpunkt aus gesehen sind die entscheidenden Momente im Werden (Auftreten) des Menschen nicht der aufrechte Gang, die

Entwicklung der Hand und der Beginn der artikulierten Sprache, so wie es von der Wissenschaft gesehen wird, sondern das Auftreten des ersten Kultes, Bildes und Verbotes. Ein Wilder, der vor 15.000 Jahren das Beobachten von Blumen oder von Gestalten der Tiere genoss und sie deshalb auf die Wände seiner Höhle malte, war in diesem Sinne dem wahrhaften Menschen näher (dem Tier ferner) als ein moderner Epikureer, welcher nur lebt, um seine physischen Bedürfnisse zufrieden zu stellen und der täglich neue erfindet, oder als ein durchschnittlicher Bürger einer modernen Großstadt, welcher vereinsamt, der elementaren ästhetischen Erlebnisse und Gefühle beraubt, in seinen Ungeheuern aus Beton lebt.

Im Werk *Das Ursprüngliche Gesetz* zeigte Atkinson, wie sich ursprüngliche Verbote bei Wilden überall auf der Welt finden lassen. Die ständige Notwendigkeit der „Reinigung vom Übel" und der Gedanke von etwas Verbotenem, von Dingen, die nicht berührt oder gar angeschaut werden dürfen, findet sich überall wieder, wo wir die Möglichkeit hatten, irgendeine Kunde vom Leben des primitiven Menschen zu bekommen. Die zweite universelle Idee, welche den Verstand der ursprünglichen Menschen beherrschte, war die Idee des Unreinen, des Verfluchten.

So haben sich ganze Reihen von Verboten gebildet, welche einzelnen Bereichen des primitiven Lebens entsprachen. Da die Sprache auftrat, bekamen diese Verbote die gemeinsame Bezeichnung Tabu, was wörtlich heißen würde „es ist nicht gut", „es ist nicht lobenswert" – es ist verboten. Tabu ist der Begriff des Verbotes mit ethischem Charakter in der frühen Menschheit.

Der Mensch benimmt sich daher nicht wie ein Kind der Natur, sondern wie ein Fremder in ihr. Sein grundlegendes Gefühl ist Angst. Aber dies ist keine biologische Angst, welche alle Tiere verspüren. Das ist eine geistige, kosmische, reale Angst, welche in Verbindung mit den Geheimnissen und Rätseln der Existenz steht. Der deutsche Existenzialist Martin Heidegger erachtet sie als „ewige und zeitlose Bestimmung der menschlichen Existenz". Das ist eine Angst, in der sich Neugier, Erstaunen, Bewunderung und Unzufriedenheit mischen – Gefühle, welche vielleicht in der Grundlage unserer gesamten Kunst und Kultur vorzufinden sind.

Nur mit dieser und einer solchen Beziehung des ursprünglichen Menschen zur Welt ist es möglich, das Auftreten von Verboten und den ursprünglichen Begriffen des Unreinen und Erhabenen, Verfluchten und Heiligen zu erklären. Denn, wenn wir Kinder dieser Welt sind, könnte es in ihr für uns weder etwas Heiliges noch „Unreines" geben. Solche Begriffe widersprechen der Natur dieser Welt, so wie wir sie kennen. Sie zeugen hingegen von einem anderen, unserem Ursprung, über den es keinerlei Erinnerung geben kann, aber unsere inadäquate Reaktion auf die äußere Welt, welche wir durch Kunst und Religion äußern, ist eine Negation der Darwin'schen und allgemein wissenschaftlichen Vision vom Menschen. Wieso hat der primitive Mensch überall und immer auf seine Begegnung mit der Welt mit Religion reagiert? Wieso hat er durch sie überall seine Angst, Beengtheit, Enttäuschung ausgedrückt? Wieso hat er nach Rettung gesucht und wovor hat er Rettung gesucht? Diese Seite des Menschen, von der die Rede ist, diese Zerrissenheit zwischen Gut und Böse, das Gefühl des Verlorenseins, ewige Dilemmas über das Interesse und das Bewusstsein, Gut und Böse, Sinn und Unsinn der Existenz, der moralische Imperativ, mit welchem der Mensch unheilbar infiziert ist, bleiben ohne rationale Erklärung. Offensichtlich hat Darwins Mensch nicht darwinistisch auf die Welt, deren Teil er ist, reagiert.

Nicht einmal beim entwickeltsten Typ Tier gibt es etwas, was zumindest annähernd an einen ähnlichen Fall oder an irgendein anderes, ähnliches Dilemma oder eine Abgrenzung erinnern würde. Dieser ursprüngliche Idealismus mit seinen Begriffen des Verbotenen, Verfluchten, Tabus, mit dem Begriff des Geheimnisses tritt überall ohne Ausnahme als Bestandteil des urmenschlichen Bewusstseins auf. Überall, wo der Mensch erschien, erschienen mit ihm Religion und Kunst. Die Wissenschaft ist hingegen ein relativ neues und junges Phänomen. Der Mensch, Religion, Kunst – diese drei erschienen immer zusammen. Diesem Phänomen, welches vielleicht eine Antwort auf manch entscheidende Frage der menschlichen Existenz enthält, wurde nicht genug Aufmerksamkeit gewidmet.[20]

Aus der Perspektive des Materialismus muss die Geschichte der Menschheit wie ein Prozess einer progressiven Laizisierung aussehen (dies schreibt z.B. Reinach im Werk *Kulte, Mythen und Religion*). Aber niemals hat jemand auf zufriedenstellende Weise erklärt, wieso das Leben des primitiven Menschen immer und überall mit Kulten, Mysterien, Verboten und Glaubensinhalten erfüllt war. Wieso wollte er allem, dem Stern, Stein, Wort Leben und Persön-

---

[20] „Wir können eine Stadt ohne Stadtmauer, Herrscher, Zivilisation, Literatur und Theater finden, aber niemals hat der Mensch eine Stadt ohne ein Gebetshaus und mit Einwohnern, die sich nicht mit Gottesdienst beschäftigen, gesehen" – (griechischer Historiker Plutarch); „Es waren und es sind heute Menschenansammlungen ohne Wissenschaft, Kunst und Philosophie vorzufinden, aber es war noch nie eine Gemeinschaft ohne Glauben vorzufinden." – konstatiert fast gleich Henri-Louis Bergson zwanzig Jahrhunderte später.

lichkeit einhauchen?[21] Wieso sah er die Welt gerade so und nicht anders? Und umgekehrt, wieso objektiviert, verharmlost der zivilisierte Mensch alles und reduziert alles auf das Anorganische und Mechanische? Schon seit Tausenden von Jahren tendieren wir dazu, uns von diesen Lasten der Primitiven zu befreien, ohne ihre Natur und ihren Ursprung zu kennen.

Dieses Phänomen des inneren Lebens und der Verträumtheit in den Himmel, mit Bewunderung oder Angst – egal womit, das nur dem Menschen eigen ist, so sehr wie es jedem Tier fremd ist, bleibt ohne logische Erklärung und es scheint, dass er wortwörtlich „vom Himmel kam". Da er kein Produkt der Entwicklung ist, steht er im Wesentlichen außerhalb des Einflusses der Evolution. Die Zeichnungen der Neandertaler in Höhlen studierend folgert der französische Wissenschaftler Henri Simle, dass sich das psychische Leben der Höhlenmenschen sehr wenig vom psychischen Leben des modernen Menschen unterschied. „Auch die Höhlenmenschen, 70.000 Jahre vor unserer Ära, haben sich mit dem ‚metaphysischen Schwindelgefühl', den Krankheiten des modernen Menschen, gequält" – rief Simple am Kongress der Archäologen in Nizza im Jahr 1976 aus. Das ist offensichtlich nicht die Fortsetzung der biologischen Evolution, sondern ein weiterer Akt des Dramas, welches mit dem *Prolog im Himmel* begann.

Im Laufe der zoologischen Geschichte, die dem Auftauchen des Menschen vorangeht, gibt es nichts, das auf irgendeine Weise das Auftreten von Kulten und dieser primitiven Ethik andeuten oder zumindest erahnen lassen würde. Selbst über viele Epochen vorwärts bis zu irgendeinem beliebigen Zeitpunkt in Gedanken fortgeführt ist diese Entwicklung, der Begriff des Tabus oder des Kults das Mindeste, das zu erwarten wäre. Das Tier und seine Entwicklung, welche sich schon abgespielt hat oder die man sich vorstellen kann, geht nicht in Richtung Irrationales und Übernatürliches. Sie bewegt sich in Richtung physische Vervollkommnung und Intelligenz und weiters in Richtung Überintelligenz und Übertier, Nietzsches „Übermensch", welcher eigentlich nur ein vollendetes Tier ist.[22] Nietzsches Vision ist von Darwin inspiriert. Die Evolution, in ihrer Grundlage eine äußere und zoologische, wird weiter von der anderen

---

[21] „Der primitive Mensch weiß nichts von einer Welt ohne Leben" (H.A. Frankfurt, *Vom Mythos zur Philosophie*)

[22] Nietzsches Übermensch ist frei von „ethischen Vorurteilen": „Kämpft gegen die Barmherzigkeit, das Gewissen und das Verzeihen, diese inneren menschlichen Tyrannen; unterdrückt die Schwachen, steigt über ihre Rümpfe empor. Denn ihr seid Kinder höherer Art, denn euer Ideal ist der Übermensch" (Nietzsche, *Also sprach Zarathustra*).

Seite des Menschen fortgeführt. Doch diese Entwicklung ist einfach, logisch, ableitbar, denn sie bleibt innerhalb der Grenzen der Natur. Das Übertier ist das Resultat eines „Prozesses" und ist deswegen ein Geschöpf ohne inneres Leben, ohne Drama, ohne Persönlichkeit, ohne Menschlichkeit; es ist kein homo sondern ein Homunkulus, ein Geschöpf aus dem Reagenzglas, welches Doktor Faust in seinem Labor, und die Natur auf Basis eines ähnlichen, aber etwas verlängerten Prozesses in ihrem Laboratorium hergestellt hat.[23]

Ich denke, dass der sowjetische Dichter A. Voznesenskij dieselben Tatsachen vor Augen haben musste, oder denselben Gedankenlauf, als er folgerte: „Die Computer der Zukunft werden theoretisch alles tun können, was der Mensch tut. Alles außer zwei Dingen: er wird nicht religiös sein und Poesie schreiben können."

3.

Genauso wenig wie sie Ahnung vom Verbotenen haben, so haben Tiere weder Ahnung vom Schönen, noch von der ästhetischen Erregung im menschlichen Sinne des Wortes. Die Meinung mancher, dass Affen malen können, basierend auf irgendwelchen „Zeichnungen" dieser Tiere, zeigte sich als völlig unbegründet. Fest steht, dass Affen ziemlich erfolgreich den Menschen, welcher malt, imitieren. Die „affenartige Kunst", aus der manche in ihrer Zeit eine Sensation gemacht haben, existiert mit Gewissheit nicht.[24] Im Gegensatz dazu ist es heute so gut wie sicher, dass die Cro-Magnon-Menschen, die ersten echten Menschen, gezeichnet und geschnitzt haben. Solche Zeichnungen wurden auf Höhlenwänden, Knochen und Hörnern entdeckt. Als ein Resultat der ästhetischen Erregung des primitiven Menschen sind jene Bilder in den Höhlen der Sahara, Spaniens (Altamira) und Frankreichs (die Höhle von Lascaux) und den kürzlich entdeckten in Polen (Mašicer Höhle) anzusehen. Es wird angenommen, dass manche dieser Bilder bis zu 30.000 Jahre alt sind. Eine Gruppe sowjetischer Archäologen hat vor kurzem erst nahe der Stadt Černigov in der Ukraine ein Set musikalischer Instrumente aus ca. 20.000 Jahren alten Mammutknochen

---

[23] Die Literatur schuf viele ähnliche Monstra. Ein gemeinsames Merkmal all dieser Ungeheuer ist die außerordentliche Intelligenz neben der vollkommenen Abwesenheit des „moralischen Sinnes".

[24] In dieser Hinsicht liegen bedeutende Untersuchungen des sowjetischen Wissenschaftlers V. Bukina vor.

entdeckt. Das Schmücken ist älter als das Kleiden, die Neigung zum Schönen ist stärker als die Notwendigkeit, als die bloße Funktion, und diese Tatsache hinsichtlich des Kleidens ist seit der prähistorischen Zeit bis in unsere Tage fühlbar. Ein Kostüm ist nicht gleichrangig mit einem Kleidungsstück. Es ist zugleich eine Zeit und ein Standpunkt. Die Trachten einzelner Völker, welche eine außerordentliche Unterschiedlichkeit aufweisen, sind nicht einfach eine Antwort auf die bloße Notwendigkeit des Alltags oder die Bedingungen der Umgebung. Die Tracht wird in einem Augenblick zum Bild, fast zur Poesie. Das Fell oder Federkleid eines Tieres kann sehr schön sein, aber es ist dies ohne irgendein Zutun seinerseits, es ist daher keinerlei Mitteilung.

Am Grunde dieser Schönheit, des Glanzes und der Farbe wird sich immer irgendeine Funktion finden lassen. Weiters ist es in geistlichen Liedern und Spielen, welche echte Spektakel darstellten, fast unmöglich, den Kult von der Kunst zu trennen. Die erste geformte Gestalt aus Stein ist ein Idol. Die religiöse Inspiration schuf, falsch orientiert, jene schönen Figuren von Göttern aus Stein und auf den Inseln Ozeaniens, an der Elfenbeinküste und in Mexiko entdeckten Masken, welche heute als Beispiele purer Kunst, der unmittelbaren Impression, angeführt werden. Die gesamte bildnerische Kunst ist ihrem Ursprung nach idolartig und damit muss die Prolematisierung gegenüber den bildenden Künsten im Islam und manchen weniger personalistischen Religionen erklärt werden. Es scheint, dass man in die Vorgeschichte zurückkehren muss, um klar zu sehen, wie die Kunst aus der Religion entstand, oder wie sie beide zusammen mit der primitiven Ethik aus einer Quelle, denen sie gemein ist, entsprangen: aus dem Streben des Menschen nach einer verlorenen Welt.

Dieser Unterschied zum Tier zeigt sich auch im Aufstand, in der Revolte, wie bei Albert Camus. Das Tier wehrt sich nicht gegen sein tierisches Schicksal, es ist entweder zufrieden, oder es ist ihm gleichgültig, aber der Mensch ist ein rebellisches Tier – „das einzige Tier, das sich weigert, das zu sein, was es ist" (A. Camus, *L'homme révolté*). Diese Revolte ist rein menschlich und wir finden sie in hoch entwickelten Überflussgesellschaften, wo die dem Ursprung nach zoologische Zivilisation versucht, irgendwelche inhumanen Standards der Existenz durchzusetzen (Ordnung, Entpersönlichung, allgemeine Nivellierung, massive Dressur, Herrschaft der Gesellschaft über den Einzelnen und andere).

4.

Johan Huizinga deckt noch ein Phänomen auf: das Spiel (Huizinga, *Homo ludens*). Auch das Tier spielt, vergnügt sich, aber nur der Mensch spielt, wenn man darunter eine geistige Funktion, die Ausübung einer inneren Notwendigkeit, versteht. Das Spiel der Tiere hat in seiner Grundlage immer irgendeine biologische Funktion, handle es sich nun um das Liebesspiel, die Notwendigkeit der Entwicklung der Jungen oder Ähnliches. Das Spiel der Tiere ist ein triebgesteuertes und funktionelles; das Spiel des Menschen ist frei und interessenunabhängig. Es bedingt das Bewusstsein vom Spiel und schließt manche Wesenszüge mit ein, welche ihm einen rein geistigen Sinn geben: der Ernst, die Feierlichkeit, „die ziellose Zweckmäßigkeit".

Eine besondere Art Spiel, welche sich durch einen ausgesprochen anutilitaristischen, antizoologischen Charakter auszeichnet, ist „Potlatch", oder anders gesagt ein universelles Phänomen primitiver Kulturen. In seinem bereits erwähnten Buch widmete Huizinga dieser Erscheinung viel Raum. Potlatch, seiner Natur nach äußerst irrational und unökonomisch, gehört der gleichen Sachordnung an, welcher auch die primitive Kunst oder primitive Ethik mit ihren Verboten, Tabus und den Begriffen von Gut und Böse angehören. Ich erachte es als unausweichlich, einige der interessantesten Stellen aus Huizingas Buch anzuführen:

„Die agonale Grundlage des kulturellen Lebens in uralten Gemeinschaften ist mit nichts anderem so gut zu erklären wie mit der Beschreibung jenes Brauchs indianischer Stämme in British Columbia, welcher in der Ethnologie als Potlatch bezeichnet wird. In dieser typischsten Form, so wie er beim Stamm Kwakiutl beschrieben wird, ist Potlatch eine große Feier, mit der eine von zwei Gruppen mit viel Luxus und durch allerlei Zeremonien ausgiebig die andere beschenkt, mit der ausschließlichen Absicht, ihre Überlegenheit über sie zu beweisen. Die einzige und damit erforderliche Gegenleistung besteht darin, dass die andere Seite die Feierlichkeit innerhalb irgendeiner Frist wiederholen und sich dabei in höchstem Maß für die Beschenkung erkenntlich zeigt. Diese Art der Feierlichkeit des Schenkens durchdringt das gesamte gesellschaftliche Leben der Stämme, welche sie pflegen: ihren Kult, ihr brauchtümliches Recht, ihre Kunst. Das Gebären, das Heiraten, das Beschneiden, der Tod, das Tätowieren, das Errichten von Grabstatuen, all dies ist ein Anlass für Potlatch (...) Aber im Falle, dass auch eine andere Sippe an der Feierlichkeit teilnimmt, ist auch sie verpflichtet, ein Potlatch noch größeren Ausmaßes zu veranstalten (...) Lehnt der Verpflichtete ab, so verliert er Namen, Wappen, Totem, Ehre, sowie bürgerliche und religiöse Rechte (...) Die Überlegenheit äußert sich im Potlatch nicht durch das einfache Schenken von Gütern, dies wird, was noch eindrucksvoller ist, durch das Vernichten eigener Güter vollbracht, sodass man anhand von Selbstlob beweist, dass es möglich ist, auch ohne sie auszukommen. Die Handlung übernimmt immer die Gestalt eines Wettbewerbs: Zerbricht das Oberhaupt ein kupfernes Gefäß, verbrennt es einen Haufen Decken, zerstört es sein Kanu, so ist der Gegner schuldig, zumindest den gleichen Wert zu zerstören, aber erwünscht ist es, noch mehr zu zerstören (...) Solche Wettbewerbe der ungezügelten Freigebigkeit, deren Spitze die gleichgültige Zerstörung eigener Güter ist, finden wir in mehr oder weniger deutlichen Spuren überall auf der Welt. Dieselben Bräuche zu beschreiben gelang Marcel Mauss bei den Malaien, auch sie deckten sich vollkommen mit dem Potlatch. In seinem Essai sur le Don bewies er, dass Spuren ähnlicher Bräuche in der griechischen, römischen und altgermanischen Kultur existierten. Das Wetteifern im Beschenken und Zerbrechen findet Granet auch in der chinesischen Tradition.

Im vor-islamischen Polytheismus in Arabien treffen wir auf sie unter einem bestimmten Namen, welcher zeigt, dass sie fast zum Schema geworden sind: sie bezeichnen sie als Mu'aqara (...) Das Thema, welches Held behandelt, warf Mauss nochmals mit mehr oder weniger Genauigkeit auf, als er schrieb: Mahabharata ist die Geschichte eines gigantischen Potlatch (...) Der geistige Bereich, in dem sich diese Feierlichkeit abspielt, ist der Bereich der Ehre, des Produzierens, des Verschwendens und der Provokation. Die Rede ist von einer Welt ritterlichen Stolzes und ritterlicher Leidenschaft, von einer Welt, in der großer Wert auf den Namen und das Wappen gelegt wird, um an die Ahnen zu erinnern. Das ist keine Welt, in der man sich Sorgen um das alltägliche Leben macht, auf Gewinn und den Erwerb von nützlichen Gütern zählt. Soweit es mir bekannt ist, sucht die Ethnologie hauptsächlich in magischen und mythischen Vorstellungen eine Erklärung für die Erscheinung des Potlatch. Ein außerordentliches Beispiel dafür gab G. W. Locher in seinem Buch The serpent in Kwakiutl Religion (herausgeben in Leiden, 1932) (...) Die Bräuche des Potlatch sind zweifellos am engsten mit der religiösen Welt der Vorstellungen des Stammes, welcher sie pflegt, verbunden.

Solch eine Gesellschaft wird in großem Stil beseelt durch Begriffe wie: Ehre der Gemeinschaft, Bewunderung des Reichtums und Großherzigkeit, verstärkte Betonung der Freundschaft und des Vertrauens, Wetteifern, Provokation, Abenteuerlust und ewige Selbstverschönerung, aus der sich die Gleichgültigkeit gegenüber allen materiellen Gütern ergibt. Die Dinge, die getauscht oder geschenkt

werden, haben für gewöhnlich keinerlei Gebrauchswert. Es werden irgendein Schmuck oder Gegenstände geschenkt (geopfert), welche eine heilige Stellung genießen oder denen magische Kräfte zugeordnet werden (…) Vom materiellen Nutzen ist daher überhaupt nicht die Rede."[25]
Güter zu zerstören, Gleichgültigkeit gegenüber dem Nutzen und dem Materiellen auszudrücken, dem Prinzip vor den Dingen den Vorrang zu geben – sei dies alles auch heuchlerisch – ist ausschließlich eine menschliche Eigenschaft. Nichts Ähnliches finden wir auch nur im Ansatz in der Tierwelt.

Eine gewisse Zeit glaubte man, dass mit Darwin eine endgültige Lehre vom Menschen entstanden wäre, so wie man glaubte, dass mit Newton eine endgültige Lehre vom Weltraum gegeben worden wäre. Aber so wie Newtons mechanistische Vorstellung des Weltraums nicht bestehen bleiben konnte, denn sie konnte manche Erscheinungen nicht erklären, scheint es, dass Darwins Theorie aus dem gleichen Grund „relativiert" werden muss. Die Evolutionstheorie kann nicht auf zufriedenstellende Weise die erste religiöse Phase des Menschen erklären. Sie hat nicht einmal eine Erklärung für manche Phänomene aus der Phase der Zivilisation. Wieso ist der Mensch psychisch desto unzufriedener, je besser es ihm geht? Wieso fällt mit dem Anwachsen des materiellen Standards der „psychische"? Wieso steht die Anzahl der Selbstmorde und psychischen Krankheiten in genauem Verhältnis zur Höhe des Nationalprodukts[26] und zur Bildung? Oder wieso gibt es mehr Menschlichkeit am Anfang der Evolution als am Ende? Wieso bedeutet Fortschritt nicht zugleich Humanisierung? Wie kommt es, dass die Kunst der unzivilisierten Gebiete der Welt (z.B. Ozeanien und Afrika) ausdrucksstärker ist als die Kunst der „kultivierten" Gebiete und dass sie bedeutenden, fast revolutionären Einfluss auf diese letztere hat? Das sind diese Fragen! Dem menschlichen Verstand, welcher erst einmal Darwin und Newton kennengelernt hat, fällt es schwer, sich ihrer klaren und annehmbaren Visionen zu entledigen. Newtons Welt ist kontinuierlich, logisch, einfach und überschaubar: Sie kämpft um ihr Überleben; er stellt die Bedürfnisse zufrieden und neigt zu einer vereinheitlichten und funktionalen Welt. Aber Einstein hat Newtons Illusion zerstört, und hier machen das nun die pessimistische Philosophie und der Misserfolg der Zivilisation. Der Mensch ist unberechenbar, unerklärlich, unzufrieden, durchdrungen von Zweifeln und Angst, „verbogen", wie Einstein sagen würde. Die Philosophie erwartet vom

---

[25] J. Huizinga, *Homo ludens*, S. 83-87
[26] Anm. d. Übersetzers: mit der veralteten Bezeichnung „Nationalprodukt" ist das „(Brutto-)Sozialprodukt" gemeint.

Menschen, da sie lange unter dem Einfluss der geradlinigen, Darwin'schen Vision stand, ihren Umsturz, ihre „Einstein'sche Wende". Ein neues Verständnis vom Menschen wird sich auf das Darwin'sche beziehen, so wie sich Einsteins Weltraum auf Newtons bezieht. Wenn es die Wahrheit ist, dass wir uns durch Leid erheben und durch Genießen abstumpfen, dann ist das so, weil wir eine Seele haben und weil wir uns dadurch von unseren tierischen Vorfahren unterscheiden. Der Mensch ist weder nach Darwin geformt, noch ist der Weltraum nach Newton errichtet.

Abschnitt 3
DER DUALISMUS DER LEBENDIGEN WELT

1.

Können wir Leben erschaffen oder werden wir dies jemals können? Liegt diese Prätention überhaupt innerhalb der Grenzen der menschlichen Macht? Die Antwort ist: Wir können, wenn wir es verstehen können. Aber *können* wir das Leben verstehen?

Biologie ist keine Wissenschaft über das Wesen des Lebens, sondern über das Phänomen des Lebens, in dem Maße, in dem es uns als Objekt gegeben wird, in dem Maße, in dem es ein Produkt ist.

Jener Dualismus zwischen Tier und Mensch, welchen wir kurz vorher konstatierten, begegnet uns auch jetzt – nur einen Kreis oder eine Stufe niedriger – in der Relation Materie-Leben. Wieder sehen wir auf der einen Seite Gleichheit, Qualität[27], Wiederholung, Kausalität, den Mechanismus, und auf der anderen Originalität, Qualität, Wachstum, Spontaneität, den Organismus. Das Leben erweist sich weder als eine Fortsetzung der Materie – weder mecha-

---

[27] Anm. d. Übersetzers: Izetbegović wird hier wohl eher „Quantität" gemeint haben, da es innerhalb der Materie bzw. ihrer Formen keine Qualitäten, sondern lediglich bestimmte quantitative Anordnungen gibt und Quantität eher dem im Weiteren genannten Gegenstück der Qualität, als Eigenschaft des Lebens, entspricht.

nisch noch dialektisch – noch als ihre besonders geordnete und hochorganisierte Form. Nach manchen seiner Attribute widerspricht das Leben unserem Begriff und Verständnis der Materie bereits in den Prämissen. Es charakterisiert die Natur als den Gegensatz zur Materie.

Nach den neuesten Auffassungen der Biologen ist die Entropie ein bedeutender Begriff in der Definition des Lebens. Alle Gesetzmäßigkeiten, welche über die Materie herrschen, sind in der letztendlichen Analyse auf die Entropie zurückzuführen, das bedeutet auf die universelle Desorganisation, auf die Senkung des Systems auf den niedrigsten Grad an Ordnung und Energie. Umgekehrt ist die grundlegende Eigenschaft lebender Systeme der Gegensatz zur Entropie, der Zustand der „Antientropie", ihre Fähigkeit, aus Einfachem Geordnetes zu schaffen, aus Chaos Ordnung, ein System auf einer höheren Energieebene zu halten (sei es auch vorübergehend). Jedes materielle System bewegt sich in Richtung höhere Stufe der Entropie[28], aber jedes lebende System geht in die umgekehrte Richtung. Sie sind voneinander mit „dem Rücken weggedreht", denn „das Leben ist eine Bewegung gegen den Wind der mechanischen Gesetzmäßigkeit" (wie Kuznjecov, sowjetischer Wissenschaftler im Bereich der Kybernetik, sagt).

Der Autor dieser Zeilen ist kein Biologe und hinsichtlich der Fragen, von denen die Rede ist, wird er sich auf das Zitieren von Autoritäten auf diesem Gebiet beschränken müssen. Das Versagen der Biologie und Psychologie, etwas mehr über das Wesen des „Gegenstandes" an sich, über den sie debattieren, – das Leben und die Psyche – zu sagen, ist eine offensichtliche Tatsache, die nicht umgangen werden kann. Diese Tatsache konstatierend möchte der Autor nur hervorheben, dass sie nicht unerwartet war.

Als Andrè George 1950 in der Zeitschrift *Nouvelles Littèraries* eine Umfrage unternahm, in deren Zuge er den Biologen, Ärzten, Chirurgen und Physikern nur eine Frage stellte, was Leben sei, erhielt er Antworten, über die er sagte, dass er sie fast ausnahmslos als Ungewissheit und Vorsicht charakterisierte. Hier ist die Antwort von Pierre Lepin: „Das Mysterium bleibt vollkommen. Unsere Unwissenheit bewirkt, dass jede Erklärung über das Leben, die wir abgeben könnten, weniger klar wäre als die instinktive Erkenntnis, welche wir von ihm haben." Auf dieselbe Frage antwortete Jean Rostand, der heute vielleicht größte lebende Biologe:[29]

---

[28] Anm. d. Übersetzers: „höhere Stufe der Entropie" bedeutet in Izetbegovićs Sinne grob gesagt „höhere Stufe der Unordnung".

[29] gestorben 1977

„Zum jetzigen Zeitpunkt wissen wir nicht, was das Leben ist, insofern wir sagen können, dass wir nur jenes wirklich kennen, was wir herstellen können. Wir sind nicht einmal in der Lage, eine vollkommen genaue Definition der Erscheinung des Lebens zu geben. Gerade durch das Ausweichen von einer schnellen Dekomposition zum trägen Zustand des Gleichgewichts zeigt sich der Organismus rätselhaft, dermaßen rätselhaft, dass seit den frühesten Zeiten des menschlichen Denkens geglaubt wurde, dass irgendeine besondere, nichtphysische, übernatürliche Macht (vis viva, entelehia) im Organismus wirkt. Auf welche Weise verlangsamt der lebende Organismus seinen Verfall? Jeder Prozess oder Vorfall, oder jede Entwicklung, oder mit einem Wort alles, was in der Natur sich ereignet, bedeutet eine Zunahme der Entropie in diesem Teil der Welt, in welchem sich dieser Vorfall zuträgt (…) Der Organismus kann diesen Prozess nur durch das unaufhörliche Nehmen aus der äußeren Umgebung der negativen Entropie erhalten, und das bedeutet am Leben zu bleiben." (Erwin Schrödinger im Buch *Was ist Leben*)
Im gleichen Sinne schreibt Teilhard de Chardin, ein französischer Paläontologe:
„Wahrlich, trotz vieler Hindernisse setzt sich die Kurve, welche von großen Molekülen zu mehrzelligen Lebewesen führt, ohne Unterbrechung fort: Diese Kurve ist gerade jene, aus der (außerhalb des Spiels des Zufalls und hoher Zahlen) die Wirkungen des Lebens und Indeterminationen, Selbstordnungen und das Bewusstsein hervorgehen (…) Aus diesen Voraussetzungen folgt die Frage: besteht irgendeine Verbindung zwischen dieser geheimen Bewegung zu Zuständen einer zunehmend geordneteren und innerlicheren Welt und jener anderen (viel besser erforschten und besser bekannten) Bewegung, welche dieselbe Welt zu zunehmend einfacheren und immer äußeren Zuständen zieht (…) In dieser Frage wird vielleicht dazu geneigt, das wesentliche Rätsel des Alls, für die künftige Wissenschaft, zu zerschlagen und zu klären.
Die spontane Neigung der Zellen, Organe zu bilden, wie auch die gesellschaftliche Stellung mancher Insekten, ist eine der fundamentalen Tatsachen, welche wir durch Beobachten kennengelernt haben; wir werden für sie keine Erklärung in der Welt unseres bisherigen Begreifens finden." (Alexis Carrel, *Unbekannter Mensch*)
Der angesehene Biologe Kurt Goldstein:[30]
„Indessen, um diese Lösung zu finden, können wir hier so vorgehen, wie wir es gewohnt sind das zu tun, wenn es um Fragen von Gegenständen der toten Natur geht. Ist es uns erlaubt, einen bestimmten Gegenstand zu teilen, um die kleins-

---

[30] Die Zitate sind aus Goldsteins Werk *Der Aufbau des Organismus* entnommen

ten so erhaltenen Teilchen zu beobachten und von ihnen ausgehend zu versuchen, den Gegenstand, in unserem Fall den Organismus, zu rekonstruieren, so wie wir es in anderen Naturwissenschaften machen? Diese Methode wurde lange Zeit der biologischen Forschung aufgezwungen, oder um genauer zu sein, sie schien lange Zeit das Ideal der biologischen Forschung zu sein. Die Wahrheit ist, dass sie nur wenig befriedigende Resultate lieferte. Aber wie soll man dann vorgehen? Hier am Anfang unserer Darlegungen können wir nur eine negative Konstatierung vornehmen: Diese Methode ist auf die eine oder andere Weise unbefriedigend."

Nachdem er anführt, dass zwischen den Gegenständen und Methoden eine Wechselwirkung, eine gegenseitige Beziehung, besteht, schließt der Autor:

„Anstatt der traditionellen Regel des Untersuchens vom Niederen zum Höheren, vom Einfacheren zum Geordneteren, muss im Hinblick auf das Phänomen des Organismus dem umgekehrten Weg gefolgt werden. Indem man daher den Menschen als Ausgangspunkt nimmt, werden wir versuchen, das Leben und das Verhalten anderer Lebewesen zu verstehen (…)."

Von dieser verkehrten Natur des Lebens schreibt Karl Jaspers in seiner *Allgemeinen Psychopathologie* (1934):

„Doch dieses genetische Begreifen, welches entgegen einer objektiven Erklärung noch nach einer psychologischen, einer kausalen Erklärung, deren Natur anders ist, verlangt, prallt sehr schnell an seine Grenzen, besonders in der Psychopathologie. Psychische Tatsachen erscheinen auf unbegreifliche Weise völlig neu. Sie kommen eine nach der anderen, und entspringen nicht eine aus der anderen. Die Etappen der psychischen Evolution eines normalen Lebens, die Perioden und Phasen eines anormalen Lebens bewirken solch unverständliche Abfolgen in der Zeit. In diesem Fall kann ein Längsschnitt des Psychischen nicht, nicht einmal annähernd, in seiner Genese begriffen werden. Es muss für ihn die erklärende Ursache gefunden werden, so wie dies für Gegenstände der Naturwissenschaften getan wird, da diese nicht von innen erforscht werden können, so wie psychologische Tatsachen nicht von außen erforscht werden können."[31]

In Fortsetzung weist Jaspers auf den Unterschied zwischen „Verstehen", welches durch ein psychologisches „Durchdringen" erreicht wird, und „Erklären", welches das Aufdecken objektiver Beziehungen von Ursachen und Folgen mittels der Naturwissenschaften darstellt, hin und schlussfolgert: „Hier ist von

---

[31] Erinnern wir uns an Hegels Sätze: „Die Materie ist außerhalb ihrer selbst. Der Geist hat sein Zentrum in sich selbst. Der Geist ist die Existenz, die in sich selbst enthalten ist."

den letztendlichen Quellen der Erkenntnis, welche sich tief voneinander unterscheiden, die Rede."

Luis de Broglie, Träger des Nobelpreises für Physik des Jahres 1929: „Es ist daher wahrscheinlich, dass die vollkommene Erklärung des Lebens mit Hilfe unseres derzeitigen physikalisch-chemischen Wissens unmöglich ist."
Der Schweizer Biologe E. Guyenot sieht einen wichtigen Unterschied zwischen dem Leben und physikalisch-chemischen Erscheinungen und begründet dies:
„Physiker sollten sich dessen bewusst sein, dass wir Biologen, welche so viel Mühe darin gesetzt haben, das Leben in physikalisch-chemischen Formeln zu umschreiben, etwas begegnet sind, das sich nicht lösen lässt, und das ist das Leben. Das Leben hat eine organisierte Form angenommen. Es hat sie nicht einmal, sondern bereits Millionenmal durch Milliarden von Jahren angenommen. Es gibt da eine konstruktive Fähigkeit, welche jeder physikalisch-chemischen Erklärung verborgen bleibt."
André Lwoff, der Träger des Nobelpreises für Medizin des Jahres 1965 (französischer Biologe, tat sich durch das Erforschen der Erbmechanismen von Viren und Bakterien hervor):
„Das Leben kann als Eigenschaft, Manifestation oder Zustand des Organismus definiert werden. Der Organismus ist ein unabhängiges System voneinander abhängiger Strukturen und Funktionen, das in der Lage ist, sich zu reproduzieren (…) Oft ist gesagt worden, dass Viren die Verbindung zwischen organischen Substanzen und lebender Materie sind. In Wirklichkeit gibt es lebende Materie nicht. Ein Zellelement, wie Eiweiß, oder ein Enzym, oder eine Nukleinsäure ist nicht lebendig. Einzig der Organismus ist lebendig, aber ein Organismus stellt viel mehr dar als die Masse dieser Teile. Es ist gelungen, synthetische Virusproteine in vitro zu gewinnen, ebenso synthetische Nukleinsäuren eines Virus. Auf Grundlage dessen ist es nicht möglich von synthetischem Leben zu sprechen, denn an all diesen Untersuchungen nimmt eine vom Virus entliehene Substanz teil, welche in Wirklichkeit für Nukleotide spezifische, genetische Materie ist (…) Das Leben hat sich manchmal spontan gebildet. Es ist leicht, gewisse Bestandteile von Proteinen oder Nukleinsäuren zu synthetisieren, doch es ist bisher unmöglich gewesen, den Organismus selbst zu erschaffen (…) Eine Bakterie zu rekonstruieren, ist vorerst außerhalb unserer Reichweite (…)."
(Interview in der Tageszeitung *Le Monde*)
Eine ähnliche Skepsis äußert auch der gefeierte experimentelle Psychologe Ivan Pavlov:

„Schon Tausende von Jahren untersucht die Menschheit psychische Erscheinungen, Erscheinungen des psychischen Lebens, der menschlichen Seele. Und es sind dies nicht nur psychologische Spezialisten, die sich mit dieser Frage beschäftigen, sondern ebenso die gesamte Kunst, die gesamte Literatur, alle Ausdrucksformen des Mechanismus des psychischen Lebens der Menschheit. Tausende Seiten wurden über die Darstellung der inneren Welt des Menschen ausgefüllt, aber wir haben bis jetzt noch keinerlei Erfolg in diesen Anstrengungen erreicht, wir haben noch kein Gesetz aufgestellt, welches das psychische Leben des Menschen steuert."[32]

Die Methoden, derer sich die Organe bei ihrer Bildung bedienen, sind dem menschlichen Geist unbekannt (…) All dieses Material entsprang aus einer einzigen Zelle, wie wenn ein ganzes Haus aus einem magischen Ziegel entstünde, welches aus sich selbst eine Reihe anderer Ziegel extrahierte. Diese würden sich, nicht die Zeichnung des Architekten abwartend, nicht das Kommen des Maurers, von selbst in Form von Mauern zueinander gesellen, sich nach Bedarf in einen Ziegel, einen Dachziegel, in für die Heizung benötigte Kohle und in Wasser für die Küche und das Bad verwandeln (…) Organe entwickeln sich auf eine Weise und mit der Hilfe von Mitteln, derer sich Feen – in Kindermärchen aus früheren Zeiten – bedient haben (…) Unser Verstand kann sich in der Welt der inneren Organe überhaupt nicht wieder finden (…) Er selbst konstruierte seine Bausteine nach dem Vorbild des kosmischen Universums und nicht nach dem Vorbild des komplizierten inneren Mechanismus von Lebewesen."[33]

Und weiters:

„Vorerst konnten wir noch nicht ergründen, worauf die Organisation unseres Körpers, seine ihn ernährende, nervliche und geistige Energie gegründet ist. Die Gesetze der Physik und Chemie können auf die tote Materie vollkommen angewandt werden, aber nur teilweise auf den Menschen. Wir müssen die Illusionen des 19. Jahrhunderts, die Dogmen von Jacques Loeb, jene kindlichen physikalisch-chemischen Begriffe vom menschlichen Wesen, an welche leider auch heute noch viele Psychologen und Ärzte glauben, restlos abschütteln."

Das Leben ist ein Wunder und nicht ein Phänomen.

Das menschliche Auge besteht aus dem Augapfel, welches in die mit Fett ausgefüllte Augenhöhle eingebettet ist. Sein Schutzapparat besteht aus dem oberen und unteren Lid, den Wimpern, Augenbrauen, Schleimhäuten und Bändern. Das Bewegen der Augen in alle Richtungen wird durch einen moto-

---

[32] Ivan Pavlov, *Psychologie experimentale*
[33] Alexis Carrel, angeführtes Werk

rischen Apparat ermöglicht, welchen vier gerade und zwei schiefe Augenmuskeln ausmachen, erleichtert durch den Tränenapparat (Tränendrüse, Tränensack und Tränenkanal), welcher die Feuchtigkeit in der Augenhöhle erhält und das Auge vor Infektionen schützt. Den Augapfel bilden drei Schichten. Außen ist die undurchsichtige Lederhaut, welche in die durchsichtige Hornhaut übergeht. Unter der Lederhaut befindet sich die Aderhaut, welche von Blutgefäßen zur Ernährung des Auges durchzogen ist. Für die Funktion des Auges ist die dritte am wichtigsten, die innere Schicht, die Netzhaut (Retina), in der sich der rezeptive Apparat des Sehsinnes befindet: empfindliche Zellen in Form von Stäbchen und Zapfen, von denen empfindliche Nervenfasern des Sehnervs ausgehen. Das Innere des Augapfels ist mit einem elastischen und durchsichtigen Glaskörper gefüllt, an dessen Vorderseite sich die bikonvexe Linse befindet, welche an die Pupille angelehnt und durch Fäden mit ihrer Bindehaut entlang des Ziliarkörpers verbunden ist. Die Lichtstrahlen kommen durch die Hornhaut in das Auge, werden durch die Linse gebrochen und an der Rückwand des Auges projiziert, wo verkehrte Bilder des gesehenen Gegenstandes entstehen, welche der Sehnerv zu den optischen Zentren des Gehirns überträgt. Jedes der beiden Augen nimmt das Bild des Gegenstandes aus einer anderen Position auf. Die Nervenfasern führen in die subkortikalen Zentren des Sehsinnes, und von dort weiter in die Rinde des Hinterhauptlappens des Großhirns, wo sich das Zentrum für die Perzeption des Sehens befindet. Durch das Verbinden beider aus beiden Augen ins Zentrum übertragenen Bilder wird ein einheitliches plastisches Bild des Gegenstandes erzeugt. Für die Funktion des Auges ist die Tränenflüssigkeit, welche die Tränendrüsen absondern, von unersetzlicher Bedeutung. Die Feuchtigkeit der Hornhaut erhaltend, beinhaltet sie unter anderem Lysozym, einen Stoff, welcher Mikroorganismen auflöst und so vor Infektionen schützt. Die Arbeit der Tränendrüsen reguliert der siebte Hirnnerv *nervus facialis*. Als Bakterizid übertrifft die menschliche Tränenflüssigkeit pharmazeutische Präparate und es wird davon ausgegangen, dass sie mehr als 100 Krankheitserreger abtötet. Diese Eigenschaft behält sie selbst bis zur 6000-fachen Verdünnung.

Die Leber hat mehrere, verschiedene Funktionen. Als Drüse mit einer äußeren Absonderung sondert sie Galle ab, aber sie dient auch als Speicher für Eisen und Vitamin B 12. Stoffe, die durch die Leber abgesondert werden, werden vorher in ihr durch die geordneten Prozesse der Oxidation, Reduktion, Hydrolyse und Konjugation entgiftet. In der Leber werden viele Prozesse des intermediären Metabolismus abgewickelt. Sie dient als Speicher für Glykogene und reguliert ihre Konzentration im Blut. Das Blut liefert einigen Teilen des

Körpers Nahrung und transportiert Sauerstoff aus der Lunge in das Gewebe und entfernt aus dem Körper Abfallstoffe. Es transportiert Hormone und Antikörper, die Träger der Abwehrkräfte des Organismus, zusätzlich ist es an der Regulation der Körpertemperatur beteiligt. Die weißen Blutkörperchen töten schädliche Keime und Bakterien, welche in den Organismus eindringen, ab.

Das Gehirn besteht aus dem Vorderhirn mit zwei großen Hirnhemisphären, aus dem Zwischenhirn, Mittelhirn und dem Vorhirn, dem die Hirnbrücke und das verlängerte Rückenmark angehören. Das Gehirn ist von drei Hirnhäuten umgeben, einer harten, weichen und einer bindegewebsartigen. Die Gehirnmasse setzt sich aus einer grauen und einer weißen Masse zusammen. In der grauen befinden sich Nervenzellen (Ganglien) und in der weißen die Endstücke der motorischen und sensitiven Nervenleitungen. Im verlängerten Rückenmark und in der Varolsbrücke befinden sich die Kerne der Mehrheit der rezeptorischen und effektorischen Hirnnerven. Das Vorhirn hat die Hauptrolle in der Verwirklichung reflexartiger Vorgänge und es leitet die Nervenimpulse aus dem Rückenmark in die höheren kortikalen Zentren des Großhirns und umgekehrt. Das Kleinhirn ist ein wichtiges Zentrum für die Regulation des Gleichgewichts und des Muskel-Tonus. Das Mittelhirn umfasst die Hirnnervenkreuzungen und eine Platte mit vier Kernen. In den vorderen beiden Kernen sind die Fäden des Sehweges, welche für den Reflex der Pupille verantwortlich sind, angeschlossen, während die hinteren Kerne Teil der subkortikalen Hörzentren sind. Im Bereich des Mittelhirns befinden sich die Kerne der Hirnnerven, von denen die schwarze Substanz, die roten Kerne und die Kerne der Nerven der Augenmuskeln am wichtigsten sind. Das Mittelhirn geht unmittelbar in das Zwischenhirn über. Den Hauptteil des Zwischenhirns machen die Sehnervenkerne als Bündelung der zum Zentrum ausgerichteten Fasern, welche die Impulse der Mehrheit der Rezeptoren im Organismus übertragen, aus. Die graue Substanz bildet beim Großhirn die Oberfläche oder die Rinde der großen Hemisphären, in denen sich die subkortikalen Nervenknoten befinden: ein schienenartiges und weißes Gewebe. Bei höheren Säugetieren und dem Menschen ist der Balkenwulst, dessen Fasern beide Hemisphären verbinden, besonders ausgebildet. Die Rinde der großen Hirnhemisphären koordiniert den gesamten sehr komplexen Handlungsbereich der nervlichen Elemente und ermöglicht so die Verwirklichung größerer psychischer Funktionen, insbesondere den Mechanismus der bedingten Reflexe. Das Durchschnittsgewicht des menschlichen Gehirns bewegt sich zwischen 1300 und 1450 Gramm und beinhaltet 14-15 Millionen Nervenzellen.

Tiere verfügen oft über stärkere und vollkommenere Werkzeuge als die vom Menschen fabrizierten. Beispiele gibt es viele: der Scheinwerfer in der Lichtwahrnehmung bei Vögeln, die Violine der Heuschrecke, das Cembalo der Grille und dazu noch die ganze Garnitur an Fallen, Schlingen, Netzen, Ösen, Leimen, Pumpen usw. Andrée Tetry hat ein ganzes Buch darüber geschrieben.[34] Die Evolution ist offensichtlich nicht blind mechanisch vorgegangen, wie Darwin sich das vorgestellt hat (denn das Gesetz der Selektion wirkt genau so – blind und mechanisch). Es ist so, als ob sie einem Prinzip der Nützlichkeit gefolgt wäre, einer für den Einzelnen günstigen Richtung, doch das weist auf einen Sinn hin, den man auf keine Art und Weise in der Materie finden kann. Sinn setzt immer ein Bewusstsein des Zieles voraus.[35]

Die Klapperschlange besitzt die ungewöhnliche Fähigkeit der Wahrnehmung infraroter Strahlung und der Reaktion auf dieselbe. Wissenschaftler der Universität des Staates Colorado in den USA haben festgestellt, dass sich dieser äußerst empfindliche Infrarot-Detektor auf dem Kopf der Schlange befindet und sich aus dünnsten Verzweigungen von Nerven mit spezifischen Zellen, welche sich abhängig von dem auf sie einfallenden Licht ändern, zusammensetzt. Durch Experimente wurde festgestellt, dass bereits 35 Millisekunden nach Aussenden des Lichtimpulses der Reflex der Schlange folgt, was für ein biologisches System eine Rekordgeschwindigkeit hinsichtlich des Reagierens darstellt.

In ähnlicher Weise haben Haie eine äußerst empfindliche elektrische „Antenne" in der Nase, welche ihnen ermöglicht, im Sand des Meeresbodens versteckte Nahrung zu finden. Alle Meeresorganismen erzeugen schwache elektrische Wellen, welche Haie mit Hilfe ihrer Antennen wahrnehmen können. Dr. Aleksander Gorbovski, Mitglied der Sowjetischen Akademie der Wissenschaften, kehrt zu einer eigentlich alten Idee zurück, welche unter anderen auch Einstein vertreten hat, nämlich dass in der Struktur der Materie selbst gewisse rätselhafte Züge existieren, welche wir dem Verstand zuordnen. Hier sind einige interessante Stellen aus seinen Überlegungen:

„Im Bau der Termiten handelt ein Kollektiv, d.h. Tausende und Abertausende Termiten. Und nach vollendeten Bauarbeiten keimt ein geordnetes Bauwerk auf mit einem Volumen, das größer ist als 100 Kubikmeter, und einer Höhe von drei bis vier Metern, mit einem korrekt ausgeführten System von Gängen, Ventilationskanälen, Nahrungslagern, speziellen Räumen für die Larven usw.

---

[34] *Les outils chez les etres vivants*
[35] Darüber mehr: Lucien Cuénot, *Invention et finalité n biologie*.

Folgender Versuch wurde ausgeführt: Ein Termitenbau, dessen Errichtung erst begonnen hat, ist in zwei Teile geteilt, sodass die Termiten ganz und gar getrennt waren. Aber, ungeachtet dessen, wird der Bauprozess der Termiten erfolgreich fortgesetzt, sodass alle Gänge, Kanäle, Räume und Lager in beiden Teilen identisch ausgeführt werden – mit gemeinsamen Verbindungen.

Man könnte sich vorstellen, dass jede Termite genau informiert war über die Arbeit ihres Kollegen aus dem benachbarten Block, und ihre Bauarbeiten durchaus gleich und identisch ausgeführt hat. Doch wusste sie nichts vom Schicksal ihres benachbarten Mitbruders, mit dem sie nicht einmal in Verbindung stand. Versuchen wir dieses Phänomen zu erklären.

Klar ist, dass nicht jede einzelne Termite fähig ist, alles aufzunehmen, d.h. die komplette Information über die Errichtung des Termitenbaus in dessen Gesamtheit. Eine einzelne kann nur einen Teil des gesamten Prozesses, in den sie involviert ist, kennen. Demnach kann man daraus schließen, dass der Speicher aller Informationen in der Population der Termiten insgesamt liegt. Auf diese Weise sprechen wir von Wissen, höherem Wissen, welches nur dann auftaucht, wenn von einer Gemeinschaft von Angehörigen derselben Art die Rede ist. Doch das ist kein vereinzeltes Beispiel. Wenn ein Heuschreckenschwarm fliegt, so bewegt er sich üblicherweise nach einer streng bestimmten Marschrute. Sofern wir aber eine Heuschrecke von dieser Gemeinschaft trennen und sie in eine abgeschlossene Kiste geben, so verliert die Heuschrecke in demselben Moment die Bewegungsrichtung und beginnt panisch in alle Richtungen zu eilen. Wenn wir diese Kiste inmitten unseres fliegenden Schwarms setzen, so entdeckt die gefangene Heuschrecke plötzlich die richtige Richtung und beginnt hartnäckig und ruhelos zu eilen, doch diesmal nur in eine Richtung, d.h. in die Richtung ihres Schwarms.

Mit anderen Worten, bei selbstständigen Organismen zeigt sich höheres Wissen (kollektives Wissen) nur auf dem Niveau der Gemeinschaft, das an sich nicht beim einzelnen Individuum vorhanden ist."

Lange wurde geglaubt, dass ein älterer und erfahrenerer Vogel einen Schwarm von Zugvögeln, welche einmal jährlich in wärmere Gegenden ziehen, anführt. Aber Tatsachen widerlegen diese Annahme. Der japanische Ornithologe Prof. Jamamoto Hirosuke hat herausgefunden, dass Vogelschwärme ohne Führer fliegen. Wenn sich durch irgendeinen Zufall ein Vogel vor dem Schwarm befindet, so heißt das keinesfalls, dass er den anderen den Weg weist. Manchmal findet sich an der Spitze des Schwarms ein schwacher, unreifer Vogel. Gemäß den Ausführungen von Jamamoto Hirosuke wird der Schwarm in sechs von zehn Fällen von einem jungen Vogel angeführt, welcher erst im Sommer ausgebrütet wurde.

„Es ist durchaus klar, dass so ein Vogel die traditionelle Flugrute nicht kennt und daher die älteren und erfahreneren Vögel, welche ihren Weg gut kennen, nicht anführen kann."

Dr. Aleksander Gorbovski setzt fort:

„Es ist bekannt, dass das Verhältnis der Geburten im biologischen Sinne zwischen männlichen und weiblichen Individuen fast identisch ist. Wenn aber dieses natürliche Verhältnis durcheinander gebracht wird und ein Geschlecht überwiegt, so kommt es zum spontanen Prozess des Ausgleichens der Geschlechtsstruktur. Falls aus irgendwelchen Gründen die Weibchen in der Minderheit sind, so werden unter den neugeborenen Individuen die Weibchen in der Mehrheit sein. Wenn zu wenig Männchen vorhanden sind, so wird ihre Anzahl unverhältnismäßig steigen. Dieser Prozess dauert so lange, bis das Verhältnis zwischen den Geschlechtern vollkommen ausgeglichen ist.

Klar ist jedenfalls, dass ein Individuum, d.h. ein selbständiger Organismus, nicht nach eigenem Willen das Geschlecht seiner Nachkommen beeinflussen kann.

Mit anderen Worten, wieder befindet sich vor uns eine Erscheinung, die eine bestimmte Regelmäßigkeit beinhaltet. Wir begegnen erneut einem beständig ausgerichteten Wirken, einem äußeren Einfluss, dessen Quelle sich außerhalb jedes selbständigen Organismus befindet.

Diese Erscheinung ist der Menschheit wohl bekannt. Demographen nennen sie ‚das Phänomen der Kriegsjahre'. In Kriegszeiten und nach ihnen findet ein großer Verlust an Männern statt, weswegen ihre Zahl in beschleunigter Art verhältnismäßig anwächst und das vorher durcheinander gebrachte Gleichgewicht wiederhergestellt wird."

Einige etwas früher angeführte Beispiele sind aus dem ersten Biologie-Lehrbuch, das griffbereit war, entnommen. Diese wahrhaften Wunder der Natur erklärt die Religion mit der höchsten Vernunft, mit Gott. Alle Erklärungen der Wissenschaft werden letzten Endes auf eins zurückgeführt: dass dies alleine, von selbst zustande gekommen sei. Ein größerer Irrglaube könnte dem menschlichen Geist nicht vorgesetzt werden. Von mir zu verlangen, anzunehmen, dass etwas so Vollendetes und Kompliziertes wie das menschliche Auge oder Gehirn durch das Spiel des Zufalls oder von selbst entstanden sei, kommt der Forderung gleich, dass ich tatsächlich die gesamte griechische Mythologie anerkennen soll. Wir könnten eher den Gedankenschluss des großen islamischen Denkers Sheikh Mohammed al-Ghazali al-Saqqa ziehen, dass zugleich alle Wunder natürlich sind und die gesamte Natur wundersam ist.

2.

Wie steht es nun mit dieser „famosen Selbstorganisation der Materie", mit diesem Entstehen von ungewöhnlich geordneten Apparaturen, alleine aus sich selbst, von denen die lebendige Welt voll ist? Versuchen wir das am Beispiel der Selbstentstehung (Entstehung durch Zufall) eines Eiweißmoleküls darzustellen, welches die materielle Grundlage jeder uns bekannten Form von Leben auf der Erde ist.

Der Schweizer Physiker Charles-Eugène Guye versuchte die Berechnung der Wahrscheinlichkeit der Bildung eines Proteinmoleküls durch bloßen Zufall durchzuführen. Bekannt ist, dass das Proteinmolekül aus mindestens vier verschiedenen Elementen besteht. Aus Gründen der Vereinfachung nahm Charles-Eugène Guye für seine Berechnungen an, dass das Molekül aus zwei Elementen besteht, unter der Bedingung, dass ein Molekül aus 2.000 Atomen mit dem Atomgewicht zehn und der Dissymmetrie von 0,9 besteht. Unter diesen vereinfachten Voraussetzungen ist nach den Berechnungen von Charles Eugen Guye die Wahrscheinlichkeit, dass ein Protein durch Zufall entsteht $2,02 \times 10-321$. Wenn wir dieses Resultat innerhalb der Grenzen der Zeit und Größe unseres Planeten betrachten, so folgt, dass die Wahrscheinlichkeit, dass nur ein Molekül von Guye zur Entstehung eine Zeit von 10243 Billionen Jahren erfordert, unter der Voraussetzung von 5.1014 Impulsen pro Sekunde. Ausgeschlossen ist daher die Möglichkeit, dass das Leben durch das Spiel des natürlichen Zufalls in insgesamt zwei Milliarden Jahren, welches jenes Alter ist, das für die Erde geschätzt wird, entstehen konnte.

Die Rechnung hat Manfred Eigen vom Max-Planck-Institut für biophysikalische Chemie in Göttingen, Deutschland, Träger des Nobelpreises für Chemie von 1968, wiederholt. Er hat bewiesen, dass für die Generierung eines Proteinmoleküls durch den bloßen Zufall unser Planet und all sein Wasser vollkommen ungenügend sind. Selbst wenn das ganze Universum voll mit chemischen Substanzen wäre, welche sich unaufhörlich kombinieren würden, so wären die vergangenen zehn Milliarden Jahre seit der Geburt des Universums immer noch ungenügend, damit sich irgendein bestimmter Typ von Protein bildet. Dieser Wahrheit ins Auge blickend formulierte Manfred Eigen die Hypothese der Evolution vor dem Leben, beziehungsweise, das ‚Leben vor dem Leben', wie er diese Theorie genannt hat, denn er hat der Nukleinsäure praktisch einige Eigenschaften des Lebens zugestanden. Auf jeden Fall befindet sich in der Materie nun auf einmal ein Prinzip der Ordnung, der Auswahl, der Anpassung, im Widerspruch zum Chaos und Entropie, ein Prinzip, das auf keinen Fall zur Definition der Materie gehört.

Die britischen Wissenschaftler Frederic Hoyle, ehemaliger Präsident der Königlichen Astronomischen Gesellschaft, und Prof. Chandra Vikrama von der Universität in Cardiff, welche dasselbe Problem im Auge hatten, haben die Hypothese aufgestellt, dass das Leben nicht auf der Erde entstanden ist, sondern mit Hilfe von Wolken des kosmischen Staubs aus der Tiefe des Kosmos ‚eingeführt' wurde. Ihnen zufolge haben die biologischen Aktivitäten im Kosmos bedeutend früher begonnen als die Erde entstanden ist.

Der russische Autor R. Balandin schreibt:

„Wenn auf der Erde einige Millionen Laboratorien, welche, auf die glückliche Umgebung zählend, chemische Verbindungen synthetisieren würden, so wäre die Wahrscheinlichkeit oder Chance für die Erschaffung von Leben aus der Eprouvette noch immer minimal. Nach den Berechnungen von J. Holden liegt die Wahrscheinlichkeit bei 1:1310."

So steht es mit der Selbstorganisation eines Eiweißmoleküls, welches sich gegenüber einem lebenden Organismus so verhält wie ein Ziegelstein gegenüber einem Hochhaus. Wie würden wir jetzt die Vollkommenheit des menschlichen Auges mit den Prinzipien der Selbstorganisation der Materie, selbst auch auf allerhöchstem Niveau, erklären?

3.

Die Wissenschaft, und insbesondere die molekulare Biologie, hat es geschafft, die unglaubliche Entfernung zwischen toter und lebender Materie auf einen fast verschwindend kleinen Abstand zu reduzieren. Doch ist dieser kleine Abstand genauso groß und ebenso hoffnungslos unbezwingbar. Die Geringschätzung dieses nicht bezwungenen (und vielleicht unbezwingbaren) Abstandes und dessen Vernachlässigung ist wissenschaftlich unseriös und gehört zu den Tendenzen des offiziellen Materialismus.

Wie soll man dieses Paradoxon erklären: Wenn wir durch Ausgrabungen auf zwei Steine stoßen, die sich in einer gewissen Ordnung befinden oder geglättet sind, sodass sie irgendeinem Zweck dienen könnten, ziehen wir den Schluss, dass dies ein Werk des Menschen aus ferner Vergangenheit sei. Wenn wir neben demselben Stein eine menschliche Leiche finden, endlos vollendeter als das Steinwerkzeug, so kommen wir nicht auf die Annahme, dass es sich um die Konstruktion eines bewussten Wesens handle. Diese so vollendete Leiche oder dieses Skelett sei alleine, von selbst oder durch das Spiel des Zufalls entstanden, auf jeden Fall ohne Vermittlung durch Verstand und Bewusstsein. Ist die Leugnung Gottes seitens des Menschen nicht manchmal kapriziös?

Die Beschränktheit des modernen Menschen spiegelt sich am meisten in seiner Überzeugung, dass ihm alles klar sei. Seine Klugheit ist die Sammlung seines Wissens und der gewaltigen Menge an Unwissen, welche er nicht bemerkt, welche er, besser gesagt, als Wissen erachtet. Er sieht nicht das Rätsel und gerade darin wird sein kolossales Ausmaß an Unwissenheit und Vorurteilen offenkundig. Schwalben fliegen von Mitteleuropa im Herbst bis zu weit entfernten Regionen in Afrika. Zum Frühling kehren sie zurück und landen auf demselben Dach, unter dem sie ihr Nest zurückgelassen haben. Wie wissen sie überhaupt, dass sie los müssen und wann sie sich auf den weiten Weg machen müssen? Wie können sie, wenn sie zurückkehren, ihr Nest unter dem Dach eines von Tausenden Häusern in einer Millionenstadt finden? Auf diese Frage antwortet unser eingebildeter Unwissender schnell: Der Instinkt leitet sie einfach. Oder: es geht um die natürliche Auslese: Die Art von Schwalbe, welche „verstanden" hat, dass man im Winter in wärmere Gegenden ziehen sollte, hat überlebt. Die Arten, welche das nicht verstanden haben, wurden zerstört. Im ständigen Kampf mit den Umweltbedingungen, unter denen sich dieser Vogelstamm entwickelt hat, haben die Schwalben allmählich verstanden, dass sie wegziehen müssen, wenn sie überleben wollen. Ihr Instinkt des Umziehens ist das Resultat dieser über Tausende Generationen gesammelten Weisheit.

Das Übel liegt nicht in dieser entleerten Antwort. Übel ist, dass unser Gesprächspartner glaubt, überhaupt irgendeine Antwort gegeben zu haben, mit einem Wort eliminiert er das Rätsel, welches immer die erste Bedingung des Erforschens und Auffindens der Wahrheit ist. Eine unechte Antwort ist so gefährlich wie ein unechtes Heilmittel. Sie heilt nicht, blockiert aber unser Bestreben, sie erzeugt eine unechte Überzeugung. Die Aufstellung der allgemeinen Relativitätstheorie verdanken wir der Tatsache, dass Einstein das Rätsel dort gesehen hat, wo anderen alles klar war.

Im Übrigen ist der Sinn der gesamten Kunst, Philosophie und Religion gerade dieses Lenken der Aufmerksamkeit des Menschen auf Rätsel, auf Geheimnisse, auf Fragen. Dies ist ein Weckruf unseres Bewusstseins, manchmal vielleicht nicht zwecks irgendeines Wissens oder einer Kenntnis, sondern zur Umwandlung unseres Unwissens, dessen wir uns nicht bewusst sind, in Unwissen, dessen wir uns bewusst sind. Doch in dieser Tatsache liegt jener unendliche Unterschied, welcher den Dummen vom Weisen unterscheidet. Beide wissen manchmal gleich wenig zu einer verborgenen Frage, aber im Unterschied zum Klugen betrachter der Nichtswisser sein Unwissen als Wissen und benimmt sich, als wäre ihm alles klar. Er ist einfach blind für das Problem, in unserem Fall blind für das Wunder (Diese Situation hat im praktischen Leben oft tragische Folgen: Nichtswisser sind sich sehr sicher, doch Kluge verhalten sich in der Weise des Hamlet, was dem Nichtswisser in manchen Fällen einen ausgesprochenen Vorteil verschafft). Dieser Zustand ist völlig entgegengesetzt zum geistigen Zustand der Meditation. Denn nachgedacht wird dort, wo die Bühne der Welt voller Fragen, Rätsel, Geheimnisse ist. Eine Meditation ist nicht nötig, wenn „alles klar" ist. Plato sprach davon, dass die Verwunderung Quell aller Philosophie ist und Jaspers meinte, „sich zu wundern bedeutet, nach Erkenntnis zu streben". Die Gefühle des Geheimnisses und der Meditation gehen Hand in Hand. In diesem Punkt sind Religion und Meditation verbunden. Das ist ein übereinstimmender Geisteszustand. Die Ignoranz von Geheimnissen ist einer der bedeutendsten Aspekte des praktischen Atheismus. Das Leben des Menschen/der Masse ist geprägt von der Abwesenheit von Meditation. Dieser Typ Mensch bemerkt nirgendwo das Rätsel, das Geheimnis. Er wundert sich nicht, bewundert nicht, spürt keine Angst vor dem Unbekannten. Mit einem Wort, er lebt nicht mit dem Geist. Wenn dennoch ein Problem auftaucht, so benennt er es, gibt ihm einen Namen und fährt fort damit zu leben, in der Selbsttäuschung, dass das Problem damit seine Lösung bekommen hat. Solche Bezeichnungen sind z.B. Instinkt, Selbstorganisation der Materie auf höherem Niveau, geordnete Form der höher organisierten Materie u.Ä.

Mit den Wissenschaftlern alleine können wir das Leben nicht verstehen, denn das Leben ist genauso sehr ein Wunder wie auch ein Phänomen. „Der Baum überrascht mich bis hin zur Bewunderung", sagt der Maler Jean Dubuffet. Das Wundern und Bewundern sind die höchsten und vielleicht einzigen Formen, wie wir das Lebens begreifen und verstehen können.

Abschnitt 4
DER SINN DES HUMANISMUS

1.

Nach Genuss streben, aber vor Schmerz fliehen – mit diesem lapidaren Satz definieren zwei große Vertreter der materialistischen Sicht – Epikur in der Antike und Holbach im Westen – die Grundlagen des Lebens und damit auch die endgültigen Grundlagen nicht nur des menschlichen, sondern auch des tierischen Verhaltens. Der Materialismus wird immer jenes auffinden, das bei Mensch und Tier ähnlich ist, Religion wird immer das hervorheben, was sie unterscheidet. Der Sinn vieler Kulte und religiöser Verbote liegt nur darin, diesen Unterschied zu unterstreichen oder zu betonen. In manchen Fällen finden wir auch beim Materialismus die gleiche Interessiertheit, welche nicht mehr ein gewöhnliches Interesse für die Wahrheit ist.[36]

Darwin hat den Menschen nicht zum Tier gemacht, aber er hat ihm das Bewusstsein seines tierischen Ursprungs zurückgegeben. Aus diesem Bewusstsein sind entsprechende Schlüsse gezogen worden, moralische und politische: Das menschliche Kollektiv ist ein Rudel (Schwarm, Bienenstock) in zivilisierter Form, die Zivilisation ist aber menschliche Ernüchterung, die Eroberung der Natur, das Überwiegen des Gefühls für das biologische Leben, für das Leben mit den Sinnen anstatt mit dem Geist.

Dadurch, dass sie die Einheit (oder Kontinuität) zwischen Tier und Mensch bestärkte, hat die Evolution den Gegensatz zwischen Natur und Kultur abgeschafft. Von der vollkommen umgekehrten Prämisse ausgehend hat die Religion diesen Gegensatz aufgestellt. Deshalb befindet sich der Mensch seit dem Schöpfungsakt – daher auch die ganze Kultur mit ihm – in einem zwingenden

---

[36] Ein gutes Beispiel dafür ist das hartnäckige Insistieren der Materialisten auf dem Zustand des unbegrenzten Geschlechtsverkehrs in der prähistorischen, menschlichen Gesellschaft, als jede Frau jedem Mann gehört hat und jeder Mann jeder Frau. Engels gibt ausdrücklich zu, dass es keine direkten Beweise dafür gibt, dass so ein Zustand existiert hat, aber er setzt fort, auf dieser These zu bestehen. (F. Engels, *Der Ursprung der Familie, des Privateigentums und des Staates*)

Konflikt mit dem gesamten Lauf der Menschheitsgeschichte. Hier hat der Riss zwischen Kultur und Zivilisation begonnen.

„Der Mensch ist das (...) Tier, das sich weigert, das zu sein, was es ist " (A. Camus). Das Wesen des religiösen Standpunktes liegt gerade in dieser negativen Tatsache, in diesem großen Weigern (A.N. Whitehead). Denn es ist, als wenn die Religion sagen würde: Sie fressen – ihr sollt fasten; sie paaren sich – ihr sollt euch enthalten; sie sammeln sich in Rudeln – ihr sollt die Einsamkeit suchen; sie streben nach Genuss und fliehen vor dem Schmerz – ihr sollt euch dem Elend aussetzen. Mit einem Wort, sie leben mit dem Körper – ihr sollt mit dem Geiste leben.

Diese Nichtannahme der zoologischen Position, dieses negative Streben, das rational und darwinistisch vollkommen unerklärbar ist, ist die Haupttatsache des menschlichen Lebens auf diesem Planeten. Sie kann des Menschen Fluch oder Privileg sein, doch ist sie die einzige wirkliche Wahrheit über die menschliche Existenz. Entfernt man diesen Aufstand des Menschen, so wird das menschliche Leben umgehend leerer. Es gibt keine Religion mehr, keine Kunst, Poesie, Aufopferung und kein Drama. Alles andere ist nur Dasein, nur Funktionieren, sinnlos und nicht existent. Oder anders gesagt, zwischen Mensch und Tier besteht sowohl ein vollkommener Parallelismus als auch eine absolute Nichtübereinstimmung. Die Ähnlichkeit besteht im biologischen, konstitutionellen, d.h. in einem mechanischen Aspekt. Die absolute Nichtübereinstimmung existiert jedoch in der wesentlichen, geistigen Betrachtung. Das Tier ist pflichtlos, sündlos, moralisch neutral wie eine Sache. Der Mensch ist dies nie und seit dem Moment der Menschwerdung des Tieres, seit jenem dramaturgischen *Prolog im Himmel* oder dem *Fall auf die Erde* hat der Mensch nicht die Wahl der Pflichtlosigkeit des Tieres. Der Mensch ist in die Freiheit entlassen ohne Möglichkeit zur Rückkehr, daher ist jede Freud'sche Lösung ausgeschlossen. Von diesem Moment an kann er nicht mehr Mensch oder Tier sein. Von da an kann er nur Mensch oder Nicht-Mensch sein.

Wenn der Mensch nur ein vollendeteres Tier wäre, so wäre sein Leben einfach und ohne Rätsel. Gerade weil es nicht so ist, weil der Mensch „ein Wurm der Erde und ein Kind des Himmels" ist, weil er erschaffen ist, ist er ein Wesen der Widersprüche und eine „euklidische Harmonie" ist unmöglich. Auf der Tatsache der Schöpfung gründen sich nicht nur alle tieferen Wahrheiten und alle erschreckenden Irrtümer vom Leben des Menschen. Auf dieser Wahrheit gründen sich nicht nur die Größe, Moral, das Streben und die Tragik des Menschen, sondern auch alle Dilemmas, Unzufriedenheiten, Flüche, Grausamkeiten und Übel.³⁷ Das Tier kennt weder das eine, noch das andere, und darin liegt die Bedeutung dieses epochalen Moments.

Das Problem der Schöpfung ist in Wirklichkeit eine Frage der Freiheit. Denn wenn Sie akzeptieren, dass der Mensch keine Freiheit hat, dass all seine Werke determiniert sind, egal wodurch – durch jenes, was in ihm ist oder durch jenes, das außerhalb von ihm ist – können Sie Gott als überflüssig zur Erklärung und zum Verstehen der Welt erachten, zumindest in Ihrer Sichtweise. Wenn Sie aber diesem, Ihrem, Geschöpf Freiheit zugestehen, wenn Sie es verantwortlich machen, so erkennen Sie Gott ausdrücklich oder stillschweigend an. Denn nur Gott konnte ein freies Wesen erschaffen und nur durch den Akt der Schöpfung konnte diese Freiheit begründet werden.³⁸

Sie konnte nicht als Resultat einer Entwicklung entstehen. Freiheit und das Produkt sind disparate, entgegengesetzte Begriffe. Kein Produkt, sei es auf einmal oder als Resultat der Evolution entstanden, kann Freiheit haben. Gott produziert und konstruiert nicht, Er erschafft. Wir sind gewohnt, das gleiche über Künstler zu behaupten. Der konstruierende Künstler erschafft aber keine Persönlichkeit, sondern ein Schema des Menschen – ein Plakat. Denn Persönlichkeit kann nicht konstruiert werden. Ich weiß, was ein Porträt ohne Gott bedeuten würde. So etwas gibt es nicht ohne Gott. Der Mensch wird vielleicht, früher oder später, bis zum Ende dieses Jahrhunderts oder nach einer Million Jahren des Fortschritts der Zivilisation sein Imitat erzeugen, irgendeinen Roboter oder ein Monstrum, das seinem Konstrukteur sehr ähnlich ist. Dieses menschenähnliche Gebilde wird dem Menschen sehr, sehr ähnlich sein können, doch eines ist bereits jetzt sicher: Es wird nicht frei sein, er wird nur das machen können, wozu ihn der Mensch im Voraus bestimmt hat. Darin liegt die Größe von Gottes Schöpfen und die Nichtwiederholbarkeit dieses Aktes, die Unvergleichbarkeit mit allem, das sich davor oder danach im Universum ereignete. In einem Neon der Ewigkeit hat das freie Geschöpf zu existieren begonnen. Wenn es diesen göttlichen Kontakt nicht gegeben hätte, hätten wir nicht den Menschen als Resultat der Evolution bekommen, sondern eine höhere Stufe von Tier, ein Übertier, ein Monster mit menschlichem Körper und Intelligenz,

---

[37] Vergleiche (Quran 91:7, 8): „Bei der (…) Seele und was sie bildete. Und ihr ihre Schlechtigkeit ebenso eingab wie ihre Gottesfurcht." . وَنَفْسٍ وَمَا سَوَّاهَا. فَأَلْهَمَهَا فُجُورَهَا وَتَقْوَاهَا

[38] Ein Mensch, der sich tatsächlich seiner Freiheit bewusst ist, wird sich im selben Zug der Existenz Gottes sicher. Freiheit und Gott sind untrennbar. Und noch weiter: „Wenn die Gewissheit der Freiheit die Gewissheit vom Sein Gottes in sich schließt, so gibt es einen Zusammenhang zwischen Leugnung der Freiheit und Gottesleugnung." (Karl Jaspers, *Einführung in die Philosophie*)

aber ohne Herz, ohne Persönlichkeit. Seine Intelligenz wäre sogar, moralischer Skrupel beraubt, effizienter und im gleichen Maße grausamer. Manche haben sich solche Geschöpfe als Wesen von irgendeinem entfernten Planeten im Weltall vorgestellt. Andere haben sie als das Produkt unserer, auf irgendeiner vorstellbaren Stufe stehenden Zivilisation gesehen. In Goethes Faust tritt eine solche Kreatur auf, doch ist sie kein Mensch, sie ist ein Quasi-Mensch, ein *homunkulus*. Man achte darauf, wie zwischen der Nichtmoral, Herzlosigkeit eines solchen Homunkulus und der Nichtmoral des höchstverdorbenen Menschen überhaupt keine Analogie besteht. Der Mensch kann entgegengesetzt zu den moralischen Gesetzen handeln, aber er kann sich nicht – wie das Monstrum – außerhalb der moralischen Sphäre, auf der entgegengesetzten Seite von Gut und Böse befinden. Er kann sich nicht „abkapseln".

In der praktisch moralischen Erfahrung ist die Neigung des Menschen zum Sündigen offensichtlicher als das Streben, rechtschaffen zu sein. Es ist so, als wenn seine Fähigkeit, sich in die Tiefen der Sünden zu versenken, größer wäre, als seine Fähigkeit, die Höhen der Tugenden zu erklimmen.[39] Negative Persönlichkeiten handeln immer aufrichtiger als positive und der Dichter, der uns einen negativen Charakter beschreibt, ist immer im Vorteil gegenüber dem, der einen Helden beschreiben will. Auf jeden Fall ist der Mensch gut oder schlecht, aber er ist nie ohne Verantwortung, und darin ist vielleicht der endgültige Sinn der biblischen Geschichte von der östlichen Sünde, von der Erbsünde. Die Menschheit ist nicht sündhaft, aber sie ist nicht ohne Verantwortung. Vom Moment der Vertreibung aus dem Paradies an kann Adam (der Mensch) nicht ohne Verantwortung, auf die Weise, wie es beispielsweise ein Tier oder ein Engel ist, sein. Er muss wählen, seine Freiheit nützen, gut oder schlecht sein, mit einem Wort – ein Mensch sein. Diese Fähigkeit zu wählen, selbst unabhängig vom Resultat, ist die höchste Form des Seins, welche überhaupt im Weltall möglich ist.

Der Mensch hat eine Seele, aber die Psychologie ist nicht die Lehre über diese. Eine Lehre von der Seele kann gar nicht existieren. Die Psychologie behandelt eine bestimmte Domäne des vorhersehbaren Inneren, jenes von der Außenwelt, das, sich, vergänglich und zerstörbar, im menschlichen Inneren befindet, oder jenes, das in ihr unpersönlich und gleichsam ist. Deswegen kann man von der Psychophysiologie, Psychometrie, Psychohygiene und der Physik der Psyche sprechen. Die Möglichkeit einer quantitativen Psychologie bestätigt die These von der äußeren, mechanischen, quantitativen, demnach geistlosen

---

[39] Vergleiche (Quran 12:53): „(...) der Mensch ist zum Bösen geneigt" (...) إِنَّ ٱلنَّفْسَ لَأَمَّارَةٌ بِٱلسُّوءِ.

Natur der Gedanken und Gefühle. Die animalische und die menschliche Natur können eine Einheit bilden, gerade deswegen, weil Psychologie nichts mit der Seele zu tun hat, sondern nur mit der Manifestation des Psychischen. Der bekannte John Watson schreibt:
„Die menschliche Psychologie, wie sie der Verhaltensforscher begreift, muss auf dem Beispiel der objektiven und experimentellen Psychologie der Tiere aufgebaut sein, indem sie von ihr den Untersuchungsgegenstand, ihre Methode, ihr Ziel ausleiht, sodass nicht zwei Psychologien bestehen, die menschliche und die tierische, welche getrennt durch einen eisernen Vorhang, ursprünglich zwei verschiedene Gegenstände, Methoden und Ziele habend, eine die andere nicht kennt, sondern eine einzige Psychologie, welche einen Platz in der Reihe der Naturwissenschaften einnimmt."
Dieses Zitat spricht für sich selbst. Im Osten würde man sagen, dass Psychologie die Lehre vom *Nafs* ist, aber nicht auch die Lehre vom *Rūḥ*[40]. Psychologie ist eine Lehre auf dem Niveau des Biologischen, aber nicht auf dem Niveau des Persönlichen. Denn es bestehen drei Kreise: der mechanische – biologische – personalistische, was drei Stufen der Wirklichkeit entspricht: Materie – Leben – Persönlichkeit. In Wahrheit wird das Denken auch im Bereich des Geistigen immer die wissenschaftliche Methode anwenden, die wissenschaftliche Methode wird immer, letzten Endes, die absolute Kausalität anwenden und bestätigen, und diese wird von selbst die Negation der Freiheit, welche das Wesen der Seele ist, bedeuten. Unser Versuch, die Seele durchzustudieren, muss immer zur Negation seines Studiumgegenstandes führen. Aus diesem verzauberten Kreis kann man nicht herauskommen. Dies erklärt, warum die Psychoanalyse schon von ihrer Methode her mit atheistischen Schlüssen verbunden sein musste.

2.

Gleichheit und Geschwisterlichkeit zwischen den Menschen sind nur dann möglich, wenn Gott den Menschen erschaffen hat. Die Gleichheit der Menschen ist eine geistige und nicht natürliche (physische oder intellektuelle) Tatsache. Sie besteht als ein moralischer Wert des Menschen, wie die menschliche Würde, wie der unveräußerliche Wert der menschlichen Persönlichkeit. Umgekehrt,

---

[40] Anm. d. Übersetzers: arabisch *Nafs* bedeutet in etwa „Selbst", „Ego", *Rūḥ* hingegen bedeutet „Seele", „Geist".

als physische, vernünftige und soziale Wesen, als Mitglieder einer Gemeinschaft, eines Volkes, einer Klasse, eines politischen Systems sind Menschen immer überaus ungleich und das ist eine Tatsache, vor der es vergeblich ist, die Augen zu schließen. Wenn Sie die Geistigkeit des Menschen nicht anerkennen – diese Tatsache religiöser Ordnung – verlieren Sie die reale Grundlage der menschlichen Gleichheit. Gleichheit wird dann zu einer Phrase ohne Grundlage und Anhaltspunkt und, als solche, wird sie schnell vor den offensichtlichen Tatsachen der menschlichen Ungleichheit oder noch mehr vor der natürlichen Neigung des Menschen zu herrschen und sich zu unterwerfen, demnach ungleich zu sein, zurückweichen. Sobald der religiöse Zugang verlassen wird, wird der leere Raum mit unterschiedlicher Ungleichheit aufgefüllt, mit rassischer, nationaler, klassenbezogener, politischer.[41]

Die Würde des Menschen konnte weder über den Weg der Biologie, noch über den Weg der Psychologie, noch durch die Wissenschaft überhaupt entdeckt werden. Sie ist eine Frage geistigen Ranges. Vor der Gleichheit würde die Wissenschaft durch „objektives Beobachten" eher die Ungleichheit der Menschen bekräftigen, daher ist der „wissenschaftliche Rassismus" durchaus möglich und logisch.[42]

Die Ethik eines Sokrates, Pythagoras oder anderer stehen in ihren besten Teilen der Ethik der Offenbarungsreligionen (Judentum, Christentum oder

---

[41] In dieser Hinsicht ist die Polemik charakteristisch, welche 1974 in China über den Roman *Wässrige Grenze* aus dem 14. Jahrhundert, in der Welt bekannter nach der englischen Übersetzung von Pearl Buck unter dem Titel *Alle Menschen sind Brüder* (Anm. d. Übersetzers: *All men are brothers*), geführt wurde. Der Roman, der allgemein unter die wertvollsten Werke der chinesischen Klassik fällt, ist die Geschichte von einem Bauernaufstand gegen die kaiserliche Verwaltung Anfang des 20. Jahrhunderts (Anm. d. Übersetzers: hier ist das chin. 20. Jahrhundert gemeint). Wegen seiner Botschaft über die allgemeine Brüderlichkeit der Menschen wurde er als „lehrreiches negatives Beispiel" eines nichtklassischen Zuganges angeführt, denn „alle Menschen sind nicht Brüder" – wie in dieser Polemik angeführt wurde.
In Ungarn wurden, wieder gemäß einem normativen Akt des Ministeriums für Bildung (1976), alle Schulkinder gekennzeichnet, sodass mit einem einfachen Einblick in die Schuldokumente der Standesursprung der Kinder (sechs Kategorien, von „a" bis „f") bestimmt werden konnte. Die Reaktionen der Öffentlichkeit auf diese Aufteilung, wie rücksichtsvoll sie auch immer waren, hat gezeigt, dass sie als eine Maßnahme der Aufspaltung und Diskriminierung aufgenommen wurde. Manchen Menschen schwirren immer die Ideen der Verschiedenheit und Ungleichheit im Kopf herum.

[42] Evolutionismus lässt sich z.B. unter keinem Umstand mit der Idee der Gleichheit in Einklang bringen, genauso wenig wie mit dem Begriff der natürlichen (unveräußerlichen) Menschenrechte. Auch die *egalité* der Französischen Revolution ist religiösen Ursprungs (darüber mehr im Kapitel IX dieses Buches).

Islam) in nichts nach, aber der Unterschied ist sehr klar: Nur die Ethik der Offenbarungsreligionen hat klar und unzweideutig die Gleichheit aller Menschen als Geschöpfe Gottes postuliert. Der antike Mensch ist fest an die Gemeinschaft, an den Staat, die Nation oder Klasse, der er zugehörig war, gebunden. Nicht einmal ein solcher Geist, wie es Plato war, konnte sich von der Vorstellung der notwendigen Ungleichheit der Menschen befreien. Umgekehrt haben die Offenbarungsreligionen ihren gemeinsamen Ursprung zum Grundstein ihrer Weltanschauung gemacht, demnach auch die absolute Gleichheit und Gleichberechtigung aller Menschen, diesen Gedanken, der zentrale Bedeutung für die gesamte spätere geistige und ethische, und auch gesellschaftliche Entwicklung der Menschheit hat. Auch wenn diese Beziehung nicht genug erforscht ist, hat die Geschichte der Ethik zum Schluss geführt, dass der Gedanke der Gleichheit der Menschen immer mit der Idee der Unsterblichkeit verbunden war. Religionen oder moralische Systeme, welche die Idee der Unsterblichkeit nicht kennen, verwirrte oder unklare Vorstellungen von dieser Idee haben, kennen die Idee der Gleichheit nicht. Wenn es Gott nicht gibt, sind die Menschen offensichtlich und hoffnungslos ungleich.

Nietzsche behauptete, dass die Schwachen die Religion erfunden hätten, um die Starken zu täuschen. Marx behauptete das Umgekehrte. Wenn wir die Version, dass Religion „erfunden" wäre, annehmen würden, so scheint uns Nietzsches Erklärung einleuchtender, denn nur auf den Voraussetzungen der Religion konnten die Schwachen, die Unterdrückten und weniger Fähigen ihre Forderung nach Gleichheit, Freiheit und Gleichwertigkeit gründen.

Auch praktisch betrachtet ist die Religion die einzige, welche einen gleichen Menschen, eine genauso gleichwertige Qualität in allen menschlichen Geschöpfen im Blick hat. Denn weswegen werden meistens Arme, Verkrüppelte, Kranke und „Untaugliche" von allen Gotteshäusern, in die wir eintreten, angezogen? Jenen, die von allen Gastmahlen der Welt vertrieben sind, von allen Orten, wo nach dem Namen, der Abstammung, nach Reichtum, dem Ursprung, der Gesundheit, dem Wissen gefragt wird, jenen, die nichts von diesen „geistigen Nichtigkeiten" vorzuzeigen und zu beweisen haben, hat nur das Gotteshaus, indem es ihnen verkündete und anerkannte, dass sie gleich sind, gleichwertig mit allen anderen, seine Türen geöffnet. Denn selbst durch die Türen einer Fabrik werden die Gesunden und Gebildeten eingelassen, doch die Kranken und Ungebildeten verbleiben draußen. Im Gotteshaus kann auch der arme

Blinde neben einem König oder irgendeinem Mächtigen stehen und kann sogar besser sein als sie (Quran 80:1-10[43], Geschichte vom Blinden)[44]. In dieser ständigen Bekräftigung der Gleichheit liegt die größte kulturelle und humanitäre Bedeutung von Gotteshäusern im Allgemeinen.

Doch der allerhöchste und höchsterschütterndste Sinn der Kunst ist es, den Menschen in denen zu erkennen und zu finden, die das Leben zerstört hat, oder die menschliche Größe in kleinen vergessenen Menschen zu suchen und zu finden, mit einem Wort, die menschliche, in jedem menschlichen Geschöpf gleichwertige und erhobene Seele zu entdecken. Doch diese Entdeckung ist umso größer und einprägsamer, je niedriger der physische Rang des Helden ist (erinnern wir uns an Quasimodo, Fantine, Jean Valjean). Die Größe und der Wert der Werke klassischer, russischer Schriftsteller liegt gerade darin.[45]

Deswegen ist der Humanismus in erster Linie keine Angelegenheit des Erbarmens, der Vergebung oder Toleranz, auch wenn in der Regel das daraus resultiert. Humanismus ist die Affirmation des Menschen und seiner Freiheit, indem er seinen Wert als Mensch bestätigt. Nicht mehr oder weniger als das.

Alles, was die menschliche Persönlichkeit erniedrigt, was sie einer Sache gleichstellt, ist inhuman. So ist es z.b. human, zu bekräftigen, dass der Mensch für seine Taten verantwortlich ist und bestraft wird. Inhuman ist es, von ihm zu verlangen, dass er bereut, seine Meinung revidiert, „sich bessert" und man ihm deswegen die Strafe erlässt. Humaner ist es, die Menschen wegen ihrer Überzeugungen zu verfolgen als sie zu zwingen, sich ihrer zu entledigen, indem man ihnen in Aussicht stellt, „einen korrekten Standpunkt in Betracht zu ziehen". Es gibt daher Strafen, die human sind, und Arten von Vergebung, die

---

[43] Quran 80:1-10

عَبَسَ وَتَوَلَّىٰٓ. أَن جَآءَهُ ٱلۡأَعۡمَىٰ. وَمَا يُدۡرِيكَ لَعَلَّهُۥ يَزَّكَّىٰٓ. أَوۡ يَذَّكَّرُ فَتَنفَعَهُ ٱلذِّكۡرَىٰٓ. أَمَّا مَنِ ٱسۡتَغۡنَىٰ. فَأَنتَ لَهُۥ تَصَدَّىٰ. وَمَا عَلَيۡكَ أَلَّا يَزَّكَّىٰ. وَأَمَّا مَن جَآءَكَ يَسۡعَىٰ. وَهُوَ يَخۡشَىٰ. فَأَنتَ عَنۡهُ تَلَهَّىٰ.

[44] Anm. d. Übersetzers: Die Sure ist einer Replik oder Rüge Gottes dem Propheten s.a.s. gegenüber, die offenbart wurde, nachdem der blinde und arme Abdullah bin Umm Maktum zum Propheten s.a.s. gekommen war, während er versuchte einen einflussreichen mekkanischen Führer für den Islam zu gewinnen, und ihn bat, ihm den Quran vorzutragen.

[45] Ein Text von Virginia Woolf ist dem gewidmet: „Die Seele ist die Hauptpersönlichkeit in der russischen, künstlerischen Prosa. Delikat und subtil ist sie bei Tschechow, sie ist tiefer und größer bei Dostojewski, heftigen und ekstatischen Fieberschüben nahe stehend, aber immer dominant (…). Dostojewskis Romane säen Wirbelwind, wirbelnde Sandstürme, Wasserstrahlen, die zischen und rauschen und uns in sich ziehen. Sie bestehen durch und durch aus der Seele" (V.W. im Essay *Russen und ihre Ansichten*).

eher inhuman sind. Die Inquisitoren haben behauptet, dass sie den menschlichen Körper verbrennen, um seine Seele als Preis für den Körper zu retten. Den Menschen auf die Funktion eines Produzenten und Verbrauchers zu reduzieren, auch wenn man jedem Menschen einen Platz in der Produktion und im Verbrauch gesichert hätte, stellt keinen Humanismus dar, sondern eine Dehumanisierung.

Menschen zu dressieren, auch wenn man aus ihnen „korrekte" und disziplinierte Bürger macht, ist unmenschlich.

Auch Bildung kann inhuman sein: wenn sie einseitig, dirigiert, indoktriniert ist; wenn sie nicht zu denken lehrt, sondern fertige Lösungen serviert; wenn sie die Menschen nur für eine Funktion vorbereitet, aber nicht Horizonte erweitert und damit die menschliche Freiheit.

Jede Manipulation der Menschen, sogar wenn sie im Interesse der Menschen durchgeführt wird, ist inhuman. Für den Menschen zu denken und ihn von Verpflichtungen zu befreien ist ebenfalls inhuman. Menschlichkeit verpflichtet und befreit nicht. Gott hat daher die größte Bestätigung des Menschen bewirkt, indem er ihn vor die Wahl zwischen zwei Wegen gesetzt und ihn vor groben Strafen gewarnt hat.[46] Wir können den Menschen nur dadurch bestätigen, dass wir diesem Beispiel Gottes folgen, den Urheber imitieren: lassen wir ihm die Freiheit, damit er kämpft und wählt, anstatt dass wir für ihn kämpfen und für ihn wählen.

Ohne Religion und den *Prolog im Himmel* gibt es keinen authentischen Glauben, dass der Mensch das allergrößte Gut ist. Ohne das gibt es auch keinen Glauben, dass der Mensch möglich ist und tatsächlich existiert. Der atheistische Humanismus ist der Widerspruch selbst, denn „wenn es Gott nicht gibt, gibt es auch keinen Menschen" (Berdjajew). Wenn es keinen Menschen gibt, so ist Humanismus eine Phrase ohne Inhalt. Jener, der die Schöpfung des Menschen, die Aufstellung des ursprünglichen Rätsels nicht anerkennt, kann nicht den

---

[46] „Wahrlich, Wir erschufen den Menschen zur Mühsal (…) Haben Wir denn nicht für ihn zwei Augen gemacht und eine Zunge und zwei Lippen und ihm die beiden Wege gezeigt? Und doch nimmt er nicht den steilen Weg! Und was lässt dich wissen, was der steile Weg ist? Die Freilassung eines Gefangenen! Oder während der Hungernot zu speisen eine verwandte Waise oder einen Armen, der im Staub liegt! Dann wird er zu denen gehören, die glauben und zur Geduld und Barmherzigkeit mahnen." (Quran 90:4-17)

لَقَدْ خَلَقْنَا ٱلْإِنسَٰنَ فِى كَبَدٍ (...) أَلَمْ نَجْعَل لَّهُۥ عَيْنَيْنِ. وَلِسَانًا وَشَفَتَيْنِ. وَهَدَيْنَٰهُ ٱلنَّجْدَيْنِ. فَلَا ٱقْتَحَمَ ٱلْعَقَبَةَ. وَمَآ أَدْرَىٰكَ مَا ٱلْعَقَبَةُ. فَكُّ رَقَبَةٍ. أَوْ إِطْعَٰمٌ فِى يَوْمٍ ذِى مَسْغَبَةٍ. يَتِيمًا ذَا مَقْرَبَةٍ. أَوْ مِسْكِينًا ذَا مَتْرَبَةٍ. ثُمَّ كَانَ مِنَ ٱلَّذِينَ ءَامَنُواْ وَتَوَاصَوْاْ بِٱلصَّبْرِ وَتَوَاصَوْاْ بِٱلْمَرْحَمَةِ.

wahren Sinn des Humanismus ergründen. Dieser wird, denn er hat diesen fundamentalen Kompass verloren, den Humanismus immer auf die Produktion von Gütern und ihre Verteilung „nach Bedürfnissen" reduzieren. Zu sichern, dass alle Menschen satt sind, ist eine große Sache, doch angesichts dessen, was wir von den Überflussgesellschaften wissen, ist es keineswegs sicher, dass wir allein dadurch eine bessere, humanere Welt haben würden. Noch weniger wäre sie dies, wenn die Ideen Einzelner über allgemeine Nivellierung, Uniformierung und Entpersönlichung auf allen Gebieten konsequent durchgeführt werden würden.

In einer solchen Welt (so beschreibt sie Aldous Huxley in *Brave New World*) wird es keinen Hunger geben und in allem wird Gleichheit, Übereinstimmung und Stabilität herrschen. Jedoch lehnen wir alle, bewusst oder unbewusst, diese Vision als Beispiel einer allgemeinen Dehumanisierung ab.

„Der Mensch ist das Produkt der äußeren Umgebung" – auf diesen grundsätzlichen Standpunkt des Materialismus stützen sich alle späteren inhumanen Theorien im Recht und in der Soziologie, wie auch die ganze Praxis der Manipulation von Menschen, welche in unserem Jahrhundert ihre ungeheuerlichste Form in der Praxis des Nationalsozialismus und im Stalinismus bekommen hat. Hierunter fallen auch alle anderen anscheinend schönen und annehmbaren Theorien von der Priorität der Gesellschaft vor dem Menschen, vom Dienst des Menschen gegenüber der Gesellschaft. Der Mensch kann nicht zu etwas dienen (er kann kein Mittel sein). Alles hat dem Menschen zu dienen, der Mensch hingegen kann Gott dienen. Darin liegt der erste und letztendliche Sinn des Humanismus.

KAPITEL II
KULTUR UND ZIVILISATION

Abschnitt 1
WERKZEUGE UND KULT – ZWEI GESCHICHTEN

An die Erscheinung des Menschen sind zwei vordergründige Tatsachen geknüpft: das erste Werkzeug und der erste Kult. Das erste Werkzeug ist Holz oder ein grob bearbeiteter Stein, demnach ein Stück (Teil, Teilchen) der Natur. Die Herstellung von Werkzeug und dessen Gebrauch stellt die Fortsetzung der biologischen Evolution dar, der äußeren und quantitativen, welche wir von den allereinfachsten Formen des Lebens bis zum Menschen als vollendetem Tier verfolgen können. Der aufrechte Gang, die Vervollkommnung der Hand, der Gedanke, die Sprache, die Intelligenz sind verschiedene Stufen oder Momente dieser Evolution, welche ihrem Charakter nach zoologisch bleibt. Als der Mensch zum ersten Mal einen Stein verwendet hat, um irgendeine harte Frucht aufzubrechen oder um ihn gegen irgendein Tier zu werfen, hat er etwas sehr Bedeutendes bewirkt, aber auch nicht etwas vollkommen Neues, da das seine tierischen Vorfahren bereits versucht haben und erfolgreich waren. Aber als er diesen Stein, indem er in ihm das Symbol eines Geistes sah, vor sich stellte, tat er nicht nur etwas, das von da an universell sein, einen unverzichtbaren Begleiter der Erscheinung des Menschen überall auf der Welt darstellen würde, sondern zugleich auch etwas, das keinen Vorgänger in der gesamten bisherigen Entwicklung hatte. Ebenso hat der Mensch, als er „zum ersten Mal eine Linie um seinen Schatten zog und so das erste Bild anfertigte" (Leonardo da Vinci), eine „unmögliche Aktivität" begonnen, welche nur ihm gehört, und zu der jedes Tier, ungeachtet der Stufe der Entwicklung, a priori unfähig ist.

Aus biologischer Sicht ist die Erscheinung des Menschen mittels der zoologischen Geschichte, welche ihm vorangegangen ist, zu erklären. Im geistigen Sinne lässt sich die Erscheinung des Menschen durch nichts, das es vor ihm gegeben hat, ausführen noch erklären. Dieser Mensch ist aus einer anderen Welt, „vom Himmel", wie es die Religion bildhaft sagt.

Kult und Werkzeug repräsentieren zwei Wesenszüge und zwei Geschichten des Menschen. Eine Geschichte ist das menschliche Drama, das mit dem *Prolog im Himmel* (*Evangelium, Faust*) beginnt und sich zum Triumph der Idee der Freiheit (Hegel) entwickelt, um mit einem unglaublichen Gericht als moralische Sanktion der Geschichte zu enden. Die andere stellt die Geschichte der Arbeitswerkzeuge, daher die Geschichte der Dinge dar und endet mit dem Übergang zur klassenlosen Gesellschaft, in die Entropie, wie die ganze restliche materielle Welt.[47] Diese beiden Geschichten verhalten sich zueinander wie Kult und Werkzeug, oder, was das Gleiche ist, wie Kultur und Zivilisation.[48]

Abschnitt 2

DER REFLEX DES DUALISMUS

Es gibt wenige Bereiche, wo die Menschen eine größere Verwirrung geschaffen und mehr Begriffe erfunden haben, als in der Frage der Kultur und Zivilisation.

Die Kultur hat mit dem *Prolog im Himmel* begonnen. Mit ihrer Religion, Kunst, Ethik und Philosophie wird sie sich deswegen immer mit dem Verhältnis des Menschen zu diesem Himmel, von dem er kam, beschäftigen. Alles in der Kultur bedeutet Bestätigung oder Ablehnung, Zweifel oder Erinnerung an diesen himmlischen Ursprung des Menschen. Die gesamte Kultur steht im Zeichen dieses Rätsels und fließt im ununterbrochenen Streben, dieses Rätsel zu lösen oder zu ergründen.

---

[47] Vergleiche: „Veränderungen der Menschheit gehen mit den Veränderungen der Werkzeuge einher" (Pierre Lacombe: *De l'histoire consideree comme une science*). Oder umgekehrt: „Die gesamte Geschichte fließt zu Christus und geht von ihm" (Hegel: *Geschichte der Philosophie*). Es ist offensichtlich, dass Lacombe und Hegel in ihrer Sicht hier nicht dieselbe eine Geschichte sehen.

[48] Auch etymologisch ist Kultur an den Kult gebunden (latein.: *cultus und cultura*). Beide Wörter stammen vom gemeinsamen indo-europäischen Wort kwel = bewegen, umdrehen. Zivilisation ist an civis = Bürger gebunden.

Umgekehrt ist Zivilisation die Fortsetzung des zoologischen, eindimensionalen Lebens, des Austausches von Materie zwischen Mensch und Natur. Wenn dieses Leben anders ist als das Leben jedes anderen Tieres, dann liegt der Unterschied in der Stufe, im Niveau, in der Organisation. Hier gibt es keinen Menschen mit seinen engelhaften, Hamlet und Karamasow eigenen Problemen. Hier funktioniert nur noch das anonyme Mitglied der Gesellschaft (Fortsetzung der Herde), welche die Güter der Natur annimmt und durch Arbeit seine Umwelt, sie seinen Bedürfnissen anpassend, verändert.

Die gesamte Kultur ist das Wirken von Religion auf den Menschen oder das Wirken des Menschen auf sich selbst, so wie die gesamte Zivilisation das Wirken der Intelligenz auf die Natur, auf die äußere Welt ist. Kultur ist das „ununterbrochene Erschaffen von sich selbst", so wie die Zivilisation die ununterbrochene Veränderung der Welt ist. Das ist der Gegensatz Mensch – Sache, Humanismus gegenüber Chosismus.[49]

Religiöse Überzeugungen, das Drama, die Poesie, Spiele, Folklore, Volksweisheiten, Mythologie, moralische und ästhetische Kodizes der Gesellschaft, Elemente des politischen und rechtlichen Lebens, welche den Wert und die Freiheit der Persönlichkeit, der Toleranz, der Philosophie, des Theaters, der Galerie, des Museums, der Bibliothek affirmieren – das ist eine ununterbrochene Reihe menschlicher Kultur, deren erster Akt sich „im Himmel" zwischen Gott und dem Menschen abgespielt hat. Das ist ein „Klettern auf den heiligen Berg, dessen Spitze sich unaufhörlich entfernt, ein Schreiten durch die Dunkelheit mit dem Licht der Fackel, die der Mensch trägt" (A. Malraux, *Anti-Memoiren*).

Die Zivilisation ist die Fortsetzung der technischen und nicht der geistigen Entwicklung, so wie die darwinistische Evolution die Fortsetzung der biologischen und nicht der humanen Entwicklung ist. Die Zivilisation stellt die Entwicklung von noch in unseren tierischen Vorfahren vorhandenen Kräften dar, sie ist in Wirklichkeit die Fortsetzung der natürlichen, mechanischen, demnach unbewussten, sinnlosen Elemente unserer Existenz. Der Mensch muss die Zivilisation erschaffen, wie er atmen oder sich ernähren muss. Sie ist Ausdruck unseres Bedürfnisses, unserer Unfreiheit, so wie die Kultur umgekehrt unser ständiges Gefühl der Wahl, die Äußerung der menschlichen Freiheit ist.

Des Menschen Abhängigkeit von Materie vergrößert sich unaufhörlich in der Zivilisation. Jemand hat berechnet, dass jeder Amerikaner – Mann, Frau und Kind – jährlich 18 Tonnen verschiedener Materialien verbraucht. Durch

---

[49] Vom Wort *chose* – Sache. Der Begriff ist von Durkheim. Es geht um eine Methode, welche erfordert, dass ein bestimmtes Phänomen objektiv, äußerlich „als Sache" erforscht wird.

das Erzeugen immer neuer Bedürfnisse und durch das Entwickeln eines immer größeren Bedürfnisses nach Unnötigem, Überflüssigem, strebt die Zivilisation danach, den Austausch von Materie zwischen Mensch und Natur zu intensivieren, überall das äußere auf Kosten des inneren Lebens anzuregen. „Produzieren, um zu erlangen, erlangen, um zu verschwenden" – das liegt in der Natur der Zivilisation. Umgekehrt strebt jede Kultur – darin liegt ihr religiöser Charakter – nach der Reduzierung der Anzahl menschlicher Bedürfnisse oder zumindest der Stufen ihrer Befriedigung, und auf Basis dessen nach der Erhöhung der inneren Freiheit des Menschen. Darin liegt der endgültige Sinn der Askese und verschiedener Enthaltungen, welche alle Kulturen kennen und die ihre absurde Form im „Versprechen der Unreinheit" bekommen haben. Im Gegensatz zur buddhistischen Maxime „Vernichtet Wünsche" musste die Zivilisation, wie nach den Gesetzen einer umgekehrten Logik, die entgegengesetzte Devise betonen: „Erschafft immer neue Wünsche."[50] Den wahren Sinn dieser kontradiktorischen Forderungen versteht nur derjenige, der versteht, dass sie weder im einen noch im anderen Fall zufällig sind. In ihnen affirmiert sich der Mensch als ein Wesen der Gegensätze, es reflektiert sich die Dualität der menschlichen Natur oder der Gegensatz von Kultur und Zivilisation.

Der Träger der Kultur ist der Mensch, der Träger der Zivilisation ist die Gesellschaft. Das Ziel der Kultur ist Macht über sich selbst durch Erziehung. Das Ziel der Zivilisation ist die Macht über die Natur durch die Wissenschaft. Zur Kultur gehören der Mensch, die Philosophie, die Kunst, die Poesie, die Moral, der Glaube. Zur Zivilisation gehören der Staat, die Wissenschaft, die Städte, die Technik. Ihre Instrumente sind der Gedanke, die Sprache, die Schrift.[51] Kultur und Zivilisation verhalten sich wie das himmlische und das irdische Königreich, wie *Civitas Dei* und *Civitas Solis*. Das eine ist ein Drama, das andere ist eine Utopie.

Tacitus erzählt, dass die Barbaren weit milder mit Sklaven umgegangen seien als die Römer. Im Allgemeinen ist das alte Rom sehr passend, um eine Unterscheidung zwischen Kultur und Zivilisation zu ziehen. Raubartige Kriege, *panem et circenses*, Skrupellosigkeit der herrschenden Schichten und Unper-

---

[50] In einem kürzlichen Artikel der *New York Times* wurde diese Devise als „der erste Befehl der neuen Ära" bezeichnet.

[51] Marshall McLuhan hat gezeigt, dass die Schrift auf die Unterschiede in der Art des Denkens und der Vorstellung des Lebens wirkt: „Die Anwendung des Alphabets erzeugt und erhält die Gewohnheit, alles, das den Menschen umgibt, durch visuelle und ausgedehnte Begriffe zu erfassen – und das insbesondere durch Begriffe des uniformen Raumes, der uniformen Zeit, unaufhörlich und kontinuierlich."

sönlichkeit der Volksmengen, Lumpenproletariat, falsche Demokratie, politische Intrigen, Christenvertreibungen, Nero und Caligula, Kaisertum und Diktatur, Gladiatorenspiele – all das ist nicht ausreichend, um die römische Zivilisation zu leugnen, doch wir müssen uns fragen, was dort noch von der Kultur übrig geblieben ist. „Hellenische Seele und römischer Intellekt – das ist der Unterschied zwischen Kultur und Zivilisation" (Oswald Spengler, *Der Untergang des Abendlandes*). Die Römer geben uns den Eindruck zivilisierter Barbaren. Rom ist ein Beispiel einer hohen Zivilisation ohne Kultur. Die Kultur der Maya könnte vielleicht ein entgegengesetztes Beispiel darstellen. Nach dem, was wir über das Leben der alten Germanen und Slawen wissen, so scheint es, dass sie hinsichtlich der Kultur auf einer höheren Stufe waren als die Römer, ebenso wie die indianischen Einheimischen „kultivierter" als die weißen Einwanderer, Eroberer waren.

Für diese Unterscheidung stellt die europäische Renaissance ein eindrucksvolles Beispiel dar. Es hat sich gezeigt, dass dies vielleicht der lebendigste kulturelle Zeitabschnitt in der Geschichte der Menschheit war, auch wenn er vom Standpunkt der Zivilisation aus rückständig war. Im Jahrhundert, das der Renaissance voranging, spielte sich in Europa eine echte ökonomische Revolution ab, welche die Produktion und den Verbrauch erhöht hat, zur Eroberung neuer Märkte und zur Erhöhung der Bevölkerungsanzahl geführt hat. Im Laufe der folgenden beiden Jahrhunderte, in der Geschichte bekannt als die Epoche der Renaissance (1350-1550), wurden die Errungenschaften dieser Revolution im Prinzip vernichtet. Ganz dem Menschen anstatt der Welt zugewandt, ganz mit der menschlichen Gestalt beschäftigt schien es so, als würde die Renaissance sich wenig darum kümmern, was sich in der „Wirklichkeit" abspielte. Während die größten künstlerischen Werke der westlichen Kultur geschaffen wurden, war eine allgemeine Stagnation im Gange und in deren Folge begann eine Rückgewandtheit, begleitet von der Abnahme der Bevölkerung in den meisten europäischen Ländern. In der Mitte des 14. Jahrhunderts hatte England ungefähr vier Millionen Einwohner, und 100 Jahre später zwei Millionen und 100.000. Florenz fiel im Laufe des 14. Jahrhunderts von hundert auf weniger als 70.000 Einwohner, usw. Es gibt offensichtlich zwei Fortschritte, die grundsätzlich nichts miteinander zu tun haben.[52]

---

[52] Diesen „unwissenschaftlichen" Zustand des Geistes zur Zeit der Renaissance kann die interessante Tatsache illustrieren, dass Aberglauben nicht nur unter einfachen Menschen, sondern auch unter Künstlern und Humanisten verbreitet war. „Astrologie haben am meisten freie Denker geschätzt

Abschnitt 3

BILDUNG UND MEDITATION

Zivilisation bildet, Kultur erzieht. Die erste verlangt Lernen, die zweite Meditation. Nachdenken, Meditation ist als innere Anstrengung zur Selbsterkenntnis und Erkenntnis der eigenen Rolle in der Welt eine vollkommen andere Aktivität als Lernen, Bildung, Sammeln von Wissen über Tatsachen und ihre Beziehungen. Meditation führt zu Weisheit, Wohlwollen, innerem Frieden, zu einer Art griechischer Katharsis. Das ist die Hinwendung zu Geheimnissen, das Eintauchen in sich selbst, um eine religiöse, moralische oder künstlerische Wahrheit zu ergründen. Hingegen ist Lernen die Hinwendung zur Natur, um die Bedingungen der Existenz kennenzulernen und zu verändern. Die Wissenschaft wendet Beobachtung, Analyse, das Zergliedern, den Versuch, die Überprüfung an, während Kontemplation pure Erkenntnis bedeutet (im neoplatonischen Sinne sogar eine überrationale Art der Erkenntnis). Kontemplative Beobachtung ist „befreit vom Wollen und Wünschen" (Schopenhauer), demnach eine Beobachtung ohne Funktion, des Interesses beraubt, was die Wissenschaft niemals ist. Kontemplation ist nicht der Standpunkt von Wissenschaftlern, das ist der Standpunkt der Denker, Dichter, Künstler, Einsiedler. Auch der Wissenschaftler kennt die Momente der Kontemplation, aber nicht in der Funktion des Wissenschaftlers, nicht als Wissenschaftler, sondern als Mensch, als Künstler (denn alle Menschen sind in einem gewissen Maße Künstler). Meditation gibt Macht über sich selbst, Wissenschaft über die Natur. Unsere Schulbildung fördert nur unsere Zivilisation und alleine aus sich trägt sie nichts zu unserer Kultur bei.

So wie heute viel gelernt, repetiert und wissenschaftlichen Disziplinen gefolgt wird, wurde einst viel nachgedacht. „Die Weisen von Laputa haben, vertieft in ihren Gedanken, jene, die sie mit ihren Fragen beunruhigt haben, weder bemerkt noch gehört" (J. Payot: *Erziehung des Willens*). Eine Legende sagt, dass Buddha vor einer Erleuchtung am Ufer eines Flusses stand und drei Tage und drei Nächte in Gedanken vertieft, doch nicht sich der vergangenen Zeit bewusst war. Und Xenophon hinterließ uns eine ähnliche Geschichte über Sokrates:

---

und sie war dermaßen in Mode, wie sie es nicht einmal seit der Antike war." (B. Russell, *Istorija zapadne fil zofi e*, S. 485 – Anm. d. Übersetzers: *Philosophie des Abendlandes*).

„Eines Morgens dachte er über etwas nach, was er nicht lösen konnte. Er wollte nicht davon abrücken, sondern setzte fort von der Morgenröte bis Mitternacht nachzudenken und stand da, als wenn er festgenagelt, vertieft in Nachdenken wäre. Aber gegen Mitternacht bemerkten sie ihn und Geflüster, dass Sokrates schon seit dem Morgen dastehe und über etwas nachdenke, ging durch die verwunderte Menge. Endlich, am Abend nach dem Abendessen, brachten irgendwelche Ionier aus Neugier ihre Matten hinaus und schliefen unter dem heiteren Himmel, um ihn beobachten zu können, um zu sehen, ob er die ganze Nacht stehen werde. Er stand dort bis zum nächsten Morgen und mit der Rückkehr des Tageslichts betete er und ging seines Weges." (Xenophon, *Das Gastmahl*, 220)

Galileo, Prophet der europäischen Zivilisation, hat sich sein ganzes Leben mit der Frage nach dem Fallen von Körpern beschäftigt und Tolstoi hat sein ganzes Leben über den Menschen und sein Schicksal nachgedacht. Wenn der Konstrukteur eines Flugzeuges oder Fallschirmes davor viel lernen und experimentieren musste, dann mussten Buddha, Sokrates, Seneca, Sheikh Mohammed al-Ghazali al-Saqqa, Rumi, Firdusi, Shakespeare, Dostojewski und Hugo tief nachdenken und ihre Welten nachvollziehen. Lernen und Denken sind zwei verschiedene Aktivitäten. Die erste führte Newton zur Entdeckung des Gravitationsgesetzes, die zweite führte Beethoven zur Erschaffung der Neunten Komposition. Im Gegensatz zwischen Meditation und Lernen wiederholt sich erneut der Gegensatz zwischen Mensch und Welt, Seele und Intellekt oder – Kultur und Zivilisation.

In der Natur finden wir letzten Endes sowohl die Welt als auch die Menschen, anders gesagt, alles andere als sich selbst, das eigene Ich, die eigene Persönlichkeit. Aber gerade durch dieses eigene Ich sind wir mit der Ewigkeit verbunden. Durch unser Ich, und nur durch dieses, fühlen wir die Freiheit und haben Einblick in eine andere Welt, deren Bewohner wir gleichzeitig sind. Nur ich selbst kann mir bezeugen, dass es die Welt des Geistes und der Freiheit gibt. Ohne dieses Ich, ohne mich selbst, verbleibe ich ohne den einzigen und letztendlichen Zeugen von einer Welt außerhalb der Welt der Natur. Denn ohne mich ist alles äußerlich und unbeständig. Meditation ist dieses Versinken in sich selbst, der Versuch, den Weg zur Wahrheit durch sein eigenes Wesen, über das eigene Leben und die eigene Existenz im Allgemeinen zu ergründen und zu finden. Sie versucht nicht auf die Probleme der Gesellschaft oder Menschheit zu antworten. Es geht um Fragen, die sich der Mensch selbst stellt.

Streng genommen ist Meditation keine Funktion der Intelligenz. Der Wissenschaftler, der einen neuen Flugzeugtypus konstruiert oder in seinem Kopf

Details des Projekts irgendeiner Brücke oder einer Konstruktion verarbeitet, meditiert nicht. Er denkt, erforscht, überprüft, vergleicht, doch dies ist weder im Einzelnen noch insgesamt Meditation. Der Mönch, der Dichter, der Denker, der Künstler meditiert. Diese Letzteren versuchen eine große Wahrheit zu ergründen, ein einziges großes Geheimnis. Diese Wahrheit bedeutet sowohl alles als auch nichts: alles für eine Seele, nichts für den ganzen Rest der Welt. Meditation ist deswegen im Wesentlichen eine religiöse Aktivität. Für Aristoteles ist der Unterschied zwischen Verstand und Kontemplation der Unterschied zwischen dem Menschlichen und dem Göttlichen. Im Buddhismus besteht das Gebet im engsten Sinne aus Nachdenken und darin erschöpft es sich. Im Christentum finden wir mönchsartige „kontemplative Orden", was eine regelmäßige Erscheinung ist. Auch Spinoza spricht von Kontemplation als der höchsten Form und zugleich dem höchsten Ziel.

Bildung erzieht die Menschen nicht aus sich selbst heraus. Sie macht sie nicht freier, besser, humaner. Sie macht sie fähiger, effizienter, gesellschaftlich nützlicher. Wie die historische Praxis zeigt, können gebildete Menschen, gebildete Völker Gegenstand von Manipulation sein und dem Übel dienen, aber dann bedeutend effizienter als Rückständige. Die Geschichte des Imperialismus ist eine Reihe von wahren Geschichten darüber, wie zivilisierte Völker einen ungerechten, auf Vertreibung ausgerichteten und unterdrückerischen Krieg gegen weniger gebildete, rückständige Völker, welche ihre Freiheit verteidigten, geführt haben. Die Zivilisiertheit des Angreifers hat weder Einfluss auf seine Ziele noch auf seine Methoden gehabt. Sie hatte nur Einfluss auf seine Effizienz und hat die Niederlage der Opfer beschleunigt.

Abschnitt 4

EXAKTE UND KLASSISCHE BILDUNG

Bildung ist kein eindeutiges Phänomen. Wenn wir sie aufmerksamer betrachten, werden wir in ihr zwei verschiedene, gleichwertige, aber unabhängige Tendenzen entdecken. Die schulische Bildung in der zivilisierten Welt ist zu sehr intellektuell, wissenschaftlich, aber zu wenig human, humanistisch. Wenn wir gebräuchliche Begriffe verwenden, könnten wir sagen, dass sie zu „exakt", aber zu wenig, „klassisch" ist. Heute ist es absolut möglich, sich einen jungen Menschen vorzustellen, der alle Stufen der Bildung durchquert hat, beginnend vom Kindergarten bis zum College, ohne gehört zu haben, dass man ein guter und korrekter Mensch sein soll. Er hat zuerst Schreiben und Rechnen gelernt, und darauf lernte er Physik, Chemie, Ethnologie, Geographie, politische Theorien, Soziologie, und eine ganze Reihe anderer Wissenschaften. Er hat eine Masse von Tatsachen gelernt und im besten Fall hat er zu denken gelernt, aber er ist nicht veredelt. Immer weniger hören wir Geschichte, Kunst, Literatur, Ethik, Recht.

Im Verhältnis zur Zivilisation erweist sich exakte Bildung sowohl als ihre Ursache als auch als ihre Folge. Diese Form von Erziehung bereitet das Gesellschaftsmitglied (das gesellschaftliche Individuum) vor und diese Erziehung ist auf ein klares Ziel ausgerichtet, interessiert, engagiert in dem Sinne an der Beherrschung der Natur, der äußeren Welt. Die klassische Erziehung hingegen beginnt und vervollständigt sich am Menschen, sie ist „ziellos zweckmäßig".

Das Dilemma „exakte Bildung – klassische Bildung" ist nicht eine technische, sondern eine ideelle Frage. Hinter ihr steht ein Standpunkt, eine Philosophie. In diesen beiden Erziehungssystemen bildet sich der Gegensatz zwischen Kultur und Zivilisation mit all seinen Folgen ab. Die christliche Gesellschaft wird immer zur klassischen, die sozialistische hingegen zur exakten Form der Erziehung neigen. Das ist, was sich versteht, ein Grundsatz, der in der Lebenspraxis zahlreiche Ausnahmen erträgt. Doch die grundsätzliche Tendenz bleibt und verwirklicht sich durch unausweichliche Korrekturen. Ein Vergleich der Schulprogramme in der UdSSR, in Frankreich, China und Japan (besonders hinsichtlich der Vertretung der künstlerischen Erziehung, der Geschichte, des Rechts, der Ethik, Literatur, der lateinischen und griechischen Sprache, usw.) würde diese Annahme bestätigen.

Eine spezifische Form der exakten Bildung ist die Spezialisation. Stellen wir vor allem fest, dass Intelligenz, Wissenschaft und Industrie eine Ebene ausmachen und in einem gegenseitigen Verhältnis von Ursache und Folge stehen. Wissenschaft ist das Resultat von Intelligenz, so wie Industrie die angewandte Form der Wissenschaft ist. Alle drei sind Bedingungen und Formen des Zurechtfindens des Menschen in der Natur, in der äußeren Welt. Spezialisation ist eine Tendenz, deren Ziel die immer größere Integration des Menschen in das Schema der Gesellschaft, in den gesellschaftlichen Mechanismus ist. Sie degradiert die Persönlichkeit, stärkt aber die Gesellschaft, macht sie effizienter. Die Gesellschaft nimmt auf sich die Rolle der Gesamtheit und der Mensch wird zum Teil des gesellschaftlichen Mechanismus, und zwar ein immer kleinerer Teil. Die Automatisation der Arbeit und die Entpersönlichung des Menschen als Subjekt der Arbeit streben in ihrer progressiven Bewegung zum idealen Zustand der Utopie.

Die Expansion der Bildung ist schwindelerregend. So gab es z.b. 1900 in den USA an allen Colleges und Universitäten insgesamt 24.000 Lehrkräfte, 1920 gab es 49.000, und mit Ende dieses Jahrhunderts wird gerechnet, dass es 480.000 geben wird. In allen Colleges und Universitäten gab es 1900 238.000 eingeschriebene Studenten, 1959 gab es 3.377.000, und zehn Jahre später stieg die Zahl auf 14.600.000. Die gesamten Ausgaben für Bildung stiegen von symbolischen 270 Millionen US Dollar aus 1900 auf 42,5 Milliarden US Dollar im Jahr 1970.[53] Das Anwachsen ist um nichts geringer in den sozialistischen Ländern, wenn auch natürlich von geringeren Anfangspositionen.

Die zwei stärksten wissenschaftlichen Mächte der Welt – USA und UdSSR – sind tatsächlich die zwei stärksten Militärmächte, doch sie sind nicht zugleich die zwei kultiviertesten Länder der Welt. Die größten Mittel für Forschung und Bildung zweigen gerade diese beiden Länder ab (UdSSR 4,3%, USA 2,8% des Nationalprodukts). Der durchschnittliche Amerikaner über dem Alter von 25 Jahren hat 10,5 Bildungsjahre hinter sich. Nach ihm kommt der Brite mit 9,5 Jahren, dann der UdSSR-Bürger mit fünf Jahren (die Daten beziehen sich auf das Jahr 1960).

Aber was ist das für eine Bildung? Der Regel nach ist sie typisch nach dem Rezept der Zivilisation. In kommunistischen Ländern ist Bildung streng indoktriniert, dirigiert und nach den Interessen der herrschenden Ideologie und dem politischen System geordnet. In kapitalistischen Ländern ist sie im Höchst-

---

[53] Daten des Amtes für Bildung des Ministeriums für Gesundheit, Bildung und Soziale Angelegenheiten der USA.

maß den Forderungen der Wirtschaft angepasst und steht im Dienste des industriellen Systems. In beiden Fällen steht die Bildung in einer Funktion, einem Dienst, und diese Tendenz überwiegt trotz schöner Proklamationen von „der allumfassenden Entwicklung der menschlichen Persönlichkeit", „der humanistischen Ausrichtung der Bildung" u.Ä. Wir werden diese Behauptung mit Hilfe zweier ausreichend autoritativer Beispiele stützen.

Lenin hat ausdrücklich hervorgehoben, dass Bildung nicht „neutral", objektiv, apolitisch sein darf. Auf dem I. Kongress der sowjetischen Bildung vom 25.08.1918 proklamierte er folgendes Prinzip: „Unsere Arbeit in der schulischen Domäne hat die Vernichtung der Bourgeoisie zum Ziel, und wir verkünden offen, dass die Schule nicht außerhalb der Politik existiert, das ist eine Lüge und Heuchelei." Die indoktrinierte Schuldbildung bleibt das Prinzip des Bildungssystems in der UdSSR bis zum heutigen Tag.

Der bekannte amerikanische Wirtschaftstheoretiker und wahrscheinlich bester Kenner des industriellen Systems in der heutigen Welt, John K. Galbraith, schreibt:

> „Natürlich ist die moderne höhere Bildung auf den Bedürfnissen des industriellen Systems gegründet. (…) Das große Ansehen, welches die reine und angewandte Wissenschaft und die Mathematik in jüngerer Zeit haben, ist nur das Spiegelbild des Bedürfnisses der Technostruktur (…), während das geringere Ansehen der Kunst und der humanistischen Wissenschaften und die geringere Unterstützung, welche sie genießen, das Spiegelbild ihrer untergeordneten Rolle ist. (…) Die Facharbeitsschulen und technischen Schulen haben nur ihres utilitaristischen Charakters wegen einen Fixplatz in der Budgetrechnung. (…) Das industrielle System hat eine immense Verbreitung von Bildung angeregt. Dies können wir nur begrüßen. Wenn man sich indessen dieser Tendenzen nicht klar bewusst ist und ihnen kein Widerstand entgegengebracht wird, so wird das System nur die Bildungsansichten unterstützen, welche seinen Bedürfnissen am meisten dienen und seine Ziele am wenigsten in Frage stellen." (J.K.G., *The New Industrial State*, Boston 1967, S. 339-341)

Doch was sind die gemeinsamen Charakteristiken des Schulsystems auf allen Seiten? Das sind vor allem eine strenge Selektion, welche zu einem destruktiven Wettbewerb führt, eine künstliche, „spezialistische" Sprache, welche die Mehrheit der Disziplinen entwickelt, und eine streng funktionalistische Architektur von ausschließlich den Maßstäben der Utilität und Hygiene untergeordneten Schulgebäuden. All dies, weil die Schule im Dienste der Bürokratie und des höchst wettbewerbsorientierten industriellen Systems steht, für welche es Fachkräfte, welche ihm am besten dienen und diese Mechanismen weiter entwickeln werden, vorbereiten muss. Die Appelle für eine „humane Schule", welche man hier und da hört, bleiben vorerst nur schöne Wünsche.

Wenn wir den kulturellen Inhalt der Schulbildung würdigen sollten, könnten wir sagen: Die Schule ist ein Bestandteil der Zivilisation. Sie trägt zur Kultur nur insoweit bei, insoweit sie keine Dressur darstellt, insoweit sie die kritische Art des Denkens fördert, insoweit sie Platz für die geistige Freiheit des Menschen lässt. Eine Schule, die fertige ethische und politische Lösungen serviert und vorsetzt, ist vom Standpunkt der Kultur gesehen barbarisch. Sie schafft keine freien Persönlichkeiten, sondern Untergebene, und als solche trägt sie vielleicht zur Zivilisation bei, doch wirft sie die Kultur zurück.

Abschnitt 5

DIE MASSENKULTUR

Im Lichte dieser Überlegungen wird der Leser leicht alleine den wahren Platz des Phänomens der sogenannten Massenkultur lokalisieren. Geht es überhaupt um Kultur oder geht es nur um einen Aspekt der Zivilisation? Das Subjekt jeder Zivilisation ist der Mensch als Einzelner, als Person, als „unwiederholbares Individuum". Subjekt (oder Objekt) der Massenkultur ist die Menge, Masse oder Menschenmasse.[54] Der Mensch hat eine Seele, die Masse hat nur Bedürfnisse. Deswegen ist jede Kultur das Erheben, die Vervollkommnung des Menschen, hingegen ist die Massenkultur das Befriedigen von Bedürfnissen.

Kultur strebt nach Individualisation. Die Massenkultur zieht in die entgegengesetzte Richtung – zur geistigen Uniformierung. In diesem Punkt scheidet sich die Massenkultur von der Ethik, daher auch von der Kultur. Die Massenkultur bildet, erzieht aber nicht. Durch die serielle Produktion „geistiger Güter", durchs Kopieren, durch Kitsch, Schund und Unsinn vom Standpunkt des Individuellen, treibt sie zur Entpersönlichung. Im Unterschied zur authentischen engt die Massenkultur die menschliche Freiheit gerade mit dieser Tendenz

---

[54] Den Begriff der Menschenmasse hat Ortega Y. Gasset in die Literatur eingeführt. Die Masse ist eine Mehrzahl von anonymen, der Persönlichkeit beraubten Einzelnen. Eine Menge von Menschen wird, wenn sie die Persönlichkeit verliert, in die Masse degradiert. Die Menschenmasse ist das Endprodukt der nackten Zivilisation, ein Zustand, in dem es keine Vermutungen und Vorurteile der Kultur gibt.

der Uniformierung ein, denn „Freiheit – das ist der Widerstand gegen die Uniformität" (Horkheimer). Zu den verbreiteten Irrtümern zählt auch die Gleichstellung der Massenkultur mit der Volkskultur, was eine große Ungerechtigkeit der letzteren gegenüber ist. Im Unterschied zur Massenkultur ist die Volkskultur ursprünglich, aktiv und unmittelbar. Sie kennt keinen Kitsch und Schund, welche rein städtische Produkte sind.

Die Volkskultur beruht auf dem Konsens, dem inneren Einverständnis, dem Beitrag, hingegen ist das dominierende Prinzip der Massenkultur die Manipulation. Die Riten der Spiele, Lieder sind insgesamt eine Sache der Dörfer und Stämme. Es gibt keine Ausführenden auf der einen oder Zuhörer und Beobachter auf der anderen Seite. Wenn die Feierlichkeit beginnt, dann schalten sich alle ein, alle werden zu Beitragenden. Die Massenkultur bietet uns ein vollkommen umgekehrtes Beispiel. Die Menschen sind streng aufgeteilt in Produzierende und Konsumierende kultureller Güter. Gibt es wirklich jemanden, der glaubt, dass er auf den Inhalt des Fernsehprogramms Einfluss nehmen könnte, wenn er nicht zu jener kleinen Gruppe gehört, welche dieses Programm macht? Die sogenannten Massenmittel der Kommunikation – die Presse, das Radio, das Fernsehen sind in Wirklichkeit Mittel der Massenmanipulation. Auf der einen Seite stehen aus einer geringen Anzahl von Menschen zusammengestellte Redaktionen, welche Programme machen, auf der anderen Seite hingegen steht eine passive Millionenzuhörerschaft.

Eine Umfrage aus 1971 hat gezeigt, dass der durchschnittliche Engländer sonntags zwischen 16 und 18 Stunden vor dem Fernseher verbringt (Daten aus der Publikation *Streben der Gesellschaft*, des statistischen Jahrbuches der englischen Regierung). Besonders wurde bemerkt, dass das Fernsehen die Literatur – sein Äquivalent im Bereich der Kultur – beständig unter Druck setzt. Jeder dritte Franzose hat noch nie ein Buch gelesen, und die französische Nation verbringt ihre Freizeit vor allem vor dem Fernseher – das sind Rückschlüsse aus einer Umfrage, welche für die Zeitschrift *Le Point* ausgeführt wurde (1975), aus der sich erkennen lässt, dass für 87% der Bevölkerung die primäre „kulturelle" Beschäftigung das Schauen des Fernsehprogramms ist, demgegenüber stehen die Oper und das Ballett am Ende der Liste. Eine Umfrage, welche anlässlich des „Buch-Sonntags" 1976 durchgeführt wurde, hat dieselbe Situation in Japan gezeigt. Um die 30% der Japaner lesen überhaupt keine Bücher oder Zeitungen, hingegen verbringt der Japaner durchschnittlich 2,5 Stunden täglich vor dem Fernseher. Prof. Horikava von der Universität in San Franzisko behauptet, dass das Niveau der Generation, welche gerade aufwächst, unter den universitären Kriterien liegt. Horikava erklärt das einfach: Das Fernsehen hat die Literatur und das Nachdenken ersetzt, die innere Aktivität verringert und den Intellekt allgemein herabgesenkt. Es liefert fertige Antworten für alle Probleme im Leben.

Unsere Zeit liefert Beispiele dafür, wie die Mittel der Massenkultur – Radio, Film, Fernsehen – dort, wo sie die Gewalt eines Monopols haben, für die Erschaffung falscher Idole und einem massiven Irrsinn der schlimmsten Sorte dienen können. Es muss nicht mehr grobe Gewalt angewandt werden, um über das Volk gegen seinen Willen zu herrschen. Jetzt kann man das auf „legale Weise" erreichen, durch Paralysieren des Volkswillens, durch das Servieren von fertigen „Wahrheiten" an ermüdete Volksmassen, denen man durch Arbeit, Meetings und günstige vulgäre Unterhaltung die Zeit, um nachzudenken und zu einem eigenen Urteil über die Menschen und Ereignisse zu kommen, wegnimmt.

Die Psychologie der Massen hat gelernt, und die Praxis bestätigt, dass es durch beständiges Wiederholen möglich ist, die Menschen von Mythen zu überzeugen, welche keinerlei Beziehung zur Wirklichkeit haben.[55] Die Psychologie der Massenkommunikationsmittel, insbesondere des Fernsehens, ist darauf ausgerichtet, nicht nur den bewussten, sondern auch den instinktiven und emotionalen Teil des Menschen zu untergraben (unterwerfen) und das Gefühl oder die Gewohnheit zu erzeugen, dass die vorgesetzte Wahl als eigene erachtet wird.[56]

Totalitäre Gesellschaften haben überall ihre Chance im Fernsehen gesehen und haben sich beeilt, sie zu nützen. Das Fernsehen ist so zu einer Bedrohung der Freiheit, gefährlicher als die Polizei, Gendarmerie, Gefängnis und Konzen-

---

[55] Bis 1945 haben die Japaner gelernt, dass Mikado ein Nachkomme der Sonnengöttin ist und dass Japan vor der restlichen Welt erschaffen wurde. Diesen Mythos haben sogar Universitätsprofessoren ihren Studenten im Laufe mehrerer Generationen erzählt. Dieses japanische Beispiel gehört jetzt der Vergangenheit an. Neue Mythen im Hinblick auf Kulte sehen wir in Russland, China, Nord-Korea (die Kulte des Stalin, Mao Tse Tung und Kim Il Sung). Diese Mythen folgen im Großen und Ganzen demselben Modell. Z.B.: „Jedes Wort des geachteten und geliebten Führers, des Genossen Kim Il Sung ist tief in unsere Herzen eingedrungen, genauso wie das Wasser in die durstige Erde dringt. (…) Entschlossen werden wir die Ausführung des großen Planes, des Aufbaus des Kommunismus, welchen der geachtete und geliebte Genosse Kim Il Sung skizziert hat, fortsetzen" (aus dem Artikel *Alles, was das Volk liebt, ist gut* eines gewissen Kim Jong Hui. Im Hof einer Fabrik ist in einem Glas-Sarkophag ein Stein ausgestellt, auf dem der „geachtete und geliebte Führer, Genosse Kim Il Sung" während Gesprächen gesessen ist.

[56] Zu dieser Frage empfehlen wir das außerordentliche Buch von Đuro Šušnić *Ribari ljudskih duša*, Belgrad, 1977

trationslager, geworden. Ich denke, dass die zukünftigen Generationen, wenn ihre Fähigkeit, frei zu denken, nicht völlig zerstört sein wird, sich vor den Qualen der heutigen Generation, welche ohne Beschränkungen dem Einfluss dieser unkontrollierten Macht ausgesetzt war, schaudern wird. Wenn die Verfassung in der Vergangenheit aus der Notwendigkeit, die unbeschränkte Macht der Herrscher oder der Regierung zu zügeln, entstanden ist, so wird eine neue Verfassung überall auf der Welt notwendig sein, um die Macht dieser neuen Gefahr zu zügeln, welche zur geistigen Sklaverei der schlimmsten Art zu führen droht.

Die Massenkultur kennzeichnet sich durch einen Zustand des Geistes, den Johan Huizinga *Puerilismus* genannt hat. Huizinga bemerkt, dass der moderne Mensch sich unreif und kindisch, im schlechten Sinne des Wortes, benimmt, d.h. auf eine Weise, welche der mentalen Stufe der Pubertät entspricht: banaler Zeitvertreib, das Bedürfnis nach starken Sensationen, die Neigung zu Massenparaden und zum Parolismus, die Abwesenheit eines wahrhaften Humors, die Überflutung mit Schund, Parolen des übermäßigen Hasses und der Liebe, oder des übermäßigen Tadels und der Dankbarkeit, was eine massive und brutale Sicht bekommt.

Letztendlich besteht da auch das unterschiedliche Verhältnis zur Maschine und Technik. In der Kultur begegnen wir einer „Angst vor der Maschine", dem instinktiven Ablehnen der Technik („Technik ist die erste Sünde der Kultur" – Berdjajew). Dieser Standpunkt stammt aus dem Gefühl, dass sich die Aufgabe der Maschine von der Manipulation von Dingen unausweichlich in die Manipulation von Menschen verwandelt – erinnern wir uns an die Warnungen von Tagor, Tolstoi, Heidegger, Neizvestny, Faulkner u.a., während der Marxist Henri Lefebvre vollkommen anders urteilt: „Die höchste Stufe der Freiheit wird der Mensch in der Gesellschaft, in der die Technik all ihre Möglichkeiten entfaltet, erreichen – in der kommunistischen Gesellschaft." Anders gesagt, die Gesellschaft, welche die Utopie als ihr näheres oder ferneres Vorbild hat, findet ihren Verbündeten in der Maschine, in der Technik. Die Technik trägt zur Manipulation der Menschen und der Dinge bei (und schützt nicht davor). Sie trägt zum Konformismus und zur Uniformierung durch die Bildung und Massenmedien (Presse, Radio, Fernsehen) bei. Sie erfordert die Zusammenarbeit (oder gemeinschaftliche Arbeit) einer großen Zahl von Menschen, die in einem ebenso ähnlichen, in der Regel zentralistisch geführten Mechanismus („Kollektiv") organisiert sind. Und letztendlich kann sie in einer Perspektive eine vollkommene Kontrolle der Gesellschaft (in Wirklichkeit der Regierung) über den Einzelnen durch direkte oder indirekte Einsicht in das, was er macht, sagt, oder denkt, versprechen. Wenn die Technik demnach jemanden bedroht, dann ist es die freie Persönlichkeit. Sie bedroht jedenfalls nicht das anonyme Mitglied des Kollektivs, dessen Funktion darin besteht, zu produzieren und zu konsumieren, beziehungsweise die Weise und Technik, auf die sie produziert und konsumiert, zu vervollkommnen.

Abschnitt 6

STADT UND LAND

Dichter sprechen von der „Hölle" der Großstadt, die Marxisten hingegen vom „Idiotismus des Landlebens" (*Manifest*). Die Ablehnung der Stadt ist, so unfunktional sie auch ist, eine rein menschliche Reaktion, insoweit jeder Mensch in einem bestimmten Maße Dichter ist. Heute wie gestern kommt der Protest gegen die Stadt und die urbane Zivilisation von der Religion, der Kultur, der Kunst. Den ersten Christen schien Rom wie das Kaiserreich des Teufels, nach dem das Ende der Welt kommt, das Jüngste Gericht.

Die Religiosität fällt ab mit der Größe der Stadt[57], oder genauer, mit der Konzentration urbaner Elemente, welche auf den Menschen entfremdend wirken. Denn je größer eine Stadt ist, desto weniger Himmel ist über ihm, desto weniger Natur, Blumen; desto mehr Rauch, Beton, Technik; desto weniger Persönlichkeit, desto mehr degradieren wir uns zur Masse. Je größer eine Stadt ist, umso mehr Kriminalität gibt es. Religiosität lässt sich im umgekehrten, Kriminalität hingegen gerade im direkten Verhältnis zur Größe der Stadt vorfinden. Diese beiden Phänomene haben eine gemeinsame Ursache. Sie stehen in einer außerordentlichen Beziehung zu jenem, was wir als die praktische, „erlebte Ästhetik", bezeichnen könnten.

Der Mensch am Lande ist in der Lage den Sternenhimmel, Blumenfelder, Flüsse, Pflanzen und Tiere zu beobachten. Er ist im alltäglichen und unmittelbaren Kontakt mit der Natur und den Elementen. Eine reiche Folklore, Hochzeitsbräuche, Volkslieder und Spiele, in denen der Mensch vom Lande nicht nur Beobachter sondern meistens auch Beitragender ist, schaffen ein Maß des kultivierten und ästhetischen Erlebnisses, dessen der Stadtmensch fast voll-

---

[57] Nach einer Umfrage besuchen in Paris 12-13% der Einwohner die Messe, in Lyon 20,9%, in Saint Etienne 28,5%, usw.

kommen beraubt ist. Der durchschnittliche Großstadtbürger ist einem Ersticken alles Schönen und Selbsterkeimten ausgesetzt. In den meisten Fällen ist er in uniformen Kasernen einer großen Stadt aufgewachsen, vollgestopft mit dem passiven Wissen der Massenkommunikationsmittel und umzingelt von hässlichen Gegenständen serieller Produktion. Sogar das Gefühl für Rhythmus, welches alle primitiven Völker besitzen, ist beim modernen Menschen fast ausgestorben. Die Überzeugung, dass der Stadtbürger mehr Möglichkeiten für künstlerische und allgemein ästhetische Erlebnisse hat, fällt unter die allerseltsamsten Irrtümer unserer Zeit. Als wenn Konzerte, Museen oder Ausstellungen, welche von einem bedeutungslosen Prozentanteil der städtischen Bevölkerung besucht werden, auch nur annähernd die alltäglichen, vielleicht unbewussten, aber sehr starken ästhetischen Erregungen des Landbewohners vor dem unvergleichlichen Bild des Sonnenaufganges oder des Erwachens des Lebens im Frühling ausgleichen könnten. Eine überwältigende Mehrheit der Stadtbevölkerung erlebt ihre stärksten Erregungen in der naturalistischen Atmosphäre eines Fußballspiels oder eines Boxkampfes. Alles um den Landbewohner herum ist lebendig und elementar. Alles um den Arbeiter ist tot und mechanisch.

Hier, im unterschiedlichen geistigen Klima und im Erleben des Gesehenen und Gegenwärtigen, und nicht in den verschiedenen materiellen Voraussetzungen und verschiedenen Stufen der Bildung, muss man eine Erklärung für die Religiosität der Landbewohner und den Atheismus der Arbeiter suchen.[58]

Religion gehört zum Leben, zur Kunst, zur Kultur. Atheismus gehört zur Technik, Wissenschaft, Zivilisation.

Abschnitt 7

DIE ARBEITERKLASSE

Als ein Produkt der Stadt ist die Arbeiterklasse im höchsten Maße vom negativen Einfluss der sogenannte puren Zivilisation, d.h. der Zivilisation mit dem

---

[58] Das ist nicht einmal eine wirtschaftliche Unsicherheit. Der Arbeiter ist um nichts sicherer hinsichtlich seiner Existenz als der Landbewohner. Der Markt ist wunderlich und ungewiss wie auch der Himmel. Marx hat bewiesen, dass der Arbeiter den Markt als eine fetischäre Gewalt empfindet, über die er keinerlei Macht hat.

geringsten Anteil an Kultur, betroffen. Die Fabrik stumpft die Persönlichkeit ab und unterdrückt sie. Ein Soziologe schreibt:

„Einer strengen Disziplin und dem Produktionsprozess unterworfen übertragen die Arbeiter die Angewohnheiten, die sie in der Fabrik erworben haben, auch in die eigenen Organisationen. Sie neigen dazu, ihre Obrigkeit, welche sie schaffen und schlecht kontrollieren, zu Bürokratie umzuwandeln, welche aber eine konservative Rolle sowohl in der kapitalistischen als auch sozialistischen Welt spielt."[59]

Herbert Marcuse konstatiert, dass die Arbeiter im entwickelten kapitalistischen System (demnach dort, wo der Einfluss von Technologie und der Fabrik am stärksten ist) aufgehört haben, eine revolutionäre Gewalt darzustellen. Die Arbeiterklasse ist das Beispiel einer manipulierten Gruppe, der geschmeichelt wird, auf die man sich beruft, in deren Namen man spricht, die aber wenig gefragt wird. Zwei der zahlreichsten Arbeiterklassen der Welt, jene in den USA und der UdSSR, haben fast gar keinen faktischen Einfluss auf die politischen Strukturen ihrer Länder oder auf die Entscheidungen, welche sich auf sie beziehen.

Ein Ausdruck dieser Lage ist, neben der Entfremdung von Religion und Kunst, die Armut des Denkens, beziehungsweise die vollkommen theoretische Sterilität innerhalb der Arbeiterbewegung, die auch kommunistische Autoren zugeben (wie z.B. A. Groz, R. Garod, L. Basso, S. Malle u.a.). In einem Gespräch mit dem Korrespondenten des italienischen Blattes *Il Contemporaneo* im Jahre 1965 verkündete der marxistische Autor Georg Lukács: „Niemand hat nach Marx' Tod, mit der Ausnahme von Lenin, einen theoretischen Beitrag für die Probleme der kapitalistischen Entwicklung gegeben" – und darauf teilte Georg Lukács, indem er sich auf die stalinistischen Periode in der UdSSR bezog, mit: „Es wurde jeder freie Gedanke erstickt, hingegen wurden persönliche Standpunkte im theoretischen Gesetz veröffentlicht. Aus dieser Verdrehung des theoretischen Sinnes ist eine ganze Generation aufgewachsen." Und tatsächlich, finden wir, nach Marx, der selbst nicht aus der Arbeiterklasse, sondern aus der bürgerlichen Klasse stammte, kaum eine auch nur ein wenig wertvolle und originelle Idee, welche aus der Arbeiterklasse kommen würde, mit Ausnahme der Idee der Arbeiterselbstverwaltung in Jugoslawien, welche entgegen aller Schwierigkeiten eine besondere und originelle Richtung darstellt. Auf jeden Fall stellt diese Idee ein Abweichen vom Klischee und den Dogmen dar, an die

---

[59] Es bestehen sogar ernste Indizien für einen starken Einfluss des Untergrundes und der Mafia in den Führungen mancher amerikanischer syndikaler Organisationen.

der offizielle Kommunismus die Entfaltung des Arbeiterdenkens überall gefesselt hat.

Streiks, welche da und dort kapitalistische Wirtschaften erschüttern, haben fast ausschließlich ökonomischen Charakter und werden durch Kompromiss-Vereinbarungen über die Löhne beendet. Da der Prozess der wirtschaftlichen Entwicklung nicht in Richtung materielle Verarmung der Arbeiterklasse (Pauperisation) ging, fand sie überall eine Weise, um anstatt des klassischen Krieges Bedingungen für einen klassischen Frieden mit antagonistischen Gruppierungen in der Gesellschaft zu vereinbaren.[60]

Die klassische Form der Arbeiterklasse, die Klasse der unterdrückten Fabrik-Proletarier, so wie Marx sie gesehen hat, und von der er gemeint hat, dass es sie solange geben wird, „bis diese Klasse sich selbst abschafft", war nur eine vorübergehende Form. Die physische Arbeit übernehmen schrittweise Maschinen, und die Zuständigkeit des Menschen bewegt sich immer mehr hin zur Kontrolle und Leitung von großen automatisierten Systemen.[61]

Die Entwicklung der Wissenschaft und Technik, „die Entwicklung der Produktionsmittel", hat demnach nicht zur Herrschaft der Arbeiterklasse, sondern zur stufenweisen Abschaffung der Arbeiterklasse als solcher geführt. Diese Entwicklung hat die Herrschaft nicht dem manuellen Arbeiter gegeben, sondern den Schwerpunkt der Produktion – damit auch den gesellschaftlichen Einfluss – stufenweise auf die technische Intelligenz übertragen. Die letzten Spuren des Idealismus und der revolutionären Romantik erlöschen. Auf der Szene meldet sich die Technokratie, eine rationale und seelenlose Regentschaft, der letzte Ausdruck einer konsequenten Zivilisation.

---

[60] Nach den Daten einer schwedischen Institution (1978) haben Streiks in den letzten 5 Jahren(1973-1977) in einigen der größten kapitalistischen Länder (USA, Großbritannien, Italien, Kanada) weniger als 1% der gesamten jährlichen Arbeitsstunden erfordert; in Schweden durchschnittlich 6 Minuten pro Jahr und Arbeiter, und in der Schweiz ist die Höhe vernachlässigbar.

[61] Nach einer Analyse bestimmt der Arbeiter, welcher an einem vollkommen automatisierten System arbeitet, von insgesamt 40 Stunden wöchentlich nur 1 Stunde aktiv, die restlichen 39 Stunden wacht er mehr oder weniger über die Maschine. Die Entwicklung in diese Richtung ist sehr schnell, und die Automatik wird zur überwiegenden Arbeitsweise in einer immer größeren Zahl wirtschaftlicher Zweige. Marx, ansonsten ein großer Dialektiker, hat diese Entwicklung entweder nicht gesehen, oder hat aus ihr nicht die entsprechenden Schlüsse gezogen. In jedem Fall hat er das Phänomen der Arbeiterklasse statisch und nicht dialektisch gesehen.

Abschnitt 8

RELIGION UND REVOLUTION

Die Revolution ist nie nur ein Ereignis in der Domäne der Zivilisation, der Gesellschaft, der Wirtschaft, der Politik. Jede wahrhafte Revolution ist ein Moment des Glaubens, was bedeutet ein Zustand der Begeisterung, Gerechtigkeit, des Strebens, Opferns, Sterbens, demnach eines Gefühls, das über das Interesse und die Existenz hinausgeht. So ist die Revolution auch dann, wenn sie ihren Zielen nach, dem Beitrag der Menschen nach, antireligiös ist, wie ein menschliches Drama, eine Form des religiösen Ausdrucks. Alle, die an einer Revolution mitwirkten oder aus der Nähe ihren Ablauf beobachten konnten, haben die Anwesenheit dieser ethischen Elemente bezeugen können. Sie haben sie als ein Epos gesehen, und nicht nur als einen mechanischen Umsturz, einen bloßen Wechsel der Maschinerie der Regentschaft. Dies kann jene Unfähigkeit des Arbeiters des heutigen kapitalistischen Staates zur Revolution, wovon Marcuse spricht, wie auch umgekehrt, die Begeisterung der Dichter, Künstler und allgemein religiöser Menschen für die Revolution, die für gewöhnlich ihren Deklarationen zufolge atheistisch sein kann, erklären. Von der inneren Seite, nicht als Prozess, sondern als Teil des Lebens[62] betrachtet, wird die Revolution als ein Drama gesehen, welche die Menschen an etwas fesselt, das nur die Religionen kennen. Vom politischen, jenem realen Standpunkt, kann sie natürlich eine völlig andere Bedeutung und ein anderes Ziel haben.

Jede Gemeinschaft befindet sich im Zustand der Religion, sobald in ihr eine erhöhte Temperatur, Begeisterung, das Gefühl der Solidarität, der Zusammengehörigkeit, desselben Schicksals herrscht; in dem sich Menschen als Brüder oder Freunde fühlen.

Arthur Rubinstein erzählt:

„In der viktorianischen Epoche, die voll mit Überfluss und Snobismus war, ging niemand zu Konzerten. Die Franzosen, sind zur selben Zeit nur sonntags zu Konzerten gegangen, an den übrigen Tagen blieben die Säle leer. Dagegen spielte

---

[62] Im bekannten Gedicht *Die Zwölf* von Alexander Blok führt Christus die roten Garden an. So sieht es der Dichter. Das Gedicht wurde nicht lange nach der Revolution gedichtet und von der damaligen offiziellen Kritik als religiös angegriffen. Wir wissen nicht inwiefern es dem damaligen Kulturminister Lunačarski gelungen ist, Blok zu verteidigen, als er behauptet hat, dass dies „nur eine auf der Tragik des biblischen Pathos gegründete Vision" ist.

am Vorabend des Zweiten Weltkriegs eine bekannte englische Pianistin kostenlos in den Hallen der Museen vor einem ständig übervollen Auditorium. Ich habe zur Zeit der mexikanischen Revolution, während Züge in die Luft flogen und Menschen und Kinder ohne Erbarmen umgebracht wurden, in verschiedenen Orten über fünfzig Konzerte abgehalten. Die Säle waren im Voraus ausverkauft, die Menschen haben die Eintrittskarten mit Gold bezahlt. In demselben Mexiko war es, als Frieden geherrscht hat, ein Problem, etwas Publikum in einem Saal zu versammeln."

Eine Gesellschaft, die nicht fähig zur Religion ist, ist auch nicht fähig zur Revolution. Gegenden starken revolutionären Brodelns sind Gegenden noch immer lebendiger religiöser Gefühle. Das Gefühl der Brüderlichkeit, Solidarität, Gerechtigkeit – im Wesentlichen ein religiöses – ist in der Revolution auf die Schaffung irdischer Gerechtigkeit, des irdischen Paradieses ausgerichtet.

Sowohl Religion als auch Revolution werden in Schmerz und Leid geboren, hingegen klingen sie in Wohlstand und Komfort ab. Ihr wahres Bestehen stellt lediglich ihr Streben nach Verwirklichung dar. Ihre „Verwirklichung" ist ihr Tod. Sowohl die Religion als auch die Revolution gebären, bringen, während sie sich verwirklichen, ihre Institutionen, ihre Strukturen, welche sie ersticken, hervor. Die offiziellen Strukturen sind weder revolutionär noch religiös.

Wenn die Revolution Gegner im Glauben hatte, so hat sie diese nur im offiziellen Glauben, in der Kirche, in der Geistlichkeit, in der Hierarchie – demnach im institutionalisierten, falschen Glauben. Umgekehrt hat auch die Pseudorevolution, die Revolution als Struktur, als Bürokratie eine Verbündete in der Religion als Struktur, als Bürokratie gefunden. Da sie begonnen hat, zu lügen und sich selbst zu verraten, konnte die Revolution eine gemeinsame Sprache mit der falschen Religion finden.

Abschnitt 9

DER FORTSCHRITT GEGEN DEN MENSCHEN

Gemäß den Worten des amerikanischen Wissenschaftlers R. Oppenheimer (Erfinder der amerikanischen Wasserstoff-Bombe) hat das Menschengeschlecht einen größeren technischen und materiellen Fortschritt in den letzten vierzig Jahren verwirklicht als in den vergangenen vierzig Jahrhunderten. Seit 1900 bis 1960 sind die dem Menschen zugänglichen Entfernungen von 10^{26} auf 10^{40}

angestiegen, die Temperaturen von 10^5 auf 10^{11}, der Druck von 10^{10} auf 10^{16}. Innerhalb von dreißig Jahren wird der elektrische batteriebetriebene Motor die alten Kolben-Motoren ersetzen und Schiffe mit Atomantrieb werden die Dampfschiffe vollkommen verdrängen. Es nähert sich der Tag, an dem durch elektrische Kabel unter den Straßen Elektromobile auf den Straßen bewegt werden können. Jean Rostand kündigt magische Möglichkeiten der Biologie an. Mit Hilfe von herausgefilterten Erbsubstanzen von besonders intelligenten Menschen wird die Menschheit sich auf den Weg zu ihrer Umgestaltung machen. Wenn es Wissenschaftlern gelingt, künstliche Desoxyribonukleinsäure zu erzeugen (die chemische Grundlage der Vererbung, welche in den Chromosomen identifiziert wurde), so werden sich unbegrenzte Möglichkeiten eröffnen. Jeder wird ein Kind nach annähernd eigenen Wünschen haben können. Dem menschlichen Gehirn wird man neben seinen zehn Milliarden Zellen noch eine Milliarde woandersher oder erzeugt durch einen besonderen Vorgang beifügen können. Die Verpflanzung von Organen und Gliedern, welche von Leichen entnommen sind, wird eine gewöhnliche Angelegenheit sein, und durch die Entdeckung des Chemismus von Erscheinung, die sich in der Grundlage der Hirnermüdung befinden, wird es möglich, das jahrhundertealte Streben des Menschen nach einer Lebensverlängerung zu verwirklichen, indem man den Schlaf verkürzt. Die wirtschaftlichen Möglichkeiten der Industriestaaten lassen bereits jetzt bedeutende Verkürzungen der Arbeitswoche zu. Sie wird bald auf 30 Stunden und das Arbeitsjahr auf neun Monate reduziert werden können. 1965 gab es in den Vereinigten Staaten 69 Millionen Automobile, 60 Millionen TV-Geräte, 7,7 Millionen Motorboote und Jachten. Nur für den Sommerurlaub und die Ferien haben die Amerikaner 30 Milliarden US Dollar ausgegeben, demnach fast das komplette Nationalprodukt des von 300 Millionen Einwohnern bevölkerten Indiens. Zwei Fünftel aller persönlichen Güter in den USA sind als Luxusgüter vorgesehen. Jemand hat berechnet, dass die reicheren Länder, welche ein Drittel der Welt ausmachen, jährlich 15 Milliarden Dollar für Kosmetik ausgeben. In diesen Ländern ist das Lebensniveau heute fünf Mal höher als im Jahr 1800, und innerhalb von 60 Jahren wird es fünf Mal höher sein als heute.

Nach einer solchen optimistischen Vision können wir uns fragen: Bedeutet das alles, dass dieses Leben fünf Mal erfüllter, glücklicher und humaner sein wird? – Die Antwort fällt entschlossen negativ aus.

Im reichsten Land der Welt, den Vereinigten Staaten von Amerika, werden jährlich fünf Millionen schwerere Übertretungen begangen, und der Zuwachs an kriminellen Taten übertraf zwischen 1960 und 1970 das Bevölkerungswachstum um fast vierzehn Mal (178% im Vergleich zu 13%). In diesem Land geschieht 1964 alle 12 Sekunden je ein Verbrechen, fast jede Stunde ein Mord, alle 25 Minuten eine Vergewaltigung, alle 5 Minuten ein Raubüberfall, und jede Minute ein Autodiebstahl (Daten aus dem Jahresbericht des FBI). Die Tendenz ist, was besonders beunruhigt: Auf 100.000 Einwohner der USA kamen 1951 3,1 Morde, 1960 fünf Morde und 1967 bereits neun Morde. Innerhalb von 16 Jahren hat sich demnach die Zahl der Morde verdreifacht. In Westdeutschland wurden 1966 um die zwei Millionen strafrechtliche Handlungen registriert, und 1970 stieg diese Zahl auf 2.413.000. In England hat sich die Zahl der vorsätzlichen Tötungen im Laufe des letzten Jahrzehnts um 35% erhöht, und in Schottland haben Gewaltdelikte einen Zuwachs von 100% verzeichnet. Von 1962 bis 1970 hat sich in Kanada die Zahl der Morde verdoppelt (genau: 98,2% höher, worauf in einem bestimmten aber nicht entscheidenden Ausmaß auch die Aufhebung der Todesstrafe im Jahr 1962 Einfluss hat). In einigen kürzlich veröffentlichten Meinungsumfragen haben die Franzosen die Angst vor Gewalttaten an die Spitze der Liste ihrer alltäglichen Sorgen gesetzt. Allein die Zahl der Diebstähle in Frankreich im Laufe der letzten 10 Jahre (1966-1976) hat einen Zuwachs von 177% verzeichnet (dienstliche Daten der französischen Regierung). In der Zeit von 1969-1978 hat sich die Zahl aller kriminellen Handlungen in Belgien verdoppelt.

Am siebten Internationalen Kongress der Kriminologen in Belgrad (September 1973) wurde einstimmig konstatiert, dass der jetzige Moment in der Welt durch einen „schwindelerregenden Zuwachs an Kriminalität an allen Meridianen" charakterisiert wird. Die Ursachen dieses Zustandes erklärend konstatieren die amerikanischen Kriminologen resignativ, dass unser Planet ein „Ozean der Delinquenz" ist, dass alle Menschen mehr oder weniger Übertreter sind und dass kein Ausweg in Sicht ist.

Im Bericht *Über die Lage der Welt von 1970*, welchen die UNO publizierte, wird gesagt, dass in einem hochindustrialisierten Land (der Name des Landes wird nicht angeführt) die Zahl der Personen unter 20 Jahren, mit der die Polizei zu tun hatte, 1955 einen Zuwachs von einer Million auf 2,4 Millionen im Jahr 1965 verzeichnete.

Der Generalsekretär der UNO führte in einem Bericht an: „Einige der entwickeltsten Länder sind am ernsthaftesten von Kriminalität betroffen. (…) Entgegen dem materiellen Fortschritt war das menschliche Leben nie so unsicher wie heute. Kriminalität in ihren verschiedensten Formen, der persönlichen und öffentlichen Gewalt, Diebstahl, Täuschung, Betrug, Korruption und organisiertem Verbrechen, stellt einen ernsthaften Preis für die moderne

Lebensart und einen teuren Gegenwert für den Fortschritt dar." (aus dem Bericht *Prävention und Zerschlagung der Kriminalität* des Generalsekretärs der UNO, Ende 1972) Untersuchungen, die der sowjetische Psychiater N. Hodakow durchgeführt hat, haben eine erschreckende Verbreitung von Alkohol nach dem Zweiten Weltkrieg aufgezeigt, insbesondere in zivilisierten Ländern. Der Verkauf von Alkohol hat sich in der Welt von 1940 bis zum Jahr 1960 verdoppelt, bis 1965 hat er sich um das 2,8-fache erhöht, 1970 um das 4,3- und 1973 um das 5,5-fache. Ein besonderes Phänomen ist das Vordringen des Alkohols in die Sphäre der Frauen und der Jugend. Nach den Daten der britischen Wohltätigkeitsorganisation *Angebotene Hilfe* gibt es in England über 400.000 notorische Alkoholiker, wovon mehr als 80.000 Frauen sind (1973). Jede zweite von ihnen wird Patientin eines psychiatrischen Krankenhauses, und jede dritte ist eine Selbstmordkandidatin. Nach dem Alkoholverbrauch pro Kopf steht Frankreich in Europa an erster Stelle, es folgen Italien und die UdSSR. Nach der Sterberate, deren Ursache Alkohol ist, steht West-Berlin mit 44,3 von an Folgen des Alkohols gestorbenen Personen (auf hunderttausend Einwohner) an der Spitze der Weltliste, es folgt Frankreich mit 35 Todesfällen, danach Österreich mit 30 Fällen (Daten aus dem Jahr 1971).

In unserem Jahrhundert ist Alkoholismus vor allem ein Problem der reichsten und gebildetsten Milieus geworden. Wenn Alkohol (oder Narkotika) ein Mittel der Zuflucht oder ein Abwehrmechanismus ist, was für einen Zufluchtsort suchen und wovor fliehen Reiche und Gebildete? Früher haben wir den Alkoholismus mit der Armut und Rückständigkeit verbunden und wir hatten Hoffnung. Nun ist die Vernunftlosigkeit vollkommen: „Aus Gründen, die schwer feststellbar und benennbar sind, äußern sich die Symptome dieser gesellschaftlichen Übel offener in Schweden als in sonst irgendeinem anderen Land", schreibt ein schwedischer Sachverständiger zu diesen Fragen. Konfrontiert mit der Tatsache, dass jeder zehnte unter den Staatsbürgern Schwedens, Mann oder Frau, unter einem chronischen Alkoholismus leidet, ist die schwedische Regierung schrittweise an drastischen Steuererhöhungen für alkoholische Getränke herangegangen, doch der Effekt ist minimal.

Auch die brutale Invasion der Pornographie in letzter Zeit hat mit ziemlicher Sicherheit dieselben Wurzeln. Die zivilisiertesten Länder – Frankreich, Dänemark, BRD – sind auch hier führend. Im Jahr 1975 haben Pornofilme mehr als die Hälfte des Repertoires aller französischen Kinos ausgemacht. Allein in Paris sind 250 Säle auf dieses Genre spezialisiert. Sozialarbeiter sind verwirrt. Der bekannte Psychiater Prof. Blanchar versucht die Erscheinung zu erklären:

„Die herrschende Ideologie setzt die Persönlichkeit immer mehr unter Druck, sie richtet den Menschen zur automatischen Arbeit aus, nach der Formel: Schlafen – Metro – Arbeit, welche aber – es ist wahr, dass sie einen gewissen Standard garantiert – den Menschen aller wahren Erlebnisse und Erregungen beraubt. Alles ist im Voraus vorbereitet, selbst die jährlichen Urlaube sind organisiert und werden nach Plan abgewickelt, an dem die Beteiligten nichts ändern können. (…) Als Folge davon verspürt die Mehrheit das triebhafte Bedürfnis, vor sich selbst zu fliehen und etwas anderes billig zu erleben. Dieses Bedürfnis wurde durch Porno-Filme missbraucht."

So erleben auch Glücksspiele ihren Fortschritt in der Zivilisation. Auch sie folgen dem allgemeinen Trend der Laster, zusammen mit dem Alkoholismus, der Pornographie, dem Kitsch, Schund und anderem Elend. Die größten Glücksspielmetropolen der Welt befinden sich in den Spitzenregionen der Zivilisation: Dovil, Monte Carlo, Macao, Las Vegas. In Atlantic City ist eine gigantische Spielhölle im Bau, von der allein schon ein Saal 6.000 Spieler aufnehmen kann. Die Daten sprechen davon, dass in Frankreich im Jahr 1965 die Franzosen 115 Milliarden Francs durch Glücksspiel verloren haben, und die Amerikaner im Jahr 1977 15 Milliarden US Dollar (Daten der amerikanischen Regierung). Jeder dritte Ungar nimmt am Lotto-Glücksspiel teil. Das überdurchschnittlich größte Interesse an Glücksspielen finden wir, gemessen an den verwendeten Mitteln pro Einwohner, in Schweden, und danach folgen Israel und Dänemark – eine Kurve, welche mit kleinen Unterschieden mit der Kurve der zivilisatorischen Stufe übereinstimmt.

Nach amtlichen Daten der New-Yorker Polizei wurden in New York im Jahr 1963 23.000 Menschen, welche Heroin und andere starke Narkotika einnehmen, registriert, doch wird gerechnet, dass diese Zahl 100.000 übersteigt. Am New Yorker Hunter College wurde herausgefunden, dass mehr als die Hälfte der Studenten Marihuana konsumiert, welches für gewöhnlich den ersten Schritt für stärkere Narkotika darstellt. Gerade in Wohlstands- und Überflussländern ist nach dem Zweiten Weltkrieg eine bedauernswerte junge Generation aufgetaucht, die für gewöhnlich alles hatte, aber nichts wollte. Dazu gehören die Beatniks oder die „geprügelte Generation", welche die Philosophie der Sinnlosigkeit predigt: zur Kriminalität neigende Halbstarke – Minderjährige, und letztendlich, die Hippies, welche die Wirklichkeit verzerren, sich über jede Ordnung und Regeln lustig machen und deren Manieren und Verständnisse sich wie eine Infektionskrankheit in fast allen großen Städten der Welt verbreiten.

Es ist überaus falsch, von Parolen und öffentlichen Manifestationen ausgehend, den Aufstand der Jugend in Amerika oder in Frankreich (1968) als politisch oder ideologisch zu beurteilen. Der Aufstand war moralischer Art, in Amerika gegen das „organisierte Amerika", gegen das „Establishment", in Frankreich gegen dessen Strukturen, in beiden Fällen gegen bestimmte Aspekte der Zivilisation – Ugo La Malfa: „Das war ein Widerstand gegen die konsumistische Ethik der Industriestaaten." Man kann diesen Aufstand nicht inmitten des Überflusses erklären, sie haben sich als „Aufrührer ohne Grund" bezeichnet („irrationaler Aufstand der Jungen" – A. Malraux), was er auch ist, wenn man die moralischen Aspekte der Frage abstrahiert.

Arthur Miller, kompetenter Kenner des modernen Amerika, erklärt, indem er über die Frage der Delinquenz der Jungen spricht:

„Alle Delinquenten haben eine gemeinsame Stimmung: Sie ersticken vor Langeweile. (…) Das im Kreise drehen und etwas zu erwarten – ist dem Sterben am nächsten. (…) Das Problem der jugendlichen Delinquenz ist nicht nur ein Problem großer Städte, sondern auch der ländlichen Gebiete, nicht nur ein Problem des Kapitalismus, sondern auch des Sozialismus, es beschränkt sich nicht auf die Armut, sondern es wird auch im Überfluss geteilt. Das ist nicht nur ein Rassenproblem oder ein Problem kürzlicher Immigration oder nur ein rein amerikanisches Problem. Ich glaube, dass es in seiner heutigen Form ein Produkt der Technologie ist, welche die Konzeption des Menschen selbst, als Wert an sich, zerstört. (…) Kurz, der Geist ist verschwunden. Vielleicht hat ihn die Brutalität zweier Kriege von der Erde vertilgt. (…) Oder es hat ihn allein der technologische Prozess aus der menschlichen Seele ausgesaugt. (…) Viele Menschen haben kaum Umgang mit anderen, außer als Käufer mit dem Verkäufer, als Arbeiter mit dem Chef, als Reicher mir dem Armen und umgekehrt – kurz, als Handelnde, die auf irgendeine Weise manipuliert werden, aber nicht als im Wesentlichen wertvolle Persönlichkeiten."[63]

Wie soll man die Tatsache erklären, dass die Zahl der Selbstmorde und psychischer Krankheiten im direkten Verhältnis zum Zivilisationsniveau steht? „Psychologisch ist insbesondere die Tatsache interessant, dass die Menschen immer unzufriedener werden, je besser es ihnen geht" – beklagt ein amerika-

---

[63] Es gibt keinen Zweifel, dass das Fernsehen auch hier seinen traurigen Beitrag geleistet hat. Nachdem er die britische Öffentlichkeit von den Resultaten der sechstjährlichen Studie über das Thema, ob Gewalt im Fernsehen zu Gewalt im Leben führt, informiert hatte (die Untersuchung wurde 1977 abgeschlossen), hat William Belson ausgerufen, dass die These vobehaltslos bestätigt ist. Jemand hat berechnet, dass ein durchschnittliches amerikanisches Kind im Fernsehen 18.000 Morde sieht, bevor es seine Mittelschule beendet.

nischer Psychologe. Dieses Phänomen, das sich besonders in entwickelten Ländern ohne klassische, soziale Probleme äußert, erschüttert selbst die Grundfesten, auf denen der Glaube in den Fortschritt basiert.

In den USA befinden sich von tausend Menschen vier in psychiatrischen Kliniken (in New York beträgt diese Zahl 5,5). Mehr als die Hälfte aller Betten in allen Krankenhäusern der USA nehmen mental Kranke ein, Hollywood ist die Stadt mit der verhältnismäßig höchsten Zahl von Psychiatern in der Welt. Nach amtlicher Kenntnis der Amerikanischen Behörde für öffentliche Gesundheit (1968) hat jeder fünfte Amerikaner einen Nervenzusammenbruch durchlebt, oder hat sich an seinem eigenen Abgrund befunden. Dieser Schluss gründet sich auf einer Studienbefragung, in der die Befragten so ausgewählt worden sind, dass sie die 111 Millionen erwachsenen amerikanischen Bürger zwischen 19 und 79 Jahren repräsentieren.[64]

Den traurigen Rekord bezüglich der Zahl der Selbstmorde, Betrunkenen und mental Erkrankten hält Schweden, welches zugleich den ersten Platz auf der Weltliste des Nationalprodukts, der Alphabetisierung, Beschäftigung und sozialer Absicherung hält. Im Jahr 1967 wurden 1.702 Selbstmordfälle verzeichnet. In diesem Jahr hielten die ersten acht Plätze in dieser Rangliste: die BRD, Österreich, Kanada, Dänemark, Finnland, Ungarn, Schweden und die Schweiz. In diesen acht Ländern ist Selbstmord die dritthäufigste Todesursache für Menschen zwischen 15 und 45 Jahren (nach Herzerkrankungen und Krebs). Im Bericht der Weltgesundheitsorganisation von 1970 wird unzweideutig behauptet, dass dieses Phänomen „parallel zur Industrialisierung, dem Prozess der Urbanisierung und der Verringerung von Familienmitgliedern" auftritt. In demselben Bericht finden wir auch folgende Stellungnahme: „In Finnland entspricht der hohen Stufe an Selbstmorden der hohe Prozentanteil an krankhaften Depressionen, an Alkoholismus und Gewalt." Wenn wir diese Erscheinung innerhalb der Grenzen eines Landes oder einer Umgebung beobachten, werden wir feststellen, dass sie mit dem Entwicklungs- bzw. Bildungsstand

---

[64] Zehn Jahre später wird eine spezielle Kommission für mentale Gesundheit, gebildet nach einem Beschluss des Präsidenten der USA, in ihrem Bericht (September 1977) feststellen, dass Probleme dieser Art unter den Amerikanern „schlimmer" sind, als früher geglaubt wurde, und dass mindestens ein Viertel der Bevölkerung mit ernsthaften Folgen emotionalen Stresses konfrontiert ist. Und aus einer Studie, die das Nationale Institut für Mentale Gesundheit vorbereitet hat (1977), ist ersichtlich, dass alleine im Laufe des Jahres 1976 über 31,9 Millionen Amerikaner gezwungen waren, sich wegen mentalen Schwierigkeiten der einen oder anderen Art behandeln zu lassen, dass 8 von 54 Millionen Menschen Probleme haben, die mit Alkoholismus zusammenhängen, und dass die Zahl der Abhängigen, die Heroin konsumieren, die Zahl von 500.000 übersteigt.

wächst. Im ehemaligen Jugoslawien z.B. ist die Zahl der Alkoholiker und der Selbstmorde eins zu eins mit der Stufe des Entwicklungsstandes vergleichbar. In Slowenien (Alphabetisierung 98%) kommen auf 100.000 Einwohner 25,8 Selbstmorde, im Kosovo (Alphabetisierung 56%) nur 3,4 bzw. 7:1 (Stand 1967). Die Zahl der Selbstmorde an britischen Universitäten ist drei bis vier Mal höher als der nationale Durchschnitt, und die Zahl der Selbstmorde an der Cambridge Universität ist sogar zehn Mal höher als unter Jugendlichen des entsprechenden Alters in der gesamten englischen Bevölkerung (Daten aus der Zeitung *Die Zeit*). Die Untersuchungen, die Dr. Antony Rail, der Chef des Gesundheitsreferats der Universität Sax, in dieser Richtung durchgeführt hat, haben gezeigt, dass es nicht um materielle Probleme geht, da alle englischen Studenten Kinder reicher Eltern sind oder staatliche Stipendien bekommen.

Es wäre vollkommen falsch und ungerecht zu folgern, dass diese Erscheinungen nur der westlichen Zivilisation eigen sind. Es geht um Phänomene und Regelmäßigkeiten, die Ausdruck der Natur der Zivilisation selbst sind. Das, was hier gesagt wurde über die Vereinigten Staaten, Deutschland, England oder Schweden, gilt in entsprechender Weise auch auf der anderen Seite der Welt für Japan und in vollkommen anderen Kulturkreisen (siehe dazu: Anasaki, *Krise der Japanischen Kultur*). Es geht um ein Phänomen, das, abhängig von den Bedingungen, verschiedene Modifikationen erfahren kann, ohne die Grundtendenz in Frage zu stellen. Gewisse Unterschiede im Falle Japans ergeben sich aus der Widerstandsfähigkeit und Zähigkeit japanischer, kultureller Traditionen und aus der festgefügten japanischen Familie.

Es ist schwer, alle Ursachen der Phänomene, von denen die Rede ist, zuverlässig festzustellen. Dennoch, das Problem der Verbreitung von Drogen und Narkotika bei Jugendlichen hat die Forscher immer stärker zum Elternhaus gewiesen. Der Psychiater Dr. Vladeta Jerotić schreibt:

„Ein gestörtes familiäres Umfeld oder eine vollkommen zerstörte Familie, welche das junge Individuum zu einer neurotischen Entwicklung führt, weist allein damit zur Suche nach falschen Verteidigungsmechanismen gegen diese Neurose. (…) Der Zerfall der patriarchalen Gemeinschaft und des Familienhauses, der heute in der Welt allgemein der Fall ist, trägt zum inneren Klima der Unzufriedenheit bei, welche dann zwei Folgen in der äußeren Welt hat: Zorn und Revolte, oder einen passiven, resignierenden und manchmal apathischen Zustand, welcher der Einnahme von Drogen folgt." (*NIN*, 9.2.1969)

Roger Rawel, Direktor des Zentrums für soziologische Forschungen in Harvard, hat vor kurzem die Gründung eines besonderen Komitees vor dem amerikanischen Senat für die Erforschung des Einflusses von Technologie auf den

Menschen und die Gesellschaft vorgeschlagen: „Dank moderner Bedingungen wird sich das Leben des Menschen um beinahe drei Jahrzehnte verlängern, doch wird das ein langweiliges und leeres Leben sein".

Entgegen der materialistischen Ansicht entsprechen die Zivilisation und der Komfort nicht der menschlichen Natur. Der soziale Graben ist im Allgemeinen in katholischen Ländern größer als in protestantischen. Die Unterschiede im Einkommen sind z.b. in Frankreich zweimal so hoch wie in England und West-Deutschland und dreimal so hoch wie in Holland. Die Zahl der mentalen Erkrankungen und der Selbstmorde dagegen zeigt die umgekehrte Situation. Das Material aus dem der Mensch gemacht ist, ist nicht jenes, oder nur jenes, welches die Wissenschaft oder die evolutionistische Biologie des 19. Jahrhunderts angenommen hat. Dem Menschen ist es einfach nicht möglich, nur mit den Sinnen zu leben. „Ein unerfüllter Wunsch erzeugt Schmerz, der erfüllte hingegen Befriedigung" (Schopenhauer). Der Komfort und die mit ihm verbundene Verbrauchermentalität schwächen überall (oder unterbinden sogar) nicht nur die Hinwendung zur Religion, sondern jegliche Hinwendung zu einem Wertesystem.[65] Fern davon, der Sinn unseres Lebens zu sein, könnte die Zivilisation eher ein Teil der Sinnlosigkeit unserer Existenz sein.

Die Unmöglichkeit einer Wahl, diese fatale Eigenschaft der Zivilisation, zeigt sich nirgendwo so deutlich wie in der Machtlosigkeit, die Produktion von Massenvernichtungsmitteln oder den mit Schrecken erfüllten Rhythmus, mit dem gerade der zivilisierte Teil der Menschheit die natürlichen Lebensbedingungen in der eigenen Umgebung vernichtet, aufzuhalten. Das ist der Konflikt zwischen dem mechanischen und dem organischen, dem künstlichen und natürlichen Prinzip im menschlichen Leben.

Vor der Invasion durch die Zivilisation weicht die Waldgrenze in Brasilien jedes Jahr 10 bis 15 km zurück. Die Wüste erobert die Weiten des grünen Reichtums. Mehr als 80% des Süßwassers in den USA sind durch industriellen Müll verschmutzt. Der Rauch der Kupferschmelzhütte in Ductown, in Tennessee, hat einen einst fruchtbaren Boden von 20.000 Hektar in Wüste verwandelt. Die Konzentration von Kupfersäuren und Kupferstaub hat im Nebel von London im Jahr 1952 allein an einem Tag über viertausend Menschen umgebracht. Die Fabrikschornsteine und Automobile in den USA geben jedes Jahr 230 Millionen Tonnen verschiedene schädliche Substanzen in die Atmosphäre ab. In Frankreich haben allein im Jahr 1960 die Thermalkraftwerke

---

[65] „(…) Du hast sie und ihre Väter so reichlich mit guten Dingen verwöhnt, dass sie die Ermahnung vergaßen (…)." (Quran 25:18). (…) وَلَٰكِن مَّتَّعْتَهُمْ وَءَابَآءَهُمْ حَتَّىٰ نَسُوا۟ ٱلذِّكْرَ

114.000 Tonnen Schwefelgas und über 82 Millionen Tonnen Asche in die Luft abgegeben. Im Jahr 1968 waren diese Zahlen, trotz aller Schutzmaßnahmen, doppelt so hoch. Auf jede Stadt im Ruhrgebiet fallen jährlich um die 27 Tonnen industrieller Staub. In den USA, in Städten, über denen sich Wolken aus Nebel und Smog bilden, ist die Sterblichkeit durch Lungenkrebs in den letzten 20 Jahren um das Fünfzigfache angewachsen; in England und der Schweiz innerhalb der letzten 50 Jahre um das Vierzigfache. Anlässlich einer Messung in Tokio an der großen Verkehrskreuzung Janaga wurde im Blut von 40 der 49 Untersuchten zwei bis sieben Mal mehr Blei als normal wäre, gefunden. Die Hauptquelle: die Auspuffgase der Automobile. Seitdem es erfunden wurde, hat das Automobil mehr Menschen getötet, als in allen Kriegen in diesem Jahrhundert gestorben sind (die Information hat der amerikanische Spezialist für Autounfälle Norbert Timan auf der *Internationalen Konferenz zur Sicherheit im Verkehr* gegeben, welche 1976 in Paris abgehalten wurde). Wie soll man sich vor diesem Fortschritt retten?

Innerhalb der Zivilisation sind, sofern man diese nicht verlässt, überhaupt keine Gewalten zu sehen, die sich diesen Erscheinungen entgegenstellen könnten. Noch mehr, in der Werteskala, welche die Zivilisation kennt, gibt es keine Argumentation, welche sich gegen die Flut von Schund, Pornographie, Alkohol richten könnte. Das ist jenes gleiche Gefühl der Ohnmacht und Resignation, welches man in den Standpunkten amerikanischer Kriminologen vor der kommenden Flut an Kriminalität spürt. Anders gesagt, das ist die Ohnmacht der Wissenschaft vor den Übeln, welche neben der gesellschaftlichen eine klare moralische Dimension haben. Die Entwicklung der Zivilisation ist demnach nur aus der Kultur möglich: Die religiös-ethische Erziehung und die Familie stellen offensichtlich den Baustein dafür dar. Doch konnte weder die Wissenschaft zur Religion noch die Zivilisation zurück zur klassischen Familie flüchten. Vom Standpunkt der Zivilisation aus ist der Kreis geschlossen.

Abschnitt 10

DER PESSIMISMUS DES THEATERS

Es ist besonders symptomatisch, dass uns aus den reichen und entwickelten Regionen der Welt eine pessimistische Philosophie entgegenkommt (Ibsen, Heidegger, Majler, Pinter, Beckett, Marcuse, O'Neil, Bergmann, A. Camus,

Antonioni usw.). Etwas Optimismus gibt es bei den Wissenschaftlern, die sich hauptsächlich nach dem äußeren Anschein der Dinge richten. Die Denker und Künstler sind beunruhigt. Insbesondere die Letzteren.

Oberflächlich betrachtet kommt es einem so vor, als wenn der Pessimismus mit dem bloßen Erreichen der vollständigen Alphabetisierung, der sozialen Sicherheit und 1.000 Dollar an nationalem Pro-Kopf-Einkommen beginnt. Die skandinavische Philosophie Ende des 19. und Anfang des 20. Jahrhunderts ist ausgesprochen pessimistisch. Ihr zufolge ist das menschliche Schicksal hoffnungslos tragisch und Dunkelheit und Öde sind die letztlichen Resultate der menschlichen Bemühungen nach einem Ausweg. Diese Philosophie ist in den Ländern aufgekeimt, wo es bereits Anfang dieses Jahrhunderts keine Analphabeten gab, während der südliche Teil Europas immer noch in seliger Unwissenheit schwebte (im Jahr 1906 hatten Bulgarien und Serbien 70% Analphabeten, Italien 48%, Spanien 63%, Ungarn 43% und Österreich 39%, usw.). Wir kommen in Versuchung uns zu fragen, ob zwischen der schwedischen sozialen Sicherheit, der heute fortschrittlichsten auf der Welt, und dem Gefühl der Hoffnungslosigkeit und Verlorenheit irgendein Zusammenhang besteht. Erzeugt das Gefühl der materiellen Sicherheit ein Gefühl der gesellschaftlichen Verlorenheit?

Entgegen der vorhersehbaren äußeren Dynamik bzw. der Dynamik des gesellschaftlichen und politischen Lebens zeichnet sich die Zivilisation durch verlangsamte, innere Lebensrhythmen aus. Die Dramen des Absurden sind glaubwürdige Bilder des Lebens von Menschen in den entwickeltsten Gesellschaften der heutigen Zeit. Komfort ist die äußere und die Sinnlosigkeit die innere Aussicht des Lebens in der Zivilisation, mit der Dialektik. Je mehr Komfort und Überfluss gegeben sind, desto mehr Gefühle des Absurden und der Ziellosigkeit kommen auf. Umgekehrt können primitive Gesellschaften arm und durch starke soziale Unterschiede auseinander gerissen sein, doch sprechen alle Zeugnisse, die wir über sie haben, von intensiven und starken Gefühlen, mit denen ihr Leben ausgemalt ist. Besonders die Folklore, die Literatur der primitiven Gesellschaft, verzaubert uns mit einer außerordentlichen Lebenskraft und mit der Fülle von Gefühlen des primitiven Menschen. Das Gefühl der Verlorenheit und der Sinnlosigkeit kennt diese arme Gesellschaft nicht.[66]

---

[66] Die 1976 durchgeführte „Galupo-Umfrage" *Die Meinung der gesamten Menschheit* hat aufgezeigt, dass, zum Unterschied von der Skepsis der Einwohner entwickelter Länder, die ärmeren Völker Südamerikas und Afrikas optimistisch in die Zukunft schauen.

Die zivilisierte Welt entdeckt erst auf der Theaterszene ihre menschliche Tragödie. Optimismus gibt es noch in billigen Komödien und in altmodischen Musicals. Ernste Werke strahlen Pessimismus aus. Das Theater zieht der Zivilisation ununterbrochen die Aureole der Vollkommenheit ab, welche ihr die Wissenschaft immer erneut anlegt. Die Wissenschaft weist ihre Daten vom Überfluss der Produktion immer brutal aus, durch Indizes der Massenproduktion, der Energie und menschlichen Macht, die Kunst hingegen weist auf das Schauspiel der menschlichen Öde, der intellektuellen und moralischen Armut, der Gewalt, der Bestialität und Sinnlosigkeit hin. In einer reichen Welt deckt das Theater, neben all dem Reichtum und der Macht, beinahe ohne Ausnahme den aggressiven, lasterhaften und machtlosen Menschen auf.

Die Dichter sind empfindliche Antennen der Menschheit. Nach ihren Ängsten und Vermutungen urteilend geht die Welt nicht dem Humanismus entgegen, sondern der offenen Dehumanisierung und Entfremdung.

Im Jahr 1971 brachte sich Yasunari Kawabata, japanischer Autor, Träger des Literaturnobelpreises von 1968 und eine der markantesten Persönlichkeiten der modernen Weltliteratur, um. Vor ihm beendete Yukio Mishima, ein anderer großer japanischer Autor, im Jahr 1969 sein Leben auf ebensolche eine Weise. Seit dem Jahr 1895 haben dreizehn japanische Romantiker und andere Autoren ihr Leben durch Selbstmord beendet. Unter ihnen ist der gefeierte Autor von *Rashomon* Ryunosuke Akutagawa (er brachte sich 1927 um). Diese Tragödie in der japanischen Kultur, welche 70 Jahre andauert, stimmt mit dem Eindringen der westlichen Zivilisation und materialistischer Verständnisse in die Kultur Japans überein. Was sie auch immer war, so wird die Zivilisation für Dichter und Tragiker immer ein unmenschliches Gesicht haben und eine Bedrohung für die Humanität darstellen. Ein Jahr vor seinem Tod schrieb Kawabata: „Die Menschen sind voneinander durch eine Betonmauer getrennt, welche jegliches Strömen der Liebe verhindert. Die Natur wird im Namen des Fortschritts zerstört." Im Roman *Schneeland* (herausgegeben 1937) stellt Kawabata das Thema der Vereinsamung und Entfremdung des Menschen in der modernen Gesellschaft ins Zentrum seiner Gedanken.

Alle großen Vertreter der Kultur sehen diesen Misserfolg und diese Niederlage des Menschen in der Zivilisation gleichermaßen. André Malraux stellt die Frage, wie das endgültige Resultat der Hoffnungen und des Optimismus des 19. Jahrhunderts war, und antwortet darauf: „Das ist das verödete und verblutete Europa, welches nicht verödeter und verbluteter ist als die menschliche Gestalt, welche sie sich zu schaffen erhoffte" (auf der Konferenz der UNESCO

1946). Ein ähnliches Bild sah Paul Valery nach dem Ersten Weltkrieg. 1919 schreibt er:

„Es gibt die verlorene Illusion einer europäischen Kultur und einen Beweis für die Machtlosigkeit der Erkenntnis, irgendetwas zu retten; es gibt eine Wissenschaft, welche in ihren moralischen Ambitionen tödlich getroffen wurde, als ob sie durch die Grausamkeit ihrer Anwendungen entehrt wurde; es gibt einen Idealismus, welcher nur schwer gewonnen hat; tief verwundet, für seine Träume verantwortlich; einen enttäuschten Realismus, geschlagen, zermürbt, unter der Last der Übeltaten und Fehler; eine Gier und eine Enthaltsamkeit die zugleich ausgelacht, Überzeugungen in den Zeiten vermischt, Kreuz gegen Kreuz, Halbmond gegen Halbmond; es gibt auch Skeptiker, die selbst, infolge so augenblicklicher, so heftiger, so erschütternder Ereignisse verwirrt sind, welche mit unseren Gedanken Katz und Maus spielen; Skeptiker verlieren ihre Zweifel, finden sie erneut, verlieren sie wieder, und wissen nicht mehr, sich der Fähigkeiten ihres Geistes zu bedienen."

Der Nihilismus und die Philosophie des Absurden sind die Früchte des reichsten und zivilisiertesten Teils der Welt. Diese Philosophie spricht über eine perspektivenlose Welt, über das psychisch zerrissene und desintegrierte Individuum, über die Welt des taubstummen Schweigens, usw. Das ist keineswegs eine giftige Philosophie, wie sie manche nennen. In Wirklichkeit ist sie sehr tief und lehrreich. Sie ist der Ausdruck des Widerstandes des Menschen, die menschliche Nichtakzeptanz einer Welt, die sich entgegen seinem Bild und seinen Möglichkeiten entwickelt und auswächst. Das ist ein Aufstand des Menschen gegen die eindimensionale Welt der Zivilisation (A. Camus: *Der Mensch in der Revolte,* Herbert Marcuse: *Der eindimensionale Mensch*). In diesem Sinne haben manche den modernen Nihilismus als eine Form der Religion bezeichnet und, wie wir sehen werden, nicht ohne Grund. Beide stellen die Verneinung des Materialismus dar und mit demselben Begriff umarmen sie diese Welt. Beiden ist diese urtümliche Enge gemein, jene Sicht von der anderen Seite des Grabes, die verzweifelte Suche nach einem Ausweg aus einer Welt, in welcher der Mensch ein Fremder ist (A. Camus: *Der Fremde*). Der Unterschied liegt darin, dass der Nihilismus diesen Ausweg nicht findet, die Religion hingegen meint, ihn gefunden zu haben.

Der Misserfolg der Zivilisation, mit seiner Wissenschaft, Macht und dem Reichtum die Frage des menschlichen Glücks zu lösen, wird, wenn er einmal verstanden und angenommen wird, einen unglaublichen psychischen Eindruck auf die Menschheit machen. Das wird der Anfang der Ernüchterung und der Revision einiger unserer elementarer und allgemeiner Verständnisse sein. Unter den ersten Irrtümern, die auf den ersten Schlag zu erkennen sein werden, wird der wissenschaftliche Irrtum über den Menschen sein. Denn, wenn die Zivilisation nicht das Problem des menschlichen Glücks löst, dann ist die religiöse Sicht vom Ursprung des Menschen die wahre und die wissenschaftliche die falsche. Eine dritte Möglichkeit gibt es nicht.

Abschnitt 11

NIHILISMUS

Kehren wir noch ein Mal zum Thema über die Berührungspunkte zwischen Nihilismus und Religion zurück. Es geht um eine Tatsache, welche den modernen Nihilismus als eine Form der Religion in der Zivilisation zeigt. Der Nihilismus ist nicht die Verneinung Gottes, sondern der Protest, weil es Gott nicht gibt oder – wie bei Beckett – der Protest, weil es den Menschen nicht gibt, weil der Mensch nicht möglich ist, weil er innerhalb der Bedingungen der Existenz nicht realisierbar ist. Dieser Standpunkt impliziert aber nicht die wissenschaftliche, sondern die religiöse Vorstellung vom Menschen und der Welt. Der Mensch, wie ihn die Wissenschaft versteht, ist möglich und verwirklicht. Doch ist alles Endgültige unmenschlich. Der bekannte Satz von Sartre, dass „der Mensch ein vergebliches Streben" ist, ist dem Klang und dem Sinn nach religiös. Denn im Materialismus gibt es weder Streben noch Vergeblichkeit, es gibt keine Vergeblichkeit, da es kein Streben gibt. Indem er den Zweck im höheren Sinne des Wortes ablehnte, hat sich der Materialismus von den Risiken der Sinnlosigkeit und Vergeblichkeit befreit. Die Welt und der Mensch haben in ihm ein praktisches Ziel, sie haben eine Funktion. Die Behauptung, dass der Mensch eine vergebliche Leidenschaft ist, rechnet das Bewusstsein, dass der Mensch und die Welt nicht übereinstimmen, mit ein. Mit demselben radikalen Standpunkt der Welt gegenüber begann jede Religion. Die Sartre'sche Vergeblichkeit und das Camus'sche Absurdum stellen eine Suche nach Zweck und Sinn dar, eine Suche, die – im Unterschied zum Religiösen – mit einem Misserfolg endet. Diese Suche ist religiös, denn sie bedeutet die Ablehnung der weltlichen Art des menschlichen Lebens, die Ablehnung der Funktion. Jede Suche nach Gott ist Religion. Aber nicht jedes Suchen ist auch ein Finden. Der Nihilismus ist Enttäuschung, aber nicht an der Welt und der Ordnung, sondern die Enttäu-

schung darüber, dass es Gott im Universum nicht gibt. Alles ist vergeblich und sinnlos, wenn der Mensch für immer stirbt. (vergleiche: Quran 23:115)
Die Philosophie des Absurden spricht nicht wörtlich von Religion, drückt aber klar die Überzeugung aus, dass der Mensch und die Welt nicht nach dem gleichen Maßstab sind. Sie drückt jene Enge aus, die in allen Etappen, außer dem endgültigen Schluss nach, religiös ist. Sowohl für den Nihilismus als auch für die Religion ist der Mensch ein Fremder in dieser Welt, für Nihilisten ein hoffnungslos verlorener Fremder, für die Religion einer mit der Hoffnung auf Rettung (auf „Errettung" im religiösen Wortsinne).

Die Gedanken von Albert Camus können nur als die Gedanken eines enttäuschten Gläubigen verstanden werden:

„In einer Welt, in der auf einmal die Illusion und das Licht verschwinden, fühlt sich der Mensch wie ein Fremder. Das ist eine Vertreibung ohne Ausweg, in der Hinsicht, dass es in ihr weder Erinnerungen an die verlorene Heimat gibt, noch Hoffnung, dass man zuletzt in irgendeinem gelobten Land ankommen wird. (…) Wenn ich ein Baum unter Bäumen wäre, (…) so hätte dieses Leben Sinn, oder, noch besser, dieses Problem würde sich nicht stellen, denn ich würde ein Teil dieser Welt sein. Ich wäre diese Welt, der ich mich gerade mit meinem ganzen Bewusstsein entgegensetze. (…) Alles ist zulässig mit Hinblick darauf, dass es Gott nicht gibt und dass der Mensch stirbt.

Diese letzte Konstatierung hat nichts mit dem seichten und überzeugten Atheismus rationalistischer Denker zu tun. Im Gegenteil, sie ist vielmehr der erdrosselte Fluch einer Seele, die Gott suchend ermüdet ist, welcher es aber nicht gelungen ist, Ihn zu finden. Das ist der Atheismus aus dem Gefühl heraus."

Zur Frage der moralischen Freiheit hat der Existenzialismus denselben Standpunkt wie die Religion. Die französische Buchautorin Simone de Beauvoir schreibt:

„Am Anfang ist der Mensch nichts, es liegt an ihm, aus sich einen Guten oder Schlechten zu machen, bzw. daran, ob er die Freiheit annimmt oder ablehnt. (…) Ihre Ziele stellt die Freiheit absolut auf und keine fremde Gewalt, und wäre dies auch der Tod, ist in der Lage, das zu vernichten, was sie errichtet hat. (…) Wenn das Spiel von vornherein weder verloren noch gewonnen ist, ist es notwendig, von Minute zu Minute zu kämpfen und zu riskieren." (im Werk *L'existentialisme et la sagesse des nations*)

Sogar Sartres Dualismus des Wesens (*être pour soi, être en soi* – das Wesen an sich und das Wesen für sich) ist eine klare Verneinung des Materialismus.[67] Die Beatniks (oder Hippies) sind in gewissem Sinne die Fortsetzung des Existenzialismus, sein praktischer Ausdruck, seine Anwendung. Ihr Protest gegen den Fortschritt – ungeachtet der extremen und absurden Form – ist der größte Verdienst dieser Bewegung, der sie zu einem authentischen, kulturellen Phänomen unserer Zeit macht. Die Bestreitung des Fortschritts aber konnte ihren Ursprung nur in einer Philosophie haben, welche, zumindest in ihren fundamentalen Prämissen, religiös ist.

Diese Kritik der Zivilisation ist nicht eine Forderung nach ihrer Ablehnung. Die Zivilisation kann – selbst wenn wir das auch wollten – nicht abgelehnt werden. Das, was unumgänglich und möglich ist, ist nämlich, den Mythos über sie zu zerstören. Die Zerstörung dieses Mythos ist eine Bedingung für die weitere Humanisierung der Welt und die größte Aufgabe der Kultur.

---

[67] Oder seine Anerkennung des Bewusstseins: „Alles, was sich im Bewusstsein ereignet, kann mit nichts außerhalb von ihm erklärt werden, sondern nur durch das Bewusstsein selbst" (J.P. Sartre, *Esquisse d'une theorie des emotions*). Und was soll man über *Huis Clos* sagen, dieses Drama, das uns mitteilt, dass alles was tatsächlich existiert, nur in der Beziehung zwischen Mensch und Mensch existiert. Nur die Bezeichnungen sind neu, das Wesentliche ist alt und lässt sich leicht identifizieren.

KAPITEL III
DAS PHÄNOMEN DER KUNST

ABSCHNITT 1
KUNST UND WISSENSCHAFT

Es gibt eine Ordnung in einer Maschine und eine Ordnung in einer Melodie. Diese beiden Ordnungen können nicht einmal nach gründlichster Analyse zur Übereinstimmung gebracht werden. Die erste stellt eine bestimmte räumliche, mengenmäßige Kombination von Beziehungen zwischen im Einklang mit der Natur, der Logik, der Mathematik stehenden Teilen dar. Die zweite Ordnung enthält eine Kombination von Tönen in einem bestimmten System oder ist in den Grundlagen einer Melodie oder eines Gedichts vorzufinden. Diese zwei Ordnungen gehören zwei verschiedenen Sachordnungen an: der Wissenschaft und der Religion, oder, was aus dieser Sicht dasselbe ist, der Wissenschaft und der Kunst.

Das Vorhandensein noch einer, von der natürlichen zu unterscheidenden Welt (noch einer Sachordnung) ist die grundlegende Prämisse jeder Religion und jeder Kunst. Wenn es nur eine Welt gäbe, wäre Kunst unmöglich. In Wirklichkeit ist jedes künstlerische Werk eine Mitteilung, ein Eindruck in einer Welt, der wir nicht angehören, aus der wir nicht hervorgekeimt sind, in die wir geworfen wurden. Die Kunst ist Nostalgie oder Gedenken.

Jemand bezeichnete Kunst als den Aufruf zur Erschaffung des Menschen, der endgültige Schluss jeder Wissenschaft aber müsste lauten: Den Menschen gibt es nicht. Die Kunst befindet sich damit in einer natürlichen Opposition gegenüber der Welt, sogar auch gegenüber der gesamten Wissenschaft, ihrer Psychologie, ihrer Biologie und ihrem Darwin. Im Wesentlichen ist dies eine religiöse Opposition. Religion, Moral und Kunst beziehen sich auf denselben Stammbaum, der mit dem Akt der Schöpfung beginnt. Deswegen ist die darwinistische Verneinung der Schöpfung – denn er umgeht diesen Akt – die radikalste Verneinung der Religion, Ethik und Kunst, damit auch des Rechts. Wenn der Mensch wirklich gemäß Darwin zugeschnitten ist (wenn er nicht nur sein Träger, die Fähre für seinen Geist, für sein Ich ist), hat die Kunst nichts zu suchen, und Dichter und Tragiker täuschen uns und schreiben Sinnlosigkeiten.

Da, in diesem Punkt befindet sich die erste – und wahrscheinlich entscheidendste – Übereinstimmung zwischen Kunst und Religion und die absolute, unüberwindbare Spaltung zwischen Wissenschaft und Kunst.

Von den drei Stufen der Wirklichkeit, die in unserem Weltall bekannt und möglich sind: Materie – Leben – Persönlichkeit, beschäftigt sich die Wissenschaft nur mit der ersten, und die Kunst nur mit der letzten. Alles andere ist nur Schein und Missverständnis, denn wenn sie sich dem Leben und Menschen zuwendet, sieht die Wissenschaft nur das, was es in ihnen an Totem und Unpersönlichem gibt.

Wissenschaft und Kunst verhalten sich zueinander wie Quantität und Qualität. Die Königin der Wissenschaft, die Mathematik, hat Ogist Kont als „die mittelbare Messung von Mengen" bezeichnet, und Giacometti die Kunst als „die Untersuchung des Unmöglichen und den aussichtslosen Versuch, das Wesen des Lebens einzufangen". Das eine sind die Beziehungen zwischen Größen, das andere aber sind die Beziehungen der Werte. In der materiellen Welt gibt es nur die Menge, und alle Mengen sind vergleichbar. Die Qualität ist hier nur eine Form der Quantität. In *Die Dialektik der Natur* bemerkt Engels, dass es „unmöglich ist, die Qualität des Körpers zu ändern, ohne die Hingabe oder Entnahme von Materie oder Bewegung, d.h. ohne quantitative Änderung dieses Körpers (…)." Dieses quantitative Prinzip in der Natur drückt Pythagoras mit den Worten aus: „Die Zahl ist das Wesen aller Dinge, und die Organisation des Weltalls ist ein harmonisches System von Zahlen und ihren Beziehungen." Oder Mendeljejev: „Die chemischen Eigenschaften der Elemente sind periodische Funktionen ihrer atomaren Massen." In der Welt der Natur gibt es nur diese quantitative, demnach scheinbare Qualität.

Es gibt keine zwei gleichen Menschen, genauso wie es keine zwei verschiedenen Steine gibt. Wodurch unterscheiden sich zwei Wassermoleküle? – Durch ihre Lage im Raum. Wenn wir aber annehmen, dass der Raum unendlich ist, so verliert diese Unterscheidung jede Bestimmtheit. Kausalität, Dialektik und Materie sind identisch. Die Dialektik in der materiellen Welt zu beweisen ist Tautologie. Gerade deswegen, weil es in der Natur keine Qualität gibt, ist die Wissenschaft von der Natur möglich. Über Qualität ist keine Wissenschaft und kein Nachdenken möglich. Die Natur kann schön oder erschreckend sein, zweckmäßig oder chaotisch, sinnvoll oder sinnlos, demnach kann sie Qualität nur in der Beziehung zu einem Subjekt haben, in der Beziehung zum Menschen. Im Allgemeinen gibt es solche Qualitäten, objektiv gesehen, nicht, und die Natur ist vollkommen homogen und „gleichgültig".

Im Lied, in der Melodie, im Bild stehen wir von Angesicht zu Angesicht mit dem Geheimnis, das als die Qualität im metaphysischen Sinne des Wortes bezeichnet wird. Wie könnte z.b. der Unterschied zwischen dem Original eines Bildes und seiner Kopie durch Quantität erklärt werden. Das Original besitzt die Qualität der Schönheit, hingegen ist jede Kopie hässlich. Der Unterschied liegt offensichtlich nicht im mengenmäßigen Sinn des Wortes. Der Unterschied liegt irgendwo in der persönlichen Berührung zwischen dem Werk und dem Künstler. Qualität lässt sich nur in der Berührung mit der Persönlichkeit finden.

Wissenschaft und Kunst – das ist dasselbe Verhältnis wie zwischen Newton, dem Propheten des mechanischen Weltalls, und Shakespeare, dem Dichter, der alles über den Menschen gewusst hat. Newton und Shakespeare oder Einstein und Dostojewski – das sind zwei, in entgegengesetzte Richtungen gewandte Ansichten oder zwei vollkommen getrennte und unabhängige „Wissensgebiete", die sich weder fortsetzen, noch voneinander abhängen. Die Fragen des menschlichen Schicksals, der Einsamkeit, der Vergänglichkeit und des Todes, die Fragen nach dem Sinn oder Unsinn der Existenz und der Ausweg aus diesen Dilemmas, all das wird nie Gegenstand der Wissenschaft werden können, die Kunst hingegen, selbst wenn sie das wollte, kann nicht vor diesen Themen fliehen. Denn Poesie ist das Wissen über den Menschen, ebenso wie die Wissenschaft das Wissen über die Natur ist. Diese beiden Wissensgebiete sind parallel, gleichzeitig und unabhängig, so parallel, gleichzeitig und unabhängig wie die zwei Welten, auf die sich die beiden beziehen. Das eine ist der Zugang mit Hilfe der Intelligenz, Analyse, Beobachtung, Experimente und der Erfahrung in der materiellen Welt, welche die Summe der Dinge und der mit den Beziehungen der Ursächlichkeit verbundenen Prozesse ist. Das andere ist das Hineinversetzen in das menschliche Innere, seine versteckten Winkel, seine Geheimnisse. Hier begreifen wir oder nehmen an, aber durch Erregung, Liebe und Leidenschaft. Da gibt es nichts von der rationalen, wissenschaftlichen Erkenntnis.[68]

---

[68] In der Betrachtung zählen wir die Philosophie aus diesem Blickwinkel zur Wissenschaft und nicht zur Kunst. Denn, auch wenn sie dem Gegenstand nach verschieden sind, so haben die Wissenschaft und die Philosophie die gleiche Methode – die rationalistische. Jede wissenschaftliche

Dieser innere, organische Charakter der Kunst spiegelt sich in noch einer charakteristischen Tatsache wider: In der Unmöglichkeit, Team-Arbeit im künstlerischen Schöpfen zu organisieren. Das künstlerische Werk ist immer an die Persönlichkeit des Künstlers gebunden. Als Schöpfen, als „das Bilden eines Menschen" (Michelangelo) ist es die Frucht einer Seele und als solches ein unteilbarer Akt. In der Wissenschaft ist die gemeinsame kooperative, die Mannschaftsarbeit von Wissenschaftlern möglich, da der Gegenstand der Wissenschaft dem Analysieren, dem Zerlegen, Teilen unterliegt, denn er setzt sich aus Details zusammen. Die gesamte Wissenschaft, von ihren ersten Anfängen bis heute, ist nur eine Fortsetzung, ein Anknüpfen fast im mechanischen Sinne. In der Kunst ist dies unmöglich. Die Decke in der Sixtinischen Kapelle können nicht zwei Maler ausarbeiten, ungeachtet dessen, dass sie eine Beschäftigung für das ganze Leben darstellt. Ähnlich verhält es sich mit dem Lied oder der Musik. Denn da geht es um etwas Einheitliches, Einfaches und Unteilbares, um etwas, das man nicht halbieren kann, ohne dass es zu leben aufhört. Die Behauptung, dass Teams in der Architektur heute stattliche Resultate erreichen (Bauhaus, die Firma *S.O.M.* in Amerika u.a.) ist hauptsächlich ein Missverständnis. Ein Gebäude als Produkt des Bauens, der Technik und Nützlichkeit ist Gegenstand der Arbeit von Mannschaften, während der Stil, die Idee, die künstlerische Seite der Architektur immer das Werk eines einzigen Menschen ist – eines Künstlers.

Wo immer sie hinkommt, entdeckt die Wissenschaft identisch, übereinstimmend, feststehend und gleich, die Kunst hingegen ist „ein ständiges Entstehen" (Jean Cassou). Der Industrie (und sie ist nur die angewandte Wissenschaft) gehört die Serie, der Kunst hingegen das Original. „Ein ländlicher Töpfer will, dass ein Dutzend einfacher Töpfe vorhanden ist, ein griechischer

---

oder philosophische Verstandesanwendung führt zu den gleichen oder ähnlichen Schlüssen. Die Philosophie-Rationalisten des 18. Jahrhunderts verwendeten auch die „geometrische" (auch axiomatische genannt) Methode der Auslegung philosophischer Theorien. Als ihr Begründer wird Baruch Spinoza erachtet, welcher sein Hauptwerk *Ethik*, neben der Euklidischen Geometrie, mit der „geometrischen" Methode ausgelegt hat, d.h. durch das Formulieren von Definitionen, Axiomen und Theoremen, die aus ihnen hervor kommen. Dasselbe System verwendete Malbranche, der all seine Lehren über die Welt aus einer kleinen Zahl offensichtlicher und allgemein akzeptierter Standpunkte abgeleitet hat, Christian Wolf hingegen hat sein gesamtes System, das die Kosmologie, Ontologie, Theologie, Psychologie, Recht, Logik umfasst, durch die Methode der rationalen Deduktion abgeleitet. Die Philosophie, auch wenn sie den Menschen und die Moral zum Thema nimmt, bleibt unausweichlich auf dem Terrain der Natur, und kann demnach die Methoden der Mathematik, Geometrie und rationalistischen Deduktion anwenden. Aber gerade deswegen bleibt Philosophie meistens ohne Wissen über die wirkliche Wahrheit des Lebens.

Keramiker will ein Amphor aus Canossa schaffen" (Etijenne Socrian). Die Wissenschaft entdeckt. Die Kunst schafft. Das Licht eines entfernten Sterns, den die Wissenschaft entdeckt hat, gab es schon früher. Das Licht durch das uns das Strahlen der Kunst überrascht, hat die Kunst alleine in dem Moment geschaffen. Ohne sie wäre dieses Licht nie geboren worden. Die Wissenschaft hat mit Bestehendem zu tun; die Kunst ist selbst bestehend, sie gebärt Neues. Die Wissenschaft erzählt Richtiges, die Kunst Wahrhaftiges. Betrachten Sie ein Porträt oder ein künstlerisches Bild irgendeiner Landschaft. Wie sehr sind sie richtig? Immerhin sind sie immer wahrer als eine Fotografie dieser Person oder Landschaft. Die Wissenschaft macht aus der Seele die Psyche und aus Gott den Urgrund, so wie die gelehrte, unehrliche akademische Kunst aus der lebendigen, freien Persönlichkeit ein Personen-Plakat, einen anonymen Einzelnen macht. Im Grunde ist das dieselbe, durch das Eliminieren der inneren Dimension entstandene, Degradierung. Alle biologischen und psychologischen Analysen sind mehr oder weniger richtig, unter der Voraussetzung, dass es genug Zeit und Mittel gibt, werden sie vollkommen richtig sein. Dennoch sind sie nicht wahrhaftig, da beide Fälle vom allgemeinen Bild abweichende kapitale Phänomene darstellen: im ersten Fall das Leben, im anderen die Seele. Von diesem Standpunkt aus sind alle richtigen Wissenschaften falsche Wissenschaften. Die Kunst vernachlässigt (sogar absichtlich) Tatsachen, im Streben nach der Wahrheit in einer Sache. Diese Tatsache bestätigt die sogenannte abstrakte Kunst auf ihre Art, welche gerade durch die Entfernung von jeder Ähnlichkeit zur äußeren Welt danach strebt, der Form und den Farben einen rein geistigen Sinn zu geben. Das ist, was Whistler „die Entbehrung jeglichen äußeren Interesses seitens des Bildes" genannt hat.

Die Wissenschaft strebt danach, Gesetze kennen zu lernen und sie zu nützen. Das künstlerische Werk, im Gegensatz dazu, „spiegelt die kosmische Ordnung wider, ohne sie zu untersuchen". Der Vater der europäischen Wissenschaft, Francis Bacon, hebt die Funktionalität (oder Utilitarität) der Wissenschaft klar hervor: „Wahres Wissen ist nur jenes, welches die Macht des Menschen in der Welt erhöht", Kant hingegen spricht von der „ziellosen Zweckmäßigkeit" des Schönen.[69] Das Gedicht ist weder funktional noch inte-

---

[69] Es hat sich gezeigt, dass der Krieg die hauptmotorische Kraft des wissenschaftlichen Fortschritts ist. Die Perioden intensiver wissenschaftlicher Erfindungen und technischen Fortschritts sind tatsächlich die Perioden der Kriege oder scharfen Konfrontationen. Der letzte große Krieg und seine Fortsetzung im bitteren Frieden, der folgte (*Kalter Krieg*), sind glaubwürdige Beweise für diese Behauptung.

ressiert, noch ist es eine „gesellschaftliche Bestellung", wie das Majakovski behauptet. Der französische Maler Dubuffet zerstört diesen beliebten Irrtum, ohne viele Worte zu verwenden: „Die Kunst ist im Wesentlichen unbequem, nutzlos, antisozial und gefährlich. Wenn sie das alles aber nicht ist, so ist sie eine Lüge, ein Mannequin."

Die Wissenschaft, wie tiefgreifend und stimmig sie auch immer ist, hat die Unzulänglichkeit der Sprache nie gespürt, die Kunst hingegen hat gerade wegen dieser inneren, geistigen Tendenz immer andere, übersprachliche Mittel gesucht. Die Sprache selbst ist „der Arm des Gehirns", und das Gehirn ist ein Teil unserer Körperlichkeit, unserer Sterblichkeit. Das Wort ist, vereint mit der Schrift als Mittel der Fortsetzung menschlicher Erfahrung, zum mächtigsten Mittel der Wissenschaft geworden. Denn die Schrift entspricht der Sprache, die Sprache denkt, und alle drei sind nach der Schablone der Intelligenz geschaffen und zugleich vollkommen inadäquat, fast unfähig, eine Bewegung der Seele auszudrücken.[70] Es gibt weder eine Art und Weise, um Beethovens *Neunte Symphonie* nachzuerzählen, noch kann man *Hamlet* in die wissenschaftliche Sprache übersetzen oder in eine Anzahl von Fragen aus der Psychologie oder Ethik umgießen. Der Misserfolg des analytischen Zuganges sollte uns endgültig etwas sagen. An der Tragödie *König Lear* arbeitend, sprach Peter Bruck über dieses Stück wie von einem „Gebirge, dessen Spitze nie erklimmt und erobert werden wird". Man muss Begriff und Sprache überwinden, um das Wesen des Geistigen zu erreichen. In den Werken von Joyce taucht ein seltsames übersprachliches Wortspiel auf (Roman *Ulysses*). Ähnliche unübersetzbare Ausdrücke finden wir im Quran an den Anfängen mancher *Suren*. Moral, Metaphysik, Überzeugungen werden durch Überlieferungen vermittelt und durch Dramen oder die stumme Sprache des Tanzes oder Schauspiels ausgedrückt. Das alte japanische *Kibuki*-Ballett ist der Legende nach noch in der Zeit der Erschaffung der Welt entstanden, oder *Mure*, ein faszinierendes Fingerschauspiel in der traditionellen indischen Schauspielerei, das mit seiner Expressivität jede Rede übertrifft. Das, was sie dem Zuschauer vermitteln, ist die Sprache nicht fähig oder geeignet auszudrücken. Es gibt Anzeichen, dass der Tanz älter ist als die Sprache. Anders gesagt, die Vollendung äußerst alter Tänze ging parallel mit

---

[70] Bryen: „Malen ist die vollkommene Abwesenheit des Sprechens, eine besondere visuelle Welt, in der der Maler sich seiner selbst bedient. Das ist die Welt für sich selbst, eine metaphysische Phase, welche die Kritik nicht zu erklären versteht, da sie genötigt ist, sich der Sprache zu bedienen."

der ausgesprochenen Unvollkommenheit und Unterentwicklung der Sprache einher.

Diese Unmöglichkeit, sich der Kunst mit rationalen und logischen Mitteln zu nähern, beschränkt sich nicht nur auf einige Zweige oder Richtungen der Kunst. Die allgemeine Überzeugung, dass der Realismus näher und verständlicher ist als der Impressionismus oder Surrealismus ist im Wesentlichen ein Irrtum, insoweit es um das wahre Wesen geht, und nicht um oberflächliche Eindrücke vom künstlerischen Werk. Das wahre Geheimnis der *Mona Lisa* ist nicht geringer als das Geheimnis von Picassos *Mädchen aus Avignon*, mit denen die kubistische Revolution in der europäischen Malerei beginnt. Das Wesen des künstlerischen Werkes ist ebenso wenig ergründbar wie auch der Begriff der Gottesfürchtigkeit oder der Sinn der inneren Freiheit, und alle Versuche, sie rational zu bestimmen, blieben ohne Resultat, wie auch der Versuch, das Leben zu definieren.[71]

Abschnitt 2

KUNST UND RELIGION

Doch führen all diese Versuche – ungeachtet dessen, ob sie unentwegt unschlüssig oder sogar erfolglos bleiben – zu der Annahme, dass es zwischen Kunst und Religion einen wesentlichen Zusammenhang gibt.

„Die Poesie ist die Frucht der Berührung zwischen dem Geist und der Wirklichkeit, die an sich unaussprechbar ist, auch mit ihrem Ursprung: Gott" (Maritain).

Jedes Gedicht schuldet seinen poetischen Charakter der Präsenz, Bedeutung und der vereinenden Wirkung einer geheimnisvollen Wirklichkeit, die wir die pure Poesie nennen (Opat Bremond in *La poésie pure*).

---

[71] Hören wir uns z.B. diese Definition von Hauser an, welche, es kommt einem so vor, nur dazu da ist, um den Misserfolg jeglicher Definition des künstlerischen Werkes zu zeigen: „Das künstlerische Werk ist Form und Inhalt, Beichte und Täuschung, Spiel und Botschaft, es ist der Natur nahe und von der Natur fern, zweckmäßig und unzweckmäßig, historisch und unhistorisch, persönlich und unpersönlich zugleich" (Arnold Hauser, *Filozofi a povijesti umjetnosti*, Zagreb, 1977 – Anm. d. Übersetzers: *Philosophie der Kunstgeschichte*).

„Poesie erweist sich als die direkte Erkenntnis des erschreckenden Geheimnisses, das uns unser Leben, inspiriert vom kosmischen Rätsel, selbst darbietet" (Roland de Peneville, *Poetic experience*).

„Der Dichter ist ein Hellseher, der den Schlüssel zu einstigen Festlichkeiten aufdeckt" (Rimbaud).

„Die Kunst als Schaffen, und insbesondere die Poesie als eine Art der Existenz, streben danach, eine Art Ersatz für das Heilige zu werden (…) Sei es, dass sie als Erkenntnis oder als Lebenspraxis (oder beides zugleich) auftaucht, so erhebt Poesie den Menschen auf jeden Fall über seine menschliche Beschränktheit, sie wird zu einer heiligen Angelegenheit. (Gaëtan Picon)

Die Mehrheit der Menschen hätte nicht mehr an Meinung zur Malerei, Bildhauerei und Literatur, als sie zur Architektur hat, (…) wenn sie nicht vor der Finsternis der Unendlichkeit, vor dem Eindruck irgendeiner Geburt, irgendeines Todesfalls oder sogar irgendeiner Gestalt, einen Augenblick lang ein Gefühl der Transzendenz, auf der jede Religion gründet, verspürt hätte." (André Malraux, *Stimmen der Stille*)

Viele meinen, dass Kafkas Romane nur als religiöse Parabeln begriffen werden können, während Kafka selbst davon spricht, dass er seine Fragestellungen als eine Art Gebet betrachtet („Das Weltall ist übervoll mit Zeichen, die wir nicht verstehen", Franz Kafka). Einer der bekannten Surrealisten, Michel Leiris, sagt:

„Ich habe an nichts mehr geglaubt – auf jeden Fall nicht an Gott, sogar nicht einmal an eine andere Welt – doch habe ich gerne über das Absolute gesprochen, über das Ewige (…); unsicher habe ich gehofft, dass das poetische Wunder dazu führen wird, dass sich alles ändert und dass ich lebendig, indem ich mit Hilfe des Wortes das eigene Schicksal des Menschen besiege, in die Ewigkeit eintreten werde." (im Werk *Mannesalter*)

Auf diese oder jene Weise geht es um dasselbe menschliche Streben. Der Unterschied liegt nur darin, welche von ihnen im Einzelfall in den Mittelpunkt gestellt wird. Die Religion hat die Ewigkeit und das Absolute, die Moral das Gute und die Freiheit, und die Kunst den Menschen und die Schöpfung in den Vordergrund gestellt. Letztendlich sind das alles verschiedene Ansichten der gleichen inneren Wirklichkeit, ausgedrückt und nachvollzogen durch die Sprache, welche vielleicht ungenügend ist, die aber für uns als Einzige zur Verfügung steht.[72]

In der Basis von Religion und Kunst gibt es eine ursprüngliche Einheit. Das Drama ist thematisch und historisch religiösen Ursprungs, und die Gotteshäu-

---

[72] Mehr darüber in: Jules Monnerot, *La poésie moderne et le sacré*

ser sind die ersten echten Theaterbühnen mit Schauspielern, Kostümen und Publikum. Die ersten Dramen sind allgemein als zeremonielle Dramen im alten Ägypten an der Grenze zwischen dem dritten und zweiten Millenium vor unserer Ära entstanden. Das gefeierte antike Drama hat sich aus dem Chorlied zu Ehren des Gottes Dionysos entwickelt. Die Bühnen sind in der Nähe des Dionysos-Tempels erbaut, die Vorstellungen wurden zu Feierlichkeiten des Dionysos abgehalten und galten als Teil des „Gottesdienstes" (Bloch). Der rituelle Ursprung des Theaters, damit auch aller Kultur, steht vollkommen außer Zweifel, worüber sehr klare, grundsätzliche und historische Beweise bestehen.[73]

Das Drama – und nicht die Theologie – ist die Art und Weise, wahrhaft religiöse und ethische Probleme des Menschen und der Menschheit darzulegen. In der Maske fühlt man klar ihre duale Natur, welche sowohl die Religion als auch das Drama zugleich suggeriert. Genauso waren das erste Bild, die erste Statue, das erste Lied und das erste Schauspiel Bestandteil von Zeremonien, und erst viel später haben diese Formen sich vom Kult getrennt und begonnen, selbstständig zu existieren. Als der Wilde das Tier, das er erjagen wollte, gemalt hat („Jagdmagie"), war die Malerei für ihn eine Form des Kultes, des Gebetes.

Die Ursprünge des berühmten japanischen Gigaku-Balletts gehen auf eine ferne Vergangenheit zurück, den Überzeugungen der Japaner nach „auf die Zeit der Erschaffung der Welt". Diese täglichen Spiele waren, in Wirklichkeit, eine Mischung aus Liedern, Tanz und Mimik und repräsentierten symbolisch die metaphysischen Ereignisse, welche die Seelen der Verstorbenen erleben. Sowohl seinem Alter als auch seinem Thema nach haben diese Spiele etwas mit Religion gemeinsam. In der altarabischen (vorislamischen) Tradition sehen wir, dass der Dichter eine ermächtigte Persönlichkeit darstellt – einen Scha'ir, der seine Macht aus einer Verbindung mit magischen Mächten bezieht. Die erschreckenden und überragenden Worte des Dichters hatten eine übernatürliche Macht, welche in der Lage war, Leben zu erhalten oder zu vernichten.[74]

Gabriel Zaida, der kürzlich eine außerordentliche Auswahl aus der Poesie der mexikanischen Indianer zusammengestellt hat, sagt im Vorwort seines Buches, dass das „allgemeine und gemeinsame Charakteristikum der Poesie der mexikanischen Indianer die Symbolik des ewigen Lebens" ist, „und das Verhältnis zum Totem – der Pflanze, dem Tier, der natürlichen Erscheinung

---

[73] Siehe: Zdenko Lešić, *Teorija drame kroz stoljeća*, Sarajevo, 1977
[74] Nerkez Smailagić, *Uvod u Kur'an*, Zagreb, 1975, S. 26

– verwandelt sich fast immer in eine magische, religiöse Zeremonie".[75] Die Einheit von Kunst und Religion kann das bekannte Rätsel *des Hoheliedes* als rein weltlichen Text mit hohem künstlerischen Wert, der sich im Gefüge der Bibel gefunden hat, erklären. Wenn Sie Religion und Kunst streng trennen – so gibt es keine Erklärung. Wenn Sie sie nicht trennen, so fällt das Problem weg und es gibt nichts Seltsames daran, dass *das Hohelied* innerhalb einer religiösen Schrift heimisch ist. Im Übrigen ist dies nur für Analytiker der Bibel ein „Rätsel". Die Bibelgläubigen haben hier nie irgendein Problem gesehen.

Die Kunst ist eine Tochter der Religion, so wie die „Wissenschaft eine Tochter der Astronomie ist" (Bergson). Wenn sie leben will, muss die Kunst zu ihrem Ursprung zurückkehren, wie wir sehen, tut sie das auch.

Die Architektur hat, in allen Kulturen ohne Unterschied, die höchste Stufe an Inspiration in Gotteshäusern erreicht. Das gilt gleichermaßen für Tempel in Indien und Kambodscha, die über 2000 Jahre alt sind, für Moscheen in der islamischen Welt, für Tempel in den Urwäldern des präkolumbischen Amerikas wie auch für Kirchen und Kapellen des 20. Jahrhunderts in Europa und Amerika. Keiner der großen Baumeister und Architekten von heute konnte auf diese Herausforderung antworten. Frank Lloyd Wright baut die Beth Sholom Synagoge in Elkins Park in Pennsylvania, Le Corbusier – die Notre Dame du Haut in Ronchamp (1955 vollendet) und das dominikanische Kloster in Evre in Frankreich; Mies van der Rohe – die Kapelle des Illinois Instituts für Technologie (1952), Alvar Aalto – die Lutheranische Kirche in Vuokesniski in Finnland (1959), Wallace Harrison die erste Presbyterianische Kirche in Stamford (1959), Phillip Johnson – die Temple Kneseth Tifereth Israel in New York (1954), Rudolph Landy – die Lutheranische St.Paul-Kirche in Sarasoti in Florida (1959), Oscar Niemeyer – die Kirche des heiligen Franz von Assisi im Pampulhi in Brasilien, Eduardo Torroja – die Herald Chapel in den Pyrenäen (1942), Felix Candela – die Kirche La Virgen Milagrosa in Mexiko (1953) usw. Eine vollständige Liste wäre sehr lang. Durch die unermüdliche Errichtung von Gotteshäusern, bestätigt die Architektur, auch als funktionalste und am wenigsten geistige von allen Zweigen der Kunst, ihren sakralen Charakter.

Ihre Schulden der Religion gegenüber hat die Kunst noch klarer durch die Malerei, Plastik und Musik beglichen. Die größten künstlerischen Werke der Renaissance behandeln fast ausnahmslos religiöse Themen und begegnen einer geradezu elterlichen Gastfreundschaft in allen Kirchen quer durch Europa. Welche Kirche in Italien und Holland ist nicht zugleich eine Galerie? Die Bilder

---

[75] Gabriel Zaida, *Omnibus de poesia Mexicana*

und Skulpturen von Michelangelo stellen eine eigenständige Fortsetzung des Christentums („des Evangeliums in Farbe und Stein") dar. Zwei der größten musikalischen Schöpfer des 20. Jahrhunderts, Debussy und Stravinsky, erschaffen Werke mit klar religiösem Inhalt (Debussy: *Das Martyrium des Heiligen Sebastian*; Stravinsky: *Symphony of Psalms*, *Messe* und *Canticum Sacrum*), während Chagall seine fünfzehn Leinenbilder zu biblischen Themen fertigte. Auch der Vertreter der musikalischen Avantgarde der fünfziger Jahre unseres Jahrhunderts, der große Klavierkomponist Olivijer Messie, schafft eine Reihe von Werken, die von religiöser Meditation inspiriert ist (z.b.: *Zwanzig Blicke auf das Jesuskind*). Die Ballette von Maurice Béjart, des größten modernen Schaffenden auf diesem Gebiet (Ballett des 20. Jahrhunderts), jene eindrucksvollsten, sind von Wagners Mythologie und Mystik des Fernen Ostens inspiriert (z.b. die Ballette *Bodlaire, Bhakti, Die Sieger* u.a.). Mondrian, einer der Begründer der abstrakten Malerei (er war Mitglied der Gesellschaft der Theosophen Hollands!), sieht in der Kunst eine Askese und Hingabe, ein Mittel, um zu einer „höheren Wahrheit" zu gelangen, und sein nicht weniger gefeierter Landsmann Jan Toorop entwickelt durch seinen Symbolismus und Mystizismus eine religiöse und moralische Konzeption der Malerei.

Yves Klein sucht Inspiration in den Lehren des Zen-Buddhismus und meditiert über die nichtmaterielle kosmische Energie, was eine gewisse Fortsetzung von Bergsons Philosophie von der Intuition auf bildnerischer Ebene darstellt. Für ihn ist die Kunst der pure Ausfluss der Vokation, einer Art göttlicher Offenbarung (seine kühnste Komposition *Kosmogonien* hat er durch das Malen mit Hilfe des Regens und Windes verwirklicht). Auch die Idee des sogenannten „Welttheaters" drückt klar die Sakralität ihrer Symbolik aus. Unser Jahrhundert – sagt ein Autor – ist auf allen Gebieten des Schaffens von einem Entstehen einer umfassenden Symbolik des sakralen Denkens und Fühlens gekennzeichnet. Dennoch handelt es sich, wie wir gesehen haben, weder um irgendeine neue noch eine wirtschaftliche Tendenz. Es geht um einen dauerhaften Zustand, der allein aus der Natur der Kunst hervorgeht. In der wahren Kunst – wenn wir demnach das auslassen, was mittelmäßig ist – ist alles genau so: überrational und sakral.[76]

Das, was und wie uns die Kunst etwas mitteilt, ist ebenso unglaublich wie die Botschaft der Religion. Betrachten Sie ein altes japanisches Fresko, eine

---

[76] Das Beispiel des 18. Jahrhunderts ist in dieser Hinsicht nicht das einzige, aber auf jeden Fall das offensichtlichste wegen der deutlichen Kontraste: antireligiöses Denken, weltliches Leben, dagegen ausgesprochen religiöse Kunst (das Zeitalter von Bach).

Arabeske am Portal des Löwenhofes der Alhambra, eine Maske von der melanesischen Insel, den religiösen Tanz von Stämmen aus Uganda, Michelangelos *Jüngstes Gericht*, Picassos *Guernica*, oder hören Sie sich Debussys Mysterium von *Das Martyrium des Heiligen Sebastian* an oder ein schwarzes Soul-Lied, so werden Sie etwas genauso Unergründliches und von der zur Logik entgegengesetzten Seite her auch Sinnliches, wie in einem Gebet, erleben. Wirkt denn nicht irgendein Werk der abstrakten Kunst genauso irrational und unwissenschaftlich wie eine religiöse Zeremonie? Auf gewisse Weise ist das Bild diese Zeremonie auf Leinen, und die Symphonie ist diese Zeremonie in Tönen.

Kunst ist nicht primär das Schaffen von Schönem, denn das Gegenteil von Schönem ist nicht das Hässliche, sondern die Lüge. Über aztekische Masken oder Masken von der Elfenbeinküste oder über die kleinen Figuren ohne Augen von Albert Giacometti könnte man nicht sagen, dass sie schön sind. Dennoch sind sie Ausdruck eines authentischen Strebens nach Wahrheit, da sie auf die eine oder andere Weise eine Ahnung darstellen, ein Gefühl oder die Assoziation irgendeines mit dem menschlichen Schicksal verbundenen kosmischen Geschehens, oder einfach das Gefühl der Transzendenz.

Diese innere Beziehung zwischen Religion und Kunst hat in noch einer Tatsache Ausdruck gefunden: Es gibt eine absichtliche, professionelle Nachlässigkeit des Künstlers und eine „heilige Unreinheit", eine Art der physischen Vernachlässigung bei einigen religiösen Orden (besonders im Hinduismus und im Christentum). In den Augen einfacher Menschen gehören Künstler und Mönche zu einer ähnlichen Art von Menschen. Auch wenn das auf den ersten Blick seltsam wirkt, am Grunde des Mönchtums und der Bohème liegt dieselbe Philosophie. Beim Mönch hat sie die Form des (Neuen) Testaments, beim Künstler manifestiert sie sich als ein Lebensstil, doch in beiden Fällen ist ihr Sinn derselbe; die Betonung des geistigen Sinns des Lebens und die Geringschätzung des materiellen, des äußeren, konventionellen – demnach eine authentische Religion. Der Derwisch – die muslimische Version des Mönches – bedeutet wörtlich Bettler. „Lebt wie Lilien im Felde" oder „(...) wie Vögel im Gebirge" (*Evangelium*) – diese unglaubliche Forderung der Religion fand größten Widerhall bei Künstlern.

Nun muss es uns vollkommen natürlich erscheinen, weshalb die Religion und die Kunst durch die Geschichte hindurch dasselbe oder ein ähnliches Schicksal geteilt haben. In verschiedenen Situationen hatten sie fast immer das gleiche Maß an Freiheit oder Unfreiheit. Es liegt eine gewisse Gesetzmäßigkeit in der Tatsache, dass in der Sowjetunion die außerordentliche Entwicklung der Wissenschaft und Bildung von einem ausgesprochenen Absinken künstlerischen

Schaffens auf fast allen Feldern begleitet war und dass im Mittelalter unter der Herrschaft der Kirche der Zustand vollkommen umgekehrt war. Wann immer wir mit einer solchen Situation konfrontiert werden, finden wir in den Grundlagen des herrschenden Systems eine Philosophie, die in Fragen der Religion radikal engagiert ist (als fanatische Unterstützung oder als fanatische Verwerfung). Ungeachtet aller Beschränkungen im Mittelalter war die Atmosphäre von Religion erfüllt und die Kunst fühlte sich in ihrem Element. Umgekehrt, entgegengesetzt zu den formalen Deklarationen von Religions- und Schaffensfreiheit, hat die atheistische und materialistische Philosophie die Kunst ihres Schwungs und ihrer Freiheit beraubt. Es liegt in der Natur des Atheismus, die Kunst zu ersticken, genauso wie es in der Natur der Religion liegt, sie zu inspirieren. Der Atheismus erstickt die Kunst, selbst wenn er freiheitsbewusst ist; die Religion befreit sie, auch wenn sie autoritär ist. Als Papst Julius II. Michelangelo verbannt hat, während er an den Fresken der Sixtinischen Kapelle arbeitete, hat er ihn nur dazu gezwungen, sein Schicksal zu erfüllen. Die staatliche Verbannung des Künstlers hat das gegenteilige Ziel: den Künstler zu zwingen, von seiner Mission zurückzuweichen. Die Künstler haben den Totalitarismus der Kirche im Mittelalter nicht gespürt (gespürt haben ihn die Wissenschaftler), und es kommt einem so vor, als wenn die Wissenschaftler in der Sowjetunion den Totalitarismus der bestehenden Regierung am wenigsten spüren. Im Widerhall der Inquisition und der Verbannungen von Wissenschaftlern und Denkern gegen Ende des Mittelalters hat die gefeierte italienische Schule ihre besten Werke geliefert. Unter Stalin und Andrei Ždanow[77] hat die sowjetische Wissenschaft ihre wesentlichsten Resultate im Bereich der Atomenergie und des Kosmos erreicht. Allen Druck hat die sowjetische Kunst ertragen müssen, da sie – deswegen, weil sie Kunst ist – einer anderen Welt, einer anderen Sachordnung angehörte. Die Kirche hat einst versucht, die Wissenschaft zum Hörigen der Theologie zu machen; in der Sowjetunion versuchen sie die Kunst zu einem Mittel der Politik zu machen. Wenn ein Forum mit der Autorität der Staatsmacht die Wahrheit verkündet, dass der sowjetische Realismus (der Terminus ist von Stalin) die einzige korrekte Richtung in der sowjetischen Kunst ist, dann ist das ein Diktat (und Irrtum) derselben Art, wie wenn die Kirche von der hohen Position des Konzils aus bekräftigt, dass die Erde das Zentrum des Weltalls ist. Nur, dass das erste Diktat an die Kunst, das

---

[77] Andrei Ždanow, Stalins Mitarbeiter, Sekretär des ZK der KPdSU, bekannt als Protagonist der Verbannungen von Malern, Philosophen, Buchautoren, Musikern und anderen in der UdSSR nach dem II. Weltkrieg öffentlich Tätigen.

zweite an die Wissenschaft gerichtet ist. Doch noch vor dem Diktat geht es um das Unverständnis, wenn auch ein natürliches Unverständnis. Der Atheismus wird die Kunst nie essentiell begreifen; die Religion wird die Wissenschaft nie begreifen. Picasso darf in die Sowjetunion (einreisen), seine Werke aber nicht. Die Sowjetunion akzeptiert seine politischen Standpunkte, aber sie akzeptiert seine Kunst nicht; kann sie nicht akzeptieren, denn Kunst, ungeachtet des bewussten Willens und der Überzeugung des Künstlers, bleibt das, was sie ist: eine sakrale Botschaft, ein Zeugnis gegen die Endlichkeit und die Relativität des Menschen, eine Nachricht von einer kosmischen Sachordnung, mit einem Wort, eine kosmische Perspektive, die in der Gesamtheit und in jedem Spektrum von ihr der Vision eines materialistischen Weltalls ohne Gott widerspricht. Im Grunde sind es dieselben Gründe, welche die christlichen Romane von Fjodor Dostojewski und die Bilder seines Landsmannes Marc Chagall in der UdSSR auf den Index gesetzt haben. Im Leiden von Pasternak und Solženjicin gibt es eine Art Tragik, aber nach einer entgegengesetzten Logik zu der von Brun und Galileo. Der Ždanowismus und die Inquisition sind parallele, „gleichartige" Erscheinungen. Der Ždanowismus ist die Inquisition gegen den Künstler und Denker im Namen des staatlichen Atheismus, und die Inquisition ist der Ždanowismus gegen die Wissenschaft im Namen der Kirche als organisierte Religion. Der Ždanowismus ist die umgekehrte Inquisition.

Abschnitt 3

KUNST UND ATHEISMUS
Kunst in der UdSSR

Eine der Gesetzmäßigkeiten des staatlichen Atheismus ist die Erscheinung, dass es auf sowjetischen Boden neben der außerordentlichen Verbreitung von Bildung im Sinne der Zivilisation zu einer allgemeinen Rezession der Kunst gekommen ist. Das Bildungstempo, das in kommunistischen Ländern vermerkt wurde, übertrifft alles, was in diesem Bereich jemals zuvor registriert wurde. Nach einigen Angaben gab es 1965 in der UdSSR über 60 Millionen Menschen, die Anfänger an irgendeiner Schule waren.[78] Wie wir aber gesehen haben, war dies eine nackte Bildung, deren „zivilisatorischer" Charakter nur durch unkri-

---

[78] Roger Bal führt dies in seiner *Geschichte der Bildung* an.

tische, politische und ideologische Indoktrination bestärkt wurde. In diesem typischen Land der Zivilisation befinden sich Kultur und Kunst in offensichtlicher Rückständigkeit. Dies betrifft insbesondere das Verhältnis zwischen öffentlicher Staatsmacht und dem Menschen als Staatsbürger, oder noch konkreter, die Frage der Freiheit des Menschen als grundlegende Frage der Kultur.

Nach offiziellem Verständnis (dort sind alle Verständnisse offiziell) hat die Literatur in der UdSSR ein Mittel des alltäglichen agitatorisch-politischen Drucks auf die Masse zu sein. Mit der Entscheidung des ZK der KPdSU im Jahr 1932 wurden verschiedene literarische Gruppen liquidiert und es wurde die einheitliche Union der sowjetischen Autoren gegründet. Die Liquidation bekam eine wörtliche Form. Von 700 Literaten, die am Ersten Kongress der sowjetischen Autoren im Jahr 1934 teilgenommen hatten, waren am nächsten Kongress, der im Jahr 1954 abgehalten wurde, nur mehr fünfzig am Leben. Die Mehrheit von ihnen fand den Tod bei Stalins Säuberungen.[79] Der sozialistische Realismus ist zur einzigen korrekten Richtung (Methode) in der sowjetischen Kunst erklärt worden. Als Ausdruck dieser engagierten Kunst tauchte in der UdSSR der sogenannte produzierte Roman auf, der über Industrialisierung und die Kolchosen spricht. Am Kongress der sowjetischen Autoren 1965 wurde die Theorie des Antiheroismus in der sowjetischen Literatur verurteilt und festgestellt, dass eine Charakteristik der sowjetischen Buchkunst ein tiefer Patriotismus und heldenhafte Taten sind.

„Von allen Künsten ist die wichtigste für uns der Film" – sagte Lenin, doch ist es eine Tatsache, dass der Film weniger Kunst ist als alle Phänomene, die mit diesem Begriff bezeichnet werden. Wenn die Kunst schon jemandem oder etwas dienen muss, einer Ideologie oder Staatsmacht – was auch immer, dann ist der Film am vorteilhaftesten, um in die Position eines Söldners gestellt zu werden.

R. N. Jurjenjew, sowjetischer Filmkritiker, verdeutlicht in einer seiner Monographien über die sowjetische filmische Komödie, dass Stalin die Darstellung von Konflikten, Schwierigkeiten und Mängeln in Filmen über moderne Themen nicht geduldet hat. Er hat vielmehr verlangt, dass stattdessen Szenen von Festessen, Hochzeiten, Versammlungen, Volksspielen und Chorgesängen gezeigt werden. Da Stalin sich alle Filme vor ihrer öffentlichen Premiere ansah, gab er Direktiven, die dann Gesetz wurden. Die Folge war das Absinken der

---

[79] Information aus der Enciklopedija Leksikografskog zavoda, Zagreb, Band 5, S. 641 – Anm. d. Übersetzers: Enzyklopädie der Lexikographischen Anstalt.

Filmproduktion und das Auftauchen einer Phobie mit der Bezeichnung „Angst vor Satire".

Dasselbe Land, das, noch arm, halbalphabetisiert und unorganisiert im 19. Jahrhundert der Welt Puschkin, Gogol, Tschechow, Tolstoi, Dostojewski, Tschaikowski und Rimski-Korsakow gegeben hat, kann heute, zur Mitte des 20. Jahrhunderts, in der Kunst und Literatur kaum einen Schöpfer vorweisen, der den großen Protagonisten der russischen Kultur aus den bloßen Anfängen ihres Aufstieges auf der historischen Szene ebenbürtig wäre. Wenn im Bereich der Poesie und Literatur auch irgendein bedeutenderer Name auftaucht, der auf der Grundlage des mächtigen, geistigen Genies des russischen Volkes erwachsen ist, so steht er in der Regel in Opposition zum System – Pasternak, Solženicyn, Voznesensky. In Wirklichkeit ist das russische Land fruchtbar, doch ist die Atmosphäre für Dichter und Künstler erstickend.

Nach der Revolution beginnt der Aufstieg der russischen Wissenschaft und die Rezession der Kunst. Das sowjetische Russland gab uns Physiker, Atomphysiker, Staatsleute, Organisatoren, aber nicht Dichter, Maler und Musiker.

Die Rückständigkeit fällt insbesondere im Bereich der Philosophie ins Auge. Dort ist sogar vollkommene Leere, natürlich solange wir hier nicht die Professoren der Philosophie und die Wirkenden an den philosophischen Instituten mit einrechnen. Die heutige Sowjetunion hat keinen einzigen philosophischen Namen, der in der gleichen Reihe mit Heidegger, Marcuse oder Sartre genannt werden könnte. Auf jeden Fall sind die sowjetischen Philosophen kein bisschen stolz auf ihre Landsleute, die ihre Verstandesgewalt der Wissenschaft, Technik oder Politik gewidmet haben.

Überall fühlt man die Übersättigung durch die Formel des sogenannten sozialistischen Realismus. Das Interesse des Publikums, dass offensichtlich immer geringer wird, wird durch klangvolle Parolen zu erregen versucht, wie z.B. jene: „Hoch und bewundernswert ist Plato, auf dem die Fahne des sozialistischen Realismus errichtet ist."[80]

Die Autoren Grigurko, Bojko, Maljcew, Tarasow, Sušinsky – in Europa und sogar der UdSSR mehr oder weniger unbekannt – wurden von der öffentlichen Kritik gelobt, da sie sich produktiver Themen annahmen. In ihren Werken beschreiben sie die Errichtung großer industrieller Objekte und spiegeln das

---

[80] Die Parole wurde auf der retrospektiven Ausstellung sowjetischer Akademiker in Manjež Anfang 1974 hervorgehoben.

Leben der Arbeiterklasse und der Bauern wider. Das sind jene Werke, die nach dem System des „Soczakaz" – gesellschaftliche Bestellung – hergestellt wurden.[81] Der Akademiker Koržev gibt zu, dass „leider auf unseren Ausstellungen nicht selten Arbeiten auftauchen, die nur Variationen bereits geschaffener Formen sind", und der Dichter Boris Olejnik klagt über die Schwarzweißzeichnung des Lebens, die graue Eintönigkeit, Oberflächlichkeit und Mittelmäßigkeit: „Am Himmel der sowjetischen Poesie tauchen Sterne eines elenden, gleichmütigen Glanzes auf, es gibt keine echte Poesie – es gibt Gedichte und die Imitation der Poesie."

In einer kürzlichen Publikation (*Almanach*, 1979) beschreibt eine Gruppe angesehener sowjetischer Autoren (A. Voznesenskij, Bella Achmadulina, Wassili Aksjonow, Fazil Iskander u.a.) den Stand des literarischen Lebens in der UdSSR als „chronische Erkrankung, die man als Angst vor Literatur identifizieren kann und als finstere Trägheit, welche einen Zustand der Stille und der beständigen Verängstigung verursacht".[82]

Dieses negative Verhältnis zur Kunst hat sich in gleicher Weise auf den Zustand in der Architektur ausgewirkt. Überall auf der Welt ist die Zivilisation in der Architektur Richtung Funktionalismus gedriftet, Richtung bloße „Textur", doch die „künstlichen Städte" (oder neuen Stadtteile) in sozialistischen Ländern stellen die ödesten und unpersönlichsten urbanen Gebilde dar, die jemals errichtet wurden. Sie strahlen Farblosigkeit und Eintönigkeit aus. Dafür findet man verschiedene Rechtfertigungen, wie z.B. den großen Bedarf, ungenügende Mittel, industriellen Bau u.Ä. Es hat sich dennoch gezeigt, dass diese Gründe nicht standhalten können. Alle schönen Objekte stammen aus der Periode als wir arm waren, und schöne Gebäude können auch aus fabrizierten Elementen errichtet werden. Es handelt sich um einen bewussten oder unbewussten Standpunkt oder eine versteckte Frage: Die Menschen haben keine Seele, warum sollten Städte eine haben?

Auf jeden Fall muss man, wenn es um die Kunst geht, das russische Volk vom sowjetischen Regime unterscheiden. Das erste ist voll religiösen und künstlerischen Inhalts, das zweite antireligiös und demnach auch antikünst-

---

[81] „Soczakaz" – ein Terminus in der UdSSR für künstlerische Werke auf Bestellung, die sich durch Stereotypie und den Mangel an wahrhafter Inspiration auszeichnen.

[82] Dieser Almanach ist bekannter in Zusammenhang mit der scharfen Polemik zwischen einer Gruppe amerikanischer Autoren (Albee, Miller, Updike u.a.) und der Leitung der Moskauer Autorenorganisation wegen des Verbotes des Druckens des *Almanach* und administrativer Maßnahmen gegen seine Autoren.

lerisch veranlagt. Das Interesse des Volkes für Literatur ist unglaublich, fast hysterisch, wie es der Autor Wassili Aksjonow ausgedrückt hat. Dieses Phänomen wäre es wert, untersucht zu werden. Man würde vielleicht herausfinden, dass es um eine Form von Verwirklichung der nicht ausgelebten Religiosität des russischen Menschen, des Lebens durch Literatur und Poesie geht, um jene Verwirklichung, die auf irgendeine Weise in Form von Religion unmöglich gemacht wurde. Im aufgezwungenen Atheismus wird die Kunst zum Ersatz für die unterdrückte Religion.

Abschnitt 4

DIE KONKRETE WELT DER KUNST
Künstlerischer und soziologischer Zugang

Die Kultur hat die Kunst, die Zivilisation hat die Wissenschaft, oder noch genauer: die Soziologie. Die Soziologie ist ein getreues Spiegelbild der Seele – oder der Seelenlosigkeit – der Zivilisation. Im Unterschied zwischen dem künstlerischen und soziologischen Zugang spiegelt sich noch einmal die ursprüngliche Aufteilung der Welt wider und jenes Nachsinnen, das auf entgegengesetzte Zweige ausgerichtet ist, welches im ersten Fall die Persönlichkeit im Menschen entdecken und im zweiten, am Ende aller Analysen, ihn nur mehr als Mitglied der Gesellschaft oder als Teil einer Masse sehen wird.

Für den Dichter gibt es keinen durchschnittlichen Menschen. Das ist eine Lüge, ein Konstrukt. Für ihn gibt es nur den konkreten Menschen, eine bestimmte Persönlichkeit, die Soziologie hingegen findet im Menschen und dem wirklichen Leben nur jenes, das allgemein und quantitativ ist, und bleibt blind für jenes, das wirklich ist und was es einzig gibt: die lebendige, unwiederholbare und mit keiner anderen vergleichbare Persönlichkeit. Denn für die Kunst gibt es weder Menschen noch die Menschheit. Es gibt nur den Menschen neben dem Menschen in einer unendlichen Reihe, ganz konkrete Persönlichkeiten, Porträts, wie der Maler sagen würde, die man weder zusammenzählen, noch von denen man irgendeinen mittleren Wert, einen Durchschnitt ausmachen kann. „Ein Mensch ist gestorben, und noch ein Mensch, und noch ein Mensch (…)" – teilt der Künstler mit.[83] Was heißt es ein Porträt zu erstellen, wenn es nicht einige

---

[83] Bašeskija in seinen *Annalen*

von jenen Linien einfängt, durch die das porträtierte Gesicht am meisten eigen", einzig und einig, von allen anderen Gesichtern verschieden ist. Die Soziologie strebt danach, das Gemeine, Gemeinsame, die Kunst das Einzelne, Individuelle zu finden. Der Mensch sträubt sich gegen die Systematisierung. Elisabeth Noelle schreibt über die spontane Abneigung des Publikums vor auf quantitativen Methoden gegründeten Untersuchungen, vor Ziffern, allgemeinen Charakteristiken, Schablonen, Standards.[84] Niemand möchte ein durchschnittlicher Franzose, ein durchschnittlicher Bürger sein. Der Widerstand gegen die Soziologie ist bei Dichtern und Künstlern jedenfalls am ausgeprägtesten.[85]

Rainer Maria Rilke schreibt:

„Für unsere Großväter hatten ein Haus, eine öffentliche Quelle, ein wohl bekannter Turm, und sogar ihre eigene Kleidung, ihr Mantel, eine immer noch unverhältnismäßig größere Bedeutung, sie waren demnach glaubwürdiger; in fast jedem Bereich fand man einen kleinen Teil einer bestimmten Persönlichkeit, in jedem war etwas Menschliches erhalten. Heute kommen aus Amerika entleerte und unbedeutende Dinge, Gegenstände, welche eine Illusion des Lebens schaffen, zu uns und häufen sich(…) Das Haus im amerikanischen Sinne, ein amerikanischer Apfel oder Weintrauben von dort haben nichts gemeinsam mit dem Haus, Obst, den Trauben, welche in sich die Hoffnung und die Überlegungen unserer Vorfahren tragen (…)." (*Briefe des Mizo*)

Und ein anderer Dichter teilt mit:[86]

„Du wirst nicht antworten auf die Fragezeichen
auf die Rätsel über die Angelegenheiten der Welt
du wirst nicht umgänglich sein
und an keinem Test wirst du teilnehmen.
Du wirst nicht tagen mit Statistikern
und wirst dich nicht einlassen
auf irgendeine gesellschaftliche Wissenschaft."

---

[84] Elisabeth Noelle, *Der Unberechenbare Mensch*, Nürnberg, 1961

[85] Diese Abneigung des Dichters gegenüber Statistiken und soziologischen Untersuchungen hat bei den Marxisten eine entsprechend „dialektische" Erklärung bekommen. Dieser Erklärung zufolge geht es um die Angst der Künstler, dass das verschwiegene Übereinkommen über ihren Dienst zugunsten der Bourgeoisie vor den Augen der Welt offenkundig werden würde! Siehe: Rene Barbier, *Antisociološki stav književnika i umjetnika*, „Kultura", Belgrad, Nr. 19/72. (Anm. d. Übersetzers: *Der Antisoziologische Standpunkt der Literaten und Künstler*)

[86] W.H. Auden im Gedicht *Nones*

Die Wissenschaft und Philosophie erzählen von der äußeren Welt oder dem Menschen, aber immer von allen Dingen im Allgemeinen, in der Idee, prinzipiell. Für die Kunst gibt es die Dinge überhaupt nicht. Es gibt sie konkret. Die Kunst spricht nicht allgemein über den Menschen, sondern immer über einen bestimmten Menschen. Oliver Twist, Eugen Onegin, Fjodor Karamasow. Eine Linde, welche der Dichter erwähnt, ist keineswegs eine Linde im Allgemeinen, von der die Botanik spricht, das ist ein duftender Wipfel im Garten des Dichters Haus, derselbe unter dessen Schatten er seine Kinderträume geträumt hat. Die Kunst wirkt auf uns wahrhafter, denn seit jeher sind alle Dinge, die es gibt, einzeln.

Hier sind einige Beispiele, die diese Behauptung illustrieren können.

In *Krieg und Frieden* taucht eine Vielzahl von Personen auf. Sie sind alle vollkommen bestimmte Persönlichkeiten, Personen. Hier ist, wie Tolstoi eine von ihnen beschreibt (die Person des Diplomaten Bilibin):

„(…) Er war einer von jenen Diplomaten, die es zu arbeiten lieben und verstehen und neben seiner Faulheit, verbrachte er, manchmal, ganze Nächte am Schreibtisch (…) Bilibin liebte das Gespräch, wie er auch die Arbeit geliebt hat, doch nur dann, wenn das Gespräch elegant, scharfsinnig sein konnte. In Gesellschaft wartete er immer auf eine Gelegenheit, um etwas Bedeutendes zu sagen, und nur so ließ er sich auf Gespräche ein. Das Gespräch von Bilibin war immer übervoll mit originellen, scharfsinnigen, vollendeten Phrasen, die das Interesse der Allgemeinheit gewannen (…) Sein dünnes, erschöpftes, gelbliches Gesicht war mit groben Falten bedeckt, die immer so rein und eifrig gewaschen aussahen, wie Fingerspitzen nach dem Baden. Die Bewegungen dieser Falten waren die Hauptrolle bei seiner Physiognomie (…)."

Oder die Person der Olivia Pentland in *Früher Herbst:*

„In dieser ganzen zahlreichen Versammlung, in welcher der Stimmpegel im alten Haus angestiegen ist, konnte nur eine Person sich mit ihr messen – Olivia Pentland, Sabinas Mutter. Sie bewegte sich durch die Gemächer, hauptsächlich alleine, sich um ihre Gäste kümmernd und das Gefühl habend, dass diese Vergnügung nicht einmal annähernd das ist, was sie sein sollte. Sie hatte nie jenes Ausstrahlende und Auffallende, nichts, was das aufleuchtende Grün des Ballkleides, die Brillanten und die glänzenden roten Haare von Sabina Kalender überstrahlen würde; sie war ein völlig anderer Typ von Frau, sanfter, zahmer und würdiger Schönheit, die einen auf eine viel leichtere und feinere Weise gewann. Sie fällt nicht sofort unter den Gästen auf; der Mensch wurde sich ihrer Anwesenheit erst allmählich bewusst, so wie wenn sich irgendein unklarer, angenehmer Duft verbreitet (…)."

Wenn es um die Sache geht, so ist dies überhaupt keine Sache. Das ist immer eine völlig bestimmte Sache. Das kann auch eine Schachtel für Bleistifte sein, wie in Llewellyns Roman *So grün war mein Tal*. Hier ist diese Beschreibung: „Was war das für eine wunderbare Schachtel. Um die achtzehn Daumen lang, und drei breit, mit einem Deckel, der herausgezogen wurde und einer Vertiefung für den Finger, damit der Deckel besser entlang der Rille rutscht. Im oberen Abteil waren drei wunderbare rote Bleistifte, neue, mit gespitzten Spitzen, zwei Federhalter, grüne, eine Messingschachtel für Federn, und am Ende eine kleine Vertiefung für den Radiergummi. Die obere Etage war leicht durch ein Gelenk zu drehen, und wenn Sie sie verschieben würden, würde eine andere Abteilung auftauchen mit fünf noch schöneren Bleistiften, drei gelben, einem roten und einem blauen (…)."

Wenn es um eine Situation geht, dann ist wieder von einer bestimmten, unwiederholbaren Situation die Rede:

„Zum Beispiel am Sonnabend, gegen vier Uhr nachmittags, am Rand des hölzernen Gehsteigs der Bahnhofbaustelle, lief eine kleine Frau in Himmelblau lachend rückwärts und winkte mit einem Taschentuch. Im gleichen Augenblick bog ein Neger in cremefarbenem Regenmantel, gelben Schuhen und einem grünen Hut um die Straßenecke und pfiff. Die Frau ist mit ihm zusammengestoßen, immer noch rückwärts laufend, unter einer Laterne, die an der Bretterwand hängt und abends angezündet wird. Da war also gleichzeitig dieser Bretterzaun, der so stark nach feuchtem Holz riecht, diese Laterne, dieses blonde Frauchen in den Armen eines Negers, unter einem Feuerhimmel (…)."(J.P. Sartre, *Der Ekel*)

Oder wieder eine außerordentlich rein und klar ausgeführte Person aus demselben Roman:

„Es ist halb zwei. Ich sitze im Café Mably, esse ein Sandwich, alles ist halbwegs normal. Übrigens, in den Cafés ist immer alles normal und besonders im Café Mably, wegen des Geschäftsführers, Herrn Fasquelle, der auf seinem Gesicht eine durchweg positive und beruhigende Gaunermiene trägt. Bald ist es Zeit für seine Siesta, und seine Augen sind schon rosa, aber sein Gang ist immer noch lebhaft und entschlossen. Er geht zwischen den Tischen umher und spricht vertraulich die Gäste an (…)." (J.P. Sartre, *Der Ekel*)

Oder eine Landschaft:

„Es war eine Stunde vor Mittag. Die Sonne stand etwas nach links und hinter Pierre und erstrahlte klar durch die reine, dünne Luft das Panorama, aufgerissen vor ihm wie ein Amphitheater auf dem Terrain, das am höchsten stieg. Auf der Spitze wand sich links eine große Smolensker Straße, die dieses Amphitheater schneidet und durch ein Dorf mit einer weißen Kirche geht, fünfhundert Schritte vor der Spitze und niedriger als diese (das war Borodino). Die Straße ging unter dem Dorf über eine Brücke und wand sich, sich senkend und hebend, immer mehr bis zum Dorf Walujew, das ungefähr auf sechs Arten zu sehen war. Nach Walujew verlor sich die Straße im Wald, die am Horizont gelblich war. In diesem Wald, von Birken und Tannen, rechts vom Feldweg, funkelte die Sonne in der Ferne dem Kreuz und dem Glockenturm des Kaloč'schen Klosters entgegen. Über diesem blauen Tal, rechts und links von der Straße, sah man an verschiedenen Stellen Feuer, wie es herausschoss und unbestimmte Massen unserer und der feindlichen Armee. Rechts, in Richtung des Flusses Kaloča und Moskau, ist das Terrain steil und gebirgig. Zwischen den Steilwänden waren in der Ferne die Dörfer Bezbowo und Zaharino zu sehen. Links war das Terrain ebener. Dort wachsen Felder mit Getreide und es war zu sehen, wie ein angezündetes Dorf rauchte – Semjonowsko." (Tolstoi, *Krieg und Frieden*)

Und am Ende ein Innenraum:

„Pierre kannte dieses große Zimmer sehr gut, geteilt durch Säulen und Gewölbe, ganz ausgelegt mit persischen Teppichen. Ein Teil des Zimmers hinter den Säulen, wo von einer Seite ein hohes Bett aus Mahagoni unter seidenen Vorhängen war, und von der anderen ein großer Schrein mit Ikonen, die rot beleuchtet und klar waren, wie sie in der Kirche zur Zeit der Abendmesse beleuchtet sind. Unter der beleuchteten Dekoration am Schrein ist eine lange voltersche Lehne und in der Lehne, die gegen oben hin mit wie Schnee weißen, nicht gequetschten, offensichtlich erst jetzt ausgewechselten Kissen markiert ist, lag eine bis zur Gürtelhöhe mit einer klar grünen Abdeckung, Pierre wohl bekannte, ehrwürdige Figur seines Vaters, Graf Bezuhow, mit demselben grauen Haar, das an die Mähne eines Löwen erinnerte, hinter der breiten Stirn und mit jenen charakteristischen edlen groben Falten am schönen rot-gelben Gesicht (…)." (Tolstoi, *Krieg und Frieden*)

Diese paar zufällig und aus Büchern, die gerade bei Hand waren, genommen Beispiele sind nichts, das nur die Werke von Tolstoi, Sartre, Bromfield oder Llewellyn auszeichnet. Die Rede ist von einem Phänomen, das nicht den Künstler betrifft, sondern das bloße Wesen der Kunst, und der Künstler ist umso größer, je mehr er diesem inneren Gesetz jeder Kunst folgt: konkret, individuell, persönlich, unwiederholbar, originell, nur eins. Denn die Intelligenz und die Wissenschaft streben dem Pol entgegen, der alles gleichermaßen betont, um am Ende ein und dasselbe in allem, was es gibt, zu bekräftigen. Die Kunst glaubt hingegen, dass es von allem nur ein Beispiel gibt, nur das Original, dass sich nichts wiederholt, weder die Person, noch die Situation, noch die Landschaft, und dass es nichts in der gesamten Ewigkeit gibt, das gleichartig und übereinstimmend ist. Dieser Glaube liegt in der bloßen Natur der Kunst, so wie das Gleiche, Wiederholbare und Identische die Grundvoraussetzung – oder sogar Bedingung – jeder Wissenschaft ist. In diesem Spektrum mechanisch – persönlich, an dessen einem Pol die tote Materie mit ihren Gesetzen und an dem anderen das Leben mit seinem höchsten Ausdruck, der Persönlichkeit, liegt, gibt es, je mehr wir uns vom Mechanischen entfernen, desto mehr Freiheit, Unwiederholbares und Schöpferisches, sodass es am anderen Pol, der die Persönlichkeit kennzeichnet, nur das Original gibt. Und umgekehrt: je mehr man sich von der Persönlichkeit entfernt, desto mehr Bedingtheit, Gesetzmäßigkeit und Homogenität gibt es, sodass am anderen Pol nur das Abstrakte, Gleiche und Mechanische übrig bleibt.

Abschnitt 5

PERSON UND PERSÖNLICHKEIT
Das Drama der menschlichen Person

Die Kunst ist vom Problem der Persönlichkeit besessen. In *Krieg und Frieden* tauchen 529 Personen auf, und die *Göttliche Komödie* ist eine ganze Welt von Persönlichkeiten, von denen keine einzige vergessen ist oder in der Masse verloren geht; jede von ihnen ist eine Seele für sich und existiert so real mit ihrer Verantwortung und ihren Sünden, dass das Schauspiel des Jüngsten Gerichtes mit den Milliarden von Menschen, die waren und vergangen sind, für uns durchaus möglich und real erscheint. Die Fresken an der Decke der Sixtinischen Kapelle mit den Akten aus dem Buch *Genesis* stellen eine Galerie mit zahlreichen, vollkommen individualisierten Personen, demnach Pesönlichkeiten, dar. Jenes, was die Person zur Persönlichkeit macht, ist gerade die Individualität, das innere Leben, die Freiheit. Denn die Persönlichkeit ist nicht gleichbedeutend mit der menschlichen Person, sie ist das Streben, das sich in ihr spiegelt. Persönlichkeit und Natur verhalten sich wie Geist und Materie, Qualität und Quantität, Bewusstsein und Trägheit, Drama und Utopie. Die Persönlichkeit widersetzt sich der Natur dadurch, dass sie frei, unwiederholbar und auf eine gewisse Weise unsterblich ist. Die Natur ist Gleichheit, Homogenität, Übereinstimmung, Kausalität. Die Persönlichkeit ist Individualität, Spontaneität, Freiheit, ein Wunder.

Religion spricht über die Seele und die Kunst über die Persönlichkeit, doch sind dies nur zwei Weisen, um dieselbe Idee auszudrücken. Die Religion wendet sich an die Seele, und die Kunst versucht sie zu ergründen, sie vor unsere Augen „zu führen". Bereits in der primitiven Kunst wird beachtet, dass der wichtigste Teil einer Komposition der Kopf ist, während der Körper auf die Rolle des Trägers reduziert, schematisch dargestellt oder vollkommen vernachlässigt wird. Die Kopfskulpturen, die in Jericho aus der Epoche 6.000 Jahre vor unserer Ära entdeckt worden sind, weisen darauf hin, dass der neolithische Mensch daran geglaubt hat, dass der Sitz der Geist-Seele im Kopf ist. In den gewaltigen Steingestalten von den Osterinseln ist alles auf das Gesicht ausgerichtet, während der Körper und der Unterbau vollkommen ausgelassen werden. Denn „Gott hat dem Menschen durch einen Hauch ins Gesicht einen Funken Seines Geistes gegeben" *(Bibel)*. Alle großen Künstler, von Phidias bis Praxiteles, über Raffael, Michelangelo und Da Vinci, dann bis Rodin, Meštrović und Picasso waren nur mit einem großen Thema beschäftigt: Das war die Persönlichkeit des Menschen und seine innere Welt. Der Ruhm der *Mona Lisa* liegt darin, dass sie vielleicht einen der erfolgreichsten Versuche darstellt, das geheime innere Leben abzubilden. Was sich in den letzten Jahrzehnten in der amerikanischen Kunst abspielt (das Klagen in der Malerei), haben manche als die Rückkehr zum Drama der menschlichen Persönlichkeit beschrieben. Doch für die Kunst ist das gerade eine erneute Rückkehr.

Dementsprechend ist das Thema jedes künstlerischen Werks – ungeachtet dessen, was ihm manche zuschreiben und für was sie es nützen wollen – immer nur ein seelisches und persönliches, niemals ein gesellschaftliches oder politisches. Die Arbeit und das äußere Dekor selbst können sozial sein, doch die Kunst bezieht sich immer auf die moralische Seite der Erscheinungen. Die Kunst ist geistig, auch wenn sie sich mit dem Körper „beschäftigt". Manche haben zum Beispiel, vom äußeren Aussehen der Dinge ausgehend, Rubens als einen „Maler des Körpers" und Rembrandt als einen „Maler der Seele" bezeichnet. In Wirklichkeit malt jeder Maler die Persönlichkeit, die Seele. Der grundsätzliche Inhalt jedes Dramas – was seinem religiösen Ursprung zugeschrieben werden muss – ist letztendlich das Verhältnis zwischen der inneren menschlichen Freiheit und dem Determinismus der äußeren Welt, in die der Mensch geworfen wurde.

> „An den jeweiligen von Shakespeare geschaffenen Persönlichkeiten interessiert uns ihre Bildung relativ wenig, während die Antriebe, die verborgene Seele in ihrer verkannten Größe, so wirklich scheint, dass nur ihr Aufmerksamkeit

geschenkt wird, während das Verbrechen relativ bedeutungslos ist." (Charles Lamb) „Was soll ich mit der Aktion, mir reichen die Persönlichkeiten" – sagte Eugene O'Neill, der offensichtlich dieselbe Sache im Blick hatte.

„Diese Persönlichkeit ist nie ein Objekt; in der Kunst gibt es sie nur als Ich und Du" (Martin Buber, *Ich und Du*). Daher kommt die ständige Tendenz, den Unterschied zwischen dem Schaffenden und Beobachtenden auszulöschen, den Beobachter als unmittelbar Beitragenden im Schaffen zu integrieren (sogar in der Malerei – der amerikanische Maler Rauschenberg). Wenn eine Gruppe schwarzer Tänzer in ein afrikanisches Dorf kommt, so schalten sich die sie umkreisenden Zuschauer schrittweise in das Schauspiel ein, sodass es am Ende keine Ausführenden und Zuschauenden gibt. Das ist das Prinzip der Einheit der Werke, des Künstlers und des Publikums, ein Prinzip, das aus dem metaphysischen Charakter der Kunst stammt.

Worin besteht dieses Prinzip? – Es liegt vor allem in einem bestimmten Standpunkt der Kunst gegenüber jenem, das wir für gewöhnlich als die objektive Wirklichkeit bezeichnen. Diese sogenannte objektive Wirklichkeit, aus der die materialistische Wissenschaft und Philosophie eine Art des Absoluten geschaffen hat, ist für die Kunst – wie auch für die Religion – eine Kulisse, eine Vorschau, eine falsche Gottheit. Die einzige Wirklichkeit, welche die Kunst anerkennt, ist der Mensch und sein ewiges Streben, sich zu betätigen, sich zu retten, sich nicht in der objektiven Wirklichkeit zu verlieren. Wir haben vorher gesehen, dass jedes Bild einen unmöglichen Versuch darstellt, ein Wunder aufzuzeigen, welches wir als Persönlichkeit bezeichnen. Die Persönlichkeit in der toten Natur oder der fremden, unpersönlichen Welt und der Konflikt, der aus dieser grundlegenden Beziehung stammt – dies liegt am Grunde jedes Bildes. Ohne dies hat die Kunst keinen Inhalt – es bleibt nur die Künstlichkeit. Das ist es, was die gefeierten Porträts von Rembrandt von ebenso handwerklich gelungenen, aber billigen Bildern vom Jahrmarkt unterscheidet. Sogar wenn dieser Konflikt nicht besonders betont wird, so ist er innerlich anwesend, denn jedes Portrait strebt danach, den authentischen Menschen darzustellen, der Bewusstsein, Individualität und Freiheit, demnach im krassen Gegensatz zur Natur und der Welt, ist.

Diese Seele ist demnach nicht die Psyche, von der die Wissenschaft spricht. Sie ist die wahrhafte Seele, *Rūḥ*[87], der Träger der menschlichen Würde und Verantwortung (Quran), mit einem Wort, die Seele, über die alle Religionen,

---

[87] Anm. d. Übersetzers: *Rūḥ* – arabisch Wort für „Seele", „Geist".

alle Gläubigen und alle Dichter sprechen. Das ist wie der Unterschied zwischen Jung und Dostojewski: wir haben Jungs *Psychologische Typen* und die Personen in Schuld und Sühne. Die ersten sind Monstren, künstliche, zweidimensionale Wesen; die anderen sind lebendige Menschen, auseinander gerissen zwischen Sünde und Freiheit, Gottes Geschöpfe, Persönlichkeiten.

Abschnitt 6

DER KÜNSTLER UND SEIN WERK

Über diese wundersame, irrationale, unnatürliche (oder übernatürliche) Seite der Kunst nachdenkend, welche aus ihrem metaphysischen Ursprung stammt, werden wir in einem Moment begreifen, dass das künstlerische Werk, als etwas gegenständlich Gemachtes, wie eine Tatsache in der äußeren Welt, eigentlich kein ursprüngliches Ziel der Kunst ist. Im Gegenteil, Ziel ist nur das Schaffen, das Werk aber ist nur sein unausweichliches Nebenprodukt. Das Wesentliche für die Kunst ist das Streben, dieses liegt aber innen, in der Seele, nicht in der Welt. Ohne all das, was sie begleitet – sogar ohne konkretes Werk – bleibt die Kunst das, was sie ist. Ohne dieses schöpferische Streben ist die Kunst das nicht mehr. Pollock hat auf einem Stoff gehend oder mit Farbtuben über dem Leinen winkend gemalt. Rauschenberg hat eine seiner Phasen mit einer Reihe vollkommen weißer Leinen verschiedener Größen begonnen, und Yves Klein hat 1954 in Madrid eine Mappe mit 10 einfarbigen Blättern publiziert. Der amerikanische Pianist John Cage sitzt bei einer Komposition mit dem Namen *4 Minuten und 33 Sekunden* so lange am Klavier, doch – er spielt nicht. Gleicher Art ist auch Hamlets „Inaktivität voller Aktion" oder die bekannte Armut an Handlung in den Dramen von Alexander Tschechow. In manchen seiner Stücke bestehen Szenen aus Schweigen. Auf der Szene spielt sich nichts mehr ab, doch das Drama fließt weiter, die Handlung entwickelt sich von innen. Denn die Hoffnung, Reue, der Zorn, die Erniedrigung, Scham, Verzweiflung, sind keine Geschehnisse – das sind Erlebnisse. Im japanischen No-Drama gibt es Szenen, in denen der Schauspieler zwanzig Minuten nicht die geringste Bewegung macht. Innerhalb dieser Zeit drückt er seine innere Leere aus, usw. Damit wird nur eine Sichtweise zu den letzten, endgültigen, absurden Konsequenzen geführt, die der Kunst stetig innewohnen – die Betonung des Inneren und Subjektiven, und die Verneinung des Äußeren und Objektiven. Ein einfarbiger

Stoff kann informell nur als die absolute Verneinung der äußeren Welt verstanden werden. Diese Verneinung lässt sich nicht einfacher und radikaler ausdrücken. Das Malen, die bloße Aktivität, action painting – und nicht das Bild – das ist der Sinn und das Ziel der Kunst. Das künstlerische Werk kann unverwirklicht, nicht materialisiert sein, im Zustand des Bestrebens verbleiben, doch es kann nicht in eine Produktion, in eine Serie verwandelt werden. Es muss die Eigenheit des Unikats als eine wichtige Bedingung bewahren. Selbst das Nichtvorhandensein dieses Unikats stellt nicht die Existenz des „Werkes" in Frage, ein Duplikat oder Multiplikat hingegen stellt immer seine Verneinung dar. So kommen wir zum Paradoxon: das künstlerische Werk zerstört sich durch Vervielfachung.

Am Ende bleibt demnach das künstlerische Streben oder die Absicht, als letzter Verifikator des künstlerischen Werkes, die Absicht, die äußerlich durch die Unterschrift bestätigt wird; „Alles, was der Künstler abgibt, ist Kunst", teilt Schwitters mit. Deswegen werden die Teile eines Fahrrads, eines auf das andere durch die Hand Picassos gesetzt und durch seine Unterschrift glaubwürdig gemacht, zu einem künstlerischen Werk (*Kopf eines Stiers* – befindet sich in der Galerie von Luise Leiris in Paris). In diesem Punkt – dem Streben, dem Wollen, dem bewussten Standpunkt des Subjekts – berühren sich erneut Moral, Kunst und Religion, und die Absicht (oder das Streben) bleibt ein unbestreitbarer Wert menschlicher Handlungen, ungeachtet dessen, dass sie ihre Bedeutung und Folgen in der äußeren Welt nicht ändert. Die Kunst ist Schaffen, eine bloße Aktivität, so wie die Moral das ist, was einem einem erfolglosen Versuch oder einem vergeblichen Opfer einen Wert in den Augen jedes Menschen gibt. Wenn wir aus der Kunst, der Moral und Religion alles Unbedeutende und Zufällige bei Seite lassen, wenn wir sie bis zu ihrem Wesen entkleiden, werden wir das Wollen, die Sehnsucht oder die Absicht finden, mit einem Wort die Freiheit als ihren letzten und authentischen Inhalt. Religion, Moral und die Kunst haben so eines als ihre letztendliche Quintessenz: puren Humanismus.

So erneuern sich sogar die Werke, die sich von Natur aus wiederholen, durch die Persönlichkeit des Künstlers. Arthur Rubinstein hat bei einer Gelegenheit ausgerufen, dass Beethovens *Viertes Konzert*, welches er unzählige Male ausgeführt hat, in seiner Ausführung niemals das gleiche Werk war. Mejerchold leitete ein Theater, an dem nur ein Stück gespielt wurde – *Hamlet*. Verschiedene Regisseure würden es aufführen und es würde – behauptet Mejerchold – immer ein neues Drama sein. Das ist nur deswegen möglich, da die Kunst nicht im Werk liegt, sie liegt in dem inneren Leben, in der Persönlichkeit des Künstlers, und diese Persönlichkeit ist pure Freiheit. Das Resultat: das Erlebnis des künstlerischen Werks ist sowohl für den Künstler als auch für das Publikum immer anders und auf irgendeine Weise neu.

Vom Werk sprechend, sprechen wir demnach vom Künstler, vom Menschen, der es geschaffen hat. Picasso hat gesagt, dass das Beobachten von Cézannes Bildern ihn immer dazu angetrieben hat, sich für die bloße Begeisterung oder die Schwärmerei von Cézanne, in der er sich befunden hat, als er sie machte, zu interessieren. Er sagt: „Es ist nicht wichtig, was der Maler macht, wichtig ist, was der Maler selbst ist." Ihm zufolge ist das künstlerische Werk nur als schrittweises Entdecken der Persönlichkeit des Künstlers wichtig. Im Werk reflektiert er sogar seine moralische Persönlichkeit. „Ein schlechter Mensch kann kein großer Dichter sein" (Boris Pasternak). Denn sein Werk, das ist er selbst. Dieser Gleichstellung begegnen wir auch in einer gewöhnlichen Aussage. Wir sagen: Das ist Cézanne, Dürer, Rubens, anstatt, dass wir die Namen ihrer Werke anführen. Wenn wir anstatt *Die Nachtwache* Rembrandt sagen, ist über dieses Bild alles gesagt. Das ist das Wesentliche, das Übrige ist Zufall.

Die Kunst gehört zu unserer inneren Welt der Wahrheiten, und nicht zur äußeren Welt der Tatsachen. Deshalb können wir einen Unterschied zwischen ehrlicher und unehrlicher Kunst machen, zwischen einem Lied aus Inspiration und einem Lied auf Bestellung. Deswegen ist „jede Kopie hässlich" (Alain). Der Unterschied zwischen dem Original und der Kopie – wenn Sie ihn anerkennen – besteht nur aus der Perspektive des Schaffens. Vom objektiven Standpunkt aus gesehen gibt es ihn nicht, oder immer weniger.

Ähnlich ist die Sache mit dem Kitsch. Alle Versuche, ihn objektiv zu bestimmen, blieben unbeantwortet. Deswegen hat Abraham Moll wahrscheinlich den größten Durchbruch erreicht, als er entdeckt hat, Kitsch sei „das Verhältnis zwischen Mensch und Sache, und nicht eine Sache. Ein Adjektiv, und nicht ein Nomen".

Kein einziges künstlerisches Bild noch eine Richtung ist an sich falsch oder wahrhaft. Falsch kann sie nur des Künstlers Standpunkt zur Welt und zu seinem eigenen Stück machen. Wiederholung, Vervollkommnung oder Akademismus sind falsch, ungeachtet der Richtung oder des Genres, dem das Stück nominell angehört, da es der inneren Inspiration und Freiheit, welche eine unersetzbare Bedingung für das innere Leben in der Kunst ist, beraubt ist. „Jeder Akademismus bedeutet Sterben" (Jean Cassou). Ein unehrlicher Künstler bringt ein tot-geborenes künstlerisches Werk zur Welt. Das ist so, wie wenn ich zu Gott bete. Ein Gebet ohne Begeisterung oder innere Anwesenheit stellt eine Sinnlosigkeit in jeder Welt und in jedem Bewusstsein dar. Akademismus in der Kunst ist eben das Pharisäertum oder der Formalismus der Religion.[88] Die primäre Bedeutung des bloßen Schaffens als eine Bewegung der Seele, und die sekundäre Bedeutung als Tatsachen in der äußeren Welt manifestiert sich auch im Schaffen unverständlicher künstlerischer Werke. Hier müssen wir vor allem hervorheben, dass es vollkommen verständliche Werke nicht gibt. Denn „das künstlerische Werk ist vor allem ein inneres Problem, ein Geheimnis, ein Problem des Glaubens" (der französische Bildhauer Adam) und als solches ist es eine Beichte, nur teilweise und bedingt verständlich und für andere gedacht. „Meine Bilder versteht nur ein Mensch auf der Welt, und das bin ich" – sagt De Chirico, einer der führenden italienischen Maler, Begründer der sogenannten „metaphysischen Malerei". Jedes Werk ist in gewissem Sinne autobiographisch. Dramen, die Tragiker schreiben, sind – wenn sie wahrhaftig sind – nur Fragmente des Dramas ihres eigenen Lebens. „Auch wenn ich nirgendwo mein persönliches Leben beschreibe, so sprechen alle Persönlichkeiten in meinen Romanen über mein Leben" – sagt Ignazio Silone. Poesie ist ein Monolog – ein oft verschwiegener Monolog. Sie ist nur für den Dichter und seine Welt die vollkommene Wahrheit. Was will uns Alberto Giacometti mit seinen kleinen Figuren ohne Augen mitteilen? Damit, dass er die Kunst als eine absurde Aktivität definiert, als „Erforschung des unmöglichen und aussichtslosen Versuch, das Leuchten, die Psyche, das Wesen des Lebens zu erfassen", antwortet uns Giacometti teilweise auf die Frage. In dieser Suche, in dieser unmöglichen Aktivität ist jeder Mensch mit sich alleine und jeder geht auf seinem Weg. Demnach ist der Protest des Publikums gegen unverständliche Lieder, Bilder oder Figuren hauptsächlich ein Resultat des Nichtbegreifens des bloßen Wesens der Kunst.

So erweist sich das bloße Schaffen als das ursprüngliche Ziel der Kunst, während das Werk sein „unvollendetes Symbol" ist. Im Schaffen ist die Kunst ganz, die Freude ist unbeschadet; im Werk besteht nur ihr Teil, was oft der Ursprung der Qualen des Künstlers ist. Manchmal werden wir nur schwer den wahren Sinn eines Porträts oder einer Skulptur ergründen, da das Werk getrennt vom Künstler und dem schöpferischen Akt, der sein Wesen darstellt, ist. Besu-

---

[88] Wir bemerken, dass in der Zivilisation alles umgekehrt ist. Die Dinge haben hier einen objektiven Wert. Die Eisenbahn und die Wege bis zur amerikanischen Westküste haben Abenteurer, gierige Bankiers und Unternehmer erbaut, doch hatten ihre Motive und Mittel keinerlei Einfluss auf die Bedeutsamkeit dieser Objekte, die das Leben Amerikas verändert und zum Wohlstand von Millionen von Menschen verholfen haben.

che in Galerien können uns gleichgültig lassen, denn in ihnen spricht nicht das ewige Feuer. „Das waren einst Bilder, sie sind es nicht mehr" – sagt Jean Dubuffet. Das künstlerische Werk ist das Resultat des Feuers, das in einer Seele gebrannt hat, doch es selbst ist nicht das Feuer. Es ist eher dessen Zeugnis, eine Spur, die nach diesem verblieben ist.

Abschnitt 7

STIL UND FUNKTION

Der Gegensatz zwischen Künstler und Werk, zwischen dem subjektiven und objektiven Prinzip kann noch einmal beobachtet werden, dieses Mal am bloßen Werke im Lichte des ewigen Streits über das Primat des Stils oder der Funktion.

Stil und Funktion verhalten sich wie Mensch und Sache. Stil ist persönlich, individuell. Funktion ist unpersönlich, objektiv. Stil wird geschaffen, Funktion wird analysiert, studiert, konstruiert. Stil kann würdig, monumental, flatterhaft, ehrlich, erlebt sein. Stil ist ein Mensch (Buffon), Funktion ist eine Tatsache, eine „objektive Wirklichkeit".[89]

Wir unterscheiden zwei unabhängige und getrennte Aktivitäten: die ästhetische Formung und die technische Vervollkommnung. Die erste hat die Befriedigung des unerklärlichen Strebens des Menschen nach Schönheit und Form im Blick; die zweite hat die Funktion als Ausdruck des Bedarfs des Menschen im Blick. Die erste strebt nach Verschiedenartigkeit, Individualisierung. Die zweite neigt zu Uniformität und Nivellierung.

Interessant ist hier, mehr vom Standpunkt der Ideen aus, welche der zweite Teil dieses Buches vertritt, zu bemerken, wie beide Tendenzen, eine von der anderen fortgeführt und getrennt, zu einem „leblosen" Resultat führen. Natürlich ist es am deutlichsten möglich, sie am Beispiel der Architektur, ihrer gemischten Natur wegen, zu beobachten. Das bloße ästhetische Formen, die

---

[89] Schwer ist es, eine zufriedenstellende Definition von Stil zu geben. Hier ist eine interessante, welche von Werner Nehls stammt: „Zwischen dem System der Form und den geistigen Strömungen einer Epoche gibt es eine ursprüngliche Verbindung (...) Jede Form ist eine Auszeichnung der herrschenden, geistigen und gefühlsmäßigen Strömungen, die Materialisation gesellschaftlicher Bedürfnisse und Ideale (...) Stile sind Unterschriften der Menschheit. Dem angesprochenen Beobachter sagen sie mehr als irgendeine noch so korrekte historische Analyse" (Werner Nehls, *Das Ende der funktionalistischen Epoche*).

Entwicklung der Form ohne Funktion resultiert bald in degeneriertem Dekor und schafft Bauwerke, welche künstlich und leer neben der Kulisse wirken. Umgekehrt hat die bloße technische Vervollkommnung, welche die nackte Funktion im Auge hat, kalte und unpersönliche Objekte als Resultat, mit der Tendenz der Gleichschaltung und Monotonie. „Wenn wir anständig bauen", meint Mies van der Rohe, einer der Vertreter des Funktionalismus, „dann darf sich eine Kirche nicht von einer Fabrik unterscheiden".

Die gesamte ursprüngliche Dualität der Welt wiederholt sich noch einmal im Gegensatz von Stil und Funktion.

Abschnitt 8

KUNST UND KRITIK
Die Erfolglosigkeit der Kritik

Die vorgelegten Tatsachen können die Erfolglosigkeit und die Grenzen der Kritik erklären. Kritik versucht das künstlerische Werk zu erklären, doch ist in Wirklichkeit gerade sie, in Hinsicht auf ihre rationalistische Methode, dazu a priori unfähig. Deswegen wird gesagt, dass Kritik das Werk tötet. Sie will etwas „durchdenken", das von seiner Grundlage her keine Frucht von Gedanken ist.[90]

Für den Künstler ist dies eine vollkommen innere, vom Ertragen und Erleben initiierte, Vision und nicht das Resultat einer Analyse und logischer Überlegung, sondern die „Tochter der Trauer und des Schmerzes" (Picasso). Deswegen vernebeln Kritiker den Zugang zu einem Werk öfter, als dass sie ihn beleuchten. Da er irgendein Werk von Franz Kafka gelesen hat, hat Einstein geklagt: „Ich konnte ihn nicht lesen. Der menschliche Geist ist nicht kompliziert genug, um ihn zu verstehen" (Brief an Thomas Mann). Doch Kritiker haben es geschafft, sogar Kafka außer Acht zu lassen. Alfred Casin schrieb, dass es leichter ist, Kafka zu lesen als die Mehrheit seiner Interpretatoren. „Kafka hätte ihre Bücher als noch ein Beispiel für seine Entfremdung von der Menschheit

---

[90] Andre Marchand: „Der Maler ist kein Intellektueller. In der Malerei führt die Intelligenz zu nichts. Notwendig ist ein Licht in der Seele." Bissiere: „Malerei ist eine Sache, die sich an die menschlichen Gefühle richtet. Man sollte immer zu den Wurzeln zurückkehren. Sie sind die Reinsten und Wahrhaftigsten. Doch unsere Zivilisation ist intellektualistisch, und der Intellektuelle versteht die bildnerische Kunst nicht einmal aus der Nähe."

angeführt." Dostojewski hingegen hat den Artikeln seiner Kritiker und gebildeten Interpreten die Meinungen gewöhnlicher Leser entgegengestellt. In einem Vermerk in seinem Tagebuch von 1876 lesen wir: „Ich hatte immer die Unterstützung der Leser und nicht der Kritiker." Die Kunst verlangt ein unkritisches Publikum. Für den zu kritischen Zuschauer wird sich das künstlerische Werk in eine Reihe von Daten oder Lehren zersetzen, doch die wahre Absicht wird fremd bleiben. Demnach ist es durchaus möglich sich vorzustellen, dass eine bestimmte Zahl von durchschnittlichen Zuschauern der wahren Botschaft des Werkes näher stehen wird als gebildete Kritiker, weil sie, da sie nicht darauf besteht, es zu „verstehen", es schaffen wird, es zu erleben. Sehr oft geht die vollkommene Unstimmigkeit zwischen Publikum und Kritik in der Beurteilung eines Stücks oder Gedichts auf diese zwei vollkommen verschiedenen Zugänge zurück.

Die Unmöglichkeit von Kritik in der Kunst bedeutet aus denselben Gründen die Unmöglichkeit von Theologie in der Religion (Faulkner hat Kritiker mit Geistlichen verglichen). Es kann keine Wissenschaft im Glauben geben. Wahrhaft religiöse und ethische Fragen kann das Drama, das Theater, der Roman adäquat ausdrücken. Die Evangelien und der Quran sind keine theologischen Schriften. Dies ist noch ein Punkt der Übereinstimmung oder sogar Abhängigkeit zwischen Religion und Kunst. Das Christentum kann wahrhaftig nur als die Geschichte über Christus existieren und nicht als Theologie. Das eine sind Jesus und die Evangelien, das andere hingegen sind Paulus und die Kirche.

Indem wir aus diesen Überlegungen über die Schnittmengen zwischen Religion und Kunst schlussfolgern, müssen wir am Ende sagen, dass Kunst durch die Suche nach dem Menschen zur Suche nach Gott wird und dass die Tatsache, dass es Künstler gibt, die nominell Atheisten sind, hier nichts an der Sache ändert, denn „Kunst ist eine Weise des Wirkens, und nicht eine Weise des Denkens" (Alain). Es gibt religiöse Bilder, Skulpturen, Lieder, aber es gibt keine areligiöse Kunst. Das Phänomen des Künstler-Atheisten, im Übrigen sehr selten, kann man den unausweichlichen Widersprüchen des Menschen zuschreiben und der relativen Selbständigkeit der bewussten Logik des Menschen vom spontanen, aber insofern authentischen, allgemeinen Streben, welches die Antwort des Menschen auf den gesamten Druck des „Himmels und der Erde" darstellt. Wenn es keine religiöse Wahrheit gibt, dann gibt es auch keine künstlerische Wahrheit!

KAPITEL IV
MORAL

ABSCHNITT 1
PFLICHT UND INTERESSE

Die Konturen zweier unterschiedlicher Sachordnungen, aus denen sich die ganze Wirklichkeit zusammensetzt, sind noch nicht vollkommen klar. Auf der einen Seite steht das Schaffen mit seiner Freiheit, Spontaneität, Persönlichkeit, seinem Bewusstsein; auf der anderen Seite steht die Evolution mit ihrer Kausalität, Entropie, Trägheit und Anonymität (Homogenität). Weitere zwei Glieder in dieser Kette sind Pflicht und Interesse. Das erste ist ein Begriff der Moral, das zweite der Politik.

Pflicht und Interesse stellen zwei verschiedene Initiatoren jedes menschlichen Wirkens dar, zwischen denen es in der Regel keinen Vergleich gibt: Die Pflicht ist immer desinteressiert, das Interesse hingegen hat nichts mit Moral zu tun.

Moral ist weder funktional noch rational. Wenn ich unter Lebensrisiko ein brennendes Haus betrete, um das Leben eines benachbarten Kindes zu retten, und ich mit einem toten Kind in den Armen herauskomme, kann man da sagen, dass mein Vorgehen ohne Wert sei, da jedes Resultat ausgeblieben ist? – Gerade die Moral ist es, die diesem nutzlosen Opfer, diesem Versuch ohne Resultat, einen Wert gibt, so wie die Architektur „Trümmer schön macht" (A. Perret).

Der Anblick der besiegten Gerechtigkeit, die auch als solche, als geschlagene, unsere Herzen erobert, erscheint als eine Tatsache, die nicht von „dieser Welt" ist. Denn mit welchen diesseitigen, natürlichen, logischen, wissenschaftlichen, und allgemein vernünftigen Gründen kann man das Vorgehen eines Helden rechtfertigen, der fällt, da er auf der Seite der Gerechtigkeit und Tugend bleibt. Wenn es nur diese in Raum und Zeit geschlossene Welt gibt und nur die der

Gerechtigkeit und Ungerechtigkeit gegenüber gleichgültige Natur, dann ist das Opfer des Helden, der in seiner Welt verliert, weil er auf der Seite der Gerechtigkeit bleibt, sinnlos. Umgekehrt steht gerade dieses Vorgehen von ihm, denn wir weigern uns, es als sinnlos zu erachten, dann wie eine Offenbarung Gottes da, eine Nachricht von noch einer Welt, eines vollkommen anderen Sinnes und Gesetzes, im Gegensatz zu dieser Welt der Natur und all ihren Gesetzen und Interessen. Wir heißen dieses sinnlose Vorgehen gut, stehen auf seiner Seite mit all unserem Wesen, obwohl wir weder die Erklärung dafür kennen, noch irgendeine Erklärung suchen: das ist etwas, das entweder überhaupt nicht zu verstehen ist, oder sich von selbst versteht. Die Größe der heroischen Heldentat liegt nicht in der Nützlichkeit, da sie oft nutzlos ist, nicht einmal in der Vernunft, denn sie ist häufig unvernünftig. Das erlebte und überlebte Drama bleibt die hellste Spur des Göttlichen in dieser Welt. Darin liegt ihr unvergänglicher und universeller Wert und ihre Bedeutung für alle Menschen auf der Erde.

Die Wahrhaftigkeit einer anderen Welt müsste uns umso größer erscheinen, da wir die tragischen Größen, die in dieser Welt gekämpft haben und verunglückt sind, nicht als Besiegte, sondern als Sieger erachten. Als Sieger? Aber wo, in welcher Welt sind sie Sieger? Auf welche Weise waren jene, die Frieden, Freiheit oder sogar Leben verloren haben, Sieger? In dieser Welt waren sie dies offensichtlich nicht. Dann sind sie dies nur in einer anderen Welt, die sich in allem von dieser unterscheidet. Mehr als alle Propheten und Prediger sind diese Gepeinigten die wirklichen Boten dieser anderen Welt. Ihre Leben stellen uns immer wieder vor das Dilemma: Entweder gibt es noch irgendeinen Sinn der menschlichen Existenz, irgendeinen gänzlich anderen Sinn als diesen zeitlichen, relativen und begrenzten, oder diese Größen, die wir unaufhörlich bewundern, waren in Wirklichkeit verfehlte Fälle. Doch unter dieser zweiten Voraussetzung beginnt eine ganze Welt zu zerfallen.

Gerade darin, was das moralische Phänomen ist – wenn auch eine Tatsache des wirklichen menschlichen Lebens, kann man dafür keine rationale Erklärung bekommen – liegt der erste und vielleicht einzige praktische Beweis für die Religion. Denn das moralische Verhalten ist entweder sinnlos, oder es hat einen Sinn, da es Gott gibt. Eine dritte Möglichkeit gibt es nicht. Wir müssen die Moral entweder als einen Haufen Vorurteile verwerfen oder eine Größe in die Gleichung einfügen, die wir als das Zeichen der Ewigkeit bezeichnen könnten. Nur unter der Bedingung, dass das Leben ewig ist, dass der Mensch nicht stirbt, demnach unter der Bedingung, dass es Gott gibt und mit Ihm auch eine andere Welt als die natürliche, hat das moralische Verhalten des Menschen einen Sinn, ungeachtet dessen, ob dieses im Opfern irgendeines kleinen Interesses oder des Lebens liegt.

Es gibt nicht viele Menschen, die sich nach dem Gesetz der Tugend verhalten, doch stellt diese unendliche Minderheit den Stolz der Menschheit und jedes menschlichen Geschöpfes dar. Es gibt nicht viele Momente in unserem eigenen Leben, in denen wir uns ausschließlich nach dem Gesetz der Pflicht verhalten. Aber ungeachtet dessen stellen diese Momente, wenn wir uns über uns selbst erheben, indem wir das Interesse und die Nützlichkeit vernachlässigen, wie selten sie auch sein sollten, einen unzerstörbaren Wert unseres Lebens dar.

Der Mensch ist nie moralisch neutral. Deswegen ist er immer entweder moralisch wahrhaftig oder falsch oder beides, was meistens der Fall ist. In verschiedenen Zeiten hat man verschieden gehandelt und sich verhalten, aber es wurde seit jeher auffallend gleich von Gerechtigkeit und Wahrheit, Gleichheit, Freiheit gesprochen; die Klugen und die Helden ehrlich im Namen der Wahrheit, die Politiker und Demagogen hingegen heuchlerisch und im Namen des Interesses. Aber auch diese falsche Moral der Demagogen und Heuchler ist für die Frage, die wir diskutieren, um nichts weniger lehrreich. Diese geheuchelte Moral, dieses moralische Blendwerk, dieses jahrhundertelange Brüsten mit den Worten der Gerechtigkeit, Gleichheit, Humanität bestätigt ebenso offensichtlich die Wahrhaftigkeit der Moral wie auch das Leiden des Helden und Heiligen. Die politische Geschichte – besonders die neueste – ist voll von Beispielen, wie selbst die Feinde der Freiheit neben einem Apparat zur Ausübung von Repressionen und Spionage auch einen Apparat jener pflegen, die ununterbrochen und schmierig von Freiheit und Gerechtigkeit sprechen, aber nur die Pläne zur Verwirklichung der Regentschaft zugunsten einer begrenzten Gruppe als den Kampf für Freiheit, Demokratie und Gerechtigkeit darstellen. Selbst Ivan der Schreckliche, den man wegen seiner monströsen Verbrechen als Henker am Königsthrone bezeichnet hat, hat vor der Hinrichtung von 400 Bojaren und Knechten, die er unbegründeter Weise des Verrates verdächtigt und zum Tode verurteilt hat, den Bedarf verspürt, die Bestätigung zu bekommen, dass sein Tun gerecht ist. Ungeachtet dessen, ob diese Illusion von der Gerechtigkeit seines schrecklichen Handelns für ihn allein oder für ihn des Volkes wegen notwendig war (aus demagogischen Gründen), so ist es unmöglich, das moralische Gericht zu umgehen, das Bedürfnis, eine moralische Rechtfertigung in beiden Fällen zu bekommen. Heuchelei als falsche Moral spricht vom Wert der wahrhaften Moral, so, wie Falschgeld seinen zumindest vorübergehenden Wert der Tatsache zu verdanken hat, dass es echtes gibt.

Heuchelei ist der Beweis dafür, dass jeder moralisches Verhalten vom anderen erwartet oder fordert.

Abschnitt 2

ABSICHT UND TAT

In der Welt der Natur existieren die Dinge objektiv. Die Erde bewegt sich um die Sonne (und nicht umgekehrt), ob wir das wissen oder nicht, ob uns das gefällt oder nicht. Wir können diese Tatsache sogar hassen, aber wir können sie deswegen nicht ändern. Vom moralischen Standpunkt gesehen sind Tatsachen sinnlos. Sie haben kein moralisches Vorzeichen und als solche sind sie moralisch nicht existent. Umgekehrt, in unserer inneren, menschlichen Welt existieren die Dinge nicht objektiv. Sie existieren überhaupt nicht im natürlichen Sinne des Wortes. Da sind wir unmittelbare Beitragende und das Erscheinungsbild dieser Welt hängt direkt von uns ab. Diese Welt gibt es insoweit nicht, als wir sie nicht durch unser Streben geschaffen haben. Das ist die Domäne der menschlichen Freiheit.

Und im Unterschied zur äußeren Welt, wo wir das tun, was wir tun müssen, wo es den Reichen und den Armen gibt, den Klugen und den Dummen, den Schwachen und den Starken – all diese Faktoren hängen nicht von unserem Willen ab und drücken nicht unser authentisches Ich aus – gibt es in der inneren Welt volle Freiheit und Chancengleichheit. Diese Freiheit ist vollkommen, denn sie kennt keine materiellen (natürlichen) Begrenzungen, da sich alles in Absicht und Streben erschöpft. Jeder Mensch ohne Unterschied kann gleichermaßen wollen und danach streben, im Einklang mit seinem Gewissen zu leben, was bedeutet, sich irgendwelchen moralischen Gesetzen zu unterwerfen, ungeachtet welchen und was für welchen. Nicht jeder Mensch kann Gutes tun, aber jeder Mensch kann nach dem Guten streben und das Gute lieben. Viele Menschen haben nicht die Möglichkeit, zur Wiedergutmachung von Ungerechtigkeiten beizutragen, aber jeder Mensch kann das Unrecht bei sich und anderen in seiner Seele verurteilen oder hassen (darin liegt der Sinn der Reue). Moral liegt nicht in der bloßen Tat, sondern vor allem im Streben, rechtschaffen zu leben, in der Anstrengung des Willens, im Kampf um Errettung. Vollkommen unfehlbar zu sein, ist nicht menschlich. Zu sündigen und zu bereuen steht dem Menschen näher, es ist menschlicher. Erinnern sie sich an Aljoscha und Mićo Karamasow. Aljoscha ist wunderbar, fast vollendet. Mićo ist, trotz aller Leidenschaften und Sünden, ein vollkommener Mensch, könnten Sie da mit Sicherheit sagen, wer von ihnen beiden Gottes Barmherzigkeit näher steht? Wie viele Handlungen unternehmen wir, die wir nicht tun wollten! Wie viele Handlungen beabsichtigen oder erstreben wir es, sie zu machen, aber werden sie nie verwirklichen? Daher zeigen sich diese zwei Welten: Herz und Natur. Eine unserer Absichten hat sich, auch wenn sie sich nie verwirklicht hat, in Vollkommenheit in der Welt des Herzens zugetragen. Sie ist eine vollkommene Realität. Genauso kann sich eine unwillkürliche Handlung, ein Verhalten, hinter dem keine Absicht von uns steht, in seiner Gesamtheit in der Welt der Natur zugetragen haben, aber man kann sagen, dass sich überhaupt nichts in der anderen, inneren Welt zugetragen hat.

Dieser Gegensatz zwischen dem Streben und Handeln ist eine Reflexion des ursprünglichen Gegensatzes zwischen Mensch und Welt und auf fast dieselbe Weise taucht er in der Ethik, Kunst und Religion auf. Die Absicht, das künstlerische Streben und die Gottesfürchtigkeit gehören innerlich zueinander und stehen in demselben Verhältnis zu ihren materiellen, diesseitigen Projektionen: durch Verhalten, künstlerische Handlungen und Zeremonien. Die ersten sind Erlebnisse in der Seele, die zweiten sind Erlebnisse in der Welt.

Die Taten werden nach den Absichten beurteilt – die Taten werden nach den Folgen beurteilt. Das erste ist eine Botschaft jeder Religion, das zweite eine Devise jeder Politik oder Revolution. Das sind zwei entgegengesetzte Logiken. In einer spiegelt sich die Verneinung der Welt, in der anderen die Verneinung des Menschen wider.

Die Wissenschaft und der Materialismus mussten auf unausweichliche Weise die Authentizität der Absicht im menschlichen Verhalten in Frage stellen.

Es wurde behauptet, dass die Absicht weder etwas Ursprüngliches noch etwas Urtümliches ist, sondern etwas, das noch ausgelegt werden muss, das ist eine Folge und keine Ursache. Ihnen zufolge liegt der Grund des menschlichen Tuns nicht in der Absicht, sondern in etwas, das außerhalb des Bewusstseins liegt, in der Zone des allgemeinen Determinismus.

Der Religion nach gibt es hingegen in jedem Menschen ein, von der restlichen Welt besonders zu unterscheidendes, inneres Zentrum. Das ist die Basis jedes Wesens, seine Seele. Absicht bedeutet einen inneren Schritt in die Tiefe des eigenen Selbst bis zu dieser Basis zu machen, durch den die Handlung angenommen, verifiziert oder von innen bestätigt wird. Sie kann daher getan oder nicht getan werden. In der inneren Welt ist sie ein für alle Mal eine Tatsache. Ohne diese Konsultation mit sich selbst ist die Tätigkeit des Menschen ein mechanischer Akt oder ein Glücksspiel in einer äußerlichen und vergänglichen Welt.

Der Mensch ist nicht das, was er tut, sondern vor allem das, was er will, wonach er strebt. Ein Buchautor beschränkt sich nicht auf Handlungen, sondern geht in die Seele seines Helden, in die versteckten Motive. Wenn er das nicht tut, schreibt er eine Chronik und kein literarisches Werk.

Arnold Geulincx, ein holländischer Ethiker, hat die Bedeutung der Absicht in der Ethik außerordentlich klar hervorgehoben. Ihm zufolge besteht unser wahres Wesen nur im Erkennen und Wollen. Außerhalb unseres Bewusstseins haben wir keine Fähigkeit zum Handeln. Das Handeln liegt kaum in unserer Macht, es liegt vollkommen in Gottes Händen. Die Moralität liegt daher überhaupt nicht in der korrekten Tat, sondern ausschließlich in der korrekten Absicht.

Einen ähnlichen Gedanken entwickelt auch Hume:

„Manch Handlung hat an sich keinen moralischen Verdienst; um den moralischen Zustand und Wert irgendeines Menschen zu erfahren, müssen wir in das Innere schauen. Da wir aber dazu nicht unmittelbar in der Lage sind, richten wir unsere Aufmerksamkeit auf die Handlungen; doch sie sind und bleiben nur Anzeichen für den inneren Willen, und dementsprechend auch für die moralische Beurteilung." (David Hume, *Treatise of Human Nature*)

Wenn wir irgend eine Tat beabsichtigt haben, so haben wir sie im ewigen Leben bereits verwirklicht. Sein äußerliches Verwirklichen ist Teil des Irdischen, demnach Bedingten, Inadäquaten, Nichtauthentischen, Zufälligen und, wenn sie wollen, des Sinnlosen in ihnen. Das Streben und die Absicht sind frei; die Verwirklichung ist Begrenzungen, Gesetzen und Bedingungen unterworfen. Die Absicht gehört vollkommen uns, die Ausführung hat etwas Fremdes und Zufälliges an sich.

Die Moral ist das Streben und nicht das Verhalten. Denn, wenn es nicht so wäre, dann wäre der Eunuch ein tugendhafter Mensch und der Magenkranke ein Beispiel für Genügsamkeit. Doch das ist offensichtlich nicht so.

Der Mensch ist gut, wenn er das Gute so will, wie er es begreift; das kann auch übel nach dem Verständnis eines anderen sein. Der Mensch ist schlecht, wenn er das Schlechte will, so wie er es begreift, und wenn es zumindest gut für andere oder nach dem Verständnis anderer umgekehrt sein sollte. Es geht immer um den Menschen selbst, um sein Verständnis von der Welt, das nur seines und von sonst keinem ist. In diesem rein inneren, rein gesellschaftlichen Verhältnis ist jeder Mensch vollkommen alleine und absolut frei. Das ist der Sinn von Sartres Aussage, dass jeder Mensch absolut verantwortlich ist und dass es „weder unschuldige Opfer noch unschuldige Verurteilte in der Hölle gibt" (J.P. Sartre, *Huis Clos*).

ABSCHNITT 3
DRESSUR UND ERZIEHUNG

Etwas vom Erschütterndsten und Wundersamsten, das uns alte Bücher bieten können, sind tatsächlich Geschichten von der Umkehr, von der moralischen Wiedergeburt der Menschen. Durch irgendeine innere Bewegung, unerklärbar und frei, sind aus den größten Sündern und Gewalttätigen über Nacht sanfte Asketen und Kämpfer für die Gerechtigkeit geworden. Immer ist dies ein momentanes Ereignis. Da gibt es keine Umerziehung, irgendeinen Prozess, irgendeinen Einfluss. Es geht um ein Geschehnis in den Tiefen der Seele, ein Erlebnis, das bereits zusammen mit einer Energie, vollkommen innerer Natur, vorhanden war, die mit ihrer Vehemenz den Menschen in seinen Grundsätzen ändert. Diese Umgestaltung ist etwas, das dem Menschen gehört und wofür es keinen Prozess, keine Kausalität, Bedingtheit, Ursache und Folge gibt, ja noch nicht einmal eine rationale Erklärung. Das ist das Drama, das vom Wesen der Freiheit und des Schaffens geprägt ist.

Das Böse und Gute sind im Menschen. Durch keinerlei äußere Einflüsse, Änderungen der Umgebung, Dressuren, Gesetze, Gewalt kann der Mensch repariert werden. Nur sein Verhalten kann ausgetauscht werden. Laster und Tugend sind nicht Produkte wie Vitriol und Zucker, wie es Hippolyte Taine oder Zola denken. In *Auferstehung* zeigt Tolstoi, wie das Manipulieren der Menschen, in das sich die Resozialisierung des Sträflings verwandelt, die Menschen nur verdirbt. Eine Wiedergeburt, eine Umkehr kommt spontan, von innen, als ein Resultat einer Bewegung der Seele und in der Seele. Vom Standpunkt der Religion ist jeder äußere Einfluss, um ein Übel zu entfernen, fruchtlos. Das ist der wahre Sinn des christlichen und buddhistischen „Nichtwiderstandes gegenüber dem Bösen".

Deswegen ist Dressur im Großen und Ganzen insoweit machtlos, als es um den wirklichen moralischen Standpunkt des Menschen geht. Bei einem Soldaten können Sie durch Dressur die Eigenschaften der Ausdauer, Geschicklichkeit und Kraft entwickeln, durch Dressur können Sie bei ihm aber nicht das Gefühl der Ehre, Würde, Begeisterung und des Mutes erzeugen. Diese letzteren sind Eigenschaften der Seele. So viele Male hat es sich gezeigt, dass es nicht möglich ist durch Gesetze, Terror, Druck, alle Arten von Gewalt und Zwang irgendeine Überzeugung oder ein Verhalten aufzudrängen. Jeder Pädagoge hingegen weiß, wie beständige Ausrichtung in eine Richtung bei Kindern manchmal zum Widerstand und darauf zur Geburt der Neigung und des Wunsches nach dem vollkommen Entgegengesetzten führen kann. Dies kommt vom Charakter des Menschen. Dressur ist dem Menschen gegenüber unmöglich, da dieser eine Seele hat. In der Machtlosigkeit der Dressur und der Ungewissheit der Erziehung liegt der Beweis dafür, dass der Mensch ein Wesen mit einer Seele ist und daher von Freiheit geprägt ist.[91]

Deswegen ist jede wahrhafte Erziehung im Wesentlichen nur Erziehung und als solche die Verneinung der Dressur. Das Ziel der wahren Erziehung ist nicht, den Menschen unmittelbar zu ändern (denn dies ist streng genommen auch gar nicht möglich), sondern durch das Vorbild, den Ratschlag, den Auftritt oder irgendetwas anderes einen inneren Fluss von Erlebnissen in Gang zu bringen, eine insgesamt innere Entscheidung zugunsten des Guten zu erwirken. Ohne dies gibt es keine wahre Änderung des Menschen, es wird lediglich eine Änderung im Verhalten erreicht, die geheuchelt oder völlig vorübergehend sein kann. Das Verhalten, welches unser tiefstes Wollen nicht anregt, das oberflächlich bleibt, ist keine Erziehung, sondern Dressur. Erziehung schließt unseren eigenen Beitrag mit ein, unsere eigene Anstrengung. Deswegen ist das Resultat der Erziehung immer verschieden und unvorhersehbar.

Individualisten glauben an die Umkehr, die innere Wiedergeburt des Menschen; Positivisten glauben an seine Umerziehung, die Änderung des Verhaltens. Die Philosophie, die hinter diesen Überzeugungen steht, ist klar; wenn ein Delikt das Resultat der Wahl ist, eines bösen Willens, so hat die Umerziehung mit äußeren Maßnahmen wenig Aussicht auf Erfolg. Umgekehrt, wenn die Übertretung die Folge von Gelegenheiten und schlechten Angewohnheiten ist, dann ist die Besserung des Täters durch die Beseitigung dieser Gelegenheiten oder durch die Schaffung neuer Gewohnheiten möglich. Das ist der Unterschied zwischen innerer Umkehr und Dressur. Jede Erziehung, die Beamte und die Staatsmacht, und vor allem die Armee und Polizei durchführen, ist immer Dressur, niemals Erziehung. Erziehung ist unfassbar und subtil, ein rein mittelbarer Einfluss auf die Seele des Menschen durch Liebe, Vorbild, Verzeihung,

---

[91] Daher werden Sie bemerken, dass Materialisten an die Allmacht der Erziehung, im Sinne von Dressur glauben (z.B. Helvétius im Stück *De l'homme*), während Christen behaupten, dass sie vollkommen ohne Einfluss ist.

aber auch mit Strafen, der eine innere Aktivität verursacht und den Menschen ändert. Dressur ist im Grunde animalisch, ein System von Maßnahmen und Tätigkeiten, um das menschliche Tier zu einem bestimmten Verhalten, nämlich dem richtigen Verhalten zu führen oder zu zwingen. Erziehung gehört zum Menschen, Dressur zum Tier.

Durch Dressur können Bürger erzogen werden, die sich an die Gesetze halten, nicht deswegen, weil sie sie achten, sondern aus Angst oder aus Gewohnheit. Ihr Inneres kann tot sein, ihre Gefühle können vollkommen verdorrt sein, und es kann trotzdem sein, dass sie keine Gesetze verletzen, da sie dressiert sind. Die Geschichte von den gewissen korrekten Bürgern, die moralisch leer sind, und den Übertretern, die in ihrem Wesen gut und edel sind, ist ein unerschöpfliches Thema der Literatur. Von daher kommen die zwei Gerechtigkeiten: die menschliche und die göttliche.

Unglaublich, fast unendlich, ist die innere Spannweite des Menschen. Er ist zu den widerwärtigsten Verbrechen und zu den erhabensten Opfern fähig. Die Größe des Menschen liegt nicht primär im Streben nach Gutem, sondern in der Möglichkeit der Wahl. Jeder, der auf welche Weise auch immer diese Wahl verringert oder beschränkt, macht den Menschen geringer als er ist. Das Gute besteht weder außerhalb meines Willens, noch kann das Gute durch Zwang erreicht werden. Die Bedingung für das Gute ist die Freiheit, Zwang und Freiheit hingegen schließen einander aus. „Es gibt keinen Zwang im Glauben (…)" (Quran 2:256[92]). Dasselbe Gesetz gilt auch in der Ethik. Dressur, selbst wenn sie eine richtige Verhaltensweise aufdrängt, ist ihrem Wesen nach unmoralisch und unmenschlich.

ABSCHNITT 4

MORAL UND MENSCHLICHER VERSTAND

Der Begriff der menschlichen Freiheit ist untrennbar von ethischen Gedanken. In der Geschichte der Ethik ist, ungeachtet aller Veränderungen, durch welche diese Gedankenwelt ihren Weg gebahnt hat, die Freiheit die Konstante aller Wenden und Entwicklungen. Mit der Verwerfung der Freiheit verwirft man die Ethik als Idee. Jenes, was für die Physik Raum oder Menge ist, ist für die

---

[92] Quran 2:256 (…) لَا إِكْرَاهَ فِى ٱلدِّينِ

Ethik die Freiheit.[93] Und der Verstand versteht den Raum und die Menge, aber er versteht die Freiheit nicht. Hier beginnt der wesentliche Scheideweg zwischen Verstand und jeder wahren Ethik. Freiheit ist eine Kategorie jenseits des Verstandes, doch seine Funktion besteht gerade darin, in allem die Natur, den Mechanismus, die Rechnung zu entdecken, was letzten Endes bedeutet, in allem sich selbst zu entdecken, demnach wieder den Verstand. Deswegen dreht sich der Verstand ständig im Kreis, da er in der Natur nichts Höheres entdecken kann als sich selbst, wird der Mechanismus[94] sagen. Damit kann das Paradoxon der großen Zahl an ethischen Theorien erklärt werden, die ihre Überlegungen damit abschließen, dass sie, indem sie einen Strich unter die gesamte komplizierte Rechnung ziehen, schließen: Altruismus = Egoismus, Verneinung des Genießens = Genießen; was Voltaire dazu veranlasst hat, seine berühmte *reductio ad absurdum* aufzustellen: das Opfern des Lebens im eigenen Interesse!

Die (logische) Analyse des moralischen Phänomens mittels des Verstandes reduziert die Moral demnach, vielleicht sogar zum Erschrecken des Analytikers selbst, auf die Natur, den Egoismus, die Selbstverliebtheit. In der Natur entdeckt der Verstand die reine Natur, d.h. die allgemeine und allgegenwärtige Kausalität, und im Menschen erneut die Natur, die Triebe, die Herrschaft zweier Herrn: des Schmerzes und des Genusses, die Ausdruck der Gefangenschaft des Menschen, seiner Unfreiheit sind. Dies ist jener gleiche Denkmechanismus, der Gott auf den Urgrund (unbeweglicher Beweger), die Seele auf die Psyche, die Kunst auf das Werk und die Technik reduziert. Der Versuch einer Begründung der Ethik durch den Verstand wird uns nur bis zur gesellschaftlichen Moral oder bis zu den Verhaltensregeln, die unerlässlich sind für die Erhaltung einer Menge, d.h. bis zu einer Art gesellschaftlicher Disziplin, führen.

Moral ist kein Erzeugnis des Verstandes, weder als Prinzip noch als Praxis. Der Verstand kann nur Beziehungen zwischen Dingen erforschen und feststellen. Ein Werturteil im eigentlichen Sinne des Wortes, in dem Teil, der sich auf moralische Zulässigkeit oder Ablehnung bezieht, ist der Verstand nicht in der Lage zu fällen. So ist z.B. das Prinzip, dass es unzulässig ist, Menschen geistig zu uniformieren, für jeden Menschen ethisch vollkommen verständlich, aber rational unbeweisbar. Man kann nicht wissenschaftlich beweisen, dass etwas „nicht gut ist" (im moralischen Sinne), ebenso wie man nicht einen wissen-

---

[93] Das Wesen des Geistes ist die Freiheit, wie das Wesen der Materie die Masse ist (nach Hegel).

[94] Anm. d. Übersetzers: mit „Mechanismus" ist hier das philosophische Konzept unter diesem Namen gemeint, das eine Affinität zum Materialismus und Naturalismus hat.

schaftlichen (exakten) Unterschied zwischen Kitsch und Kunst ziehen kann (also wissenschaftlich das Verhältnis zwischen schön – nicht schön bestimmen). Die Natur (oder der Verstand, was dasselbe ist) unterscheidet nicht Recht von Unrecht, gut von schlecht. Diese Qualitäten gibt es in der Natur nicht. Was bedeutet für die Wissenschaft der Mensch als unwiederholbare Individualität? Der Wissenschaftler muss mehr als das sein – er muss ein Mensch sein, um diese Prämisse zu verstehen. Die bekannte ethische Maxime, dass der gute Mensch immer glücklich ist, der verdorbene Mensch hingegen immer unglücklich, kann nicht rational verstanden werden. Nicht einmal die christliche Ethik ist eine Lehre im Sinne der Wissenschaft. Sie ist die Summe ihrer moralischen an einer Persönlichkeit, der Vorbild-Persönlichkeit Jesus Christus, gezeigten Forderungen, daher nicht durch eine gelehrte, sondern durch eine gelebte Ethik. Die drei gefeierten Schlagwörter der Französischen Revolution: Gleichheit – Freiheit – Brüderlichkeit kann man weder aus der Wissenschaft ableiten, noch sie wissenschaftlich beweisen. Ohne die Mitwirkung von etwas, das überhaupt keine Wissenschaft ist, würde die Wissenschaft eher drei entgegengesetzte Prinzipien aufstellen: Ungleichheit, absolute gesellschaftliche Disziplin und Anonymität (Entfremdung) menschlicher Individuen im vollendet organisierten Kollektiv.

Hätte Jean Valjean (V. Hugo: *Die Elenden*) die Wissenschaft um Hilfe rufen können, um das Rätsel zu lösen, vor dem er sich befand? Hätte das Interesse einer so großen Zahl an Menschen geopfert werden sollen, nur damit ein einfacher, aber unschuldiger Mensch gerettet wird? Und was für eine Lösung wäre dies? Wäre die Wissenschaft nicht auf der Seite des allgemeinen Interesses gestanden? Weder die Frage, von dem die Rede ist, kann Gegenstand der Wissenschaft sein, noch wäre ihre Antwort – wenn sie möglich wäre – im Einklang damit, was die Seele jedes Menschen will. Was uns Hugo so lebendig und aufregend in *Sturm unter einem Schädel* geliefert hat, ist nicht ein Konflikt im Verstand des Menschen, sondern ein Konflikt zwischen dem Verstand und der Seele des Menschen, der die Konfrontation der Argumente, die verschiedenen Seiten der menschlichen Persönlichkeiten angehören, zerstört. Das ist im Wesentlichen ein Dialog, zwischen dem Verstand und dem Bewusstsein, ein Dialog in dem sich unübertreffliche Gründe zweier von Natur aus entgegengesetzter Logiken abwechseln. Doch diese Auseinandersetzung ist im Wesentlichen weder logisch noch mathematisch und kein endgültiger Schluss folgt aus dieser inneren Polemik. Denn dies sind Argumente zwei verschiedener Qualitäten, zwei verschiedener Arten, die nicht verglichen, addiert und subtrahiert werden können. Sie sind vom Himmel und von der Erde, von zwei verschiedenen Welten. Nur der Mensch selbst kann für sich selbst und in sich selbst eine Wahl in diesem dramaturgischen Dilemma vornehmen. Die Entscheidung, die Jean Valjean fällt, stellt die Niederlage des Verstandes dar, aber den Sieg des Menschen, einen Sieg, der sich weder rational erklären noch rechtfertigen lässt, aber hinter dem alle Menschen in stillschweigender und einmütiger Zustimmung stehen.

Wir haben alle eine innere Gewissheit über unsere Freiheit. Dennoch versuchen wir diese Gewissheit wissenschaftlich zu beweisen und zu erklären, aber zugleich auch das so unfassbare Gefühl. Wir nehmen es alle als vollkommen verständlich und rechtmäßig an, dass man den Täter einer nichtvorsätzlichen Tat von der Verantwortlichkeit befreien sollte. Doch ist es nicht möglich, einen so klaren und logischen Standpunkt wissenschaftlich zu rechtfertigen. Das Herz jedes Menschen nimmt Dinge an, die wissenschaftlich weder zu beweisen noch zu begründen sind.

Wollen wir nun deswegen die Erfüllung unserer Schuldigkeit, weil der Verstand unsere innere Stimme nicht rechtfertigen oder unterstützen kann, ablehnen? Wenn nicht, dann bleiben wir grundlos auf einem Standpunkt gegen unseren Verstand, indem wir „glauben".

Was hat der Verstand mit moralischen Urteilen zu tun?

Auf diese Frage antwortet Hume sehr klar und konsequent:

„Ein Verbrechen ist für den Verstand nichts als eine Reihe von Motiven, Gedanken, Tätigkeiten, die mit einer gegebenen Persönlichkeit und einer bestimmten Situation verbunden sind. Wir können diese Verbindung erforschen, die Entstehung klären, die Ausführung des Werkes, aber erst wenn wir es zulassen, dass unser Empfinden spricht, entsteht jene Nichtzustimmung, die sie als moralisches Übel charakterisiert."

Und weiters:

„Der gesamte Verstand ist in der Lage, nicht mehr als die Beziehungen zwischen Dingen zu entdecken; in einem wertenden Urteil hingegen nähert sich ein vollkommen neuer Moment, der nicht in dem Tatsächlichen gegeben ist und nur durch die produktive Kraft der Gefühle erklärt werden kann."

Nach Hutcheson: „Wie uns der höhere Wert irgendeines Genießens in der Kunst oder Wissenschaft im Vergleich zum Genuss beim Essen unmittelbar klar ist, so unterscheiden wir unmittelbar das moralisch Gute von allen anderen Wahrnehmungen."[95] Nach ihm ist die Fähigkeit moralisch zu unterschei-

---

[95] Hutcheson, *System of Moral Philosophy*, Vol. 2, Art. 6

den nicht durch Intelligenz und Bildung bedingt. Auf jeden Fall werden moralische Urteile nicht durch den Verstand vermittelt, sie sind unmittelbar. Der Gegensatz zwischen Wissenschaft und Ethik spiegelt sich in der Praxis in konkreten Fragen. Die Wissenschaft z.b. akzeptiert die künstliche Befruchtung, „Kinder aus der Eprouvette", auch die Euthanasie, „das Töten aus Barmherzigkeit". Diese Handlungen sind unvorstellbar ohne die Wissenschaft. Sie hat diese hervorgebracht. Alle Ethiken, sogar ungeachtet ihres formalen, nominellen Verhältnisses zur Religion, lehnen diese Prozeduren als etwas ab, das dem bloßen Prinzip, auf dem das menschliche Leben gegründet ist, widerspricht. In diesem Standpunkt steht die Ethik auf einer Seite mit Religion und Kunst, auch wenn die Begründungen verschieden sind. Für die Religion sind das künstliche Leben und der künstliche (aufgezwungene) Tod unannehmbar, da das Leben und der Tod nicht in der Zuständigkeit des Menschen liegen, sondern in der Zuständigkeit Gottes. Für die Ethik stellen künstliche Befruchtung und Euthanasie eine Verletzung des Humanismus dar, da sie den Menschen zu einem Objekt degradieren, was direkt zu Manipulation und Missbrauch führt. Für den Künstler sind die Geburt und der Tod des Menschen Geheimnisse, die auch solche bleiben sollen.[96] Die drei bekanntesten Monologe Hamlets sind dem Tod gewidmet. Für die Wissenschaft ist der Tod eine banale physikalische Tatsache (erinnern wir uns nur an die wissenschaftlichen Definitionen des Todes!), ein Ereignis in der Biologie, daher in der physikalischen Welt. Die Spaltung ist vollkommen, da gibt es keinen Platz für irgendwelche Vergleiche.

Eugenische Sterilisation, Experimente am Menschen und die bereits erwähnte künstliche Befruchtung und Euthanasie sind insgesamt rational und logisch. Keine rationalen oder wissenschaftlichen Argumente sind gegen sie möglich. Wie kann dann die Wissenschaft ihren eigenen Missbrauch verhindern? Die französische Akademie der moralischen und politischen Wissenschaften hat sich gegen die künstliche Befruchtung ausgesprochen, indem sie ein vollkommen unwissenschaftliches und unbestimmtes Argument dagegen erhoben hat, nämlich dass „(...) die künstliche Befruchtung eine Verletzung der Grundlagen, auf denen die Ehe, Familie und Gesellschaft basiert, darstellt". Ähnliches sagt Cuenot über den künstlichen Tod: „Das Gefühl der Achtung vor dem Leben

---

[96] Alle Kulturen haben ihre Formen der Trauer geschaffen. Darunter fallen die afro-amerikanischen Begräbnisfeierlichkeiten, das griechische „Klam" (rituelles Weinen), und auch verschiedene jüdische posthume Bräuche. Juden bleiben sieben Tage nach dem Tod eines nahen Verwandten im Haus, und volle 11 Monate sprechen die Söhne Gebete für den gestorbenen Elternteil usw.

und der Mutterschaft hat nichts mit der Logik gemein; und ich glaube nicht, dass Euthanasie, die sich in manchen Fällen fast aufdrängt, jemals gesetzlich genehmigt sein wird" (Lucien Cuenot in *L'Eugenique, Revue d'Antropologie*, 1935-1936).

Euthanasie, künstliche Befruchtung, Sterilisation, Organtransplantation, Fehlgeburt und ähnliche Problemfelder sind nur im technischen Sinne wissenschaftliche Fragen. Ihre Anwendung ist eine Frage der moralischen Ordnung und nicht der Wissenschaft. „Der Plan, dass man mit Menschen so umgeht (…), scheint uns auf den ersten Blick sowohl widerwärtig als auch komisch: Er trifft uns schwer in unserem Gefühl der persönlichen Würde."[97] Die künstliche Befruchtung ist aus der Veterinärmedizin in die Humanmedizin übertragen worden. Hier handelt es sich um eine Art Konflikt zwischen Humanismus und Biologismus, zwischen Individualismus und Materialismus. Der Mensch steht wieder vor jenem ursprünglichen Dilemma: Interesse oder geistiger Imperativ. Die Biologie bietet ihm die Mittel für den Fortschritt, jedoch unter der Bedingung, dass er ihr seine Seele verkauft, im Austausch für die menschliche Würde. „Diesen Fortschritt, der in Griffweite liegt, verlässt der Mensch heute eher, als ihn mit den Mitteln, die für ihn widerwärtig sind, anzustreben. Doch wird er ihn morgen ablehnen, wird er ihn immer ablehnen?"[98] Es ist natürlich, dass Christen, gemeinsam mit Dichtern und Künstlern, vor dieser Vision, welche die Wissenschaft offenlegt, scheuen. Für Christen ist sie der „luziferische Naturalismus" (so äußert sich z.B. Remy Collin in *Plaidoyers pour la vie humaine*) und für Dichter „ein Haufen programmierter Bestialität" (A. Voznesensky im Gedicht *Oase*). Materialisten sind, was ebenso logisch ist, von den Perspektiven, welche die Biologie eröffnet, begeistert.

Der Fortschritt der Wissenschaft, ungeachtet dessen, wie groß und spektakulär, kann die Moral und Religion nicht überflüssig und unnötig machen. Denn die Wissenschaft lehrt die Menschen nicht, wie man leben soll und stellt keinerlei wertenden Standpunkte auf. Diese Werte, die das biologische Leben auf das Niveau des menschlichen Lebens erheben, würden ohne Religion unbekannt und unverständlich bleiben. Denn Religion ist das Wissen über die Natur einer anderen, höheren Welt und Moral das Wissen über ihren Sinn.

---

[97] Jean Rostand, *La biologie et l'avenir humain*
[98] Jean Rostand, *La biologie et l'avenir humain*

Abschnitt 5

DIE WISSENSCHAFT UND DER WISSENSCHAFTLER ODER DIE ZWEI KRITIKEN KANTS

Aber es gibt eine „reine" und eine „praktische" Vernunft. Das Denken leugnet Gott, der Mensch und das Leben hingegen bestätigen ihn. Hier liegt die Erklärung für den Graben zwischen der persönlichen Überzeugung des Wissenschaftlers und der Wissenschaft als Methode oder Summe der Resultate.

Nicht alles, was der Wissenschaftler sagt, meint, glaubt ist Wissenschaft. Die Wissenschaft ist nur ein Teil seines Gesamteindruckes von der Welt, ein Teil, der das Resultat einer ausschließlich kritischen, vergleichenden und vermittelnden Funktion unseres Verstandes ist. Demgegenüber verwirft der Verstand alles, das übernatürliche Erklärungen erfordert, behält nur jenes, das sich auf eine Reihe natürlicher Ursachen und Folgen und nach Möglichkeit auf den Versuch und der Überprüfung gründet. Nur das, was nach dieser rigorosen Selektion übrig bleibt – das ist Wissenschaft. Aber gerade dank dieser Methode findet die Wissenschaft immer nur die Natur in ihren Händen vor, und alles andere entweicht oder entrinnt ihr. Das sind die natürlichen Grenzen der Wissenschaft.

Die Wissenschaft hält für gewöhnlich an diesen Grenzen an, aber der Wissenschaftler – da er ein Mensch ist – macht weiter. Oppenheimer hat nicht der indischen Philosophie bezüglich seiner Arbeit an der Konstruktion der Atombombe bedurft (sie war vielleicht für ihn in Zusammenhang mit den moralischen Problemen ihrer Anwendung notwendig). Doch hat er die Atomwissenschaft vor dem Ende seines Lebens vollkommen verlassen, und sich ganz der Erforschung der indischen Philosophie gewidmet. Einstein hat sich lebendig und langfristig für das Schaffen von Dostojewskij, und insbesondere für die *Brüder Karamasow* interessiert. Offensichtlich hatte das Werk des großen russischen Schaffenden wenig mit dem Verhältnis zwischen Masse und Energie oder der Lichtgeschwindigkeit zu tun. Einstein hat sich nicht in der Funktion des Wissenschaftlers für die moralischen Dilemmas des Ivan Karamasow interessiert. Er tat dies als Denker, als Mensch oder als Künstler (und jeder Mensch ist in einem bestimmten Ausmaß ein Künstler).

Es gibt einen Unterschied zwischen der Suche nach Wissen und dem Verfügen über Wissen. Das Motiv des ersten ist, die Welt zu verstehen, des zweiten, sie zu nützen. Deswegen ist Wissenschaft nicht dasselbe für den Wissenschaftler wie für alle anderen Menschen. Für das Publikum ist sie nur die Summe der, hauptsächlich quantitativen und mechanischen, Resultate. Für den Wissenschaftler, als Subjekt der Wissenschaft ist sie eine Suche ein Erleben, eine Anstrengung, ein Streben, eine Aufopferung, daher ein komplettes Leben. Mehr als das, für ihn ist sie die Freude am Erkennen, ein erhobenes Gefühl höchsten ethischen Wertes. In dieser Freude vernachlässigt der Mensch den Wissenschaftler und wird zu einem Denker und Dichter. So entsteht unwillkürlich ein Unterschied zwischen dem, was der Wissenschaftler für sich selbst und dem, was er für die gesamte restliche Welt entdeckt. Erst wenn sich die Wissenschaft vom Wissenschaftler und seinem Leben löst, wenn sie zur Summe des Wissens und der unpersönlichen und objektiven Resultate wird, wird sie gleichgültig und hat, dem endgültigen Resultat zufolge, eine areligiöse Funktion. Mit ihrer natürlichen Ablehnung der Metaphysik und ihrem unausweichlichen Schweigen zu den „letztendlichen Fragen" trägt die Wissenschaft – nicht bei den Wissenschaftlern, sondern beim Publikum – zur Bildung atheistischer Überzeugungen bei.

Das klassische Beispiel dieser Dualität – des Konflikts zwischen dem Denken und dem Leben oder der Natur und der Freiheit – sind die zwei Kritiken Kants. Wie bekannt ist, lässt Kant, in der zweiten Kritik, die religiösen Ideen von Gott, der Unsterblichkeit und Freiheit, welche die erste Kritik zerstört hat, wieder auferstehen. In der *Kritik der Reinen Vernunft* spricht aber der Logiker-Wissenschaftler Kant; in der *Kritik der Praktischen Vernunft* spricht Kant als Mensch und Denker. Die erste zeigt die unausweichlichen Schlüsse jeder Vernunft und Logik auf; die zweite die Gefühle, Erfahrungen und Hoffnungen jedes Lebens. Die erste ist das Resultat einer Analyse, Objektivierung und Atomisierung der Wirklichkeit; die zweite ist die Frucht der inneren Erkenntnis und Gewissheit, die sich in der Seele als Antwort auf alle Dilemmas der beobachteten und erlebten Welt insgesamt formiert.

Diese beiden Kritiken haben einander nicht aufgehoben. Sie stehen, den allgemeinen Dualismus der Welt des Menschen auf ihre Weise bestätigend, nebeneinander in ihrer Grandiosität.

Abschnitt 6

MORAL UND RELIGION

Moral kann demnach nur auf Religion dauerhaft gegründet werden, aber Moral und Religion sind nicht eins. Moral als Prinzip existiert nicht ohne Religion. Moral als Praxis, als einzelner Fall des Verhaltens hängt nicht unmittelbar von der Religiosität ab. Was sie verbindet, ist das gemeinsame Argument: eine andere, höhere Welt. Demzufolge, weil sie eine „andere" ist, ist diese Welt eine religiöse Welt; demzufolge, weil sie eine „höhere" ist, ist diese Welt eine moralische Welt.

Dieses Verhältnis zeigt die wechselseitige Abhängigkeit und die untereinander bestehende Unabhängigkeit zwischen Religion und Moral. Es geht um eine gewisse innere Folgerichtigkeit, die nicht automatisch, mathematisch, logisch, sondern praktisch ist, die aber früher oder später mit möglichen Abweichungen erneut aufgestellt wird: Der Atheismus endet letztlich mit der Verneinung der Moral, und jede wahre moralische Umgestaltung beginnt mit einer Glaubenserneuerung. Die Moral ist umgegossene, in Streben und Verhaltensregeln übertragene Religion, beziehungsweise des Menschen gewolltes Benehmen oder Verhalten gegenüber anderen Menschen in Einklang gebracht mit der Tatsache der Existenz Gottes. Da ich meine Pflicht erfülle, ungeachtet aller Schwierigkeiten und Risiken, denen ich mich aussetze (und das ist es, was wir Moral nennen, im Unterschied zum durch Interesse motivierten Verhalten), kann eine Forderung nur dann gerechtfertigt werden, wenn diese Welt und dieses Leben nicht die einzige Welt und das einzige Leben sind. Das ist der Punkt, der die gemeinsame Quelle von Moral und Religion darstellt.

Moral ist aus dem Verbot geboren und blieb bis heute ein Verbot. Das Verbot ist aber religiös, sowohl der Natur als auch dem Ursprung nach. Von den Zehn Geboten Gottes sind acht Verbote. Moralisch ist immer das restriktive, prohibitive Prinzip im Verhältnis zu den animalischen Trieben der Natur des Menschen, für das die christliche Ethik als nicht einziges, aber durchaus als berühmtestes oder offensichtlichstes Beispiel dienen kann.

Die Geschichte alter Religionen ist voll von Beispielen verschiedener Verbote, die uns sinnlos erscheinen können. Doch, ethisch gesehen, gibt es kein Verbot, das sinnlos sein könnte. Natürlich kann ein Verbot auch einen rationalen Sinn haben, doch ist die Nützlichkeit niemals ihr primärer Sinn.

Moral ist daher nie ein Leben in Einklang mit der Natur, wie es die Historiker doch gerne definiert haben. Wenn wir das Wort „Natur" im wahren Sinne verwenden, würde man eher sagen, dass die Moral das Leben wider die Natur ist. Wie auch der Mensch, so ist auch die Moral irrational, unnatürlich, übernatürlich. Einen natürlichen Menschen und eine natürliche Moral gibt es nicht. Der Mensch ist innerhalb der Grenzen der Natur kein Mensch, sondern – im besten Fall – ein mit Verstand ausgestattetes Tier. Moral ist innerhalb der Grenzen der Natur keine Moral, sondern eine Form des Egoismus, des verständigen, aufgeklärten Egoismus.[99]

In Darwins *Kampf ums Überleben* siegen nicht die Besten (im moralischen Sinne), sondern die Stärksten, die Angepasstesten. Der biologische Fortschritt führt nicht zu menschlicher Würde und nicht einmal zu Moral (insoweit die menschliche Würde einer der Ursprünge des Moralischen ist). Der Darwin'sche Mensch kann die höchste Stufe an biologischer Vollendung erreichen (er kann zu einem „Übermenschen" werden), doch er wird ohne menschliche Qualität verbleiben und auch ohne menschliche Würde. Diese letztere konnte ihm nur Gott verleihen.

Man wird feststellen, dass auch der gesellschaftliche Fortschritt (als „Verlängerung" des biologischen Fortschritts) im selben Verhältnis zur Moral steht. Der englische Ethiker Mandeville stellt die Frage, welche Bedeutung Moral für den Fortschritt der Gesellschaft und die Entwicklung der Zivilisation hat, und antwortet einfach: keinen oder sogar einen schädlichen, insoweit sie moralisch verwirklicht wird. Ihm zufolge fördern die Mittel, die für gewöhnlich als lasterhaft stigmatisiert werden, den Fortschritt der Gesellschaft am stärksten, denn „am meisten fördert jenes den Fortschritt des Menschen, was seine Bedürfnisse steigert". Oder noch bestimmter: „Das sogenannte moralische oder physische Übel dieser Welt ist die hauptsächliche Antriebskraft, die uns zu gesellschaftlichen Wesen macht."[100]

---

[99] Jemand hat bemerkt, dass das Wort „Natur" in 52 verschiedenen Bedeutungen verwendet wird. In dieser Abhandlung kennzeichnet die Natur die ganze Wirklichkeit außerhalb des menschlichen Wesens, daher auch des Menschen zu dem Teil, in dem er der Welt angehört: sein Körper, seine Wünsche, Triebe, Intelligenz etc.

[100] Mandeville, *Untersuchungen über die Natur der Gesellschaft*. Der englische Denker Henry Buckle hat, von Statizität moralischer Normen ausgehend, behauptet, dass die Moral den Fortschritt der Menschheit verlangsamt. Der Fortschritt ist eine Bewegung, Veränderung; Moral hingen ist statisch (Henry Thomas Buckle, *History of Civilization in England*). Vergleiche damit Hegels Gedanken, dass „das Übel eine Form, in dem die Antriebskraft der Entwicklung der Welt erscheint" ist.

Wenn aller Fortschritt – erst biologisch und danach technisch – in der Selektion, in der Unterdrückung oder sogar Vernichtung der Schwächeren durch die Stärkeren liegt, dann musste die Moral in Opposition zu diesem bedeutenden Standpunkt des Fortschritts gehen. Die Moral hat immer den Schutz der Schwächeren, Mitleid, Rücksicht, letztendlich die Erhaltung der Schwächeren und weniger Fähigen verlangt. Hier haben sich Moral und Natur auf zwei entgegengesetzten Seiten wiedergefunden, wo sie in Wirklichkeit auch schon seit ihrem Anbeginn waren. „Befreit euch vom Gewissen, der Barmherzigkeit, dem Verzeihen, diesen inneren menschlichen Tyrannen. Unterdrückt die Schwachen, klettert über ihre Rümpfe in die Höhe (…) usw." (Nietzsche) – der Bruch mit der Moral ist sehr klar. Nützt die Schwachen aus, beschützt die Schwachen – das sind zwei entgegengesetzt ausgerichtete Forderungen, an denen sich das Biologische und das Geistige, das Zoologische und das Menschliche, die Natur und die Kultur, die Wissenschaft und die Religion scheiden. Die Anwendung biologischer Gesetze auf die menschliche Gesellschaft hat einzig Nietzsche folgerichtig und bis zum Schluss geführt.[101] Das Resultat: die Verwerfung der Liebe und die Rechtfertigung von Zwang. Für Nietzsche war das Christentum, insbesondere die christliche Ethik, das „giftigste Gift, das jemals dem mächtigen Körper des beflügelten Menschen eingegeben wurde".

In *Phaidon* hat Platon ein folgerichtiges Konzept einer authentischen Ethik vorgelegt: Der gewöhnliche Mut ist nur eine Art von Feigheit. Die gewöhnliche Kunst ist nur ein verstecktes Begehren nach Genuss. Diese Art von Tugend ist nur eine Handelssache, der Schatten der Tugend, die Tugend der Sklaven. Für einen wahrhaft moralischen Menschen gibt es nur ein Streben: ferner vom Körper, näher zum rein Geistigen. Der Körper ist der Tod der Seele. Im irdischen Dasein erreicht die Seele nie ihr Ziel, und die wahre Erkenntnis kommt erst nach dem Tod. Deswegen fürchtet sich der ethische Mensch nicht vor dem Tod. Philosophieren und wahrhaft leben bedeuten, sich ständig auf den Tod vorzubereiten. Das Übel ist eine Kraft, die über die Welt herrscht, und Moral ist weder eine natürliche Möglichkeit des Menschen, noch kann sie auf dem Verstand gegründet sein.

Eine so gegründete Ethik hat keinen rationalen Beweis für ihre Richtigkeit erhalten und, natürlich, hat sie ihn auch gar nicht bekommen können. Platon musste anstatt auf anthropologische auf metaphysische Beweise ausweichen, und auf diese Weise wurde er zu einem Vorgänger der theologisch begründe-

---

[101] Wenn Nietzsche die philosophische Fortsetzung Darwins war, dann waren Hitler und sein Nationalsozialismus politische Derivate dieser Doktrin.

ten Ethik. Diese Entwicklung ist unausweichlich. Wie bekannt ist, hat Platon die Lehre von der Präexistenz geliefert, nach der jede Erkenntnis nur eine Erinnerung ist. Bestandteil oder notwendige Voraussetzung dieser und ähnlicher Lehren ist der Glaube an die Unsterblichkeit.[102] Platons Meditieren über die Ethik hat ihn geradewegs zu religiösen Positionen geführt.[103] Zwei andere große Ethiker der Antike – Epiktet und Seneca – hat diese Meditation zu einer vollkommen konkreten Religion geführt – dem Christentum. Für Epiktet gibt es sehr glaubhafte Indizien, dass er insgeheim Christ war, und über Seneca weiß man, dass er Briefwechsel mit Paulus von Tarsus hatte (in der Schrift *De viris illustribus* zählt der Hl. Hieronymus Seneca zu den kirchlichen Autoren).

Das Christentum ist ein großes Beispiel für die vollendete Übereinstimmung, die starke wechselseitige Affinität, fast Einheit der höchsten Religion und höchsten Ethik. Die Kunst der Renaissance, ganz von christlichen religiösen Themen inspiriert, könnte ein Beispiel dafür sein, wie sich zu diesen auch die höchste Kunst gesellt.

Historisch gesehen ist das moralische Denken eines der ältesten rein „menschlichen" Denkweisen. Es geht ihr nur die Idee des Göttlichen voraus, die genauso alt ist wie der Mensch. Diese zwei Gedanken sind durch die ganze Geschichte bis zu unseren Tagen am engsten verbunden geblieben. In der Geschichte der Ethik gab es tatsächlich keinen einzigen ernsthaften Ethiker, welcher einer Positionierung der Religion gegenüber ausweichen konnte, ob er nun glaubhaft die Unerlässlichkeit der Religion für die Begründung moralischer Grundsätze oder mit dem gleichen Feuer das Gegenteil zu beweisen versuchte. Die gesamte Geschichte der Ethik ist eine Geschichte, geprägt von wechselseitiger Überlappung religiöser und moralischer Denkweisen. Auch wenn wir die Statistik nicht im Geringsten als Beweis zu der Frage, um die es geht, erachten, muss gesagt werden, dass die religiösen Ethiker ausgesprochen überwiegen, während Atheisten fast ausschließlich Ausnahmen darstellen. Die Erfahrung laizistischer ethischer Bewegungen (Bewegungen, welche die Unabhängigkeit der Ethik von Religion betont haben) in Frankreich, England, Amerika, Deutschland und Italien im 19. und 20. Jahrhundert (in der angelsächsischen Welt bekannt unter dem Namen *Societies for Ethical Culture, Settlements, Ethical Societies* usw.) haben gezeigt, dass jede Überlegung oder Aktivität im Bereich der Moral

---

[102] Unter den großen islamischen Denkern hat sich Ibn Ruschd (Averroes) direkt mit diesen Fragen beschäftigt. Nach ihm ist die Moral ein wichtiger Inhalt des Islams.

[103] Petrus Abaelard (11.-12. Jahrhundert) sieht Platon als Christen.

natürlich dazu neigt, sich in Religion oder ihr Annäherndes zu verwandeln. Für das Thema, das wir behandeln, ist diese Periode in der Geschichte der praktischen Ethik von enormer Bedeutung. Sogar die Lehrbücher in französischen staatlichen Schulen, in denen statt Religions-Ethikunterricht eingeführt wurde, hatten ein äußeres Schema des Katechismus, der im Unterricht christlichen Bekenntnisses praktiziert wurde. Leider ist es unmöglich, die Entwicklung dieser Denkweisen, ihren widersprüchlichen Verlauf, ihr ständiges Ringen zwischen Religion und Wissenschaft hier darzulegen. Dennoch kann ihr ständiges Bestreben, eine unabhängige Position gegenüber Religion und ihre unbewusste Annäherung an die Religion konstatiert werden. Das sind zwei für den Gegenstand, den wir behandeln, letztendlich indikative Erscheinungen.

Es ist daher möglich, sich einen wahrhaft religiösen und unmoralischen Menschen vorzustellen, wie auch umgekehrt. Religion ist Wissen, eine Anerkenntnis, und Moral ist das Leben, die Praxis im Einklang mit diesem Wissen. Zwischen Wissen und Praxis besteht eine Ambivalenz und Inkonsequenz. Religion ist die Antwort auf die Frage, wie man denken und glauben soll, Moral die Antwort auf die Frage, zu was man streben und wie man leben, handeln, vorgehen soll. Die Nachricht über eine andere Welt enthält immer auch die Forderung nach einem Leben im Einklang mit dieser breiten, unendlichen Vision, doch diese Forderung allein ist nicht identisch mit dieser Vision. Eine so erhabene Ethik, wie die von Christus es ist, ist die direkte Folge eines ebenso mächtigen und klaren religiösen Bewusstseins, doch war die Religion der Inquisitoren auch vollkommen ehrlich, selbst wenn diese Behauptung sich paradox anhört. „Glaubt und tut gute Taten" – dieser Satz will mit seinem Beitrag (in der einen oder anderen Form findet er sich im Quran an mindestens fünfzig Stellen) die Notwendigkeit betonen, etwas zu vereinen, was die Menschen in der Praxis zu trennen neigten. Er drückt die Verschiedenheit von Religion („glauben") und Moral („Gutes tun") und zugleich den Imperativ, dass diese zusammengehören, aus. Der Quran enthüllt auch die umgekehrte Beziehung und zeigt so, wie Religion eine starke Anregung in der Moral finden kann: „Ihr werdet nicht glauben, solange ihr nicht reichlich davon gebt, was ihr liebt." Das ist nicht mehr dieses: Glaube, dann wirst du ein guter Mensch sein. Jetzt ist die Reihenfolge umgekehrt: Sei ein guter Mensch, so wirst du glauben. Auf die Frage „Wie soll ich zu glauben beginnen, wie soll ich den Glauben festigen?" wird geantwortet: „Tue Gutes; Gott wirst du durch Handeln eher finden als durch Nachdenken."

Abschnitt 7

DAS MORALISCHE UND DAS NÜTZLICHE – DIE GEWISSE MORAL DES GEMEININTERESSES

Es gibt noch eine Form der Verneinung von Moral. Das ist die sogenannte rationalistische Verneinung. Sie entsteht durch die Abschaffung des Dualismus Pflicht – Interesse, durch die Reduktion des Moralischen auf das Nützliche (oder Angenehme), also durch das Eliminieren der unabhängigen Position der Moral.

Diese Tendenz, die wir ununterbrochen 20 Jahrhunderte durch die ganze Geschichte der Ethik von Aristoteles bis Russell verfolgen können, hat einer der ersten großen materialistischen Autoren des Westens am klarsten dargelegt, Paul Holbach. Da er die bekannte Devise, dass „das Interesse das einzige Motiv der menschlichen Verhaltensweisen" ist, betont hat, legt Holbach folgendes Schema dar:

„Von den Wahrnehmungen und Eindrücken, die der Mensch über die Gegenstände bekommt, sind ihm die einen angenehm, die anderen verursachen ihm Schmerz. Die einen billigt er, will, dass sie länger andauern oder sich in ihm wiederholen, die anderen billigt er nicht und meidet sie so sehr er kann. Mit anderen Worten, er liebt die einen Wahrnehmungen und Eindrücke und all jenes, das sie erzeugt. Und weil der Mensch in einer Gesellschaft lebt, ist er von Wesen umgeben, die ähnlich und, wie er, empfindlich sind. All diese Wesen suchen Glück und fürchten sich vor Schmerz. Alles, das ihnen Zufriedenheit verschafft, bezeichnen sie als gut und alles das ihnen Schmerz bereitet, als schlecht. Als Tugend bezeichnen sie jenes, das ihnen ständig nützlich ist, und als lasterhaft, all jenes im Charakter ihrer Nächsten, das für sie schädlich ist (...)."

Für Holbach „ist das Gewissen das Bewusstsein der Auswirkungen, die unser Handeln für unsere Nächsten haben kann, und so durch die umgekehrten Auswirkungen auch für uns selbst", und Gewissensbisse sind „die Angst, die wir bei dem Gedanken, dass unsere Handlungen Hass und den Zorn der Umgebung auf uns ziehen könnten, empfinden" (Holbach, *Systeme de la nature*).

Jeremy Bentham, Ideologe der utilitaristischen Moral, ist ebenso klar und logisch: „Die Natur hat die Menschheit der Herrschaft zweier moderner Herren unterstellt: Schmerz und Genuss. Nur sie kennzeichnen, was wir tun werden" (Jeremy Bentham, *Eine Einführung in die Prinzipien der Moral und der Gesetzgebung*).

KAPITEL IV MORAL

Nach Helvétius bewegt sich jedes menschliche Verhalten immer in die Richtung des geringsten Widerstandes, und kein einziger Mensch macht etwas, wenn er nicht glaubt, dass er durch eine solche Tat ein höheres Glück erreichen oder den Schmerz verringern könnte. Wie Wasser nicht bergauf fließen kann, so kann auch der Mensch sich nicht diesem Gesetz seiner Natur entgegen verhalten. Von diesem Standpunkt aus ist alle Moral nur ausgeklügelter Egoismus, das gut begriffene Interesse des Einzelnen. Damit sich das natürliche Streben nach Genuss in eine moralische Forderung verwandelt, vermittelt der Verstand, er reflektiert. Der Intellekt und das Gedächtnis des Menschen ermöglichen ihm, sich in seinem Verhalten nicht nur vom aktuellen Interesse leiten zu lassen, sondern vom gesamten eudämonistischen Resultat. Durch diese Kalkulation entwickelt er die Gefühle Schmerz und Genuss – diese biologischen, zoologischen, „darwinistischen" Tatsachen – zu den Begriffen des Guten und Schlechten. Das Gute und das Schlechte sind nichts anderes als Genuss und Schmerz, erhöht um einen Intellekt, um eine Reflexion, um eine Kalkulation. Die Moral der Nützlichkeit bleibt daher ganz im Schoße der Natur und dieser Welt. Sie durchbricht nie die Grenze des Interesses, um zur Moral im authentischen Sinne des Wortes zu werden.

Den angeführten Standpunkten des Materialismus widerspricht fast die gesamte menschliche Erfahrung zur Moral. Die Menschen haben Moral meist als gerade das definiert, das ihnen unangenehm ist – Askese, Zölibat, materielle Aufopferung, Fasten, verschiedenste Formen der Entsagung und Enthaltung, Aufopferung für Prinzipien oder das Wohl anderer usw. So wie die Moral der Nützlichkeit dem Verständnis der Moral des zivilisierten Menschen widerspricht, so vielleicht noch offensichtlicher dem Verständnis der Moral des Primitiven. Gerade der Primitive hat eine Reihe von Verboten, Tabus, Entbehrungen, Pflichten erfunden, deren nichtutilitärer Charakter insofern offensichtlicher ist, als jede nützliche, rationale, zweckmäßige Bedeutung dieser Handlungen ausgeblieben ist.

Moral ist nicht nützlich im gewöhnlichen Sinne des Wortes. Kann man sagen, dass die Maxime Frauen und Kinder zuerst (oder Verletzte und Alte) vom gesellschaftlichen Standpunkt her nützlich ist? Ist es nützlich, die Gerechtigkeit durchzusetzen oder die Wahrheit zu verkünden? Wir können uns zahlreiche Situationen vorstellen, wo Ungerechtigkeit oder Lüge nützlich ist. Religiöse, politische, ethnische oder nationale Toleranz zum Beispiel sind nicht nützlich im gewöhnlichen Sinn des Wortes. Die Duldung potentieller Gegner als dauerhaftes Verhältnis wird nie aus Interesse geübt, sondern nur aus Prinzip, aus Humanität, aus diesem Grund, der ziellos zweckmäßig ist. Der Schutz der Alten und Schwachen oder Behinderter oder unheilbar Kranker ist nicht nützlich. Moral kann nicht dem Maßstab der Nützlichkeit unterworfen werden. Die Tatsache, dass ein moralisches Verhalten manchmal auch nützlich ist, bedeutet keinesfalls, dass etwas deswegen moralisch geworden ist, weil es sich in irgendeiner Periode menschlicher Praxis als nützlich erwiesen hat. Im Gegenteil, eine Übereinstimmung ist selten und zufällig.[104] Der optimistische Glaube an den Einklang von Respekt und Nutzen, darüber, dass Respekt die beste Politik ist, hat sich als naiv und sogar als schädlich herausgestellt. Da die Menschen sich ständig vom Gegenteil überzeugen, wirkt er zerstörerisch. Die Menschen müssen von dieser Obsession der Nützlichkeit befreit werden. Ein wahrhaft korrekter Mensch ist nur jener, der real mit einem Opfer rechnet und der angesichts einer unausweichlichen Prüfung glaubhaft dem Prinzip vor dem Interesse den Vorrang gibt. Wenn sich Tugend auszahlen würde, würden sich intelligente Ganoven beeilen, Vorbilder der Tugend zu sein. Aber, wie wir wissen, passiert so etwas nicht.

Die Erfahrungen der Kriminologen sind sehr lehrreich und – bitter. Aus einem Studienbericht der Chicagoer Polizei geht hervor, dass mehr als 90 % der Täter von Einbruchs- und einfachem Diebstahl in Chicago im Laufe des Jahres 1951 unaufgeklärt blieben. Und die sogenannte Kifover-Umfrage in den USA hat gezeigt, dass amerikanische Verbrecher zusammengenommen Hunderte von Millionen Dollars rauben und meistens ihre Beute ohne irgendwelche Sorgen genießen. Verbrechen lohnt sich, folgern Kriminologen und ergänzen: insbesondere für jene, die nicht persönlich handeln (gemeint sind jene, die sie in Form der Mafia und Gangsterbanden organisieren). „Es scheint – je mehr Nutzen ein Mord gebracht hat, um so weniger Aussicht gibt es darauf, dass der Täter verhaftet und bestraft wird" – behauptet ein amerikanischer Kriminologe. Und was sollen wir über die Rentabilität des legalen Verbrechens sagen: die Produktion von Porno-Literatur, Comics, kriminalistischer Romane? Die Produktion eines Pornofilms ist zehn Mal billiger als die Produktion eines normalen, und der Gewinn ist zehn Mal höher (nach Daten einer Umfrage in Paris aus 1976). Im Allgemeinen ist die Nutzung von Verbrechen zum Zweck der Unterhaltung von Menschen eine sehr große, sehr ergiebige Angelegenheit

---

[104] Das Verständnis dieser Situation hat das Volk mit den berühmten Worten ausgedrückt: Der Anständige und der Verrückte sind Brüder. Es ist symptomatisch, dass, auch wenn sie den Nichtutilitarismus der Moral gänzlich versteht, die Volksmoral nirgends auf der Welt die Respektlosigkeit und Verdorbenheit propagiert.

(Spielhallen, Bordelle etc.) und ist in der Regel mit keinerlei gesetzlichen Risiken verbunden. Ein besonderes Kapitel könnten die Verbrechen im großen Stil ausmachen: Aggressionskriege, Okkupation fremder Länder, Vertreibung von Minderheiten. Kann man sagen, dass sich die Ausrottung der mexikanischen Indianer für die Spanier oder die systematische Vernichtung der einheimischen Bevölkerung Nordamerikas für die weißen Siedler oder die Beraubung und Plünderung versklavter Völker für alle Kolonialmächte nicht ausgezahlt hat? Man kann daraus schließen, dass Verbrechen sich auszahlt – natürlich, wenn es keinen Gott gibt.

Es ist möglich, die Moral der Nützlichkeit auf bloßem Verstand zu begründen – zumindest als theoretisches Modell. Auf bloßem Verstand – ohne Gott – ist es hingegen nicht möglich, eine Moral der Selbstlosigkeit, eine Moral des Opfers, d.h. eine echte Moral zu begründen.

Bekannt ist Aristoteles' Inkonsequenz in der *Nikomachischen Ethik*, in der er die Menschenliebe aus der Selbstliebe ableitete (denn „Menschenliebe beginnt von der eigenen Persönlichkeit" – Aristoteles), und in Folge behauptet er, dass „(...) der ethische Mensch vieles davon für seine Freunde und seine Heimat tun wird: Er wird Geld und Güter opfern, und wird sich nirgendwo vordrängen; er wird Positionen und Ehren gerne anderen überlassen; noch mehr, er wird sogar, wenn es notwendig sein sollte, für andere und die Heimat sterben". Es ist offensichtlich, dass diese Standpunkte in sich nicht kohärent sind und dass sie nicht alle einem Ursprung angehören. Die Widersprüchlichkeit haben viele bemerkt. Schleiermacher schreibt Aristoteles einen „Haufen an Tugenden" zu, und F. Jodl bemerkt, dass Aristoteles offensichtlich inkonsequent ist, wenn er aus dem Prinzip der auf dem Verstand gegründeten Selbstliebe sogar heroische Schlüsse zieht, „die aus diesem Prinzip sicher nicht geschlossen werden können". Wenn Aristoteles sagt, dass „(...) wir auch bei der heroischen Haltung nicht den Bereich der Selbstliebe verlassen, denn auch jene, welche für andere in den Tod gehen, wählen das Große und Schöne nur für sich selbst" – offensichtlich handelt es sich um eine unzulässige Erweiterung des Begriffes des Egoismus und der Selbstliebe außerhalb alles dessen, was sie in der Welt des gewöhnlichen Menschen bedeutet, oder anders gesagt, zu etwas, das eine Verneinung dieser Begriffe darstellt, zu Selbstlosigkeit und Aufopferung. Wenn jemand in ein brennendes Haus springt, um ein Kind zu retten, kann man sagen, dass er aus Egoismus handelt, oder überhaupt um seiner selbst willen? In einem besonderen Sinne kann man das, und dies, insoweit wir sagen können, dass das Verhalten aus Pflicht, im Namen des Guten das höchste Interesse aller ist und so auch dessen, der geopfert hat (der Held). In diesem besonderen Fall stehen Aufopferung und Interesse nicht in einer Kollision einander gegenüber, aber dann ist auch nicht die Rede von Interesse im gewöhnlichen Sinn des Wortes, sondern vom Interesse im absoluten Sinn des Wortes, vom moralischen Interesse. Die Unterscheidung zwischen gewöhnlichem und moralischem Interesse (wenn wir diesen Begriff zulassen) stellt die Unterscheidung zweier Welten dar, dieser zeitlichen und der anderen ewigen. Nur unter der Bedingung des Bestehens der anderen, höheren Welt, kann von Aufopferung als Handeln im eigenen Interesse gesprochen werden. Ohne diese Voraussetzung ist die Grenze bekannt: das Leben.

Authentische Moral definieren wir als Handeln im Gegensatz zum persönlichen Interesse, in jedem Fall unabhängig vom persönlichen Interesse. Hier gibt es doch noch ein anscheinend sehr ähnliches, aber im Wesentlichen vollkommen anderes Phänomen: das soziale, gesellschaftliche Verhalten. Im gesellschaftlichen Verhalten bedient sich der Mensch nicht des unmittelbaren persönlichen Interesses, sondern des gesellschaftlichen Interesses, und dieses ist, wie wir sogleich sehen werden, erneut ein persönliches Interesse, aber ein mittelbar persönliches Interesse. Das gesellschaftliche Verhalten ist dieselbe Aktivität zur Befriedigung der Bedürfnisse, nun aber auf einer breiteren, gesellschaftlichen Grundlage. Die Gesellschaft wird zum Ausdruck oder zur Summe aller persönlichen Interessen, die nun auf eine effiziente Weise befriedigt werden können. Aus dieser neuen Situation entstehen Pflichten für die Mitglieder der Gesellschaft, was (nominell) an die moralischen Forderungen erinnert. Die auf Verwirklichung des persönlichen Interesses ausgerichteten Tätigkeiten äußern sich nun über die Gesellschaft als Pflichten, als gesellschaftliche Verpflichtungen. Da sie manchmal im Missverhältnis zum persönlichen Interesse stehen können (um inadäquate Opfer und Entbehrungen zu fordern), und selbst wenn sie im Widerspruch zu den momentanen persönlichen Wünschen und Willen einzelner Mitglieder des Kollektivs stünden, wird die Illusion geschaffen, dass der Einzelne dann nicht aus Interesse handelt, sondern im Namen von etwas Höherem, im Namen eines höheren Prinzips. In Wirklichkeit ist die Gesellschaft (das Kollektiv) eine spezifische Form der Befriedigung persönlicher Interessen, in der sich der Inhalt nicht ändert, sondern nur die Form des Wirkens auf äußere Umstände, um dasselbe grundlegende Ziel effizienter zu erreichen: das persönliche Interesse. Das Gemeininteresse, welches letztendlich persönliches Interesse ist, ist egoistisch und unmoralisch wie dasselbe. Das ist ein für eine längere Bahn berechnetes, durch Zählen auf eine hohe Zahl von Menschen gesichertes, persönliches Interesse, sicher vor den Risiken der Zufälligkeit und falscher Einschätzungen, unterstützt durch die

KAPITEL IV MORAL

Bestrebung eines übereinstimmenden persönlichen Interesses seitens der Mehrzahl der anderen Menschen, die zur selben Gruppe gehören, ohne unmittelbare Verluste, Antasten der Mächte etc. Hier konstituiert sich durch Vermittlung der Intelligenz (und nicht des Herzens oder der Seele) eine neue Form des Wirkens – des kollektiven Wirkens, welches, wenn die Kalkulation korrekt ausgeführt wird (wenn wir es von den eventuellen Fehlern in der Kalkulation oder Missbräuchen jener, die das gesellschaftliche Wirken definieren, abstrahieren), eine Verwirklichung des „höchsten persönlichen Interesses der höchsten Zahl von Mitgliedern des Kollektivs" darstellt (Greatest Happiness Principle).[105]

Das, was im Leben des Menschen unvollendet mittels Intelligenz gesichert wird, wird im Königreich der Tiere mittels Instinkten vollendet erreicht; so sieht man es an dem gesellschaftlichen Verhalten bei manchen entwickelten Arten der Hautflügler (Ameisen, Bienen) oder dem Verhalten von Herden. Die Beispiele des im Allgemeinen sehr eindrucksvollen, gesellschaftlichen Verhaltens bei Tieren beweisen auf ihre Weise, dass da nicht die Rede von moralischem Verhalten ist. Der Unterschied betrifft das bloße Wesen. Gesellschaftliches Verhalten ist Verhalten im Interesse, moralisches Verhalten ist Verhalten gegen das Interesse, in jedem Fall ohne Bezug zum Interesse. Das eine ist Verhalten im Namen des Egoismus, das andere im Namen der Pflicht. Das erste gründet sich auf die Grundlage des Nutzens, der Kalkulation, der Klugheit, der Disziplin, des Verstandes. Das andere ist nur im Namen Gottes möglich.

Es gibt noch eine Tatsache, die diese Unterscheidung erleichtert. Das moralische Verhalten ist immer auf der persönlichen Vollendung und im Einklang mit dem Ideal des Guten, der Wahrheit und Gerechtigkeit gegründet. Das kollektive Verhalten ist auf Disziplin gegründet und kann auch verbrecherisch sein und meistens ist es unmoralisch und amoralisch.[106] Das Gemeininteresse ist niemals allgemein-menschliches Interesse, es ist immer das Interesse einer begrenzten, geschlossenen Gruppierung: einer politischen, nationalen, klassenmäßigen, gruppenmäßigen. Tolstoi sprach vom Staatsskandal oder Skandal des Gemeinwohls.[107] Das Gemeininteresse einer Gruppe oder Nation kann es

---

[105] Der Autor dieser berühmten Formel ist der englische materialistische Schriftsteller J. Bentham.
[106] In jeder ethischen Abhandlung ist die bekannte Formel von Leibniz unumgänglich: „Moralisch gut ist jene Tätigkeit, die auf die Vervollkommnung des Menschen ausgerichtet ist (…)." Das Streben nach Vollkommenheit, auch wenn es nichts mit Nützlichkeit zu tun hat, ist auf dem Wesen der menschlichen Seele gegründet.
[107] Tolstoi, *Hrišćanska nauka*, S. 61 (Anm. d. Übersetzers: *Christliche Lehre*)

erfordern, dass Mitglieder einer anderen Gruppe oder Nation ausgebeutet oder sogar ausgerottet werden. Die Geschichte der Nationalstaaten des neuen Zeitalters und insbesondere des Imperialismus ist voller Beispiele dafür, wie das Gemeininteresse einen offen verbrecherischen Charakter bekommen kann. Die jüngste Geschichte bietet ein eindrucksvolles Beispiel dafür, wie die Logik des Gemeininteresses oder des Ziels zu einer allgemeinen Verwirrung und Täuschung mit tragischen Folgen führen kann. Zuerst hat das *Kommunistische Manifest* verkündet, dass das Proletariat die Moral als *bourgeoise* Täuschung abweisen sollte. Die 2. Internationale hat diesen Standpunkt in dem Sinne revidiert, dass sie das Prinzip der Gerechtigkeit akzeptiert und die Devise, dass das Ziel die Mittel rechtfertigt, ablehnt. Doch Lenin kehrt praktisch zur Position des *Manifests* zurück, indem er behauptet, dass „nur normal ist, was zum Sieg des Proletariats beiträgt", eine wichtige Verneinung der Moral vornimmt und erneut die Kriterien des Zwecks aufrichtet. Indem er diese Regel Lenins anwandte, kam Stalin zum Schluss, dass es im Interesse des Siegs des Proletariats, so wie er diesen „Sieg" oder dieses „Proletariat" verstanden hat oder verstehen wollte, liegt, dass es notwendig ist, und demnach auch moralisch: Konzentrationslager zu errichten, den Staats- und Polizeiapparat bis zu ungeahnten Ausmaßen zu stärken, jede Kritik der Staatsmacht unmöglich zu machen, beginnend bei den lokalen Funktionären bis zu den höchsten, indem man die Illusion von ihrer Unfehlbarkeit erhielt, den Führerkult zu errichten, indem man ihm die Eigenschaften der Unfehlbarkeit und Überklugheit zuschrieb, den Zustand und die Atmosphäre der permanenten Angst zu erhalten, sodass schon im Aufkeimen alle Versuche des Widerstandes entmutigt und unmöglich gemacht werden, alle paar Jahre Massensäuberungen unerwünschter Elemente, Gruppen oder ganzer Völker zu organisieren, die Armee, Polizei, den politischen Apparat und den gehorsamen Teil der Intelligenz durch hohe Gehälter und andere Privilegien zu korrumpieren, „Ministeriale" und ähnlich privilegierte Institutionen zur Versorgung der herrschenden Kaste zu errichten, eine vollkommene Manipulation der Volksmassen durchzuführen, alle Mittel der Information, Presse, Radio, Fernsehen zu monopolisieren, ununterbrochen

von Demokratisierung, Freiheit, Humanismus, Wohlstand, einer leuchtenden Zukunft, den Tugenden der Führer und Entscheidungsträger zu sprechen, andere Völker „auf der Grundlage ihres frei geäußerten Willens" unter Okkupation zu halten usw. Man muss nur sagen und in weiterer Folge ununterbrochen wiederholen, dass dies im Interesse des „Siegs des Proletariats" sei, und so wird dies allein dadurch nicht nur erlaubt, sondern auch moralisch.[108]
Während die religiöse Moral das Prinzip des Nichtwiderstandes gegenüber dem Übel aufstellt (ein Prinzip, das wir in gewisser oder impliziter Form bei allen auf Religion gegründeten moralischen Konzeptionen vorfinden), deklariert die Moral der Nützlichkeit ein entgegengesetztes Prinzip: Gegenseitigkeit. Die Utilitaristen sagen klar, dass jener, der sich an den moralischen Imperativ hielte in Zeiten, in denen sich niemand sonst an ihn hält, gegen die Vernunft handeln würde, was ein vollkommen konsequenter Schluss vom utilitaristischen Zugang her ist. Doch zeigt diese Tatsache nur noch viel deutlicher, dass die utilitaristische Moral auch keine wirkliche Moral ist und dass sie eher unter die Requisiten der Politik als der Moral fällt. Denn das Prinzip der Gegenseitigkeit als gültiges Prinzip im moralischen Verhalten aufzustellen, bedeutet die Moral zu relativieren und sie vom Prinzip, auf dem sich ihre unbedingt verpflichtende Kraft gründet, zu trennen.

Die Moral der Nützlichkeit nannten sie noch (in der englischen Literatur) *moral of consequences*. Etwas ist moralisch oder nichtmoralisch gemessen daran, dass es in der Regel (nach dem regelmäßigen Verlauf der Dinge) gute oder schlechte Folgen produziert. Doch wie wir gesehen haben, kümmert sich die authentische Moral nicht um die Folgen, und dieser Standpunkt geht oft bis zur Verneinung des bloßen Werkes als äußeren Ausdrucks des Verhaltens. Wahrhafte Moral fragt letztendlich nur nach den Absichten, nach den Motiven. Dem Menschen obliegt es, zu streben und zu arbeiten, und damit ist seine ethische Schuld erfüllt. Das Resultat und die Folgen sind in Gottes Händen.

---

[108] In einer Empfehlung für sowjetische Bürger lesen wir, dass die höchste Pflicht die Treue der Arbeiterklasse sei. Diese höchste Pflicht ist demnach nicht ethisch, sondern politisch bestimmt. Wenn aber eine Staatsmacht zum Vertreter oder zum Ausdruck der Arbeiterklasse wird, kommt man leicht zum Schluss, dass gerade die Treue zu dieser Staatsmacht die höchste Pflicht jedes Bürgers ist. Stalins Missbräuche begannen und endeten gerade so.
Oder ein ähnliches Beispiel neueren Datums: In einem Lehrbuch der marxistischen Ethik in Mittelschulen in Ungarn (gültiges Lehrbuch des Jahres 1978) kann man den Standpunkt finden, dass ein Kind (Sohn oder Tochter) „unter keinem Umstand seine Mutter töten darf, außer wenn sie zu einem Verräter der Klasse wird". Das Auftauchen des Lehrbuches löste stürmische Polemiken aus, und so folgte die Verkündung der Zuständigen, dass dasselbe zurückgezogen würde.

Abschnitt 8

MORAL OHNE GOTT

Dennoch bietet die praktische moralische Erfahrung häufig Beispiele von der Moralität bei Menschen, denen Glaubenslehren gleichgültig oder die sogar ausdrücklich Atheisten sind. Zwischen formalen, deklarativen Bekenntnissen und dem tatsächlichen Verhalten gibt es oft starke Widersprüche, Missklang. Es gibt so viele Menschen, die sich als streng religiös erachten, sie predigen sogar Religion, aber ihrem Verhalten nach, ihrer Moral nach sind sie verwurzelte Materialisten. Und umgekehrt gibt es so viele indoktrinierte Materialisten, die im praktischen Leben die edelsten Aktivisten und Kämpfer für die Menschen sind. In dieser Sammlung und Inkonsequenz beginnt und entwickelt sich eine wundersame menschliche Komödie, die auch die klarsten und anständigsten Denker in die Irre führt.

Es gibt keinen Automatismus zwischen unseren Überzeugungen und unserem Verhalten. Unser Verhalten, unsere Moral ist nicht einmal primär die Funktion des bewusst ausgewählten Bekenntnisses und der Lebensphilosophie. Sie ist oft eher das Resultat von Erziehung und angenommener Verständnisse in der Kindheit als des später bewussten philosophischen oder politischen Bekenntnisses. Wenn jemand noch in der Kindheit, in der Familie dazu erzogen wurde, Ältere zu achten, sich an sein Wort zu halten, keinen Unterschied zwischen den Menschen zu machen, die Nächsten zu lieben und ihnen zu helfen, die Wahrheit zu sprechen, Heuchelei zu hassen, ein einfacher und stolzer Mensch zu sein, so ist es sicher, dass dies hauptsächlich das Merkmal seiner Persönlichkeit, ungeachtet der späteren politischen Zuordnung und der formell angenommenen Philosophie bleiben wird. Diese seine Moral ist, wenn nicht seine eigene, dann eine übertragene Religion. Der Erziehung ist es gelungen, bestimmte ursprünglich religiöse Verständnisse über die Beziehungen zwischen den Menschen weiterzugeben, aber es ist ihr nicht gelungen, die Religion weiterzugeben oder sie, welche die Grundlage dieser Moral ausmacht, ausreichend zu festigen. Doch vom Verlassen der Religion bis zum Verlassen ihrer Moral ist es nur ein folgerichtiger Schritt. Manche Menschen machen diesen Schritt nie, sodass sich in ihnen diese widersprüchliche Situation erhält. Gerade diese Tatsache ermöglicht die Erscheinung, welche die Untersuchung kompliziert: moralische Atheisten und unmoralische Gläubige.

Das Problem der Möglichkeit einer Moral ohne Gott wird am wahrscheinlichsten immer nur eine theoretische Diskussion ohne die Möglichkeit der praktischen Überprüfung oder des Berufens auf irgendein historisches Experiment bleiben. Dies kann man aus dem einfachen Grund schlussfolgern, dass in der gesamten jetzigen Geschichte weder ein einziger Fall einer vollkommen areligiösen Gemeinschaft bekannt ist, noch wir Erfahrung mit einer ähnlichen Situation haben. Selbst Gemeinschaften, deren Generationen aufgrund der öffentlich angenommenen atheistischen Ideologie in vollkommener Gleichgültigkeit und sogar Hass gegenüber Religion er- und aufgezogen werden, können keine verlässliche Antwort auf die Frage, ob es Moral ohne Religion gibt beziehungsweise ob eine rein atheistische Kultur und eine atheistische Gesellschaft möglich sind, liefern. Auch solche Gesellschaften, ungeachtet aller Bestrebungen und Mauern, die sie um sich bauen, können nicht außerhalb der Zeit und des Raumes bleiben. Hier ist die gesamte Vergangenheit anwesend, die auf zahllose Art und Weise wirkt, aber auch der restliche Teil der Welt, der absichtlich oder spontan einfließt. Kühn behaupte ich, dass die Verhaltensregeln, das Recht, die zwischenmenschlichen Beziehungen und die gesellschaftliche Ordnung, deren Mitglieder in vollkommener Unkenntnis der Religion aufgewachsen sind, drastisch anders wären als alles, das uns heute bekannt ist und dem wir, sei es in dem Teil der Welt, der sich als religiös erachtet, oder in dem Teil, der für gewöhnlich meint, dass er unter einem entscheidenden Einfluss atheistischer Verständnisse steht, begegnen.[109] Vielleicht würden viele nichtreligiöse Menschen ihre Gleichgültigkeit verlieren, wenn sie die Ideale und die Gesetzgebung einer wirklich atheistischen Gesellschaft kennen lernen würden, oder wenn sie auf einmal mit dem Bild einer konsequent atheistischen Welt konfrontiert wären.

Es gibt moralische Atheisten, aber es gibt keinen moralischen Atheismus. Aber auch diese Moral des nichtreligiösen Menschen hat eine Antwort in der Religion, aber in einer früheren, einer vergangenen Religion, welcher der Mensch sich nicht bewusst ist, welche aber fortfährt, auf ihn zu wirken und auf Hunderte von Arten aus der ganzen Umgebung, Familie, Literatur, Film, Architek-

---

[109] So auch die Sprache. Es wäre möglich zu beweisen, dass infolge der Reduktion der menschlichen Beziehungen die Sprache auf ein Hundertstel des heutigen Wortschatzes von der Funktion her reduziert wurde. Diese Verarmung der Sprache kann bereits heute an der spezialistischen (oder funktionalen) Sprache in technischen und gesellschaftlichen Wissenschaften verfolgt werden. Die Verarmung der Sprache steht auch im Zusammenhang mit der Urbanisierung, beziehungsweise der Abschaffung des Dorfes, das eine ständige Quelle der Erneuerung und Bereicherung der Sprache ist, doch das sind alles wechselseitig zusammenhängende Erscheinungen.

tur usw. zu strahlen beginnt. Auch dort, wo die Sonne vollkommen untergegangen ist, stammt alle Wärme, die noch immer in der Nacht strahlt, von der Sonne. Die Wärme ist immer noch im Raum, auch wenn das Feuer an der Feuerstelle ausgelöscht ist. So wie Kohle Sonne im Keller ist, so ist es auch die Moral der vergangenen Religion, die Art des Verhaltens, welches aus einer Vision der Welt, die wir der Religion verdanken, entspringt. Nur durch die vollkommene Vernichtung oder Eliminierung des geistigen Erbes vergangener Jahrhunderte wäre es möglich, die psychologischen Bedingungen für die atheistische Erziehung einer Generation zu verwirklichen. Die Menschheit hat 20.000 Jahre unter dem ununterbrochenen Einfluss der Religion gelebt. Sie ist in alle Manifestationen des Lebens, einschließlich der Moral, Gesetze, Verständnisse, Sprache vorgedrungen. Daher ist es angebracht eine Frage zu stellen: Ist es angesichts dieser Vergangenheit möglich, auf diesem Planeten jetzt überhaupt eine rein atheistische Generation „hervorzubringen"? Der Versuch müsste in vollkommener psychologischer Isolation durchgeführt werden. Um die Bibel und den Quran bei Seite zu lassen, so dürfte diese Generation kein einziges künstlerisches Werk sehen, keine einzige Symphonie hören, kein einziges Drama von Sophokles bis Beckett sehen. Man müsste vor ihr alle bedeutenden architektonischen Werke, welche die Menschheit bis jetzt geschaffen hat, verstecken, wie auch fast alle großen Werke der Weltliteratur. Sie müsste in vollkommener Unwissenheit von fast allem, das wir als Früchte oder Ausdrücke der menschlichen Kultur nennen, aufwachsen. Sogar das Hören eines Monologs über den Tod aus Shakespeares *Hamlet* oder der Blick auf eines von Michelangelos Fresken oder die Erkenntnis des rechtlichen Prinzips *nullum crimen* könnte, unter Rücksichtnahme auf die menschliche Prädisposition gegenüber religiöser Ausrichtung, bewirken, dass sich bei unseren Zöglingen auf einmal ein ganzes, vollkommen vom atheistischen zu unterscheidendes Universum rekonstruierte. (Es ist jedoch nicht derselbe Fall mit den Erkenntnissen aus der Wissenschaft. Es gibt keine Gefahr, dass zukünftige Atheisten nicht alle mathematischen und technischen Erkenntnisse kennen lernten, so auch vielleicht manch reduzierte Soziologie und politische Ökonomie). Die chinesische Kulturrevolution (1968-1970) ist ein zu kürzliches Ereignis, als dass wir über ihre Ziele und Folgen urteilen könnten. Dennoch ist es gewiss, dass es eines ihrer Ziele war, das geistige Erbe der Vergangenheit, das so hinderlich kontrastbildend für die offizielle Philosophie und Ideologie ist, im höchstmöglichen

Maße zu eliminieren.[110] Die bloße Idee der Kulturrevolution im Unterschied zur politischen oder sozialen, weist darauf hin, dass das Problem erkannt wurde bzw. dass der Atheismus eine verbale, oberflächliche Phrase bleibt und dass es nicht möglich ist, ein folgerichtiges atheistisches System zu verwirklichen, solange alle in Volksweisheit, Gesetzen, Kunst, Literatur enthaltene kulturelle Tradition eine beständige leise unaufdringliche Religion ausstrahlt. Es ist nicht einmal vollkommen sicher, was all die geistigen und intellektuellen Quellen sind, aus denen sich Marx gespeist hat, allein der Einfluss der humanistischen Erziehung und Literatur ist in den frühen Werken von Karl Marx stark zu spüren.[111] Seine Theorie der Entfremdung (Alienisierung) ist fast vollkommen eine moralische, humanistische, bei einem materialistischen Denker unerwartete Theorie. Es scheint, dass Marx sich selbst, wie die Jahre vergingen, seiner Irrtümer der Jugend immer bewusster geworden ist. Sehr klar spürt man den Unterschied zwischen dem, was die Kritik den jungen und den reifen Marx genannt hat, und diese innere Reifung ist in Wirklichkeit ein Prozess der Befreiung von idealistischen Lasten und einer immer konsequenter durchgeführten materialistischen Sicht auf die Welt.

Die heutige Generation, wie deklarativ unreligiös oder sogar atheistisch sie auch ist, ist nicht in Ignoranz, sondern in Polemik gegenüber Religion aufgewachsen. Auch wenn sie die christlichen Prinzipien der Liebe, der Brüderlichkeit und der Einheit im Namen Gottes nicht annehmen wollte, konnte diese Generation sie nicht vollkommen verwerfen. Sie hat sie in einer Art Verwirrung im Namen der Wissenschaft und Gesellschaft bewahrt. Demnach können wir die heutige Generation und ihre Welt nicht als Beweis dafür hernehmen, dass eine atheistische Kultur möglich ist. In Wirklichkeit wachsen diese Kultur und die Generation, die ihr Träger ist, unter einem ständigen und unbemerkten, aber um nichts weniger wirklichen Einfluss der Religion und ihrer großen ethischen Prinzipien auf. Demgemäß hat die neue Generation nur eine neue Ideologie, aber die frühere Erziehung, frühere moralische Verständnisse. Die Erbauer sind die alten, nur die Weise ist neu. Und jedes System ähnelt in der Praxis vielmehr den Menschen, die es durchführen, als den Ideen und Dekla-

---

[110] Wie bekannt ist, hat diese Revolution, unter anderem, die Werke Tolstois, Shakespeares und Beethovens verboten, was vollkommen logisch ist.

[111] Marx selbst sagte, dass ihm Aischylos, Shakespeare und Goethe die liebsten Dichter sind. Jedes Jahr las er erneut Aischylos in griechischer Sprache. Oft hat er Homer und Ovid rezitiert. Die Rousseau'schen Quellen des Marxismus (z.B. die Gedanken vom Ursprung der gesellschaftlichen Ungleichheit und des Eigentums) sind in dieser Lehre erkennbar.

rationen, auf die es sich beruft. Wenn wir davon ausgehen, dass das Wesen des Menschen seine Moral ist (und nicht seine Ideologie oder seine politische Überzeugung), dann können wir sagen, dass die heutige Welt frühere Menschen mit neuen Ideen erschafft. In die Realisation von Ideen, welche ausdrücklich den Idealismus und Aufopferung negieren, tragen sie Idealismus und Aufopferung hinein. Richtig urteilen jene, die in den moralischen Stimulanzen (anstatt materieller), in der Belohnung der Arbeit im heutigen China und Russland eine bewusste oder unbewusste Ausnützung tief verankerter religiöser Gefühle in den Volksmassen sehen. Denn was kann überhaupt vom Standpunkt des Atheismus her die Verwerfung materieller und die Annahme moralischer Stimulationen bedeuten? Es ist natürlich, dass wir religiöse Ziele aus Idealismus und materialistische aus Profitabilität, aus Interesse verwirklichen. Jeder anderer Standpunkt ist nicht schlüssig.

Die Frage der Moral ohne Gott ist tatsächlich eine Frage, ob vom Menschen im Namen des Menschen was verlangt werden kann, was die Religion im Namen Gottes von ihm fordert. Wenn sie eine Ethik zu begründen versuchen, berufen sich Materialisten gerne auf diese Formel, auch wenn es sich dabei um ein wunderbares Beispiel für Folgeunrichtigkeit oder Vergessen handelt. Indem sie über das Motiv des richtigen Verhaltens sprechen, schlagen sie statt der Angst vor der Verantwortung vor Gott das Gewissen, die Liebe des Menschen zum Guten aus „Bewusstsein und ohne Angst" vor. So gibt z.B. ein Ethik-Atheist von sich:

> „Ich würde sogar behaupten, dass gerade der Atheismus die Erhöhung des Menschen und der menschlichen Moral darstellt. Wenn ich sage, dass ich in mir selbst als freiem menschlichen Wesen, ohne Anweisung von jemandem eine eigene innere imperative Stimme finde, die mir sagt: Stiehl nicht, oder töte nicht, wenn ich dies in mir selbst finde, wenn ich es nicht von irgendeinem Absolut – gesellschaftlichen oder Göttlichen – ableite, dann sehe ich nicht, dass dies eine Degradierung des Menschen wäre (…). Das heißt, auf Grundlage des eigenen Bewusstseins und Gewissens." (*Belgrader Dialog der Atheisten und Theologen* im Mai des Jahres 1971 – Ausführung von Prof. Vuka Pavičević)

Den Zustand der Dinge kennend müssen wir uns fragen: Wer vertauscht hier die Begriffe? Sind denn Bewusstsein und Gewissen Teil der realen Welt? Ist denn die Betonung des Menschen statt Gottes nicht eine Art Tautologie, und ist der Glaube an den Menschen nicht nur eine niedrigere Form von Religion? Das Sich-Berufen der Materialisten auf das moralische Verhalten im Namen des Menschen – anstatt im Namen Gottes – ist umso seltsamer, als gerade Marx behauptet hat, dass die Hoffnung in die abstrakte Menschlichkeit des Menschen eine nicht geringere Illusion ist als die rein religiöse Illusion und, insofern es sich um die Anerkennung des Gewissens und die Verbundenheit dieser zwei Phänomene geht, war Marx vollkommen im Recht (nach der bekannten Formel: wenn es keinen Gott gibt, gibt es auch keinen Menschen). Bekannt sind z.b. Lenins Behauptungen, dass der wissenschaftliche Sozialismus nichts mit der Moral zu tun hat und der Standpunkt im *Manifest*, dass Arbeiter die Moral verwerfen. Kommunismus entsteht aus der Notwendigkeit der historischen Entwicklung und nicht aus moralischen Gründen. In klassischen Werken des Marxismus – im Unterschied zu dem, was heute praktische Marxisten für die alltäglichen Bedürfnisse schreiben – wird explizit behauptet, dass das Gesetz der Ausbeutung durch die Kraft des natürlichen Gesetzes über die Beziehungen der Menschen in der Gesellschaft wirkt und dass jeder Mensch jeden anderen Menschen, wann immer, er kann ausbeuten wird, d.h. bis er mit Gewalt davon abgehalten wird. Da gibt es keinen Raum für das Gewissen, Rücksicht, Einsicht, natürlichen Humanismus u.Ä., und wenn es diesen Raum gäbe, wären einige kapitale Standpunkte des Marxismus fraglich. Ausbeutung besteht so lange, bis sie durch Änderung der objektiven Verhältnisse beseitigt worden ist. Sie hängt weder vom Willen der Menschen ab, noch von ihren moralischen oder ähnlich subjektiven Qualitäten (Erziehung, Gewohnheiten, Philosophie oder anderen), noch von ihren wechselseitigen Beziehungen, verwandtschaftlichen, nationalen oder anderen. Wenn Marx in *Das Kapital* (Abschnitt Arbeitstag) unter anderem Beispiele der Ausbeutung von Kindern seitens ihrer hungrigen Mütter anführt und sich für eine gesellschaftliche Intervention, damit dieses Übel verhindert wird, einsetzt, dann muss die Anführung gerade dieses Beispiels, das – wir geben es zu – nicht typisch ist, absichtlich sein. Mit diesem Absurdum richtet Marx die Aufmerksamkeit auf das absolute Verhalten des Gesetzes der Ausbeutung in der menschlichen Gesellschaft. Daher ist es seltsam, dass manche Marxisten versuchen, vor unseren Augen eine laizistische Ethik zu begründen, indem sie sich auf den Menschen und auf die abstrakte Menschlichkeit berufen.[112] Marx hat immer betont, dass das Berufen auf den Menschen, den Humanismus, das Gewissen u.Ä. einen Idealismus darstellt und Hand in Hand mit der Religion geht. Hier können wir mit Marx übereinstimmen – mit Marx

---

[112] Nicht mal Engels pflegt irgendeine bessere Meinung über die Ethik „auf der Grundlage der Einsicht in das eigene Bewusstsein und Gewissen": „In Wirklichkeit hat jede Klasse, sogar auch jede Profession, ihre eigene Moral und verletzt sie, wo immer sie dies ungestraft kann. Liebe hingegen, die alles vereinen müsste, äußert sich in Kriegen, Konflikten, heimischen Zwistigkeiten, Ehescheidungen und mit einer höchstmöglichen Ausbeutung der einen durch die anderen" (Engels, *Ludwig Feuerbach und der Ausgang der klassischen deutschen Philosophie*).

stimmen die heutigen Marxisten nicht überein, die im Unterschied zu ihrem Lehrer auf vollkommen praktische Fragen, die ihnen das Leben und die Lebenswirklichkeit stellen, antworten müssen. Für Marx war es aus dem Kabinett oder der Britischen Bibliothek leicht zu sagen: Moral gibt es nicht. Doch die Menschen, die versucht haben Marx' Ideen zu verwirklichen und eine Gesellschaft zu gründen, konnten nicht mit derselben Leichtigkeit diesen an sich materialistisch folgerichtigen Gedanken deklarieren. Um diese Gesellschaft zu errichten und noch mehr um sie zu erhalten, müssen sie von den Menschen oft mehr Idealismus und persönlichen Verzicht verlangen, als diese irgendein Gesandter im Namen irgendeiner Religion verlangt hat. Demnach werden sie in die Situation gebracht, dass sie manchmal einige sehr klare marxistische Postulate vergessen. Es ist demnach nicht davon die Rede, ob ein Atheist (Materialist) Moral und Humanität wollen, verteidigen, bauen kann, sondern davon, ob er dies alles tun und das, was er ist, bleiben, d.h. innerhalb der Grenzen des Materialismus vermeiden kann.

Die bekannte Kontroverse in Beziehung zu Epikurs Philosophie zeigt, dass die Einigkeit zwischen Materialismus und Ethik nicht lange halten kann. Der bekannte hellenistische Philosoph (341-270 v.Chr.) blieb, wenn auch ein Materialist in der Deutung der Welt, in der Ethik unentschlossen. Er propagierte, dass das Glück im Genießen läge, doch empfahl er Genuss in Ataraxie, einer Art geistigem Frieden und Seligkeit, und er selbst schätzte geistige Freude mehr als sinnliche. Aber bereits seine Schüler haben diese Folgeunrichtigkeit behoben und seine Ethik auf die rein eudämonistische Bahn gebracht, und der Epikureismus ist heute – vollkommen logisch – ein Synonym für das sinnliche Genießen als Lebensideal. Zwischen Epikurs materialistischer Lehre, dass das Weltall und alle Unterschiedlichkeit der Erscheinungen in der Welt nur das Ergebnis der mechanischen Bewegung materieller Teilchen im leeren Raum ist, und dem Eudämonismus gibt es eine logische Verbindung oder innere Übereinstimmung. Diese Übereinstimmung gibt es nicht zwischen seiner materialistischen Lehre und der Ataraxie oder dem Primat geistiger Werte. Daher ist der Vorwurf, dass „Epikurs Schüler des Lehrers Verständnisse verdreht haben", unbegründet. In Wirklichkeit haben sie selbst diese in Einklang gebracht. Der Materialismus musste mit der Verneinung der Ethik schließen.

Unsere Überlegung kann endlich auf zwei Schlüsse reduziert werden. Der erste: Moral als Prinzip, als Idee gibt es nicht ohne Religion; eine praktische Moral schon. Doch diese praktische Moral erhält sich als Trägheit und ist umso schwächer, je mehr sie sich von der Quelle, die ihr die Ausgangskraft gibt, entfernt. Und der zweite: auf Atheismus kann keinerlei moralische Ordnung gegründet werden, doch schafft der Atheismus die Moral nicht unmittelbar ab, auf jeden Fall nicht ihre niedrigere Form: gesellschaftliche Disziplin. Im Gegenteil, wenn Atheismus zur Praxis wird und versucht, die Gesellschaft zu formen, wird er sogar daran, so sehr wie möglich, interessiert sein, vorgefundene Formen der Moralität zu erhalten. Diese Tatsachen bestätigt die Praxis der sozialistischen Staaten unserer Zeit.

Dennoch, es bleibt die Tatsache, dass der Atheismus keinerlei Mittel hat, um das Prinzip der Moralität selbst zu erhalten oder zu beschützen, sobald dieses Prinzip einmal bestritten wird. Atheismus ist vollkommen machtlos gegenüber dem Andrang rein utilitaristischer, egoistischer, unmoralischer oder amoralischer Forderungen. Diesen Forderungen kann er sich nur mit Gewalt, aber nicht mit Argumenten entgegenstellen. Was kann man gegen eine Logik tun, deren Macht mörderisch unheilvoll ist? Wenn ich nur heute lebe und wenn ich morgen sterbe und vergessen sein werde, wieso soll ich nicht so leben, wie es mir angenehm ist und ohne Verpflichtungen, soweit ich das kann? Die Welle der Pornographie und der neuen Moral der sexuellen Freiheit beziehungsweise der sexuellen Verantwortungslosigkeit halten sie an der Grenze der sozialistischen Länder mit Gewalt, Zensur, demnach rein künstlich auf. Keine klare moralische Ordnung setzt sich dieser Welle der moralischen Art entgegen, und insoweit solche Argumente verwendet werden, sind sie ein Beispiel der Folgeunrichtigkeit und können nur dank des Nichtvorhandenseins einer offenen und freien Kritik aufrecht erhalten werden. In Wirklichkeit sind dies nur alte, ererbte moralische Normen, die sich immer noch im Bewusstsein der Menschen erhalten oder welche die Staatsmacht als unentbehrlich erhält. Aber streng genommen widersprechen diese ererbte moralische Ordnung oder die moralischen, erneut nach dem alten (früheren) Modell erzeugten Argumente der offiziellen Philosophie und logischerweise gibt es für sie keinen Platz im System.

Wenn wir uns selbst ein Maß der Vereinfachung erlauben, könnten wir schlussfolgern, dass Moral nur der zweite Aggregatzustand der Religion ist.

KAPITEL V
KULTUR UND GESCHICHTE

Abschnitt 1
URSPRÜNGLICHER HUMANISMUS

Rationalisten und Materialisten kennzeichnet ein gewisses geradliniges Verständnis der Geschichte. Die Entwicklung der Welt beginnt ihnen zufolge von Null, und Geschichte ist, ungeachtet einer gewissen Zickzack-Bewegung und eines vorübergehenden Zurückfallens, insgesamt genommen eine ständige Bewegung nach vorne. Die Gegenwart ist immer etwas Höheres als die Vergangenheit und etwas Niedrigeres als die Zukunft. Einen solchen Standpunkt werden wir verstehen, wenn wir uns daran erinnern, dass Materialisten unter Geschichte die Entwicklung der materiellen Reproduktion menschlichen Lebens verstehen, demnach die Geschichte der Dinge und nicht die Geschichte des bloßen Menschen als ihres Subjekts. Das ist nicht die Geschichte der menschlichen Kultur, sondern die Geschichte der Zivilisation.

Die Geschichte des Menschen und der Kultur beginnt weder von Null, noch verläuft sie geradlinig. Als solch eine Anfangshandlung hat sie den *Prolog im Himmel*. Die ursprüngliche menschliche Gesellschaft befand sich in der Phase der anfänglichen Emanzipation von der Natur und in einer etwas günstigeren Lage gegenüber der Herde seiner tierischen Vorgänger, doch betonte sie zugleich gewisse spezifische menschliche Formen der ethischen Werte, die verwirren. Der Mensch trat in die historische Ära mit einem unglaublichen moralischen Startkapital, das er weder entwickelt noch von den tierischen Vorgängern ererbt hat. Die Wissenschaft hat die Natur der ursprünglichen und einfachen Humanität der Gemeinschaften der Menschen in jenen fernen Zeiten, als das Menschliche und das Zoologische immer noch aneinander grenzten, bekräftigt und anerkannt, doch konnte sie diese nie erklären. Indem sie religiöse Vorstellungen a priori ablehnte, hat die Wissenschaft den Weg zum Verstehen dieses Phänomens verschlossen.[113]

Ältere Geschlechter, die – so scheint es – die grundlegenden Zellen der vorgeschichtlichen Gesellschaft überall auf der Welt waren, beschreibend führt Lewis Morgan (*Ancient Society*) die folgenden Charakteristiken des gesellschaftlichen und moralischen Lebens dieser Gemeinschaften an:[114]

- das Geschlecht wählt ein Oberhaupt und kann es auswechseln; der Ausgewechselte ist erneut ein gewöhnlicher Krieger, wie alle anderen;
- eheliche Bande und Geschlechtsverkehr sind im Rahmen des Geschlechts verboten; dieses Verbot wird bewusst erhalten und dies fast ohne Überschreitungen;
- der Schutz und der wechselseitige Beistand der Mitglieder des Geschlechts, das sogar bis zur Aufopferung geht;
- das Heldentum der Krieger und das ritterliche Verhalten gegenüber Gefangenen (Kriegsgefangene werden nicht getötet);
- alle Mitglieder des Geschlechts sind freie, gleiche und mit dem Bund der Brüderlichkeit verbundene Menschen;
- die Adoption neuer Mitglieder ins Geschlecht ist eine religiöse Zeremonie; Glaubensrituale hauptsächlich in Form von Tanz oder Spielen; Götzen unbekannt;
- der Stammesrat ist aus Vertretern des Geschlechts zusammengesetzt; über gemeinschaftliche Angelegenheiten entscheidet der Rat öffentlich, umgeben von den Mitgliedern des Stammes; die Entscheidung wird einstimmig beschlossen.

Von dieser Beschreibung begeistert, ruft Friedrich Engels aus:

„Wunderbar ist diese gentile Einrichtung in all ihrer Harmlosigkeit und Einfachheit! Ohne Soldaten, Gendarmen und Polizisten, ohne Adel, Könige, Präfekten oder Richter, ohne Gefängnisse, ohne Gerichtsprozesse, alles geht seinen angeborenen Lauf. Jeden Streit oder Uneinigkeit löst die Gemeinschaft jener, die es betrifft, das Geschlecht oder der Stamm, oder einzelne Geschlechter unter

---

[113] Die verschwommene Erinnerung an dieses Zeitalter der ursprünglichen Menschlichkeit hat sich in den Legenden und Sagen fast aller Völker erhalten, wie auch der klassische Mythos über das Goldene Jahrhundert oder wie (in der *Bibel*) im Zeitalter der Patriarchen. „Die allgemeine Überzeugung, dass die Vergangenheit schlecht war, kam erst mit der Evolutionstheorie" – behauptet Russell (B. Russell, *Istorija zapadne fil zofi e*, S. 601 – Anm. d. Übersetzers: *Philosophie des Abendlandes*).

[114] Morgans Beschreibung bezieht sich auf das Geschlecht der Irokesen in Nord Amerika, die als klassische Form eines ursprünglichen Geschlechts erachtet worden sind.

sich (...) Arme und Notleidende kann es nicht geben. Die kommunistische Gesellschaft und das Geschlecht kennen ihre Verpflichtungen gegenüber den Alten, Kranken und den im Krieg Verkrüppelten. Alle sind gleich und frei – einschließlich der Frau. Sklaven gibt es noch keine, die Unterjochung anderer Stämme gibt es ebenfalls noch nicht (...) Und was für Männer und Frauen eine solche Gesellschaft hervorbringt, bestätigt die Bewunderung aller weißen Menschen, die in Berührung mit den unverdorbenen Indianern kamen – wegen der persönlichen Würde, Ehrlichkeit, Charakterstärke und des Mutes dieser Barbaren." (F. Engels, *Der Ursprung der Familie, des Privateigentums und des Staates*) Den Zustand, den uns Morgan in seinem Buch beschrieben hat, hat einer seiner Zeitgenossen, J. Fenimor Cooper, uns in einem seiner Romane in lebendigen, eindrucksvollen Bildern gezeigt, und es gibt keinen Zweifel, dass auch der dritte Amerikaner, R. W. Emerson, die amerikanischen Indianer vor Augen hatte, als er sagte: „Ich sah die menschliche Natur in all ihren Formen. Sie ist überall gleich, nur – je wilder sie ist, umso mehr Tugend ist in ihr."

Tolstoi hat in seinen Werken den Zustand, der im noch unverdorbenen Leben der primitiven russischen Mužik[115] gesehen werden kann, als gesellschaftliches Ideal betrachtet. Und hier, wie wo anders, verliefen diese moralischen und menschlichen Werte parallel zur sehr niedrigen Stufe der materiellen und allgemeinen gesellschaftlichen Entwicklung.

In der *Allgemeinen Geschichte Afrikas*, welche die UNESCO (bisher kamen die ersten zwei Bücher von insgesamt acht heraus) vorbereitet, finden wir eindrucksvolle Tatsachen über die Kultur der primitiven afrikanischen Völker. Es ist beispielsweise bewiesen, dass Fremde, Weiße oder Schwarze, in schwarzafrikanischen Königreichen Gastfreundschaft genossen haben und auch gleiche Rechte wie die einheimische Bevölkerung hatten. In derselben Zeit entstand im alten Rom und Griechenland der Sklave. Diese und ähnliche Tatsachen haben am wahrscheinlichsten Leo Frobenius, den bekannten deutschen Ethnologen und großen Kenner Afrikas, dazu bewogen zu schreiben: „Die Schwarzen sind bis ins Knochenmark zivilisiert, und die Idee, dass sie Barbaren sind, ist eine europäische Erfindung."[116]

Wir müssen uns fragen, was die Natur dieser Werte ist, die wir nacheinander bei den amerikanischen Indianern, bei den eingesessenen Stämmen in

---

[115] Anm. d. Übersetzers: Dies ist eine russische Bezeichnung für einfache, arme und oft leibeigene Bauern in der Zarenzeit.
[116] Natürlich ist es leicht zu erkennen, dass Frobenius hier den Begriff „zivilisiert" im Sinne von „kultiviert" versteht.

Afrika oder auf Tahiti oder bei den primitiven russischen Mužik und auch bei den niedrigsten Gesellschaftsschichten in Indien vorfinden. Welchen Ursprung haben sie? Woher kommen sie am bloßen Beginn der Geschichte und wieso sinken sie quantitativ, je mehr sich die geschichtliche Entwicklung fortsetzt. Woher kommt die Idee des Schutzes der Alten und Invaliden, der wir bei dem indianischen Stamm der Irokesen begegnen? Ist diese tierischen Ursprungs? Die verschiedenen Formen der Sorge und des Bemühens, die wir bei einigen Tieren vorfinden, gründen sich immer auf die Nützlichkeit – es gibt daher keine Humanität, im menschlichen Sinne des Wortes, im Namen der Idee oder des Prinzips.

Sein bekanntes Buch schließt Morgan mit den Worten: „Demokratie in der Verwaltung, Brüderlichkeit in der Gesellschaft, Gleichberechtigung und Allgemeinbildung werden die nächst höhere Stufe der Gesellschaft einführen, der die Erfahrung, der Verstand und die Wissenschaft ununterbrochen entgegen streben. Sie werden eine erneute Wiederbelebung – aber in höherer Form – der Freiheit, Gleichheit und Brüderlichkeit der alten Geschlechter sein." Die Freiheit, Gleichheit und Brüderlichkeit der zukünftigen zivilisierten Gesellschaften erwartet sich Morgan von drei Gewalten: Erfahrung, Verstand und Wissenschaft. In diesem Moment sind zumindest zwei Dinge gewiss: (1) dass Freiheit, Gleichheit und Brüderlichkeit alter Gemeinschaften nicht aus Erfahrung, Verstand und Wissenschaft entsprungen sind und (2) dass das Jahrhundert der Erfahrung, des Verstandes und der Wissenschaft, das nach Morgans Buch (*Ancient Society*, 1877 veröffentlicht) kommen sollte, in keinster Weise seine Voraussicht bestätigt hat.

Vielleicht müssen wir der Tatsache, dass die Zivilisierten und nicht die Barbaren die Geschichte schreiben, für das verbreitete Vorurteil danken, dass wir im Barbarentum und in der Zivilisation nicht nur zwei entgegengesetzte Pole der gesellschaftlichen und technischen Entwicklung sehen, sondern den Gegensatz zwischen Böse und Gut. Wenn jemand kulturelle Güter vernichtet oder einen Genozid ausgeführt hat, meinen wir, einen richtigen Ausdruck gefunden zu haben, wenn wir dies als ein barbarisches Verhalten bezeichnen. Wenn wir umgekehrt Toleranz und Humanität fordern, werden wir an eine bestimmte Seite appellieren, dass sie sich wie eine zivilisierte Nation verhalten sollte. Seltsam ist, dass sich diese Vorstellungen hartnäckig, trotz so vieler Tatsachen, die etwas völlig Entgegengesetztes besagen, halten. Gerade die Geschichte des amerikanischen Kontinents könnte uns zum umgekehrten Schluss führen. Haben nicht die zivilisierten Spanier (Konquistadoren) auf unterjochendste und unerhörteste Weise nicht nur die Kultur der Maya und

Azteken, sondern auch die Völker dieses Kulturkreises vernichtet? Haben nicht die weißen Siedler (muss man erwähnen, dass sie aus zivilisierten Ländern waren?) systematisch die einheimischen indianischen Stämme und gerade jene wunderbaren Geschlechter, über die Morgan schreibt, vernichtet, und dies auf eine Weise, für die es fast kein Beispiel in der jüngeren Geschichte gibt? Noch in der Mitte des neunzehnten Jahrhunderts (!) hat die amerikanische Regierung einen bestimmten Preis für jeden indianischen Skalp gezahlt. Über dreihundert Jahre hat, zusammen mit der Ausdehnung der europäisch-amerikanischen Zivilisation und als ihr Bestandteil, der beschämende atlantische Sklavenhandel mit Schwarzen, der erst im Jahr 1865 eingestellt wurde und im Verlauf 13 bis 15 Millionen freie Menschen (die genaue Zahl wird man nie wissen) auf der Grundlage der wortwörtlichen Jagd auf Menschen gefangen genommen hat, gedauert. Auch hier blickte die zivilisierte Bestialität dem freien, sanften primitiven Menschen ins Auge.

Müssen wir in diesem Kontext an den zeitgenössischen Imperialismus erinnern, der überall die Begegnung der europäischen Zivilisation mit den rückständigen, demnach unzivilisierten oder weniger zivilisierten Völkern dargestellt hat? Doch in Wirklichkeit manifestierte er sich überall in Form von Gewalt, Betrug, Heuchelei, Unterwerfung und Zerstörung materieller, kultureller und moralischer Werte der schwächeren, primitiven Völker.

Unser Vorurteil über das Mittelalter ist im Wesentlichen gleicher Art. War nun das Mittelalter tatsächlich eine Epoche der Dunkelheit und des allgemeinen Unglücks? Das ist eine Frage des Standpunktes. Für Helvétius, einen der ersten materialistischen Philosophen Europas, war das Mittelalter ein Zeitalter, in dem die Menschen in Tiere verwandelt waren und dessen Gesetze ein Meisterwerk der Absurdität. Mit größter Konsequenz urteilten der Christ Berdjajew oder der Maler J. Harp über dasselbe Zeitalter vollkommen anders.[117] Wir haben über das Mittelalter für gewöhnlich ein ziemlich vereinfachtes und einseitiges Bild. Auch wenn Armut und ein Mangel an Komfort und Hygiene geherrscht haben, so hatten mittelalterliche Gesellschaften etwas mehr vom Gefühl der inneren Verbundenheit. Das war eine Epoche des intensiven ideellen Lebens, ohne die man die Energie und das Streben des westlichen Menschen nicht verstehen kann. Das Mittelalter hat grandiose Werke in der Kunst geschaffen und die Synthese einer großen Philosophie – der griechischen – und einer großen Religion – des Christentums – verwirklicht. „Die Gotik, eine der bedeu-

---

[117] Jean Arp: „Ich bin gegen mechanisierte Dinge und chemische Formeln. Ich liebe das Mittelalter, seine Tapisserie und Bildhauer-Werke."

tendsten menschlichen Leistungen" (Clark) ist ein Werk des Mittelalters. In diesem Zeitalter ohne wissenschaftlichen und technischen Fortschritt wurde etwas davon verwirklicht, was A.N. Whitehead „den qualitativen Fortschritt" nannte (A.N.W., *Wie entsteht Religion?*). Wenn es im westlichen Menschen tatsächlich etwas Faustisches gibt, so ist dies in den großen geistigen und politischen Zusammenstößen des Mittelalters geprägt und vorbereitet worden. Ohne das Mittelalter gäbe es diesen nicht, zumindest nicht so, wie wir ihn kennen.

ABSCHNITT 2

KUNST UND GESCHICHTE

Kultur steht in gewisser Weise außerhalb der Zeit, außerhalb der Geschichte. Sie hat ihre Höhen und Tiefen, doch es gibt weder Entwicklung noch Geschichte im gewöhnlichen Sinne des Wortes. In der Kunst gibt es kein Anhäufen des Wissens oder der Erfahrung – wie in der Wissenschaft.[118] In der Spannweite zwischen Paläolithikum bis heute bemerken wir keinen Anstieg der Ausdruckskraft der Kunst, was die Funktion von Entwicklung wäre. Die Zivilisation kennt ihr Stein- und ihr Atomzeitalter. In der Kultur gibt es eine solche Entwicklung nicht. Vom Standpunkt der Zivilisation bedeutet das Neolithikum Fortschritt. Vom Standpunkt der Kunst – Abnahme. Die paläolithische Kunst ist, auch wenn mehrere tausend Jahre älter, stärker und authentischer als die neolithische. Die Poesie ging überall der Prosa voraus. Die Menschen sangen, bevor sie zu erzählen beginnen sollten. Poesie brauchte weder Erfahrung noch ein Vorbild. Etwas später werden wir sehen, dass wir eine ähnliche Unabhängigkeit von Zeit in moralischen Grundlagen, und so auch in religiösen Lehren vorfinden. Es gibt Beweise, dass jede Religion an ihrem Anfang rein und einfach war und dass sie erst später im Laufe der Praxis deformiert wurde (Theorie des Urmonotheismus). Diese Schlüsse wurden den Untersuchungen von Andrew Lang, W. Schmidt, Conrad Presussa, Coppersa u.a. entnommen. Wir kommen zum

---

[118] Alles, was die Wissenschaft angeht, ist umgekehrt. Wissenschaft gründet sich auf Kontinuität. Wo es diese Kontinuität nicht gibt und wo sie nicht durch den Weg der Überlieferung und der Schrift gesichert ist, dort gibt es keine Wissenschaft und so auch keine Zivilisation. Fortschritt besteht gerade in der Möglichkeit, sich etwas zu merken und fortzusetzen.

Schluss, dass eine Geschichte der Kultur begrifflich widersprüchlich wäre. Man kann nur von der Chronologie kultureller Erscheinungen sprechen.

Jacques Risler schreibt:
„Sogleich als sie vor kurzem entdeckt wurden, wurde der wahre Wert der altägyptischen uralten, im Niltal entdeckten und vier bis fünf Tausend Jahre alten Reliefe und Skulpturen anerkannt. Viele zeitgenössische Künstler finden Inspiration für ihr Schaffen in den uralten in Wänden von Gräbern eingravierten Reliefen und sanften Figuren, die aus Ton, Marmor, Gold und Alabaster hergestellt wurden. Diese Kunst ist einerseits sanft und verfeinert (die Zeit von Tutmoses II und Tutmoses III), andererseits monumental und mächtig (die Zeit von Cheops), wieder andererseits realistisch und weniger symbolisch (Echnaton)".[119]

In der Zeit seiner Entdeckung, befand sich Amerika am Zeitplan der Zivilisation fünf bis sechstausend Jahre hinter der alten Welt. Es hat nicht einmal seine Eisenzeit erreicht (H.G.Wells). Diese offensichtliche Zeitmessung gilt aber nicht für die amerikanische Kunst. In Bonampaku, einem Tempel, der die ältesten malerischen Werke des amerikanischen Kontinente aufbewahrt, wurden Fresken außerordentlicher Schönheiten entdeckt. Eine große Ausstellung von Skulpturen der Maya hat, in Paris im Jahr 1966 eröffnet, glänzend das Phänomen einer Hochkultur illustriert, die es nicht geschafft hat, eine Zivilisation zu werden.

„Diese ernste, raffinierte Kunst, deren Ausdrucksskala sich von einer bewundernswerten Einfachheit bis zur Ornamentik des Barocks erstreckt, ist selbst bis heute noch geheimnisvoll geblieben. Niemand hat es geschafft, zu erklären, wie sie irgendwann um das 4. Jahrhundert, in den Wäldern von Peten und Chiapasa, bereits vollkommen vollendet mit ihren Zentren für religiöse Zeremonien, der imposanten Architektur, ihren Tempeln auf Pyramiden, ihrer ornamentalen Skulptur, ihrer hieroglyphischen Schrift und verwirrenden Zahlenwissenschaft, die diese Schrift enthüllt, entsprossen ist. Die Pariser Ausstellung der Mayaskulpturen bietet einige schöne Beispiele: das sind Basreliefe, Statuen aus hartem Stein und Masken aus Kunstmarmor, die sich durch die Blässe des Scheins auszeichnen, als wenn sie irgendeine Botschaft längst vergangener Jahrhunderte tradieren will (...) Es könnten zwei fast entgegengesetzte Zweige der Skulpturen der Maya registriert werden: jener, in dem Basreliefe und Stelen, und der andere, in dem Köpfe gefertigt wurden. Im ersten Fall handelt es sich um eine zeremonielle Kunst, die sich auf einer ganzen Reihe von Konventionen gründet (...)

---

[119] Jacques Risler, *La civilisation arabe*

Diese zeremonielle Kunst unterscheidet sich scharf von der letzteren Einfachheit der Köpfe, besonders jener, die aus künstlichem Marmor gemacht wurden. Eine solche Maske übersteigt zugleich den Realismus: Es scheint nun, dass es sich um ein Porträt handelt. Zwei andere Köpfe mit mehr expressionistischen Elementen, hergestellt im barocken Stil, im Groteske, führen eine lebensbeschreibende Note in diese einheitliche Kollektion der Schönheit ein." (Aus einem Bericht von der erwähnten Ausstellung in Paris, veröffentlicht in *Nouvelle observateur*) Für Nietzsche (*Die Geburt der Tragödie*) stellt das hellenistische Drama, die Tragödie, die wahre Spitze der Kunst dar, und die menschliche Kultur kann in ihrer höchsten Form nur in dem, was hellenistische Kultur genannt wird, widergespiegelt werden.[120] „Kein einziger der zeitgenössischen Dichter erreicht die Größe eines Homer oder der griechischen Tragiker" (Andre Maurois). Das Rätsel ist komplett: In der Morgenröte der menschlichen Zivilisation verwirklicht Kunsteine ihre größten Wirkungen. Hegel erachtet das antike Griechenland als „goldenes Zeitalter der Philosophie", und Roger Caillot schreibt:

„Was Philosophie angeht, komme ich oft zum Schluss, wie auch viele andere, dass jene nach Platon überhaupt nicht vorangeschritten ist. Vielleicht deswegen, da es in der Natur der Kunst liegt, dass sie nicht voranschreitet: Es scheint, als wenn sie von Neuem beginnt."

Ciceros ethische Schriften (z.B. *De fini us bonorum et malorum* oder *De Amicitia*) sind auch heute gleichermaßen aktuell, während seine Arbeiten über die Organisation der Arbeit oder die Staatsordnung (typische Themen) Anachronismen sind. Das Buch des anonymen römischen Autors *De rebus bellicis* (*Über Kriegsangelegenheiten*), das unter anderem interessante Zeichnungen militärischer Geräte enthält, hat nur historischen Wert. Doch kann dies nicht über Senecas Buch *Über die Milde* oder über Vergils Gedichte aus derselben Zeit gesagt werden. Die Harfe beziehungsweise der unmittelbare Vorgänger dieses Instruments stammt aus dem dritten Jahrtausend vor unserer Ära. *Maniosch*, eine Anthologie japanischer Lieder aus dem 7. und 8. Jahrhundert, die über 4.000 überwiegend lyrische Lieder enthält, wird selbst heute zu den Meisterwerken der Weltpoesie gezählt. Bereits im 10. Jahrhundert (beginnender oder „niedrigster Punkt der europäischen Zivilisation" – Russell) hat die europäische Architektur „über Nacht" Vollkommenheit erreicht und Werke unübertroffe-

---

[120] Eine ähnliche Äußerung gibt Marx, wenn er sagt, dass die Werke der antiken Kunst „unerreichbare Normen und Vorbilder" darstellen. Von der Begeisterung getragen, ist es so, als wenn Marx die Tragweite seiner Äußerung nicht begreift.

ner Schönheit und Einklangs geschaffen.¹²¹ „Auch diese gewaltigen, echten Berge aus Stein, sind inmitten einer kleinen Menge an hölzernen Häusern emporgewachsen" (K. Clark). Sophokles und Aischylos Tragödien können in jedes Zeitalter gesetzt werden, es ist nur notwendig, die Kostüme zu ändern. Euripides schrieb *Die Troerinnen*. J.P. Sartre schrieb ein Stück unter demselben Namen. So können in der Kunst zwei voneinander mehr als zwanzig Jahrhunderte entfernte Schaffende Koautoren desselben Werkes sein (Man schreibt: Euripides-Sartres *Die Troerinnen*). In der Wissenschaft ist dies nicht möglich. Was blieb von Aristoteles' Physik, Ptolomäus' Astronomie oder Galens Medizin? Über zwei Bücher von Aristoteles aus dem Bereich der Wissenschaft sprechend (*Physik* und *Vom Himmel*), sagt Russell, dass im Lichte der modernen Wissenschaft „schwer auch nur ein dargelegter Satz in diesen beiden Büchern angenommen werden könnte". (Im Buch *Vom Himmel*, führt Aristoteles z.b. die Theorie aus, dass die Dinge, die sich unter dem Mond befinden dem Werden und Vergehen unterliegen, während alles über dem Mond ungeboren und unzerstörbar ist. Oder folgende Erklärung Aristoteles' zur Gravitation: Jeder Körper hat einen natürlichen Platz und einen geliehenen Platz. Wenn ein Stein fällt, so strebt er in Wirklichkeit danach, den natürlichen Platz jedes Steins einzunehmen, d.h. die Erdoberfläche. Wie verhält sich diese Theorie der Gravitation zu Newtons?)

Die Kunst fließt aus der nicht entwickelten Richtung in jene der entwickelten Welt. Sie bewegt sich vom Osten gegen Westen, oder vom Süden gegen Norden. Die Wissenschaft umgekehrt. Die Dinge bewegen sich aus der Richtung der größeren in die Richtung der geringeren Ladung. Das östliche Melos, die indische Volksmusik, die Lieder und Spiele Afrikas, die Kunst Ozeaniens dringen in den Westen ein. Exotische Skulpturen aus Holz, deren Urheber analphabetische, talentierte Bauern aus dem tansanianischen Stamm der Makonde sind, erobern die Welt.¹²²

---

[121] Historiker halten für gewöhnlich das 10. Jahrhundert für annähernd gleich dunkel und barbarisch wie das 7. Jahrhundert. Der Grund liegt darin, dass sie es vom Blickwinkel der politischen Geschichte und des geschriebenen Wortes betrachten. Wenn wir das lesen, was Ruskin „Buch der Kunst" genannt hat, werden wir einen vollkommen anderen Eindruck bekommen, denn – entgegengesetzt zu allen Erwartungen – hat das 10. Jahrhundert gleichermaßen glänzende und technisch fähige, sogar gleichermaßen schöne Werke geschaffen wie jedes andere Jahrhundert (…). Die Menge der künstlerischen Werke ist erstaunlich." (Kenneth Clark, *Civilizacija*, S. 34)

[122] „Die bekanntesten Galerien der Welt zählen in neuerer Zeit unter ihre bemerkenswerten Exponate phantasievolle aus Ebenholz ausgestemmte Kompositionen, welche spontan von den Jungen und Alten des Stammes der Makonde unter den Laubdächern ihrer bescheidenen Hütten entlang der

Die Kunst Ozeaniens, einer Gegend, die unter die rückständigsten der Welt fällt, hat einen Platz in den Galerien Europas und Amerikas, gleichberechtigt mit ähnlichen Werken der kultivierten Regionen der Welt, gefunden. Die westliche Zivilisation zeigt sich wehrlos gegenüber dem Ansturm jener ursprünglichen Kunst. Die Entdeckung der Kunst Afrikas beeinflusst kraftvoll die Richtung der Entwicklung der modernen europäisch-amerikanischen Kunst und ist in gewisser Weise Quelle einer revolutionären Bewegung in der Kunst des Westens (Gleichzeitig könnte ein ernsthafter Vergleich zwischen der europäischen und z.B. afrikanischen Wissenschaft, Wirtschaft, Technik und Gesellschaftsorganisation fast gar nicht gemacht werden). Elia Faure sagt, dass eine schwarzafrikanische Maske von der Elfenbeinküste und die Fresken der Decke der Sixtinischen Kapelle eine sensible, gleiche Anregung bieten (Élie Faure im Werk *Geist der Form*). Das internationale Festival der schwarzafrikanischen Kunst in Dakar 1966 (es nahmen Ensembles und Gruppen aus 39 Ländern teil) ist ein erstrangiges Ereignis aus dem Bereich der Kultur. Gleichzeitig könnte ein Industrie- und Handelskongress der Länder des Schwarzen Kontinentes vollkommen unbemerkt verlaufen. Wenn die schwarzafrikanische Welt aus dem Blickwinkel der Wissenschaft und Technik unterentwickelt ist, so ist sie dies aus dem Blickwinkel der Kunst nicht, denn die Kunst kennt die Begriffe des Entwickelten und Unterentwickelten nicht. Das schwarze Afrika ist eine wahre Großmacht im Bereich der Folklore, Musik, Lieder und des Schauspiels, insbesondere des Letzteren.

Die inneren, urwaldartigen Teile Irans stellen vielleicht das am besten erhaltene natürliche Museum der Urgeschichte der menschlichen Kultur dar. Die Zivilisation ist hier nicht weiter als bis zum Steinzeitalter gelangt. Was ist aber mit der Kultur? Auf diese Frage gibt uns der Missionar Dipera, der hier mehr als zwanzig Jahre verbracht hat, eine Antwort:

„Das Gefühl für das Schöne ist bei diesen primitiven Bewohnern überaus entwickelt, und ihre künstlerischen Gegenstände haben eine erstaunliche Qualität. Darüber gibt es aufschlussreiche Literatur, die nicht einmal annähernd alle Varianten und den Reichtum an Ideen und Formen erfasst. Es gibt außerordentliche Skulpturen in Stein und Holz, Bilder, Gravuren und Statuen großer

---

Schotterstraßen um Dar as-Salam geschaffen werden (…) Mit unerhörter Ingeniosität beschreiben diese Künstler mit ihren Figuren aus Ebenholz den Kampf zwischen Gut und Böse, das intime Verhältnis zwischen Geburt und Tod, Freude und Trauer, Konflikt und Einklang (…). Die restlichen Tansanianer achten sie sowohl wegen ihrer wundersamen Kunst als auch wegen des beständigen Glaubens, dass die Menschen aus dem Stamm der Makonde über die schreckliche Fähigkeit und Macht der alten Magier verfügen" (aus einer Reisechronik aus Schwarzafrika).

Schönheit. Ihre komplizierten choreographischen Tänze, fast Ballette, in fantastischen Kostümen, stellen unglaubliche Spektakel dar."
Wissenschaftler gehören nur ihrer Zeit an, Dichter hingegen allen Zeiten.

Abschnitt 3
ETHIK UND GESCHICHTE

Kultur ist das statische Thema darüber, warum wir leben; Zivilisation ist ein ständiger Prozess der Art und Weise, wie wir leben, wie wir unsere Bedürfnisse zufrieden stellen. Das eine ist die Frage nach dem Sinn des Lebens, das andere nach der Art des Lebens. Die Zivilisation bewegt sich seit der Entdeckung des Feuers, der Wassermühle und des Eisens über die Schrift und Maschine bis zur Atomenergie und Weltraumflügen auf einer aufsteigenden Linie. Die Kultur liegt ganz im Nachsinnen, im Zurückkehren, im Beginnen vom Neuen. Der Mensch als Subjekt der Kultur, seine typischen Verrücktheiten und Tugenden, Zweifel und Irrtümer, all jenes, das sein inneres Wesen ausmacht, zeigt eine außerordentliche Beständigkeit und beinahe Unveränderlichkeit.

All ihre heutigen Dilemmas und Fragen kannte die Ethik vor mehr als 2.000 Jahren. Konfuzius, Sokrates, Jesus Christus, Muhammad *a.s.*, Kant, Tolstoi, Gandhi und Martin Buber, all diese großen Erzieher der Menschheit haben innerhalb einer Zeitspanne vom 6. Jahrhundert v. Chr. bis in die heutigen Tage (Martin Buber starb 1965) im Wesentlichen dieselbe Moral gepredigt. Im Unterschied zu den Regeln der Gesellschaftsordnung oder der Art der Produktion sind moralische Wahrheiten zeitlos.[123] Dies ist deshalb so, da das Rätsel hier noch während der bloßen Schöpfung aufgestellt wurde, im *Prolog im Himmel*, in diesem Werk, das der gesamten Menschheitsgeschichte vorangeht. Intelligenz, Bildung, Erfahrung an sich helfen uns nicht, uns ihnen zu nähern oder sie besser zu verstehen. Jesus sprach seine Wahrheiten als Neugeborenes, hingegen war er, als er verurteilt wurde, etwas mehr als 30 Jahre alt. Für große, kapitale Wahrheiten über Gott und den Menschen hat er weder Wissen noch Erfahrung gebraucht, da diese Wahrheiten durch Wissen und Erfahrung auch nicht erreicht werden könnten. Sind diese nicht „den Weisen und Klugen

---

[123] In der realen Welt ist es umgekehrt: „Die Veränderung ist das Gesetz des wirtschaftlichen Lebens" (J.K.Galbraith).

verborgen (...) und (...) den Unmündigen offenbart"? (*Evangelium nach Lukas*, 10/21)
Wesentliche moralische Forderungen stehen nicht unter dem Einfluss der Zeit, des Ortes und gesellschaftlicher Möglichkeiten. Im Gegensatz zu den immensen Unterschieden gesellschaftlicher und politischer Ordnungen, Entwicklungsstufen, so auch der Buntheit der Überzeugungen und Glaubenssysteme, besteht rund um die Welt eine verwunderliche Einstimmigkeit und Einigkeit moralischer Prinzipien.[124] Epiktet und Marc Aurel, von denen der erste ein Sklave war, der andere hingegen ein König, predigten dieselbe Morallehre und fast mit denselben Worten. Wenn die Frage etwas aufmerksamer betrachtet wird, so wird sich erhärten, dass wir Unterschiede im Verständnis des Guten und Bösen, Erlaubten und Verbotenen nur in weniger bedeutenden Fragen vorfinden werden. Die Beispiele, die angeführt werden, um das Variieren moralischer Normen und die Abhängigkeit von historischen und anderen Gelegenheiten aufzuzeigen, beziehen sich in Wirklichkeit nie auf kapitale moralische Prinzipien, sondern auf Dinge, die formale Moral oder äußerliches Verhalten betreffen. In den wichtigsten Fragen hingegen ist eine außerordentliche Übereinstimmung und Unveränderlichkeit offensichtlich.[125]

Überprüfen wir diese Betrachtungen am berühmten Kant'schen *kategorischer Imperativ*. Dieser Grundsatz, deren erste Formulierung Kant in der Schrift *Grundlegung zur Metaphysik der Sitten* in folgender Form aufstellte: „Handle nur nach derjenigen Maxime, durch die du zugleich wollen kannst, dass sie ein allgemeines Gesetz werde", beziehungsweise in der *Kritik der praktischen Vernunft* mit den Worten: „Handle so, dass die Maxime deines Willens jederzeit zugleich als Prinzip einer allgemeinen Gesetzgebung gelten könnte", kann bei den ältesten Denkern vorgefunden werden. Tales, einer von sieben Weisen

---

[124] „Auch wenn die Menschen manchmal unterschiedlich darüber sprechen, was Gott ist, so verstehen sie immer gleich, was Gott von ihnen will" (Tolstoi).

[125] Hier sind einige solcher Standpunkte: Sprich die Wahrheit; überwinde den Hass; sei ein schlichter und bescheidener Mensch; sieh andere Menschen als dir ebenbürtig; sei solidarisch; strebe nach Freiheit; verteidige dein Recht und das Recht anderer; verdiene dein Brot selbst; achte das fremde Bemühen; achte die Eltern und Ältere; erfülle Versprechen und Pflichten; verteidige die Schwachen; freunde dich mit den Menschen an; freue dich nicht über das Unglück und den Misserfolg anderer; neide ihnen nicht das Glück und den Erfolg; sei nicht eingebildet und gehe nicht arrogant herum; sei geduldig im Ertragen von Schmerzen; schmeichle dich nicht bei den Stärkeren ein, unterdrücke nicht die Schwächeren; unterscheide die Menschen nicht nach ihrer Hautfarbe, Reichtum und Abstammung; hab eine selbständige Meinung; sei maßvoll im Genießen; sei nicht egoistisch, etc. Kann man sagen, dass diese Standpunkte relativ sind und dass sie sich abhängig von Gelegenheiten oder ökonomischen Strukturen ändern?

(geboren im Jahr 624 v.Chr.), hat auf die Frage, wie man am gerechtesten leben kann, geantwortet: „Wenn wir selbst jenes nicht machen, was wir bei anderen tadeln" (*Diogenes Laertios*, I, 36). Pittakos von Mytilene, auch einer von sieben Weisen, hat denselben Grundsatz hervorgebracht: „Was du dem Nächsten verdenkst, tu selber nicht" und Marcus Tullius Cicero: „Alles, was du an einem anderen rügst, musst du selbst ernstlich meiden." Der jüdische Weise Hillel, der annähernd in der Zeit Christi in Palästina gelebt hat, antwortete auf das Begehren eines Polytheisten, dass er ihm auf kürzeste Weise das Wesentliche des Glaubens vorbringen solle: „Was du nicht willst, das man dir tu, das füg auch keinem andern zu. Das ist die ganze Tora, alles andere ist Kommentierung" (*Babylonischer Talmud*, Traktat Sabat). Dieselbe Weisheit lehrt auch Konfuzius in China, ein Zeitgenosse Buddhas und Pythagoras': „Was du selbst nicht wünschst, das tue auch nicht anderen Menschen an" (Lun-yu, *Die Analekten des Konfuzius*). Natürlich hat Jesus Christus diesen Grundsatz am klarsten mit seinen bekannten Worten ausgedrückt: „Und wie ihr wollt, dass euch die Leute tun sollen, so tut ihnen auch." (*Matthäus*, 7/2, *Lukas*, 6/31)

Diese kleine Geschichte des *kategorischen Imperativs* zeigt, dass dieser ethische Grundsatz in Wirklichkeit keine Geschichte hat. Es gibt Variationen in der Form, aber das Wesen bleibt unveränderlich.

Indien, ein Land „hoher Kultur und niedriger Zivilisation", scheint, als wenn es außerhalb der Zeit gelebt hätte, außerhalb der Geschichte. Denkmäler, die wir bei jedem Schritt sehen, geben Zeugnis vom intensiven, aber inneren, demnach statischen und geschichtslosen Leben. Durch Meditation werden Geheimnisse erkannt, doch wird weder Macht über die Natur erlangt noch die Welt geändert. Der Hinduismus ist auch nicht ein gesellschaftliches, sondern ein ethisches System, und er kennt nur die persönliche, innere, moralische Erhebung. Seit der Zeit der *Upanishaden* war Indien nur mit einem einzigen Problem beschäftigt: der Stellung des Menschen im Kosmos (Mircea Eliade). Das indische Kastensystem, welches in seiner wundersamen Größe und Beständigkeit ähnlich einem seiner pyramidenförmigen Tempel versteinert ist, enthält eine Verneinung der Zeit, Gesellschaft, Homogenität, Geschichte. Jedes geschichtliche und gesellschaftliche Bestreben würde diese wundersame Struktur allzu schnell zerstören, die sich nur in einer nach innen und zum Himmel gekehrten Welt erhalten konnte, indem sie sich nicht um jenes kümmerte, was draußen in der realen (dies bedeutet hier: chimärischen) Welt von selbst entsteht.

Abschnitt 4

DER KÜNSTLER UND DIE ERFAHRUNG

So wie es keine Evolution im Leben der Kunst gibt, so gibt es auch keine im Leben des Künstlers. Jeder Künstler beginnt von Neuem und arbeitet, als wenn kein einziger Mensch vor ihm schöpferisch tätig gewesen wäre. Er bedient sich einfach nicht der fremden, sondern nur der eigenen Erfahrung. Die Verwendung fremder Erfahrung, die Kontinuität der Erfahrung, das Kumulieren von Erfahrung ist immer eine Voraussetzung der Wissenschaft. Das Verwenden fremder Erfahrung stellt in der Kunst Imitation, Wiederholung, Akademismus, daher den Tod der Kunst dar.

Picasso hat siebzig Jahre gemalt und durchlief in dieser Zeit seine kubistische, neokubistische, impressionistische, surrealistische und neorealistische Epoche, doch ist dies überhaupt keine Evolution, überhaupt keine Entwicklung vom Schlechteren zum Besseren, aus weniger Vollkommenem zum Vollkommeneren. Wie jede Kultur war dies nur ein Drama des ununterbrochen Nachsinnens und Suchens.

In Zusammenhang mit diesem schöpferischen, außerhalb der Erfahrung (oder der Geschichte) stehenden, rein menschlichen Charakter der Kunst gibt es einige andere sehr interessante Tatsachen. Es gibt z.B. eine Wissenschaft für Erwachsene und eine Wissenschaft für Kinder. Das Verstehen von Wissenschaft, und darauf folgend ihre Reproduktion, Verwendung und die Extraktion von Schlüssen für die Praxis hängt unter anderem von der Bildung, dem Heranwachsen, der Erfahrung ab. Jedoch gibt es keine Musik für Erwachsene und Musik für Kinder. Tests, ausgeführt mit dem Abspielen von Bach, Mozart, Beethoven, Debussy und Chopin, haben gezeigt, dass Kinder seriöse Musik gleich wie Erwachsene verstehen oder nicht verstehen. Der gefeierte Zyklus von Beethoven aus 32 Sonaten, der beste dieser Art in der Geschichte der Musik, ist zugleich pädagogische Literatur in Form von Konzerten für junge Schüler und ein Werk für die reifsten Pianisten. Picasso hat ab dem zweiten Lebensjahr gemalt, als er noch nicht einmal reden konnte. Ovid begann zu einer Zeit, in der andere Kinder erst zu sprechen beginnen, in Hexametern zu sprechen. Mozart hat mit sechs Jahren Konzerte gegeben. Kunst ist nicht Wissen, auch wenn sie Erkenntnis ist, doch nicht mit dem Verstand und der Bildung, sondern mit dem Herzen, der Liebe und der Schlichtheit der Seele.

„Manch ein Bauer nimmt, wenn er eine Arbeit fertig macht, ein Stück Holz und fertigt eine Skulptur an. Dafür braucht er nicht zehn Jahre Akademie! Ich möchte nur damit sagen, dass Kunst jedem zugänglich ist, dass nicht irgendein besonderes Talent oder eine Schulung notwendig ist. Jeder ist ein Künstler." (Jean Dubuffet, ein französischer Maler)
Dies erinnert uns an Tolstoi und seine Jasnopolje'sche Schule, wo er ausschließlich mit Kindern tiefste Glaubenswahrheiten und ethische Wahrheiten behandelt hat.[126]

---

[126] „Mit einer Menge Jasnopolje'scher Kinder hat Lew Nikolajewitsch die wichtigsten Fragen des menschlichen Lebens diskutiert, die nach der Bearbeitung mit diesen jungen Mitarbeitern ungewöhnlich klar für alle geworden sind (…) Jeder Gedanke wurde gemeinsam untersucht, entwickelt, erklärt, im Ausdruck vereinfacht, und in dieser Form würde Lew Nikolajewitsch ihn aufschreiben. So war er für den Verstand jedes Menschen zugänglich." (Petrow, Tolstoi)

KAPITEL VI
DRAMA UND UTOPIE

ABSCHNITT 1
DIE IDEALE GESELLSCHAFT

Stammt das Schlechte aus dem Inneren, aus den dunklen Tiefen der menschlichen Seele, oder von außen, aus den objektiven Bedingungen des menschlichen Lebens – das ist eine Frage, anhand der alle Menschen in zwei große Lager aufgeteilt werden können: Gläubige und Materialisten. Für Gläubige ist alles Übel und Gute tatsächlich im Menschen. Von daher kommt der Verzicht auf Gewalt, da Gewalt nach außen der Kampf mit dem erdachten, nicht bestehenden Übel ist. Gewalt hat nur gegenüber sich selbst, nach innen, im Sinne der Untergebung und Askese Platz. Zu behaupten, dass das Übel außen ist, dass der Mensch nur deswegen schlecht ist, weil die Umstände, in denen er lebt missgebildet sind, dass durch die Änderung dieser Umstände auch die Änderung des Menschen folgen wird, mit einem Wort, dass der Mensch das Resultat der äußeren Milieus ist, ist aus Sicht der Religion der gottloseste und zugleich unmenschlichste Gedanke, der jemals im menschlichen Verstand aufgetaucht ist. Dieser Gedanke degradiert den Menschen zu einem Ding, zu einem machtlosen Vollzieher äußerer, mechanischer, unbewusster Gewalten. Das Übel ist im Menschen – das Übel ist im gesellschaftlichen Milieu; dies sind zwei gegensätzliche Wahrheiten, die sich logischerweise ausschließen. Ihnen entsprechen zwei ebenso gegensätzliche und unbefriedbare Phänomene: Drama und Utopie.[127]

---

[127] Der Begriff der Utopie wird hier in seiner ursprünglichen Bedeutung verwendet: als Vision der idealen menschlichen Gesellschaftsordnung nach dem Vorbild der vollendeten tierischen Kollektive: Bienenstock, Schwarm, Ameisenhügel.

Das Drama ist ein Erlebnis in der Seele des Menschen, so wie die Utopie ein Ereignis in der Gesellschaft der Menschen ist. Das Drama ist die höchste Form der Existenz, die in unserem Weltall möglich ist. Die Utopie ist ein Traum oder eine Vision des Paradieses auf Erden. Im Drama gibt es keine Utopie, so wie es in der Utopie kein Drama gibt. Das ist der Gegensatz zwischen dem Menschen und der Welt oder der Persönlichkeit und der Gesellschaft.

In Platons *Der Staat* – der ersten Schrift dieser Art – lesen wir:
„Stellen wir in Gedanken die Pfeiler des Staates auf. Diese Pfeiler werden unsere Bedürfnisse sein (…) Doch wie wird der Staat all diese Bedürfnisse zufrieden stellen? Soll nicht jemand ein Landwirt sein, ein anderer ein Baumeister, ein dritter – ein Weber? (…) Jeder von ihnen soll für den anderen die Arbeit machen, die nur er machen kann? (…) Krieger müssen streng gegenüber Feinden und mild gegenüber Freunden sein. Um diese zwei Eigenschaften zu haben, die Heftigkeit und die Milde, müssen sie Philosophen sein, denn sie müssen einen Freund von einem Feind unterscheiden können. Damit solche Krieger gute Wächter des Staates sind, müssen sie sich erziehen (…) In der Erziehung ist der Anfang am wichtigsten. Sie beginnt mit dem Erzählen von Märchen und deswegen soll der Staat die Autoren, die sie schreiben, zensurieren (…) Die Verwalter dürfen im Interesse des Staates lügen, doch dürfen das andere nicht (…) Da die Untertanen ihren Übergeordneten gehorchen müssen, müssen alle gegenteiligen Stellen in Büchern ausgelöscht und die Götter und Helden als edel dargestellt werden (…) Man soll traurige weiche und faule Melodien verbieten, maskuline und kämpferische hingegen zulassen (…) Trinkerei ist verboten (…) Der Bürger darf sein Leben nicht mit Krankheit und Heilung verbringen, sodass er damit der Gesellschaft schadet. Er muss seine Arbeit machen oder sterben (…) Deswegen ist es besser, den, der lange krank ist oder eine kranke Nachkommenschaft hervorbringt, umzubringen (…) Durch Erziehung sollen Verwalter und Krieger ausgewählt, und ihre Söhne, sofern sie sich nicht als fähig für diese Arbeit erweisen, zur Klasse der Handwerker zurückgeführt werden. Durch die Erhaltung eines solchen Erziehungssystems wird jede zukünftige Generation besser als die vorherige sein, so wie dies durch die Erziehung pflanzlicher und tierischer Rassen erreicht wird (…)."

Der Mechanismus der Utopie ist inhuman aber vollendet. Wenn die Freiheit das Wesen des Dramas ausmacht, so machen zwei entgegengesetzte Tatsachen das Wesen der Utopie aus: Ordnung und Uniformität.

Anfang des 16. Jahrhunderts veröffentlicht Thomas Morus sein kleines aber epochales Buch über den idealen Staat auf der Insel Utopia. Für uns ist hier der zweite Teil des Buches interessanter, so werden wir ihn in kürzester Weise nacherzählen. Die Insel Utopia ist halbmondartiger Form mit 54 Großstädten, die sowohl vom Aussehen als auch von der Lebensart gleich sind. Um die Städte befinden sich landwirtschaftliche Gründe mit Häusern und landwirtschaftlichen Geräten. Die Bewohner der Ländereien sind in Genossenschaften aus je vierzig Mitgliedern, mit einer Hausfrau und einem Hausherrn an der Spitze, organisiert. Je dreißig Genossenschaften haben ihren Ältesten – einen Phylarch. Jeder Genossenschaft werden zwei Sklaven zugeteilt. Zwanzig Mitglieder der Genossenschaft kehren, sobald sie zwei Jahre am Lande verbracht haben, zurück in die Stadt, und aus der Stadt kommen zwanzig neue Mitglieder, die dort ebenfalls zwei Jahre verbringen werden. Ständige Landwirte gibt es daher nicht. Küken werden ohne Hahn durch eine Art Inkubator produziert. Sie bemühen sich mehr, als für ihre Stadt notwendig ist, zu erzeugen, damit sie den Rest auf die übrigen Städte verteilen. An der Ernte beteiligt sich auch ein größerer Teil der Bürger, damit sie diese so früh wie möglich erledigen. Die Hauptstadt Amaurot liegt an einem Fluss nahe dem Meer, hat eine Wasserzuleitung und ist befestigt. Die Häuser werden in vollendeter Weise gereinigt und sind mit zwei Straßen an den Seiten, die alle gleich breit sind, dreißig Fuß, aufgestellt. Die Türen werden nicht zugesperrt, da es kein Privateigentum gibt, und die Häuser werden alle zehn Jahre, durch Ziehen von Losen, gewechselt. Die Bürger halten die Gärten sorgfältig in Stand und die jeweiligen Straßenblocks wetteifern darin miteinander. Alle, Männer und Frauen, lernen je ein Handwerk. Die bedeutendsten sind: Mauerern, Schmieden, Baumschlagen und die Verarbeitung von Wolle und Leinen. Jede Familie stellt für sich selbst Kleidung her, die auf der ganzen Insel gleich ist und sich nur nach der Größe und der Jahreszeit, beziehungsweise dem Geschlecht und Familienstand unterscheidet. Jeder Bewohner Utopias erbt das Handwerk seines Vaters. Es wird sechs Stunden gearbeitet: drei Stunden am Vormittag, dann das Mittagessen und eine Pause von zwei Stunden, und darauf drei Stunden am Nachmittag. Um acht Uhr abends legt man sich hin und schläft acht Stunden. Bei der Arbeit wird eine Lederkleidung getragen, die sieben Jahre hält (…) Jede Stadt hat 600 Familien, und jede Familie 10-16 Mitglieder, mit einem Vorsteher an der Spitze, meistens dem ältesten Mitglied. Die Familien sorgen dafür, dass sie sich nicht vergrößern oder unter ihrem Maß verringern. Die Überschüsse zahlreicherer Familien werden den Familien mit geringeren Mitgliederzahlen zugeteilt. Je dreißig Familien haben ein geräumiges Heim, in dem der Phylarch wohnt und wo sie alle auf das Zeichen der Trompete zum gemeinsamen Mittagessen kommen. Es ist zulässig auch zu Hause zu essen, doch wird das als unehrenhaft erachtet und stellt einen Zeitverlust wegen der Zubereitung der Nahrung dar.

Die Bürger Utopias dürfen durch Utopia nur mit Erlaubnis der Staatsmacht reisen.

Assoziationen mit Tendenzen und Erscheinungen in manchen Gesellschaften der Gegenwart drängen sich von selbst auf: die Begrenzung der Freiheit im Interesse der Gesellschaft, Führerkult, Gesellschaftsdisziplin, Abschaffung der Familie und elterlicher Beziehungen, Kunst im Dienste des Staates, Darwins Selektion, Euthanasie, gesellschaftliche (und nicht familiäre) Erziehung, Primat des Staates vor dem Einzelnen, Offenheit gegenüber dem technischen Fortschritt, Gleichheit der Geschlechter in der gesellschaftlichen Arbeitsteilung, Eigentumsnivellierung, Arbeitsaktionen, Wettbewerbe, Kollektivismus, Uniformität, Zensur u.Ä.

Das Drama beschäftigt sich mit dem Menschen, die Utopie hingegen mit der Welt. Die riesige innere Welt des Menschen ist in der Utopie auf eine gedachte Hilfslinie reduziert worden. Da die Menschen keine Seele haben – das ist die Voraussetzung jeder Utopie – gibt es in der Utopie keine menschlichen, und das bedeutet auch keine moralischen Probleme. In der Utopie funktionieren die Menschen, sie leben nicht. Sie leben nicht, da sie keine Freiheit haben. Der Mensch hat dort keine Persönlichkeit. Stattdessen hat er eine Psychologie, die von seiner Funktion in der gesellschaftlichen Arbeitsteilung, in der Reproduktion des eigenen Lebens abhängt. „Gut" und „Böse" haben hier einfach keinen Sinn. In keiner Utopie, eingeschlossen des sogenannten wissenschaftlichen Sozialismus, gibt es wertende Urteile. Alles ist ein Schema. Jede Utopie ist grundsätzlich auf der entgegengesetzten Seite zum Guten und Bösen.

Nach Marx ist der endgültige Zustand der Geschichte der Kommunismus, der Überfluss der Produktion für alle – vollkommene materielle Befriedigung. Nach Hegel ist der Sinn der Geschichte der Triumph der Idee der Freiheit – daher des Dramas. Sozialismus ist die Projektion der Gesetze der materiellen Welt auf das menschliche und gesellschaftliche Leben. In kommunistischen Visionen eines ewigen Friedens (oder einer klassenlosen Gesellschaft) wiederholt sich am Ende der Entwicklung das Bild der materiellen Welt, ihre ferne Zukunft im Zustand der Entropie. Die klassenlose Gesellschaft – das ist Clausius' Gesetz der Entropie, projiziert auf das gesellschaftliche Leben. Anstatt der Entropie (oder dem ewigen Frieden) konnte die Religion am Ende aller Dinge, statt der allumfassenden Gleichmachung und des allgemeinen Gleichgewichts nur das Jüngste Gericht sehen – das Drama.

Deswegen ist das Drama auch die grundsätzliche und historische Fortsetzung der Religion, so wie jede Utopie eine Art Wissenschaft ist. Quetelet hat eine soziologische Arbeit geschrieben und gab ihr eine vollkommen logische Bezeichnung: *Sozialphysik*. Jede Lehre über die Gesellschaft ist eine Verlängerung der Physik oder Zoologie.

Es gibt politische Utopien, beginnend von Platon, über Thomas Morus, Campanella, Fourier, Saint-Simon, Robert Owen, bis zu Marx. Doch muss man hier auch technische Science fiction dazuzählen, die mit Bacons – *Nova Atlantis* – beginnt.

Die Technik und der Fortschritt bilden von Tag zu Tag immer mehr einen riesigen wissenschaftlich-technischen Mechanismus, in dem der Mensch unausweichlich seine Individualität verliert. Er wird zum Teil des Mechanismus. A. Huxley sieht den Menschen der Zukunft als künstlichen Menschen, ein Produkt der Technik, die er selbst geschaffen hat. In ungeheuerlichen Laboratorien wird der menschliche Embryo dank der Errungenschaften der Genetik (*genetic engineering*) im Einklang mit einem bestimmten Plan – einem Rezept – bearbeitet. Dort werden mit Hilfe der Wissenschaft vollkommen gleiche menschliche Wesen, lebendige Wesen in Kopie erzeugt. Sie werden keine Persönlichkeit, stattdessen werden sie optimale Eigenschaften haben. Dr. David Klein, Direktor des Instituts für medizinische Genetik der Genfer Universität, macht Experimente, in denen aus Zellen eines Frosch-Eis der Kern getrennt und dieser durch einen anderen Kern aus der Zelle eines anderen Frosches ausgetauscht wird, womit man Individuen mit gewünschten genetischen Eigenschaften bekommt. Wenn dieser Prozess vollendet ist, dafür wird man 40-50 Jahre brauchen, wird es nach der Meinung von Dr. Klein möglich sein, Tiere und demnach auch Menschen mit geplanten Eigenheiten zu produzieren. Diese idealen Exemplare können sogar alle, wie ein Ei dem anderen, ähnlich sein. Aldous Huxley führt diese Perspektive der technischen Utopie bis zum Absurdum:

> „Im Jahre 2500[128] wird auf der Erde eine neue Welt um sich greifen, deren Prinzipien werden sein: Gleichheit, Übereinstimmung und Stabilität. Die Hauptwissenschaft in dieser Welt wird Biologie sein, mit deren Mitteln übereinstimmende Standardmenschen aus dem Inkubator, tausende Zwillinge gewonnen werden, die an übereinstimmenden Maschinen, indem sie einzelne Funktionen erfüllen, arbeiten werden (…)."

In dieser wunderbaren Welt wird es keine sündigen Menschen geben, es wird defekte Einzelne geben, die nicht verantwortlich sein und bestraft, sondern einfach aus dem Mechanismus demontiert werden. In ihm wird es kein Gut

---

[128] bemerkt er ironischer Weise

oder Böse geben, so auch kein Streben, keinen Zweifel und keine Dilemmas und Revolten. Das Drama ist eliminiert. Die Utopie ist errichtet.

Abschnitt 2
UTOPIE UND MORAL

Fast entgegengesetzt zur allgemeinen Meinung strebt der Mensch nicht nach der funktionalen, sondern umgekehrt, der nichtfunktionalen Welt. Einen sehr zweifelhaften Wert hat jene Definition, nach welcher der Mensch ein gesellschaftliches Tier ist. Sozietät ist – wenn wir darunter den Sinn für das Leben in einer Herde, einem Schwarm, einem Bienenstock verstehen – eher eine tierische, zoologische, biologische denn eine menschliche Eigenschaft. Was kann schon mit dem gesellschaftlichen Leben der Biene oder der Ameise oder mit der Sozietät der Zelle im Organismus, die in vollendeter Harmonie zugleich für sich und für andere lebt, verglichen werden? „Der Mensch ist von Natur aus antisozial" – konstatiert der Materialist Hobbes mit Verbitterung. In Wirklichkeit ist der Mensch in gewissem Sinne ein unverbesserlicher Individualist und zeigt Abscheu, sogar Unfähigkeit zum Leben in der Herde. Nur jene, die weniger Menschen unter Menschen sind, nur weniger erfolgreiche menschliche Musterbeispiele sprechen sich für die Funktion, Ordnung, Regelmäßigkeit, Uniformität, Priorität der Gesellschaft vor dem Einzelnen aus. Da diese Art von Menschen gerade deswegen auch am effizientesten ist, gelingt es ihr ihre Verständnisse als die herrschenden aufzudrängen. Korporale sind immer effizienter als Dichter – und das ist eine tragische Tatsache, die von der Macht und Machtlosigkeit alles Menschlichen und Humanen spricht.

In der Kaserne sind dem Soldaten alle Grundbedürfnisse gesichert: Wohnung, Nahrung, Kleidung, Arbeit. Dort ist Ordnung, Disziplin, Hygiene und so auch eine Art Gleichheit (oder Vereinheitlichung). Doch wird der größte Anteil der Menschen sich ziemlich leicht darüber einig werden, dass die Kaserne, abgesehen von diesen ihren Segnungen, den schlimmsten Prototyp der Gesellschaft darstellt, den man sich vorstellen kann. Manche Gesellschaften, die sich heute bilden, sind bloß große Kasernen (oder sind auf dem Weg solche zu werden). Die schönen Parolen, mit denen sie sie dekorieren, ändern nichts an ihrem Wesen, oder ganz wenig.

Humanismus und Moral sind an den Namen des Menschen gebunden, an einen menschlichen Appell. Ein Gesellschaftsmitglied oder ein Einwohner der Utopie ist kein Mensch im authentischen Sinne des Wortes, das ist ein gesellschaftliches Tier oder ein mit Verstand ausgerüstetes Tier. Der Mensch hat Moral (oder Amoral), ein Gesellschaftsmitglied hat nur eine Funktion. Moral ist immer eine Norm. Wenn unser Wirken nicht ein bewusstes, gewolltes Handeln ist, wenn wir tun, wie wir tun müssen, wie dies in der Utopie ist, dann ist jede Norm, und demnach Moral gegenstandslos. Selbst das humanste Verhalten des Menschen im Kommunismus ist nicht moralisch. Das ist der Sinn der Behauptung der Marxisten, dass es im Kommunismus keine Moral gibt, beziehungsweise dass Moral im Kommunismus nicht möglich ist. Im Kommunismus wird die Moral abgeschafft, da sich die Menschen einander gegenüber unmittelbar verhalten, ohne Vermittlung einer Norm. Dass im Ameisenhügel jede Ameise ihre Aufgabe vollendet ausführt, ist nicht Gegenstand irgendeiner Moral. Die Ameise kann sich einfach nicht anders verhalten. Oder wenn Bienen eine erkrankte oder erschöpfte Arbeiterin aus dem Bienenstock werfen, so handeln sie nicht unmoralisch, so wie das Aufopfern der Biene für den Schwarm, ihre gewissenhafte Arbeit keinerlei Moral impliziert. Das ist lediglich Funktionieren des gesellschaftlichen Mechanismus. Dies ist der wahre Sinn von Lenins Aussage, dass es im gesamten wissenschaftlichen Sozialismus nicht einmal ein Körnchen Moral gibt, eine Aussage, die soviel Unverständnis und Verwirrung verursacht hat, die aber die weitreichendste Anerkennung der Verbindung zwischen dem Kommunismus und der Utopie darstellt.[129]

Marxismus ist eine Utopie, gerade weil er wissenschaftlich ist und zu dem Teil, in dem er wissenschaftlich ist. Jede Utopie ist gerade deswegen eine, weil sie meint, dass das menschliche Leben eine ausschließlich äußere Erscheinung (oder eine Frage der Produktion, des Konsums und der Verteilung) ist und dass es mit Hilfe der Wissenschaft und der Anwendung ihrer Methoden geordnet werden kann: Schemen, Verhältnisse, Gleichgewichte, Druck, Widerstand,

---

[129] Vergleiche den folgenden Text des bekannten sowjetischen Rechtstheoretikers J. Pašukanis: „Wenn die Beziehung des Einzelnen mit der Klasse gleichermaßen lebendig und stark ist, sodass die Grenzen des 'Ich' sich gewissermaßen auflösen, und der Vorrang der Klasse tatsächlich identisch mit dem persönlichen Vorrang wird, dann hat es keinen Sinn, von der Erfüllung moralischer Schuldigkeiten zu sprechen, dann gibt es das Phänomen der Moral überhaupt nicht mehr" (Jevgenij Pašukanis, *Allgemeine Rechtslehre und Marxismus*, 1929, S. 141).

Faktoren, Durchschnitte, Anstalten, Gesetze, Gefängnisse und Maßnahmen, und weil sie glaubt, dass sich das Problem darin erschöpft.[130] Die materialistischen Schlüsse auf die Gesellschaft angewandt führen zu einer Art Sozialismus oder Kommunismus. Dieselben Schlüsse führen im Leben des Einzelnen folgerichtig ausgeführt zu jenem, das wir für gewöhnlich als Epikureismus bezeichnen. Ein Epikureer ist ein praktischer Materialist. Denn der Mensch ist nur bedingt und theoretisch Teil der Gesellschaft, doch im wirklichen Leben ist er ein unabhängiger Einzelner, ein individuelles Geschöpf, dem persönlichen Leben mehr als dem gesellschaftlichen zugeneigt, so ist der Epikureismus das praktische, der Sozialismus hingegen das theoretische Resultat der materialistischen Philosophie. „Wenn ich nur ein Leben habe, dann gehört es nur mir" – dies ist realistischer als irgendein Aufopfern für die jetzigen oder die zukünftigen Generationen. Der Mensch strebt in der Gesellschaft ständig danach, zu leben, zu denken und als ein getrennter Einzelner zu handeln. Noch mehr als das, er äußert eine Neigung dazu, die gesellschaftlichen Normen und Gesetze immer zu missachten. Jedes System, das die Individualität des Menschen nicht berücksichtigt, das zwanghaft und trotz dieser entgegengesetzten Tatsachen in ihm ausschließlich ein Gesellschaftsmitglied sehen will, geht von den falschen Voraussetzungen aus. Es ist vergeblich, dem Menschen das Beispiel der Biene und der Ameise anzuführen. Wenn die Biene denken könnte, wenn sie nicht unter der Kontrolle der Instinkte stehen würde, würde sie es meiden zu arbeiten und würde den Honig, den ihre Kameradinnen gesammelt haben, aufessen. Die Termite würde nicht freiwillig in den Tod geworfen werden, um das Überleben des Kollektivs zu sichern. Wenn sie wählen könnte, würde sie fast sicher das Leben wählen und vor dem Tod fliehen. Der Mensch jedoch agiert und spricht meist für das gesellschaftliche Interesse; viele praktische Schwierigkeiten des sozialistischen Systems gehen auf dieses Problem zurück (das bekannte Problem der Verantwortlichkeit beziehungsweise der Verantwortungslosigkeit in allen Systemen dieser Art). Diese Deformierung ist in den tierischen Kollektiven, die wir kennen, nicht möglich, da das Tier nicht die Wahl hat, in einem kritischen Moment im persönlichen Interesse zu handeln und das Kollektiv zu vernachlässigen. Der Mensch hat diese Wahlmöglichkeit und diese Tatsache darf in keiner Weise vernachlässigt werden.

---

[130] Die oberste Devise sowohl des Sozialismus als auch des Kommunismus ist in der Funktion der Produktion und des Konsums gegeben: „Produziere nach Fähigkeiten, verbrauche entsprechend der Arbeit (nach den Bedürfnissen)." Oder die bekannte Formel von Lenin: „Kommunismus ist Marx plus Elektrifizierung des ganzen Landes."

Die Menschen befinden sich daher in der Situation, dass sie entweder ein Gesellschaftssystem für Wesen, die die Möglichkeit der Wahl haben, finden oder dass sie mit Gewalt (oder durch Dressur) diese Wahlmöglichkeit zerstören und sich gerade auf einen dieser beiden Wege ausrichten. Die sozialistischen Denker haben immer gefühlt, dass die Psychologie des Einzelnen, eine famose individualistische Psychologie – oder anders gesagt, das angeborene Streben des Menschen nach Individualität und Freiheit, der größte Störfaktor in der Verwirklichung ihres Konzepts des gesellschaftlichen, kollektiven Paradieses ist. Deswegen sprechen sie immer über die Gesellschaft, die Produktion und Verteilung, die Volksmassen, Klassen usw., hingegen meiden sie Probleme des Menschen wie die der Persönlichkeit. Den Rechten des Menschen setzen sie die Rechte der Natur entgegen, den Menschenrechten – die sozialen Rechte.

Unter den Umständen des Menschen und beim Menschen wird jede Entscheidung für eine ungünstige Alternative, jedes Unterordnen persönlicher unter gesellschaftliche Interessen durch einen inneren Kampf der Motive getroffen, sie wird demnach zu einer Form der Moral. Dieser Tatsache ins Auge blickend, beginnen die Materialisten immer mehr das Gewissen zu erwähnen, indem sie erklären, dass sie unter diesem Ausdruck das kollektive Bewusstsein verstehen, d.h. das Gefühl des Einzelnen, dass er einem Kollektiv angehört und dass er sein gesamtes Leben als Mitglied dieses Kollektivs verwirklicht. Doch ist das Gewissen nur eine andere Bezeichnung für die Moral und so schließen die Materialisten ab, indem sie ein vollkommen fremdes Element ins Spiel bringen, das sich überhaupt nicht im Inventar des Materialismus befindet. Wenn der Mensch nur ein Mitglied der Gesellschaft wäre oder sein könnte, wäre der Sozialismus möglich, doch dies ist ein einseitiges und daher ein unwahres Bild des Menschen. Umgekehrt, weil der Mensch ein unabhängiger Einzelner ist, weil er ein Wesen der Wahl ist, weil er ein moralisches Wesen ist, das Gutes und Schlechtes machen kann, mit einem Wort, weil er ein Mensch ist, ist Sozialismus in einer folgerichtigen Form nicht möglich.

Abschnitt 3

UNTERGEBENE UND HÄRETIKER

Es gibt eine Art von Menschen, die eine starke Staatsmacht bewundern, sie lieben es, in einer Zwinge zu sein, sie vergöttern Ordnung, jene äußere, wie sie in der Armee herrscht, wo man weiß, wer befiehlt und wer gehorcht. Nach ihrem Geschmack sind fremde, neu gebaute Stadtteile, wo alle Häuser gleich sind, in geraden Reihen und mit gleichen Fassaden. Sie lieben Blech-Musik, Uniformen, Spektakel, Paraden und andere Lügen, die das Leben verschönern und es leichter machen. Insbesondere lieben sie es, dass alles nach dem Gesetze ist. Das sind Menschen mit einer Untergebenen-Mentalität. Sie lieben es schlicht Untergebene zu sein, sie lieben Sicherheit, Ordnung, das Establishment, sie lieben es, von ihren Vorgesetzten gelobt zu werden, sie lieben es, in der Gunst zu stehen. Sie sind stolze, friedliche, loyale, zu korrekte Bürger. Untergebene lieben es, eine Staatsmacht zu haben, und die Staatsmacht liebt es, Untergebene zu haben. Sie passen zusammen wie Teile eines Ganzen. Wenn es keine Autorität gibt, so denken die Untergebenen sie aus.

Auf der anderen Seite steht eine unglückliche, verfluchte oder verhexte Art von Menschen, die immer wegen etwas rebelliert, die immer etwas Neues will. Sie spricht weniger über Brot, hingegen mehr über Freiheit, weniger über Ordnung und Frieden, hingegen mehr über die menschliche Persönlichkeit. Sie erkennt es nicht an, dass der Kaiser ihr den Lohn gibt, sie behauptet im Gegenteil, dass sie den Kaiser sogar ernährt („Die Obrigkeit erhält uns nicht, sondern wir erhalten die Obrigkeit"). Diese ewigen Häretiker mögen für gewöhnlich keine Obrigkeit, noch mag die Obrigkeit sie. Wenn sie religiös sind, so vergöttern die Untergebenen Menschen, Autoritäten, Idole, Abgötter; Freiheitsliebende und Rebellen verherrlichen nur einen einzigen Gott. Denn, während die Abgötterei die Sklaverei und Unterwerfung nicht stört, stört der wahre Glaube die Freiheit nicht.

Abschnitt 4

GESELLSCHAFT UND GEMEINSCHAFT

Man muss eine Unterscheidungslinie zwischen der Gesellschaft als äußerer Summe von Individuen auf Grundlage des Interesses und der Gemeinschaft als einer Gruppe von Menschen, die von innen durch das Gefühl der Zugehörigkeit verbunden sind, ziehen.

Die Gesellschaft gründet sich auf dem materiellen Bedürfnis, auf dem Interesse. Die Gemeinschaft gründet sich auf dem geistigen Bedürfnis, auf der Bestrebung. In der Gesellschaft sind die Menschen anonyme Mitglieder, gebunden durch das Interesse oder getrennt durch das Interesse. In der Gemeinschaft sind die Menschen Brüder, gebunden durch Vertrauen oder durch das einfache Gefühl, dass sie eins sind, an einen gemeinsamen Gedanken. Die Gesellschaft besteht, weil wir durch das Leben in ihr Güter leichter erlangen oder das Überleben sichern. Ein Kind kann nicht ohne die Hilfe anderer überleben, und Erwachsene können nicht ohne Vereinigung mit anderen Menschen gut leben – hier liegt die Quelle der Gesellschaft im äußeren Sinne (Quelle der Geselligkeit, Quelle der Gesellschaftsidee). Das Streben des Menschen nach dem Leben in der Gesellschaft stammt daher nicht aus seinem wahren Wesen, sondern aus Notwendigkeit. Man sucht nicht nach der Geselligkeit als solcher, sondern dem Nutzen, der aus ihr entstammt – konstituiert Hobbes. In der Gesellschaft herrschen die Gesetze des Stärkeren, der Unterwerfung, der Ausbeutung oder, im besten Fall, des Gleichgewichts der Interessen. Nur die Gemeinschaft weiß von der Gerechtigkeit, dem gegenseitigen Helfen, der Solidarität und Brüderlichkeit. Viele Missverständnisse stammen aus der Vermischung dieser zwei Begriffe.[131]

---

[131] Zur Illustrierung der Gegensätzlichkeit, über die ich hier spreche (Gesellschaft – Gemeinschaft), würde ich die Aufmerksamkeit des Lesers auf ein interessantes Phänomen in den Vereinigten Staaten von Amerika, das neueren Datums ist und darum unzureichend bekannt und studiert ist, lenken. Es handelt sich um eine mächtige Welle der Ethnizität und des kulturellen Pluralismus, die das moderne Amerika ergriffen hat. Die tiefste Anregung dieser Welle ist, wie Victor Turner erklärt, die Suche nach der Gemeinschaft und das Bedürfnis nach einer spontanen Kollektivität – der Communitas. Die Communitas ist – sagt Turner – eine spontane und selbst erhaltende Gemeinschaft. Sie ist eine Antistruktur und stellt sich im Wesentlichen dem gesellschaftlichen Gefüge entgegen, „so wie sich die hypothetische Antimaterie der Materie entgegensetzt". „Die Kollektivität liegt im Angelpunkt der Religion, der Literatur, des Dramas, der bildnerischen Künste, und dessen tief eingesenkte Spuren können in den Gesetzen, in der Ethik, ja sogar in der Ökonomie aufgefunden werden" (Turner). A. Dillon Riply, Sekretär des Smithsonian Instituts, erklärt: „Es gibt kein wirksames Gegenmittel gegen die Standardisierung der Massenkultur, jedoch helfen die Festivitäten des volkstümlichen Lebens, das Gefüge des kulturellen Pluralismus und der glänzenden Vielfalt zu erhalten. Sie enthüllen und beleben Gemeinschaften, die eine mächtige Schranke sind, welche die Einzelnen vor der Welt des Mega-Staates und der Mega-Korporationen schützt." Es scheint, als sei es notwendig gewesen, dass die Gesellschaft sich bis zur amerikanischen Stufe entwickelt, sodass die Menschen manch wichtige Unterschiede zwischen Gesellschaft und Gemeinschaft begreifen würden, und insbesondere dass die Entwicklung der Gesellschaft nicht zur Gemeinschaft führt, sondern sich von ihr entfernt. Diese Massenbewegung zur Erforschung der Wurzeln (Alex Halley, *Roots*) und zur Belebung der Tradition, die vollkommen spontan in den Sechziger Jahren in Amerika entstanden ist, hat einen mächtigen Anstoß bekommen, als dessen Protagonisten es geschafft haben, die Verabschiedung eines besonderen Gesetzes über die Förderung der Ethnizität zu bewirken (*Ethnic Encouragement Act*).

Jesus spricht über die Liebe zwischen den Menschen und er hat recht. Hobbes spricht über den Krieg aller gegen alle (oder Marx über die ewige Ausbeutung) und er hat recht. Doch denkt Jesus an die Gemeinschaft der Menschen, Hobbes und Marx hingegen an die Gesellschaft. Adam Smith hat die Sympathie und den Trieb nach Vergeltung als Gewalten, welche die Beziehungen zwischen den Menschen regulieren, entdeckt. Doch sind Sympathie und der Trieb nach Vergeltung Gewalten, die in der Gemeinschaft vorherrschen, und nicht in der Gesellschaft.

Indem sie die Gesellschaft erschafft, zerstört und schafft die Zivilisation die inneren, persönlichen, unmittelbaren Beziehungen zwischen den Menschen ab und errichtet äußerliche, anonyme, mittelbare Beziehungen zwischen ihnen. Die ersteren waren durch die familiären und verwandtschaftlichen Bande, die gemeinschaftlichen Feiern anlässlich von Geburt, Heirat und Tod oder das unmittelbare gegenseitige Helfen und die Sorge des Menschen um den Mitmenschen gekennzeichnet. Statt dieser Beziehungen, die den Menschen am offensichtlichsten zum Menschen machen, schafft die Zivilisation Einrichtungen fürs Altern und vertraut die Sorge darum Beamten an. Der Familie und der geistigen Gemeinschaft (der islamischen *Dscham'a*), stehen Produktionskollektive und der Staat, beziehungsweise seine Institutionen als Ausdruck objektiver Interessen ihrer Mitglieder entgegen. Man spricht vom kollektiven Geist. Doch einen kollektiven Geist gibt es nicht. Die Zivilisation kann dem Kollektiv nicht jenes geben, das sie selbst nicht hat. Das Kollektiv ist in Wirklichkeit die bloße Summe ihrer Mitglieder, die sich in der Regel untereinander nicht kennen und immer einander fremd sind. Sie bindet der Produktionsprozess, das Werksgebäude oder die Parzelle des landwirtschaftlichen Grundes, auf dem sie arbeiten, d.h. ein äußerer Faktor, zu einem Ganzen. Da gibt es kein Ich und Du, da sind wir alle Sie. Diese Tatsache kann das Paradoxon erklären, dass sich in großen, menschenreichen Städten die Menschen vereinsamt fühlen. Die Nähe des Menschen zum Mitmenschen ist eine geistige und nicht räumliche Kategorie – dies besagt ein moderner Solitär mit seiner rohen Klarheit. Im Solitär fühlen sich die Menschen alleine wie in der Wüste, auch wenn sie unter demselben Dach leben. Es gibt ein Kollektiv, aber keine Gemeinschaft, es gibt keine *Communitas*. Wenn religiöse Feierlichkeiten, bei denen man betete oder spielte, die Menschen einander annäherten, so haben die politischen und produktionellen Versammlungen, „Versammlungen des Kollektivs", wie man sie nennt, so scheint es, die Menschen noch weiter von einander entfernt. Nach den Daten aus einer Gerichtschronik werden in einer großen Stadt (Belgrad,1972) ein Drittel aller strafrechtlichen Delikte wegen Beleidigung und Verleumdung bei solchen Versammlungen begangen.

Eine wahre Gemeinschaft kann nur auf der Grundlage der Sympathie, der Liebe, der Anteilnahme, der Selbstlosigkeit, demnach auf der Grundlage einiger Gefühle, welche nur die Religion kennt, zwischen den Menschen begründet werden. Streng betrachtet ist die Gerechtigkeit für den Erhalt der Gesellschaft nicht unverzichtbar, doch ist sie eine unverzichtbare Bedingung für den Erhalt der Gemeinschaft, sie ist in Wirklichkeit die Voraussetzung einer Gesellschaft. Es ist möglich, sich eine mächtige und geordnete Gesellschaft, gegründet auf der vollkommenen Ungleichheit, daher auf der vollkommenen Ungerechtigkeit (erinnern wir uns an Platons *Der Staat*), vorzustellen. Die Unabhängigkeit der Gesellschaft von der Idee der Moral ist auch an der Tatsache abzulesen, dass alle Gesellschaften unmoralisch in ihrem eigenen Verhalten sind. Denn die Gesellschaft ist eine Struktur und unterliegt nicht moralischen, sondern vor allem physischen Bedingungen der Stabilität. Dieses Gesetz gilt absolut, insofern der Mensch ein Tier ist, sei er auch das vollendetste. Dieses Gesetz gilt desto weniger, je weniger der Mensch ein Tier ist, je mehr er ein Mensch ist. Die Endgültige Gesellschaft verschwindet mit all ihren Gesetzen an dem Punkte, an dem der Mensch zur Persönlichkeit wird, praktisch im Moment der Vermenschlichung einer Ansammlung, einer Gruppe oder einer Gesellschaft. Ab diesem Punkt beginnt die Gemeinschaft zu bestehen und fährt damit fort.

Das Gesetz, über das wir sprechen, drückt indessen nur die theoretische Gestalt der Dinge aus. Die pure Gesellschaft und die pure Gemeinschaft bestehen nur dem Prinzip nach. Im wirklichen Leben erwirbt jede Gesellschaft – da sie sich aus Menschen zusammensetzt und dies umso eher, je mehr sie sich aus wahren Menschen zusammensetzt – Charakteristiken einer Gemeinschaft. Sie wird nicht zur blanken Gesellschaft, Utopie, sie beginnt sich in einer menschlichen Dimension zu äußern, sie wird in bestimmtem Ausmaß eine Gemeinschaft. Das Umgekehrte gilt auch. Die ersten christlichen Gemeinschaften sind vielleicht das beste Beispiel geistiger Gemeinschaften, doch auch in ihnen begann man die gemeinsamen Mahlzeiten der *Agape* zuzubereiten, was ihnen eine gewisse soziale Note gab. Diese und ähnliche Tatsachen gaben manchen Anlass dazu, im ursprünglichen Christentum eine soziale Bewegung und in der christlichen Gleichheit eine Art Kommunismus zu sehen, was natürlich falsch und ein Zeichen für das Nichtverstehen des Wesens dieser Erscheinungen ist.

Abschnitt 5

PERSÖNLICHKEIT UND DAS „GESELLSCHAFTLICHE INDIVIDUUM"

Die Tragödie des Christentums als historische Erscheinung ist in zwei Tatsachen erkennbar: der Inquisition und darin, dass die erste Utopie in Europa christlichen Ursprungs ist.[132]

Der Sonnenstaat des Mönchs Campanella ist eine typische anti-christliche Vision, da sie sich anstatt für das himmlische für das irdische Königreich einsetzt und da sie, entsprechend folgerichtig, über die Gesellschaft und nicht über den Menschen spricht. *Der Sonnenstaat* ist ein Abfall von wesentlichen Zielen des Christentums und kennzeichnet den Beginn der Epoche ökonomisch-sozialer Theorien in Europa und der Welt.

Das Ziel der Religion ist es nicht, die äußere Welt zu ordnen. Sie ist ein Streben und eine Verpflichtung, und nicht ein Komfort und eine Weise, besser und angenehmer zu leben. Christus ist kein sozialer Reformator, und die Französische Revolution und der wissenschaftliche Fortschritt sind keine Wege zur Verwirklichung der christlichen Ideale der Liebe und des Friedens, wie dies Ernest Renan naiv glaubte und schrieb. Jesus war mit dem Schicksal der menschlichen Seele und der Errettung beschäftigt, die Utopie hingegen ist ein naiver menschlicher Traum von einer idealen Gesellschaft, ewiger Harmonie und Frieden. Es gibt nichts Gemeinsames zwischen der Religion als Geschichte des menschlichen Leides und dem naiven und illusorischen Erfolg der Utopie. Das eine ist das himmlische Königreich, das andere hingegen der Sonnenstaat – *Civitas Dei* und *Civitas Solis*. Diese beiden Staaten/Königreiche gehören nicht derselben Sachordnung an.

Das Drama kennt den Begriff der sozialen Sicherheit nicht, so wie die Utopie den Begriff der gesellschaftlichen Würde nicht kennt.

„Die soziale Utopie hat nach dem menschlichen Glück gesucht, das Naturrecht hingegen nach der menschlichen Würde. Die soziale Utopie hat die Verhältnisse skizziert, in denen die Menschen keine Qual und keine Unterdrückung erleben,

---

[132] Tommaso Campanella, *Civitas Solis (Der Sonnenstaat)*

das Naturrecht hat die Verhältnisse konstituiert, in denen es keine Erniedrigten und Verletzten mehr gibt."[133]
Als Campanella seine Vision der idealen Gesellschaft schrieb, war er zweifellos inspiriert durch die christliche Liebe zum Nächsten. Doch in seiner Anteilnahme für die Armen hat der Mönch es nicht gemerkt, dass es in seiner Vision überhaupt keinen Nächsten oder Ferneren mehr gibt. Er ist verschwunden, hat sich in den Verhältnissen der Produktion, des Konsums, der Arbeitsteilung verloren. Sein Nächster liebt und hasst nicht; ist weder gut noch schlecht; er hat keine Seele; er ist ein anonymes, aber vollendetes Individuum, das seinen bestimmten Platz im Schema des Sonnenstaates hat und das von Geburt bis zum Tode unfehlbar seine Funktion ausübt.

So betrachtet erweist sich die Utopie als das Bild einer Seite der Wirklichkeit, genauso wie das Drama über die andere Seite spricht. Shakespeare oder Dostojewski können zur Illustrierung dieser zweiten Anschauung, der Sicht der Welt als Drama, dienen. In den Romanen Dostojewskis erscheint die menschliche Seele in ihrer erschreckenden Größe vor unseren Augen, und die inneren Probleme, die inneren Geschehnisse sind so groß, dass uns all die äußere Welt mit ihrem Reichtum und ihrer Armut, ihren Staaten und Gerichten, Erfolgen und Niederlagen unwirklich und irrelevant erscheint. Die aus der Perspektive eines Dramas und einer Utopie gesehenen Weltanschauungen haben im Wesentlichen nichts gemein. Sie sind an verschiedenen Polen angesiedelt und verhalten sich wie Qualität und Quantität, Mensch und Gesellschaft, Freiheit und Notwendigkeit. In der Utopie sehen Sie die Welt, der Mensch hingegen ist nur eine Hilfslinie, die ihnen hilft, die Skizze, das Schema wahrzunehmen. Im Drama hat der Mensch mit seiner Größe die ganze Welt, die jetzt nur ein Anschein, eine Kulisse, fast eine Illusion ist, beflügelt.[134]

Die Utopie ist insoweit die Wahrheit, insoweit es wahr ist, dass der Mensch ein mit Verstand bestücktes Tier ist. Die Utopie ist gerade das Produkt dieser zwei Tatsachen, die beide von dieser Welt sind: der Bedürfnisse des Menschen und seiner Intelligenz, beziehungsweise des Strebens, dass der Mensch seine Bedürfnisse (das sind immer natürliche Bedürfnisse) als intelligentes Wesen stillt. Weil er Bedürfnisse hat, muss der Mensch danach streben, in der Gesellschaft zu leben, aber da er ein intelligentes Wesen ist, wird er nach der am

---

[133] Ernst Bloch, *Prirodno pravo i ljudsko dostojanstvo*, Belgrad, 1977, S. 7 (Anm. d. Übersetzers: *Naturrecht und menschliche Würde*)

[134] Alle Religionen haben jene Astronomie beibehalten, welche die Erde (und den Menschen) als Zentrum der Welt anerkannt hat. Daher der erbitterte Widerstand der Kirche gegenüber Kopernikus.

besten geordneten Gesellschaft streben, der Gesellschaft, in welcher der Krieg aller gegen alle beendet ist. Doch die ideale Gesellschaft hat nicht Freiheit und Individualität als ihre Prinzipien, sondern Ordnung und Uniformität.[135]

Dies weist anscheinend auf eine direkte Verbindung zwischen Utopie und der evolutionistischen Theorie vom Ursprung des Menschen. (Auf diese Tatsache hat insbesondere der bekannte Naturologe Rudolf Virchow hingewiesen). Darwin ist in gewissem Sinne Bedingung für die späteren sozialistischen Bewegungen. Damit der Mensch passend für verschiedene sozialistische Experimente oder damit er ein guter Bewohner irgendeiner Utopie wäre, müsste er nach Darwin zugeschnitten sein. Der wahrhafte, wirkliche Mensch ist nur zu sehr ein Individualist und ein unverbesserlicher Romantiker, als dass er sich in die Funktion einer Utopie einfügen oder ein gutes Mitglied der Gesellschaft werden könnte. Das Eliminieren alles spezifisch Menschlichen, besonders der Individualität und Freiheit, wird als eine wichtige Bedingung der Utopie dargestellt.

Die Utopie ist demnach der Glaube der Atheisten und nicht der Gläubigen. Doch ist dieser Glaube eine Illusion, insoweit der Mensch eine Persönlichkeit und nicht ein vollendetes Tier ist. Man kann sagen, dass die Alternative der sogenannten idealen Gesellschaft seit dem Vorfall der Schöpfung, seit dem Moment der Menschwerdung des Menschen unmöglich geworden ist. Seit diesem Moment befindet sich vor dem Menschen eine ewige Unzufriedenheit, eine Unruhe, ein ewiger Konflikt, ein Drama – „Geht fort! Einige von euch seien der anderen Feind." (Quran 2:36[136])

Die ideale Gesellschaft ist eine gleichmäßige und endlose Folge von der Persönlichkeit beraubten Generationen, die gebären, produzieren, konsumieren und sterben, und sich so in die „trostlose" Ewigkeit hinein fortsetzen. Die Tatsache der Schöpfung, die Einbindung Gottes in die Existenz des Menschen, hat diese „Mechanik" unmöglich, zu einer Illusion gemacht, und daher stammt jenes fanatische Sich-Entgegensetzen aller Utopien gegenüber Gott und Religion. Doch während die Propheten der idealen Gesellschaftsordnung die Gesellschaft und ihre Interessen zum obersten Gesetz ausgerufen haben, wollte Gott, dass der Mensch dies ist. Er ließ die Freiheit zu, sodass die Welt eine Versuchung darstelle, sodass sich der Mensch und seine Seele als die höchsten Werte affirmieren.

---

[135] Erinnern wir uns, dass Epikurs gesellschaftliches Ideal nicht Freiheit, sondern Sicherheit war.

[136] Quran 2:36. اَهْبِطُواْ بَعْضُكُمْ لِبَعْضٍ عَدُوٌّ

An die Möglichkeit der Utopie zu glauben, heißt demnach eine Art des naiven Optimismus, gegründet auf die Negation der menschlichen Seele, zu nähren. Nur jener, der nicht an die menschliche Seele, an die menschliche Persönlichkeit glaubt, kann glauben, dass es möglich ist, den Menschen zu beruhigen, zu bändigen und aus ihm ein Mitglied der Gesellschaft zu machen, der einwilligen wird, ein Teil des Mechanismus zu werden.[137] An die menschliche Seele zu glauben bedeutet umgekehrt praktisch an das unüberwindbare Meer des Ungehorsams, des Zweifels, der Angst, des Aufruhrs zu glauben; es bedeutet, zu glauben, dass der Mensch ein unverbesserlicher Individualist ist, dass er sich nicht uniformieren, unterwerfen, „beruhigen" lässt, dass er, wenn man ihm Komfort und Überfluss sichert, eines Tages all das mit Geringachtung von sich stoßen und seine Freiheit, sein Menschenrecht zurückverlangen wird. Denn der „Mensch ist das (…) Tier, das sich weigert, das zu sein, was es ist ". Darin liegt die direkte Beziehung zwischen dem Atheismus und allen Ideen von einer idealen menschlichen Gesellschaftsordnung. Atheismus ist die Bedingung des Glaubens, dass eine solche Gesellschaft in ihrer folgerichtigen Form überhaupt möglich ist.

Abschnitt 6

UTOPIE UND FAMILIE

Die Familie ist nicht die Grundzelle der Gesellschaft, wie dies in manchen älteren Verfassungen steht[138]. Familie und Gesellschaft sind disparate, einander entgegengesetzte Begriffe. Das verbindende Prinzip in der Familie ist die Sympathie oder das Gefühl, in der Gesellschaft hingegen ist dies das Interesse oder der Intellekt oder diese beiden zusammen.

Jede Entwicklung der Gesellschaft bedeutet gleichermaßen die Abschaffung der Familie. Das gesellschaftliche Prinzip bis zur letzten Konsequenz durchgeführt, bis zum Zustand der Utopie, kennt keine Familie mehr. Die Familie als

---

[137] Für gewöhnlich wird sich in der Praxis zeigen, dass Gesellschaften, welche die Schule des Monotheismus nicht durchlaufen haben, für die Utopie passender sind. In ihnen ist es leichter, die Standards der Unterwerfung, Uniformierung, Manipulation, des Führerkults und der Dressur aufzudrängen, ohne welche die menschliche Utopie unmöglich ist.

[138] In der neuen Verfassung der UdSSR (1977) ist dies nun das Arbeitskollektiv.

Zuhause innerer, romantisch persönlicher Verbindungen und Beziehungen ist auf Kollisionskurs mit allen Voraussetzungen der Utopie. Engels erkennt diese Tatsache auf seine Weise und mit anderen Zielen im Fokus an:

„Die Entwicklung der Familie in der Geschichte besteht demnach in der ständigen Einengung des Kreises, der ursprünglich den ganzen Stamm umfasst hat; des Kreises, innerhalb dessen eine eheliche Gemeinschaft zwischen beiden Geschlechtern herrscht. Durch den ständigen Ausschluss der allernächsten, und danach der immer ferneren Verwandten, zuletzt auch der nur Angeheirateten, wird jede Art von Gruppenehe praktisch unmöglich; am Faden verbleibt auf den ersten Blick nur noch ein lose gebundenes Paar Moleküle, durch dessen Auflösung die Ehe allgemein endet."[139]

Wie alles in der Utopie, ist auch das Gebären von Kindern alles Sentimentalen beraubt. Es ist eine Art Funktion oder eine Form der Produktion. In Platons *Der Staat* finden wir diese Zeilen:

„Frauen zwischen 20 und 40 Jahren sollen in spezielle Räume mit Männern zwischen 25 und 55 Jahren geschlossen werden. So geborene Kinder soll man in staatlichen Institutionen erziehen, sodass sie nichts vom Vater und der Mutter wissen. Frauen unter zwanzig und Männern über fünfundfünfzig Jahren sollen solche Beziehungen erlaubt sein, doch soll man die Früchte dieser Liebe beseitigen, oder das geborene Kind an einen besonderen Platz setzen, wo es vor Hunger stirbt. Familiäres Leben und Liebe kommen nicht in Betracht."[140]

Engels ist noch klarer:

„Nach materialistischem Verständnis ist der entscheidende Moment in der Geschichte in letzter Instanz die Produktion und Reproduktion unmittelbaren Lebens. Nun ist die Produktion selbst erneut zweiseitig. Einerseits die Produk-

---

[139] F. Engels, *Porijeklo porodice, privatne svojine i države*, New York, 1942, S. 41 (Anm. d. Übersetzers: *Der Ursprung der Familie, des Privateigentums und des Staates*)

[140] Utopien verwerfen Liebe, da dies ein persönliches und nicht gesellschaftliches Verhältnis zwischen Menschen ist. Unter den Zielen der chinesischen Kulturrevolution, dem bis heute weitreichendsten praktischen Versuch, eine Utopie zu verwirklichen, fand man die Erziehung der Jungen im Sinne der Verwerfung der Liebe als „bourgeoise Neigung". Liebe kann nur als Liebe zur Heimat, dem Sozialismus und dem Präsidenten Mao bestehen, und von ihrer Natur her ist sie ein giftiges Unkraut einer alten Gesellschaft, die man reinigen muss. Auch in der Literatur war die Liebe zwischen Mann und Frau lange ein Tabu-Thema, so wurden dann Bücher, die über sie handelten, nicht nur aus dem Verkauf gestrichen, sondern auch aus den Bibliotheken. Indessen, als nach dem Tod von Mao Tse Tung im Verkauf Tolstois *Anna Karenina* auftauchte, haben die Käufer manchmal über 100 Meter lange Schlangen gebildet.

tion der Mittel fürs Leben, Nahrungsmittel, Kleidung, Wohnung und dafür notwendigen Handwerkszeugs; andererseits die Produktion der Menschen selbst, die Fortsetzung der Art.[141] Es wird sich zeigen, dass die erste Bedingung für die Befreiung der Frau die Eingliederung des ganzen weiblichen Geschlechts in die öffentlichen Angelegenheiten ist, und dass dies wiederum die Abschaffung der solitären Familie als gesellschaftlich wirtschaftliche Einheit verlangt (...) Durch den Übergang der Produktionsmittel in Gemeinschaftseigentum hört die solitäre Familie auf, eine wirtschaftliche Einheit zu sein. Der private Haushalt wird in gesellschaftliche Industrie umgewandelt. Die Pflege und Erziehung der Kinder wird zur öffentlichen Aufgabe; die Gesellschaft kümmert sich um alle Kinder gleichermaßen, seien sie eheliche oder außereheliche."[142]
Nach Marx stellt das Verschwinden („Aussterben") der Familie die Vergesellschaftung des Menschen dar, seinen Übergang zum „totalen gesellschaftlichen Wesen". Alle Grundlagen seiner Existenz – der sozialen, materiellen und moralischen – gehen von der Familie auf die Gesellschaft über.

Die Französische Buchautorin Simone de Beauvoir, eine ausgesprochene Aktivistin der feministischen Bewegung in Frankreich und in der Welt, ist kategorisch: „Solange der Mythos von der Familie, der Mythos von der Mutterschaft und dem Mutterinstinkt nicht vernichtet ist, werden die Frauen auch weiterhin unterdrückt sein."[143]

Die Zivilisation schafft die Familie nicht nur grundsätzlich ab. Sie tut dies auch praktisch. Zuerst ist der Mann aus der Familie ausgeschieden, danach die Frau und letztendlich die Kinder. Die Sprengung der Familie taucht aus verschiedenen Blickwinkeln auf: eine immer geringere Anzahl geschlossener Ehen, eine immer größere Prozentzahl geschiedener Ehen, eine ständige Erhöhung der Anzahl beschäftigter Frauen, das Ansteigen der Anzahl von außerehelichen Kindern, immer mehr Single-Haushalte.[144] Dem muss noch die hohe Zahl der verwitweten Haushalte relativ junger Menschen, wegen der Häufigkeit von Verkehrsunfällen und dem hohen Anstieg von Herz- und malignen Krankhei-

---

[141] F. Engels, *Porijeklo porodice, privatne svojine i države*, Vorwort der Ausgabe von 1884

[142] F. Engels, *Porijeklo porodice, privatne svojine i države*, New York, 1942, S. 67 (Anm. d. Übersetzers: *Der Ursprung der Familie, des Privateigentums und des Staates*)

[143] In einem Interview der New Yorker Tageszeitung *Saturday Review*, September des Jahres 1975

[144] Nach der Anzahl der geschlossenen Ehen (um die 5 geschlossenen Ehen auf 1.000 Einwohner) befinden sich die Schweiz und Schweden am Ende der Weltrangliste.

ten zugezählt werden, die ebenfalls in enger Beziehung zu einigen Tatsachen der Zivilisation stehen.

Im Jahr 1960 kommt in Kalifornien auf jede geschlossene Ehe je ein Geschiedener. Dieser kalifornischen Proportion nähern sich hastig andere Zentren der hoch zivilisierten Welt. Die Zahl der Geschiedenen ist im Verhältnis zu der Zahl der geschlossenen Ehen überall im ständigen Ansteigen begriffen. In den USA kamen 1960 auf 100 geschlossene Ehen 26 geschiedene und 1975 beträgt diese Zahl bereits 48. In der UdSSR betrug die Zahl der Geschiedenen im Verhältnis zu der Zahl der geschlossenen Ehen etwas über 10% und 1973 stieg sie auf 27%. Die Zahl der Scheidungen in der Schweiz hat sich in den letzten 10 Jahren verdoppelt[145] und in Polen in den letzten 20 Jahren vervierfacht. Innerhalb von drei Jahrzehnten (1945-1975) hat sich die Zahl der geschiedenen Ehen in der Tschechoslowakei verdreifacht. In Prag wird heute fast jede dritte Ehe geschieden. In einer an französischen Mittelschulen durchgeführten Umfrage kam als erste Priorität der Wunsch nach Unabhängigkeit und einem angenehmen Leben und an letzter Stelle die Familie (aus dem Referat des B. Jazo am Internationalen Kongress in Bonn 1960). Das Institut für soziologische Forschung in Stockholm hat die Resultate einer Umfrage (1972) veröffentlicht, nach welcher Frauen, die der Prostitution nachgehen, meistens gut situiert sind und sich der Prostitution aus dem Wunsch nach dem süßen Leben hingeben.

Nach Daten des Wirtschaft- und Sozialrates der UNO (*ECOSOC*) hat sich der Eintritt von Frauen ins aktive Wirtschaftsleben in den letzten 25 Jahren doppelt so schnell abgewickelt, als angenommen worden war. Heute (1975) machen Frauen 35% der gesamten Arbeitskraft in der Welt aus. Die relativ höchste Zahl an berufstätigen Frauen hat die UdSSR (82 von 100 arbeitsfähigen Frauen), danach Ostdeutschland (80%), Bulgarien (74%), Ungarn (73%), Rumänien (73%) und Polen (63%). Nach diesen Ländern folgen Frankreich, Schweden, die Tschechoslowakei, Dänemark und Japan. In der Gruppe der Länder, zu der England, die Schweiz, Österreich, die Vereinigten Staaten und die BRD zählen, ist annähernd die Hälfte der Gesamtzahl der Frauen berufstätig (zwischen 49 und 52%). Der Vorrang der sozialistischen Staaten, die nicht einmal die entwickeltsten unter den aufgezählten Staaten sind, weist klar auf den Einfluss des ideologischen Faktors hin. Es geht um den ideologischen Standpunkt gegenüber der Familie und der Beschäftigung der Frau. Noch eine ähnliche Tatsache kann nicht nur durch die technische Entwicklung erklärt

---

[145] Mit 14.1 Prozent Scheidungen unter 10 000 Einwohner befindet sich die Schweiz an der Spitze der europäischen Rangliste der Scheidungen (Daten des staatlichen Statistikamtes von 1976).

werden: Die UdSSR und die Vereinigten Staaten haben denselben (und den höchsten) Prozentanteil an außerehelichen Kindern (10%). Die UdSSR hat aus dieser Sicht den entwickeltsten Staat in der Welt „eingeholt", da der allgemeine zivilisatorische Trend hier auch durch einen negativen ideologischen Standpunkt zur Ehe und Familie verstärkt wurde. Auch das Phänomen der getrennten Familien in China, Korea und jetzt in Kambodscha hat im Grunde dieselben Ursachen. Millionen Familien in China leben getrennt: der Vater auf der einen Seite der Welt, die Mutter und die Kinder hingegen auf der anderen, die Familie sieht sich nur einmal jährlich. Als Grund werden die Bedürfnisse der staatlichen Wirtschaft angeführt, daher das Gemeininteresse. Die Familie repräsentiert dieses Interesse nicht. Im Gegenteil!

Nach den Daten einer Umfrage hat sich die Zahl weggelaufener Kinder in Amerika in den letzten fünf Jahren verdoppelt und 1976 zwei Millionen erreicht.

In einer solchen Situation ergeht es den Alten am schwierigsten. In Wirklichkeit gehört die Welt sowohl den Jungen als auch den Alten, doch schneidet die Zivilisation, moralisch-religiöser Rücksichtnahme beraubt und nur rationale Motive kennend, sie praktisch immer mehr nach dem Maßstab und Geschmack der Jungen zu. „Auf der hedonistischen Bühne gibt es am meisten Platz für jene, die am aktivsten sind – und das sind die Jungen und Frischen" – sagt ein jugoslawischer Psychiater. In Wirklichkeit musste eine Anschauung, die Sex an die Spitze der Werte gesetzt hat, alle Komplimente für die Jugend reservieren und über das Alter spotten. Es musste die Achtung gegenüber alten Greisen zum größten Vorurteil erklären. Überall auf der Welt hat die Religion (und die Kultur) das völlig Entgegengesetzte gelehrt. Wenn der menschliche Geist nicht existiert, ist der Alte das unnötigste Geschöpf auf der Welt. Weder die Religion noch die Zivilisation können einen anderen Standpunkt haben. Es geht um die Skala der Werte.

Alle Religionen werden die Familie als Nest des Menschen und die Mutter als ersten unauswechselbaren Erzieher verfechten und erheben. Alle Utopien werden im Gegensatz mit Begeisterung von der gesellschaftlichen Erziehung, von Kindergärten, Krippen, Heimen sprechen. Ungeachtet dessen, wie all diese Einrichtungen genannt werden, so haben sie die Abwesenheit der Mutter und die Übergabe der Kinder in die Hände von Bezahlten gemein. Platon, der als Erster eine Utopie (*Der Staat*) vorgelegt hat, hat als Erster auch die Idee der gesellschaftlichen Erziehung vorgelegt. Diese Idee wird natürlich in den sozialistischen Schriften des 19. und 20. Jahrhunderts kulminieren. Dieses Phänomen ist vollkommen regelmäßig. Wenn der Mensch ein „gesellschaftliches Tier" ist (was er mit einer Seite seines Wesens auch ist), dann ist Dressur, gesellschaftliche Erziehung, der Kindergarten und die sogenannte ideale Gesellschaft die richtige Lösung und elterliche Liebe, Familie, künstlerische und religiöse Erziehung, Individualität und Freiheit überflüssige Romantik, die überhaupt keine Grundlage in irgendeiner Wahrheit über den Menschen hat. In der idealen Gesellschaft erfüllen alle unfehlbar und vollendet ihre Funktion, demnach funktionieren sie vollendet und unfehlbar. Die Mutter und die Familie könnten diese vollendete Ordnung und diese auf vollkommener Nivellierung und Homogenität gegründete Idylle nur verderben. Die Mutter gebärt und zieht den Menschen heran, der Kindergarten zieht ein Gesellschaftsmitglied, den zukünftigen Bewohner der Utopie auf. Der Kindergarten ist eine Fabrik, eine Erziehungsmaschine. Der sowjetische Akademiker und langjähriger Funktionär der sowjetischen Regierung, Stanislav Gustavovič Strumilin (1887-1974) hat sechzig Jahre lang geschrieben:

„Indem wir den gesellschaftlichen Formen der Erziehung Vorrang vor allen anderen geben, werden wir in der nächsten Zeit diese Formen beständig verbreiten und das mit einem solchen Tempo, dass wir sie in fünfzehn bis zwanzig Jahren allen Bürgern von der Wiege bis zur Reifeprüfung zugänglich machen."

Und danach entwickelt der Akademiker, nicht ohne Stolz, eine furchtbare Vision:

„Jeder sowjetische Bürger wird, wenn er aus dem familiären Umfeld herauskommt, in Kinderkrippen gebracht werden, aus ihnen in Kindergärten mit Ganztagsaufenthalt oder in ein Kinderheim, danach in die Schule mit Internat und von dort mit dem Passierschein ins selbständige Leben – die Produktion oder die Weiterbildung."

Hier sehen wir nirgendwo die Mutter und die Familie, noch können wir sie sehen, denn es gibt sie nicht. Anstatt der Erziehung, der Heranziehung des Menschen, steht ein technologischer Prozess vor uns, als wenn es um die Produktion von Hühnern ginge. Die Spitze dieses „zivilisatorischen" Verhältnisses gegenüber der Familie liegt vielleicht in jenem bekannten Satz von Marx in *Das Kapital*: „Die Kinder beider Geschlechter müssen vor niemandem so sehr geschützt werden wie vor den Eltern."

Es gibt viele Anzeichen, dass man diesen Standpunkt gegenüber der Familie in der UdSSR als lebensfeindlich revidiert, aber das ist eine Deviation. Vom grundsätzlichen Standpunkt her liegt das Wesen der Frage nicht darin, ob Engels' (oder Strumilins) Anathema der Familie richtig oder falsch ist, sondern vor allem, ob Engels überhaupt einen anderen Standpunkt gegenüber der Familie haben konnte. Engels hat versucht, die letzten Schlüsse einer folgerich-

KAPITEL VI   DRAMA UND UTOPIE

tigen Zivilisation (oder Utopie, was dasselbe ist) zu entdecken, doch es wird nie möglich sein, die Zivilisation in Vollkommenheit zu verwirklichen, solange sie nicht den Menschen als Persönlichkeit zerstört. Denn dieser Mensch kann sich nicht in ihre Mechanismen, Strukturen, Einrichtungen, Kollektive, sogenannten Gemeininteressen, Staatsgerechtigkeit, Disziplin usw. einfügen. Zwischen dem Menschen und dieser „programmierten Bestialität" (A. Voznesensky) wird immer ein geheimer oder offenkundiger Krieg geführt werden.

Wir nehmen einen Standpunkt zur Ehe, Familie, Erziehung, den Eltern und Älteren abhängig davon ein, was wir im Menschen, wiederum abhängig von unserer Philosophie des Menschen, sehen. An einem Pol steht die Ehe als Vertrag (die neue schwedische Ehe), am anderen die Ehe als Sakrament, als heiliges Geheimnis (katholische Ehe). Wir legen die Frage, welches von diesen beiden Konzepten das richtige ist, vorerst beiseite und insistieren darauf, dass die rationalistische Moralphilosophie in der Ehe einen Vertrag, die christliche Moral hingegen ein Sakrament sehen musste. Engels hat sich daher nicht geirrt, als er das Aussterben der Familie angekündigt hat, jene sowjetischen Soziologen, die erneut die „gute alte Familie" errichten wollen (z.B. Dr. Urlanis u.a.), irren sich – vom Standpunkt der offiziellen Philosophie aus. Denn, wenn der Mensch nur ein vollendetes Tier ist, dann ist das Rezept des Akademikers Strumilin die einzig richtige Lösung.

Wir wissen nicht wie der innere Wert der menschlichen, in dieser eigenartigen Industrie erzeugten Individuen ist, doch weiß man heute zuverlässig, dass die Quantität im ständigen Absinken begriffen ist und dass sie besorgniserregende Ausmaße angenommen hat. Die Frau will nicht ein Kind gebären, um es sofort zu verlieren. In allen Staaten der Zivilisation kam es, teils wegen der Stellung der Mutter, teils als Resultat des Wunsches nach einem gemächlichen Leben ohne Verpflichtungen (was wiederum das Resultat der Zerstörung religiöser und kultureller Werte ist), zu einer Stagnation oder einem Abfall der Natalität.

Pierre Soni, Professor an der Sorbonne, behauptet, dass der weißen Rasse die Gefahr des Aussterbens droht. Ihm zufolge könnte das deutsche Volk im Laufe des nächsten Jahrhunderts praktisch verschwinden. Demografische Berechnungen zeigen, dass Frankreichs Bevölkerung, Mitte des 21. Jahrhunderts von den jetzigen 52 auf 17 Millionen Einwohner fallen wird. Diese Prognosen können übertrieben erscheinen, doch weisen die Daten auf eine solche oder ähnliche Entwicklung hin. In einer Reihe von europäischen Staaten wurde bereits seit einigen Jahren ein negativer Prozentsatz im demografischen Wachstum verzeichnet. Die Einwohnerzahl der BRD ist 1976 im Vergleich zu 1975 um 0,33% (um über 200.000 Menschen) gefallen, und 1975 im Vergleich zu 1974 um 0,56%. In West-Berlin betrug dieser Einbruch ganze 1,7% (Daten des Bundesamtes für Statistik in Wiesbaden).

In Schweden war das Parlament dazu gezwungen, das Problem des heftigen Anstiegs mental erkrankter Personen auf den Tagesplan zu setzen. Das ist der Fall in einem Land, in dem die Kindersterblichkeitsrate am niedrigsten, das Durchschnittslebensalter am höchsten, wo die Schulbildung in allen Stufen kostenlos ist, wo bereits seit 150 Jahren Frieden herrscht, wo es das Problem der Überbevölkerung nicht gibt, wo die größte Arbeitsproduktivität in der Welt und eines der höchsten Pro-Kopf-Nationalprodukte verzeichnet wurde. Dr. Hans Loman, ein bekannter Psychiater, dem das schwedische Parlament die Untersuchung der Ursachen dieser Erscheinung anvertraut hat, hat sich bisher auf die Konstatierung beschränkt, dass in Schweden die Mehrheit der verheirateten Frauen berufstätig ist und dass diese Tatsache einen so vitalen Bereich des Lebens, wie die Familie es ist, ernsthaft beeinträchtigt (in Schweden sind über 50% der Mütter mit Kindern bis drei Jahre und ungefähr 70% der Mütter mit Kindern bis 17 Jahre berufstätig). „Wir haben es geschafft, für unsere Kinder eine ausgesprochen kalte, kinderfeindliche Gesellschaft zu konstruieren", wird in einem Bericht Lomans gesagt.

Im statistischen Jahrbuch für das Jahr 1976 ist verzeichnet, dass fast jedes zweite Kind in Schweden ein Einzelkind ist (ähnlich ist die Situation in der Tschechoslowakei). Die Ehepaare in diesen Ländern erachten es als luxuriös und nicht-rational, Familien mit drei oder mehr Kindern zu haben. Bei einer solchen Sachlage, schätzen Demografen, dass Schweden bereits im Jahr 1990 nicht in der Lage sein wird, auch nur die einfache Reproduktion der Bevölkerung zu sichern.

Die Zivilisation hat aus der Frau ein Objekt der Bewunderung oder des Gebrauchs gemacht, doch hat sie der Frau die Persönlichkeit genommen, die einzig der Träger von Werten und Achtung sein kann. Dieser Situation begegnen wir öfter, doch ist sie am offensichtlichsten bei den diversen „Miss-Wahlen" und bei spezifisch weiblichen Berufen, wie Mannequin und Fotomodell. Hier ist die Frau keine Persönlichkeit, um nicht zu sagen kein Mensch mehr. Im besten Fall ist sie etwas mehr als ein „schönes Tier".

Die Zivilisation hat insbesondere die Mutterschaft degradiert. Sie hat unzweifelhaft der mütterlichen Beschäftigung die Beschäftigung der Verkäuferin, des Mannequins, der Erzieherin (fremder Kinder), der Sekretärin, der Putzfrau oder der Garderobiere vorgezogen. Die Zivilisation hat die Mutterschaft zur Sklaverei erklärt und der Frau Befreiung von ihr versprochen. Sie bringt prahlerisch Daten darüber, wie viele Frauen sie von der Familie und den Kindern getrennt (sie sagt – befreit) und zu Angestellten gemacht hat. Im Gegensatz dazu steht alle Kultur seit Menschengedenken bis heute im Zeichen der Verehrung der Mutter. Sie hat aus der Mutter ein Symbol, ein Geheimnis, ein Heiligtum gemacht. Sie hat ihr ihre schönsten Gedichte, erschütterndsten Töne und herrlichsten Bilder und Skulpturen gewidmet. Während in der Welt der Zivilisation die Agonie der Mutter andauert, malt Picasso sein großartiges Bild *Mutter mit Kind* – und verkündet mit dieser wunderbaren Hymne der Mutter, dass die Mutter für die Kultur noch lebt. Gefolgt von Kindergärten kommen Altersheime. Sie gehören derselben Sachordnung an und im Grunde sind sie zwei Etappen derselben Lösung. Mit Kindergärten und Altersheimen assoziiert man künstliches Gebären und künstliches Sterben. Für beide ist das Vorhandensein von Komfort und die Abwesenheit von Liebe und Wärme charakteristisch. Beide befinden sich in Opposition zur Familie und das Resultat ist die geänderte Rolle der Frau im menschlichen Leben. Ihre gemeinsame Voraussetzung ist die schrittweise Eliminierung der elterlichen Beziehungen: Im Kindergarten sind Kinder ohne Eltern; in Altersheimen Eltern ohne Kinder. Beide sind wunderbare Gebilde der Zivilisation und das Ideal jeder Utopie.

Die Familie mit der Mutter gehört zur religiösen Sicht der Dinge, so wie der Kindergarten mit seinen Beauftragten zu jenem zweiten gehört.

TEIL II
ISLAM – EINE BIPOLARE EINHEIT

KAPITEL VII
MOSES – JESUS – MUHAMMAD[146]

ABSCHNITT 1
HIER UND JETZT

Es gibt zwei Geschichten des Islam: jene vor und jene nach Muhammad *a.s.* Die Geschichte des Islams nach Muhammad (Geschichte des Islams im engeren Sinne) kann nicht vollständig verstanden werden ohne die Vorgeschichte des Islams, und insbesondere ihres letzten Teils, der die Periode des Judentums und Christentums umfasst.

Die Rolle dieser drei großen Offenbarungsreligionen ist enorm. Durch sie ist der Mensch zum Mittelpunkt der Geschichte geworden und hat gelernt, die Welt beziehungsweise die Menschheit als Gesamtheit zu betrachten. Durch sie hat er die Größe des äußeren und inneren Lebens, des äußeren und inneren Fortschritts, kennengelernt, ihr gegenseitiges Verhältnis und ihre Grenzen. Der historische Erfolg und Misserfolg des Juden- und Christentums stellt die entscheidende islamische Erfahrung der Menschheit dar. Moses, Jesus und Muhammad kennzeichnen drei Urbestrebungen, aus denen sich letztendlich alles Menschliche zusammensetzt.

Das Judentum stellt unter den Religionen eine diesseitige, „linke Tendenz", dar. Aus dieser Tendenz stammen all jene späteren Theorien des jüdischen Geistes, welche die Perspektive des irdischen Paradieses predigen. Das Buch

---

[146] Der Autor greift hier einerseits positiv konnotierte Stereotype auf. Das Judentum wird als Motor materialistischen Fortschritts abstrahiert. Andererseits bedient er die – besonders im slawischen Raum verbreitete – Verschwörungstheorie des Zusammenhangs von Freimaurerei und Judentum. Den Antisemitismus erklärt er zu einer „bei muslimischen Völkern völlig unbekannte(n) Erscheinung". Das verdeutlicht seine Intention, dieses Kapitel nicht als antisemitisch verstanden haben zu wollen, trotz einer gewissen Ambivalenz, die sich LeserInnen hier auftut.

Hiob ist tatsächlich ein Traum von Gerechtigkeit, die bereits hier auf Erden verwirklicht werden sollte. Nicht in der Ewigkeit, sondern hier und jetzt. Die Lehre von der Unsterblichkeit wurde von den Juden niemals vollkommen angenommen. Die Sadduzäer[147] haben sie im Zeitalter Christi immer noch verworfen. Maimonides, der größte jüdische Denker des Mittelalters, behauptet, dass die Unsterblichkeit bedeutungslos ist (was etwas weniger als die Negation der bloßen Idee von der Unsterblichkeit ist). Ein anderer großer Jude, Baruch Spinoza, geht noch weiter und behauptet, dass das Alte Testament nichts über die Unsterblichkeit sagt. Renan, und mit ihm Berdjajew, haben korrekt bemerkt, dass die Juden die Idee der Unsterblichkeit nicht annehmen konnten, da sie von innen heraus unvereinbar mit ihrem Weltbild war, das immer ein beidseitiges Bild ist. Hasdaj Kreskas lehrt, dass die Materie der Körper Gottes ist. „Dem jüdischen Volk war die Idee der individuellen Freiheit und Individualschuld unbekannt", schreibt Berdjajew. An Spinozas Beispiel kann man schön die Geburt einer neuen materialistischen Philosophie im Schoße des Judentums oder an den Quellen der jüdischen Tradition verfolgen, in der das religiöse Wesen sehr dünn und seicht im Verhältnis zum nationalen, politischen und globalen Inhalt ist – eine im Vergleich zum Christentum vollkommen entgegengesetzte Situation. Spinoza forciert die unantastbare Notwendigkeit in der Welt. Auch in seinen theologischen Schriften kann man überall statt den Begriff „Gott" den Begriff „Natur" setzen, wofür er selbst ausdrückliche Hinweise gibt. Indem er alles Persönliche, Individuelle, Gewollte, sogar Bewusste aus dem Begriff Gottes aussondert, nähert er diese beiden Begriffe einander an. Trotz seiner Verbannung aus der Gemeinde ist Spinozas Judentum authentisch, was auch zu seiner „Exkommunikation" führt.[148]

Das Göttliche Königreich, das die Juden vor dem Erscheinen Christi ankündigten, haben sie auf Erden und nicht im Himmel wie die Christen erwartet. In der apokalyptischen, jüdischen Literatur wird der Messias gefeiert – der Rächer, der Vollstrecker der Gerechtigkeit. Im Messias haben die Juden nicht einen Propheten, der leidet und stirbt, erwartet, sondern einen nationalen Helden, einen irdischen König, der die Herrschaft eines auserwählten Volkes errichten wird. Eine Welt, in der die Gerechten unglücklich sind, ist sinnlos.

---

[147] Eine jüdische politisch-religiöse Partei aus dem letzten Zeitabschnitt des unabhängigen jüdischen Staates (2. und 1. Jahrhundert vor Christus), die sich ausschließlich auf das Gesetz Mose gestützt hat. Sie machten den Kern der priesterlichen Aristokratie aus.

[148] Das Amsterdamer Magistrat verbannt Spinoza auf Betreiben der Rabbiner unter dem Vorwurf, dass seine Lehre entgegengesetzt zum Christentum sei. Dieses Anathema ist verständlich.

Das ist der Grundstandpunkt der jüdischen Gerechtigkeit und jeder „sozialen" Gerechtigkeit. Die Idee des Paradieses auf Erden ist im Wesentlichen ein jüdischer Gedanke und er ist dies nicht nur von seiner Natur aus, sondern auch vom Ursprung her. „Das jüdische Modell für die Geschichte, die vergangene und zukünftige, besteht im mächtigen Aufruf an die Unterdrückten und Unglücklichen aller Zeiten. Der Hl. Augustin hat dieses Modell dem Christentum zugeeignet, Marx dem Sozialismus" (B. Russell, *Philosophie des Abendlandes*). Alle Revolutionen, Utopien, Sozialismen und anderen Ideen, die das „Paradies auf Erden" verfechten, sind ihrem Wesen nach alttestamentarisch, jüdisch.

Die freimaurerische Idee der ethischen Wiedergeburt des Menschen auf wissenschaftlicher Basis ist positivistisch und – jüdisch. Es wäre interessant, die inneren und äußeren Verbindungen zwischen dem Positivismus, dem Freimaurertum und dem Judentum zu untersuchen. Man würde nicht nur geistige, sondern auch konkrete Verbindungen und Einflüsse finden.

Die Geschichte des Judentums ist tatsächlich eine Geschichte der globalen, wirtschaftlichen Handels-Entwicklung. Sombart hat dieser ein bedeutendes Buch gewidmet.[149] Die Atomwissenschaft hat man in ihren Anfängen „jüdische Wissenschaft" genannt. Mit genauso viel Recht könnten wir mit diesem Namen die politische Ökonomie benennen. Auf jeden Fall ist die Tatsache, dass unter den größten Vertretern der Atomphysik, der politischen Ökonomie und der sozialistischen Ideen viele Juden waren, kein Zufall.

Die Juden beteiligen sich nicht immer an der Kultur, aber sie beteiligen sich immer an der Zivilisation. Ihr Auftauchen kann man als Siedlungsbewegung aus einer Zivilisation, die untergeht, in eine Zivilisation, die geboren wird, nachverfolgen. Dies wiederholt sich in der Geschichte des Westens. „Das gesamte Mittelalter hindurch hatten die Juden praktisch überhaupt keinen Einfluss auf die Kultur der christlichen Staaten", konstatiert Russell.[150] Zu jenem Zeitpunkt, wenn in einer Kultur die Stadt letztendlich das Land bezwingt, tauchen Juden auf. Sie können nur innerhalb der Form der Stadt leben. Jede bedeutendere Stadt kannte jüdische Kolonien. Tir, Sidon, Antiochia, Jerusalem, Alexandria, Karthago und Rom im Altertum; Cordoba, Granada, Toledo, Sevilla im muslimischen Spanien; Amsterdam, Venedig und Marseille zu Beginn der Neuzeit, und heute alle großen Weltzentren, insbesondere amerikanische – das ist die

---

[149] V. Sombart, *Les Juifs dans la vie economique*
[150] B. Russell, *Istorija zapadne fil zofi e*, Belgrad, S. 320 (Anm. d. Übersetzers: *Philosophie des Abendlandes*)

Geschichte des Judentums. Es liegt eine gewisse Symbolik darin, dass gerade Juden Columbus' Unternehmung finanziert haben und sogar unmittelbar Anteil an der Entdeckung einer Welt hatten, welche von ihrem Anbeginn an die Zivilisation zu verkörpern begann (es gibt sogar stark gestützte Behauptungen, dass Columbus selbst Jude war), und der Begründer des neuesten Atomzeitalters auch ein Jude war: Einstein. Die Juden waren auf jeden Fall die Träger des äußeren Fortschritts, wie die Christen die Träger des inneren Fortschritts sind.

Abschnitt 2
PURE RELIGION

Der jüdische Materialismus (oder Positivismus) hat das Bewusstsein des Menschen in Richtung Welt ausgerichtet und im Laufe der Geschichte sein Interesse an der äußeren Realität angeregt. Das Christentum hat den menschlichen Geist auf sich selbst gerichtet. Der betonte Realismus des Alten Testaments konnte durch den ebenso betonten Idealismus des Neuen Testaments überwunden werden. Die Verbindung dieser beiden Forderungen wird der Islam mit Muhammad durchführen. Doch das wird sich erst etwas später ereignen.

Dem Christentum nach sollen die Bestrebungen und die Energie des Menschen nicht in zwei verschiedene Richtungen gespalten werden: Himmel und Erde entgegen. „Niemand kann zwei Herren dienen: Entweder wird er einen hassen und den anderen lieben, oder er wird an einem hängen und den anderen verachten. Ihr könnt nicht Gott dienen und dem Mammon" (*Evangelium nach Matthäus*, VI, 24). Tolstoi setzt fort, diesen Gedanken zu begründen:

„Man kann nicht im gleichen Atemzug um die eigene Seele und die weltlichen Güter besorgt sein. Wenn du die weltlichen Güter willst, dann verzichte auf die Seele; wenn du deine Seele bewahren möchtest, verzichte auf die weltlichen Güter. Ansonsten wirst du dich nur zerstreuen und wirst weder das eine noch das andere haben.

Die Menschen wollen auf jene Weise zur Freiheit gelangen, indem sie sich selbst und den eigenen Körper vor allem zufrieden stellen, was den Körper knebelt und ihn daran hindern kann, zu tun, wonach ihm ist. Das, womit die Menschen ihre Körper sicher stellen – Reichtum, hohe Position, eine Stimme mit Gewicht – bringt nicht die ersehnte Freiheit, sondern, im Gegenteil, noch mehr Knebelung.

Um eine größere Freiheit zu erlangen, erbauen die Menschen aus ihren Sünden, Anstößigkeiten und Aberglauben einen Kerker und schließen sich in ihn ein (...)."

Alle großen Autoritäten der Kirche haben den bedeutenden Unterschied zwischen dem Geist des Alten und den des Neuen Testaments betont.

Nach manchen Autoren hat das Marcionitische Evangelium (*Evangelium nach Marcion*), das Markus als Vorbild gedient hat, gemeint, dass Jesus das Mosaische Gesetz abschaffen und dass er Jehova, dem Gott der Gerechtigkeit und dem Erretter der sichtbaren Welt, den Gott der Liebe, der die unsichtbare Welt geschaffen hat, entgegensetzen wollte. Nach der Meinung Couchouds hat dieses Evangelium noch klarer als andere die Grundsätze der Askese, der Gewaltlosigkeit und des Nichtwiderstandes gegenüber dem Übel enthalten.

Religion verzichtet daher von vornherein darauf, die äußere Welt zu ordnen oder zu vollenden. In jeder menschlichen Überzeugung, dass man durch die Ordnung und Änderung der Welt der Vermehrung des wahrhaft Guten helfen kann, sieht die Religion natürlich eine anstößige Form (des Selbstbetruges). Denn Religion ist die Antwort auf die Frage, wie man in sich selbst und vor sich selbst leben soll und nicht, wie man in der Welt und vor den Menschen leben soll. Sie ist ein Tempel auf der Spitze des Berges, ein Zufluchtsort, den man erklimmen muss, um hinter sich die Leere einer unverbesserlichen Welt, in der Luzifer die Herrschaft hat, zu lassen. Das ist pure Religion.

„Sorgt euch nicht um eure Körper, darum, was ihr essen und was ihr trinken werdet. Wenn dein Auge bei dir Anstoß erregt, so reiß es aus, wenn dich deine rechte Hand zur Sünde verleitet, hacke sie ab (...) Wer das Leben bekommen will, soll es verlieren (...) Und ich sage euch: jeder, der eine Frau mit Begierde ansieht, hat bereits Ehebruch in seinem Herzen begangen (alles Zitate aus dem Evangelium). Denn es steht geschrieben: Wo sind die Klugen? Wo sind die Schriftgelehrten? Wo sind die Weisen dieser Welt?" (*Hl. Paulus*, I. Kor., I 19)
„Und die Menge fragte ihn und sprach: Was sollen wir denn tun? – Er antwortete und sprach zu ihnen: Wer zwei Hemden hat, der gebe dem, der keines hat; und wer zu essen hat, tue ebenso" (*Lukasevangelium*, 3/10-11). Die Ähnlichkeit zu einigen sozialistischen Grundsätzen ist rein scheinbar, denn es geht nicht um die Gesellschaft und ihre Verhältnisse, sondern um den Menschen und seine Seele. Religion ruft zum Geben und Revolution zum Nehmen auf. Das äußere Resultat kann im Einzelfall dasselbe sein, doch das innere ist vollkommen verschieden.

Doch dieser Weg ist auch allzu schwer und ist nur für die Berufenen. Als Allah im Quran sagte: „Gott legt keiner Seele mehr auf, als sie zu leisten vermag" (Quran 2:286[151]), hat er offensichtlich auf das Christentum abgezielt. Alle puren Religionen kannten demnach zwei Richtungen, zwei Programme. Im Buddhismus gibt es den „Mahayana" – den strengen und schweren, großen Weg für die Elite, und „Hinayana" – den leichteren und weniger strengen, kleinen Weg, für das Volk. Doch das sind Begriffe der moralischen und nicht der gesellschaftlichen Ordnung, da es nicht um Privilegien, sondern um Verpflichtungen geht. Eine ähnliche moralische Aufteilung ist im Christentum vorzufinden: die Geistlichkeit, die Orden. Z.B. das Zölibat für die Geistlichkeit, und die Ehe für die gewöhnlichen Menschen. Das Zölibat ist die wahre Lösung. Die Ehe ist offensichtlich ein Kompromiss.

Diese mächtige innere Dynamik, begleitet von beispiellosem Verzicht, ist vollkommen persönlich und immer mit dem Ignorieren jeder gesellschaftlichen Aktion verbunden. Da sie sich a priori dem Gebrauch von Gewalt entgegensetzen, zeigen sich das Christentum und die Religion allgemein machtlos, irgendetwas hinsichtlich der Veränderung der gesellschaftlichen Lage der Menschen zu tun. Gesellschaftliche Veränderungen werden nicht durch Gebete und Ethik in Gang gesetzt, sondern durch Gewalt im Dienste der Idee und des Interesses. Von daher kommt der – objektiv gerechtfertigte, moralisch ungerechtfertigte – Vorwurf, dass Religion zur Konservierung des bestehenden gesellschaftlichen Zustandes beitrage, was ungeachtet aller „psychologischen Opposition" den Machthabenden in die Hände spielt.

Das Christentum ist auch keine Praxis im wahrsten Sinn des Wortes und man soll es auch nicht von diesem Standpunkt aus beurteilen. Es ist eine „Botschaft" (der Quran nennt es so, und das Evangelium – die Frohe Botschaft), eine Botschaft über die tiefsten Wahrheiten des menschlichen Lebens. „Liebe deinen Nächsten wie dich selbst", „Liebe den Feind und tue Gutes dem, der dich hasst", „Lehne dich nicht gegen das Übel auf", diese Devisen widersprechen der praktischen Logik des menschlichen Lebens so sehr, dass sie zur Suche einer anderen Bedeutung wiesen, welche ihre wahre Bedeutung ist. Sie bringen wahrhaft eine Botschaft von einer anderen Welt („Mein Königreich ist nicht von dieser Welt" – Jesus).

Die Verkündung der kristallklaren und radikalen Standpunkte des *Evangeliums* hat einen Umbruch in der Geschichte gekennzeichnet. Mit ihnen kam die Menschheit erstmals zum vollen Bewusstsein über den Wert des Menschen

---

[151] Quran 2:286. لَا يُكَلِّفُ ٱللَّهُ نَفْسًا إِلَّا وُسْعَهَا

und verwirklichte dadurch nicht erstrangig einen historischen, sondern einen „qualitativen" Fortschritt. Das Erscheinen von Jesus Christus kennzeichnet daher einen Meilenstein der Weltgeschichte „Zeichen für die Welten" (Quran 21:91[152]), und die Visionen und Hoffnungen, die er verkündet hat, haben sich in alle späteren menschlichen Bestrebungen eingefügt.

Die ganze westliche Zivilisation trägt, ungeachtet aller Bewegungen, Irrtümer und Zweifel, den Stempel der Lehre Christi. Im allgemeinen und ursprünglichen Konflikt: Gesellschaft oder Mensch, Brot oder Freiheit, Zivilisation oder Kultur ist der Westen, im Wesen an die christliche Tradition gebunden, auf der anderen Seite geblieben.

Abschnitt 3

ANNAHME UND ABLEHNUNG CHRISTI

Doch kann Religion Einfluss auf die Welt nur dann erlangen, wenn sie selbst weltlich, weltgerichtet, von dieser Welt, wenn sie zur Politik im weitesten Sinne des Wortes wird. Der Islam ist ein verweltlichtes, der Welt zugewandtes Christentum. Darin besteht die Definition der Ähnlichkeit und Verschiedenheit zwischen dem Islam und dem Christentum.

Der Islam enthält eine rein jüdische Komponente, doch ebenso viele typisch nicht-jüdische Grundsätze. In seiner Klassifikation der Religionen hat Hegel Muhammads Islam als direkte Fortsetzung des Judentums gesehen, was seiner christlichen Position zugeschrieben werden muss. Dem ähnlich hat Spengler das Buch *Hiob* als ein islamisches Buch bezeichnet.

In seiner *Geschichte der religiösen Ideen* ordnet Mircea Eliade Muhammad an die Grenze zwischen die 2. und die 3. (letzte) Periode in der geistigen Entwicklung der Menschheit ein. Die dritte Periode, die bis heute andauert, beginnt mit Muhammad. Die Geschichte des menschlichen Geistes ist nach Eliade ein Prozess der allgemeinen Laizisierung und Säkularisierung. In dieser Vision steht Muhammad an der Grenze zwischen dem Triumph der Religion (Christentum) und einem neuen säkularen Zeitalter. Sie befindet sich daher am Punkt eines historischen Gleichgewichts.

---

[152] Quran 21:91. ءَايَةً لِّلْعَٰلَمِينَ.

Die gewisse Eindimensionalität Eliades historischer Vision, die vom Standpunkt dieses Buches aus inakzeptabel ist, bei Seite lassend, ist an dieser Ansicht Folgendes charakteristisch: die unausweichliche mittlere Position des Islams und Muhammads. Dieser Eindruck wiederholt sich ungeachtet der Verschiedenheit des Zuganges und der Begründung.

Jesus mied Jerusalem, denn sie ist, wie jede andere, die Stadt der Pharisäer, der Gelehrten, der Schriftsteller, der Ungläubigen oder der Scheingläubigen. Der Sozialismus wendet sich nicht an die Bauern, sondern an die Bewohner großer Städte. Muhammad geht fort in die Höhle *Hirā'*, doch kehrt er jedes Mal in die gottlose Stadt Mekka zurück, um die Mission fortzusetzen.

Doch nicht einmal dies in Mekka war bereits der Islam. Der Islam begann in Medina. In der Höhle *Hirā'* ist er ein Fastender, ein Asket, ein Mystiker, ein Ḥanif. In Mekka ist er der Bote eines religiösen Gedankens. In Medina wird er zum Boten des islamischen Gedankens. Die Botschaft, die Muhammad *a.s.* trug, wurde in Medina vervollständigt und kam dort zu ihrem vollen Bewusstsein.[153] Hier – und nicht in Mekka ist der „Ursprung der ganzen islamischen Lebensordnung und Rechtsordnung".[154]

Muhammad *a.s.* musste aus der Höhle zurückkehren. Hätte es diese Rückkehr nicht gegeben, wäre er ein Ḥanif geblieben. Durch seine tatsächliche Rückkehr wurde er zum Prediger des Islams. Das war die Begegnung mit der inneren und der realen Welt, der Mystik und dem Verstand, der Meditation und dem Dienst. Der Islam begann als Mystik und schloss als ein politischer und gesellschaftlicher Gedanke ab. Die Religion hat die Welt der Tatsachen angenommen und ist zum Islam geworden.

Der Mensch und seine Seele – das ist das Verhältnis zwischen Muhammad und Jesus.

„Zwischen der Heiligen Schrift und der Seele besteht eine Gleichheit in ihrer Natur (…) Sie verbergen in ihrem Wesen dasselbe Mysterium (…) Die Seele und die Hl. Schrift, die sich symbolisch gegenseitig repräsentieren, beleuchten sich daher gegenseitig (…)."[155]

---

[153] „Heute habe Ich euch eure Religion vervollkommnet und Meine Gunst an euch vollendet, und Ich bin mit dem Islam als Religion für euch zufrieden" – wird im zuletzt offenbarten Vers aus der medinensischen Periode gesagt (Quran 5:3).

اَلْيَوْمَ أَكْمَلْتُ لَكُمْ دِينَكُمْ وَأَتْمَمْتُ عَلَيْكُمْ نِعْمَتِي وَرَضِيتُ لَكُمُ الْإِسْلَامَ دِينًا.

[154] Stefano Bianca, *Polyvalenz und Flexibilität in der Struktur der islamischen Stadt*, Werk, Schweiz, Nr. 9/1976

[155] Henry de Lubac, *Introduction a Origene*

Der Islam hingegen ist die Wiederholung des Menschen. Er – wie auch der Mensch – hat seinen „Göttlichen Funken", doch ist er sowohl die Lehre von den Schattenseiten als auch von der Prosa des Lebens. Er hat gewisse Aspekte, die dem Dichter und Romantiker nicht gefallen könnten. Der Quran ist ein realistisches, fast antiheroisches Buch. Ohne den Menschen, der ihn anwendet, ist der Islam unverständlich, sogar im wahrsten Sinne des Wortes nicht existent.

Platons Ideen, Leibniz' Monade und die christlichen Engel kennzeichnen im Wesentlichen dasselbe: das Königreich der zeitlosen, vollendeten, absoluten und unbeweglichen Welt. Der Islam idealisiert die Welt nicht sonderlich. Im engelhaften Geschenk an den Menschen, den „Gott gelehrt hat, die Namen aller Dinge zu kennen" (Quran 2:31), liegt die Bestätigung der Prävalenz des Lebens, des Menschen und des Dramas über dieser unbeweglichen und für ewig eingerichteten Perfektion.

Das Christentum hat nie das volle Bewusstsein von dem einen einzigen Gott erreicht. In Wirklichkeit besteht im Christentum nur eine überaus lebendige Idee vom Göttlichen, aber nicht auch eine klare Idee von Gott selbst. Die Mission Muhammads *a.s.* war es, das evangelische Bewusstsein Gottes als Persönlichkeit klarer und dem menschlichen Verstand und Verstehen näher zu bringen.

Im Evangelium ist Gott der Vater, im Quran ist Gott der Herr. Im Evangelium wird Gott geliebt. Im Quran wird Gott eher geachtet, man hat Ehrfurcht vor Ihm. Diese Eigenschaft im christlichen Begreifen Gottes hat sich später in eine Reihe konfuser Vorstellungen, die den ursprünglichen Monotheismus des Christentums kompromittiert haben (Trinität, Würdigung der Gottesgeburt, der Heiligen u.Ä.), verdreht. Eine solche Entwicklung ist im Islam nicht möglich. Ungeachtet aller historischen Krisen, durch die er gegangen ist, ist der Islam bis heute die „klarste monotheistische Religion" geblieben (Le Bon). Denn die Seele des Menschen erkennt nur die Göttlichkeit. Mit Hilfe des Verstandes wird diese Göttlichkeit zu einem einzigen Gott – Allah.

Das Christentum hat einen Gott gepredigt, der nur der Herr der individuellen Welt (der Menschen und der Seelen) ist, während Luzifer die Herrschaft über die materielle Welt innehat (einige christliche Legenden berichten uns von der Allmacht Luzifers). Deswegen ist der christliche Glaube an Gott eine Bedingung der inneren Freiheit, hingegen schließt der Glaube an Allah auch die Forderung nach äußerer Freiheit mit ein. Zwei grundlegende Dogmen des Islams, *Allahu Akbar* (Gott ist größer) und die berühmte *Al-Aqīda – La ilaha illa-llah* (Es gibt keine Gottheit außer Gott), sind zugleich die revolutionärsten Devisen des Islams. Sayyid Qutb bemerkt zurecht, dass sie „die Revolution gegen die weltliche Macht, welche sich die grundlegenden Vorrechte der Gottheit aneignet", darstellen und dass sie „die Verneinung der Geistlichkeit, der Adelsführer, der Prinzen und der Menschen an allen Positionen der Macht, die sie haben könnten und deren alleinige Zuschreibung Gott gegenüber, darstellen." Deswegen ist, schließt Qutb, *Al-Aqīda* „Es gibt keine andere Gottheit außer Allah", der Aufruf, den alle Machthaber aller Zeiten am meisten hassen.[156]

Auf dieselbe Weise konnte das Christentum die Voraussetzung des vollkommenen Menschen, der ein Mensch geblieben ist, nicht anerkennen. Die Christen haben aus dem Geiste der Lehre Jesu den Schluss vom Gottmenschen, von Jesus als Sohn Gottes ziehen müssen. Umgekehrt musste Muhammad nur ein Mensch bleiben, sonst wäre er nicht notwendig. Während Muhammad männlich und kriegerisch wirkt, hinterlässt Jesus den Eindruck eines Engels. Dasselbe ist mit den Frauen, die im Quran – im Unterschied zur evangelischen Marta und Maria – ausschließlich als Ehefrauen und Mütter, daher in ihrer natürlichen Funktion erscheinen. Daher ist der christliche Angriff auf Muhammads „allzu menschliche Natur" in Wirklichkeit ein Missverständnis. Der Quran selbst hat ausdrücklich betont, dass Muhammad nur ein Mensch ist (Quran 17:93, 18:110, 41:6 usw.) und zukünftige Angriffe auf ihn paraphrasiert: „Was ist mit diesem Gesandten, dass er Speise isst und auf den Märkten umhergeht (…)" (Quran 25:7[157]). So macht auch der bloße Vergleich des Vokabulars des Evangeliums und des Qurans sehr lehrreiche Schlüsse möglich. Im Evangelium erscheinen sehr oft die Wörter: selig, heilig, Engel, ewiges Leben, Himmel, Pharisäer, Sünde, Liebe, der Nächste, Reue, Verzeihung, Geheimnis, Körper (als Träger der Sünden), gereinigte Seele, Rettung usw. Und im Quran begegnet man denselben Ausdrücken, als Grundlage eines Weltbildes, auf dem sich jetzt in erster Linie in der vollständigen Welt vollkommen bestimmte, reale Begriffe abzeichnen, wie: Verstand, Gesundheit, Reinheit, Kraft, Kauf, Vertrag, Pfand, Schrift, Waffen, Kampfstellung, Gewalt, Kampf, Handel, Früchte, Entschlossenheit, Vorsicht, Strafe, Gerechtigkeit, Nutzen, Vergeltung, Jagd, Heilmittel, Zins usw.

Dem Islam ist eine besondere kirchliche Literatur im europäischen Sinne des Wortes unbekannt, sowie im Übrigen (für ihn) auch keine rein weltliche

---

[156] Die wundersame Macht dieses Aufrufs hat vor Kurzem ihren Prüfstein in der islamischen Revolution im Iran gehabt, als die bewaffnete Bevölkerung das bis an die Zähne bewaffnete Regime von Riza Shah Pahlewi von der Macht vertrieben hat. Die mächtigste Waffe in diesem Kampf war die Devise *Allahu Akbar* („Nur Gott ist größer").

[157] Quran 25:7. وَقَالُوا۟ مَالِ هَٰذَا ٱلرَّسُولِ يَأْكُلُ ٱلطَّعَامَ وَيَمْشِى فِى ٱلْأَسْوَاقِ.

existiert. Jeder islamische Denker ist Theologe[158] so wie auch jede wahrhaftig islamische Bewegung eine politische Bewegung ist. Zu ähnlichen Schlüssen führt der Vergleich zwischen Moschee und Kirche. Die Moschee ist ein Ort für die Menschen, die Kirche hingegen ist ein „Tempel Gottes". In der Moschee dominiert die Atmosphäre der Rationalität, in der Kirche die Atmosphäre der Mystik. Die Moschee ist immer im Zentrum des Geschehens, neben dem Markt und inmitten von Siedlungen.[159] Die Kirche verlangt eine Erhebung des Ortes. Die Architektur der Kirche strebt danach, eine zeremonielle Stille, eine Dunkelheit, eine Höhe, die Jenseitigkeit zu betonen. „Die Wahrheit ist, dass die Menschen, wenn sie in eine gotische Kathedrale eintreten, alle irdischen Sorgen draußen lassen, als wenn sie in eine andere, andersartige Welt eintreten", sagt Kenneth Clark. In der Moschee hingegen müssen die Menschen nach dem Gebet oft gerade „irdische" Angelegenheiten klären. Das ist der Unterschied.

Vergleichen Sie das christliche Prinzip der Unfehlbarkeit des Papstes und die Unfehlbarkeit des islamischen *Idschma'a* (Prophet Muhammad, Allahs Segen und Frieden auf ihm, sagte: „Mein Volk kann sich nicht auf einen Irrtum einigen"[160]). Sowohl die Evangelien wenden sich an Menschen als auch der Quran. Es erscheint das Prinzip des Volkes, der Gesamtheit, der Gemeinschaft. Hier gibt es nichts Zufälliges. Das erste Prinzip ist vollkommen im Geiste des christlichen Elitismus, des hierarchischen, heiligen, geweihten Grundsatzes (ähnlich ist es im Buddhismus). Das zweite hat einen ausdrücklich säkularen Klang und stellt eine Qualifizierung des Volkes als Ausdruck eines höheren, gemeinsamen Verständnisses dar, was die Grundlage jeder Demokratie ist. Der Islam kennt weder eine Elite in Form von Geweihten, Mönchen, Heiligen, noch zwei Programme: für Auserwählte und für das gemeine Volk. Das ist eine Andeutung des demokratischen Prinzips.[161]

---

[158] Und Ernst Bloch gibt noch den charakteristischen Hinweis, dass „fast alle arabischen Theologen auch Ärzte waren" (E. B., *Prirodno pravo i ljudsko dostojanstvo*, Belgrad, 1977, S. 58 – Anm. d. Übersetzers: *Das Naturrecht und die Menschenwürde*). Es wird die Linie Philosophie-Theologie-Recht-Medizin vorgezeichnet.

[159] Der Hl. Bernard hat gefordert, dass Kirchen und Klöster umso ferner von Siedlungen gebaut werden.

[160] Überliefert von Abdullah bin 'Omar, At-tirmidhi in Sunan At-Tirmidhi, 2167 (*Gharib*)

عَنْ ابْنِ عُمَرَ أَنَّ رَسُولَ اللَّهِ صَلَّى اللَّهُ عَلَيْهِ وَسَلَّمَ قَالَ: "إِنَّ اللَّهَ لَا يَجْمَعُ أُمَّتِي أَوْ قَالَ أُمَّةَ مُحَمَّدٍ صَلَّى اللَّهُ عَلَيْهِ وَسَلَّمَ عَلَى ضَلَالَةٍ."

[161] Es ist bekannt, dass der am II. Vatikanischen Konzil gemachte Vorschlag, dass anstatt des solitären Amtes des Papstes eine kollektive Führung in den Katholizismus eingeführt wird, gescheitert ist

Das Evangelium und der Quran deklarieren – im Unterschied zum Alten Testament (das Judentum ist eine Nation) – das Prinzip der geistigen Gemeinschaft.[162] Doch während das Evangelium kategorisch bleibt, erkennt der Islam die Nationalität an, und konstituiert sich selbst als eine neue Dimension über ihr – als Übernationalität der Muslime (*Umma*).[163] Noch mehr als das, der Quran reaffirmiert sorgfältig das Prinzip der Verwandtschaft und des Blutes, das Jesus vollkommen verworfen hat.[164]

Die Umstände, unter denen der Islam erschienen ist, können auch helfen, ihn als die Lehre von der Einheit von Glauben und Politik zu verstehen. Die Araber waren in jener Epoche ein unverbrauchtes und kraftvolles, gleichermaßen von kaufmännischen, kämpferischen wie von religiös-metaphysischen Traditionen erfülltes Volk. Ihre *Kaʻba* war über Jahrhunderte nicht nur ein religiöses, sondern auch ein kommerzielles Zentrum. Die Natur, in der sie lebten, hat es ihnen nicht erlaubt, dass sie die Bedeutung des ökonomischen Faktors im Kampf ums Überleben unterschätzen. Das war nicht das reiche Galiläa, die Wiege des Christentums, wo der Mensch sich mit wenig Mühe erhalten konnte. Das Leben konnte dort nur mit allergrößter Anstrengung erhalten werden (lange Handelsreisen, Kampf um jeden Fuß fruchtbaren Landes oder Liter Wasser). Gleichzeitig hat die Wüste eine kraftvolle und tiefe Religiosität angeregt und unterstützt. Diese beiden entgegengesetzten Tatsachen, unter deren Einfluss der Geist und Instinkt des arabischen Volkes gebildet wurde, prädestinierten dieses Volk für den Islam als die Lehre des Himmels und der Erde. Das Evangelium konnte sagen: „Lebt wie die Lilien im Felde", doch der Quran musste sagen: „Gott hat euch den Tag gegeben, damit ihr wegen der Suche nach Nahrung und Gottes Gaben hinausgeht."

Dem Quran nach – und nicht auch dem Evangelium nach – hat Gott den Menschen geschaffen, damit er ein Stellvertreter auf Erden sei (Quran 2:30) Die Herrschaft über die Natur und die Welt hingegen konnte der Mensch nur durch Wissen und Arbeit, daher durch Wissenschaft und Aktion, erreichen. Durch diese Tatsache, wie auch durch das Lenken der Aufmerksamkeit auf das Recht und Gesetze, hat der Islam gezeigt, dass er nicht nur Kultur, sondern auch die Zivilisation will.[165]

– eine Idee, die der bloßen Natur des Christentums widerspricht.

[162] Vergleiche Quran 49:10 und *Matthäusevangelium* 12/47, 48, 49

[163] Quran 49:13

[164] Quran 4:1 oder 33:6

[165] Der Islam hat als einzige der Religionen sein eigenes integrales Recht geschaffen.

KAPITEL VII MOSES – JESUS – MUHAMMAD

Das Verhältnis des Islams zur Zivilisation zeigt sich in seiner Beziehung zur Schrift als einem der mächtigsten Hebel der Zivilisation. In der historisch ersten *Sure* wird die Fähigkeit des Schreibens erwähnt (Quran 96:1). Im Grunde genommen ist die Schrift der Religion von innen gesehen unbekannt. Das Evangelium blieb lange im Zustand der mündlichen Überlieferung und wurde – soweit wir wissen – ein ganzes Jahrhundert nach Jesus aufgeschrieben. Muhammad pflegte die Teile des Qurans gleich seinem Schreiber zu diktieren, eine Praxis, die Jesus vollkommen fremd war und die eher der Gewohnheit der verhassten „Schriftgelehrten" entsprach.[166]

So ist im Quran auch die Anerkennung des Rechts auf Kampf gegen das Übel und zur Verteidigung gegen Aggression (Quran 42:39) nicht religiös im strengen Sinne des Wortes. Vom religiösen Standpunkt her ist das Prinzip der Gewaltlosigkeit, des Nichtwiderstandes logischer. Dieses Prinzip erscheint fast in identischer Form in der Lehre Christi und auch in der indisch religiösen Gedankenwelt. (Die direkte Fortsetzung der indischen Variante ist Gandhis Satyagraha, eine Methode des Kampfes durch den Weg der Gewaltlosigkeit und des zivilen Ungehorsams). Wenn der Quran statt dem Dulden und der Unterwerfung und erneutem Dulden und Unterwerfung den Kampf erlaubt oder sogar vorschreibt (Quran 2:216, 22:39, 60:2, 60:8-9, 61:10-11), ist er nicht ein religiös-moralischer, sondern ein gesellschaftlich-politischer Kodex. Muhammad a.s. war ein Kämpfer. Ein pedantischer Chronist hat vermerkt, dass er 9 Schwerter, 3 Speere, 3 Bögen, 7 Rüstungen, 3 Schilder usw. hatte.

Demnach erinnert uns Muhammad a.s. stark an Moses, den „kämpferischen Propheten".[167]

Das Verbot des Alkohols im Islam ist im Wesentlichen ein gesellschaftliches Verbot, da Alkohol primär ein „gesellschaftliches Übel" ist. Eine Religion muss nicht grundsätzlich etwas gegen Alkohol haben, manche Religionen haben im kleineren oder größeren Ausmaß sogar künstliche Stimulanzien, die zur Ekstase beitragen, benutzt (beispielsweise die Dunkelheit der Kathedralen und der Geruch des Weihrauchs, die dazu führen, dass ein Mensch betäubt ist).

---

[166] Auch Moses schrieb, was vollkommen seinem Platz und seiner Aufgabe in der Geschichte entspricht (Numeri, 33/2, *Der Brief an die Römer*, 10/5).

[167] Wir werden viele Parallelen zwischen Moses und Muhammad und dem Judentum und dem Islam finden. Solche Parallelen gibt es zwischen Juden- und Christentum nicht. In gewissem Sinne stehen diese beiden Lehren im Verhältnis von These und Antithese. Diese Umstände könnten das Phänomen des Antisemitismus erklären, der eine christliche, bei muslimischen Völkern völlig unbekannte Erscheinung ist.

Die Christen sehen darin kein Problem, dass der Wein während des heiligen Abendmahls (symbolisch) zum Blut Christus umgewandelt wird. Es ist bekannt, dass manche gesellschaftliche Orden (die islamische Version des Mönchtums) alkoholische Getränke nicht abgelehnt haben. Doch der Derwisch ist eine Regradierung des Muslims. Der Islam stellt einen Fortschritt von Jesus zu Muhammad *a.s.* dar. Der Derwisch ist die Rückkehr von Muhammad *a.s.* zu Jesus. In der derwisch-christlichen Empfindung und Sicht der Welt hat das Verbot von Alkohol und Drogen keinen besonderen Sinn. Die Christen haben nichts Inakzeptables darin empfunden, dass „Wein das Blut Jesu" ist (Eucharistie). Hier ist nicht einmal eine Spur von der zukünftigen islamischen Ablehnung des Weines als Ḥarām, als schwere Sünde vorzufinden. Wenn er Alkohol verbietet, beschreitet der Islam den Weg der Wissenschaft und nicht der Religion.

Doch diese Verbindung, die wir Islam nennen, ist keine stabile Verschmelzung. Die Betonung der religiösen Komponente in ihm schafft eine latente Möglichkeit der inneren Spaltung: Der Islam neigt von Natur aus dazu sich zur Religion und Mystik zurückzuentwickeln. Sobald das Bewusstsein und die Aktivität schwächer wird, sobald wir entgegen der Anordnung des Qurans „unseren Anteil an dieser Welt" vergessen und aufhören danach zu handeln, wird der islamische Staat ein Staat wie jeder andere, und die Religion im Islam beginnt zu wirken wie jede andere: Der Staat wird zur nackten Herrschaft, die sich selbst dient, und die Religion beginnt die Gesellschaft zur Passivität und Rückständigkeit zu ziehen. Das Erb-Kalifat, Kaiser, Emire, gottlose Wissenschaftler, die Geistlichkeit, Derwisch-Orden, mystische Richtungen, betrunkene Dichter – all dies ist nur der äußere Ausdruck der inneren Spaltung nach jenem christlichen Prinzip: Gib Gott, was Gott gehört, dem Kaiser, was dem Kaiser gehört – jener Devise, die gerade christlich, aber nicht islamisch ist. Die Derwisch-Orden und die mystische Philosophie, die sich an ihrer Grundlage befindet, ist die charakteristisch Form dieses Abdriftens, das als Christianisierung des Islams bezeichnet werden könnte, die Rückführung des Islams von Muhammad *a.s.* zurück zu Jesus.

Es besteht auch jene andere, entgegengesetzte Gefahr, doch der Eindruck ist allgemein, dass der Materialismus des Islams, in Wirklichkeit das Beinhalten natürlicher und gesellschaftlicher Elemente in ihm, die islamische Welt widerstandsfähiger gegenüber extrem materialistischen Lehren, die ununterbrochen aus Europa anlangen, macht. Im vorrevolutionären Russland konnte das Don Quijote'sche Christentum für den Realismus linker Lehren überhaupt keinen Damm darstellen. Die Abwesenheit oder der Misserfolg marxistischer Revolutionen in der muslimischen Welt ist kein Zufall. Der Islam hat seinen eigenen Marxismus. Der Quran hat etwas vom herben Realismus des Alten Testaments beibehalten, der Marxismus in Europa ist hingegen die Ergänzung oder die Auswechslung zugunsten der jüdischen, alttestamentarischen Komponente, die das katholische und das orthodoxe Christentum vollkommen abgestoßen hat.[168] Der rationalistische Protestantismus zeigt sich bedeutend widerstandsfähiger gegenüber der revolutionären Herausforderung. Von diesem Standpunkt aus betrachtet ist die protestantische Form dem Islam näher als die katholische.

Oft wird als Folge historischer Gründe und politischer Konfrontationen zwischen Christentum und Islam vollkommen übersehen, dass sie verwandt sind. Vernachlässigt wird die kapitale Tatsache, dass der Islam die Bibel als heiliges Buch und Jesus als Gesandten Gottes anerkennt, ein Faktum, das, wenn man aus ihm alle notwendigen Schlüsse ziehen würde, die Beziehungen zwischen zwei großen Weltreligionen in Zukunft in eine völlig andere Richtung lenken könnte.[169]

---

[168] Die meisten Berührungspunkte zwischen dem Alten Testament und dem Quran werden wir in jenen, in beiden Büchern so häufigen, scharfen Sätzen gegen die unwürdigen Machthaber und Reichtümer vorfinden. Der Quran donnert förmlich gegen „eingebildete Oberhäupter" (7:74), „sündige Magnaten" (6:123), „Persönlichkeiten" (7:59), „gottlose Größen" (11:27), „verschwenderische Reiche" (34:34) usw. Dies ist zweifellos ein Ausdruck der gesellschaftlichen Engagiertheit des Judentums und des Islams.

[169] „Und sagt: Wir glauben an das, was (als Offenbarung) zu uns herabgesandt worden ist und zu euch herabgesandt worden ist; unser Gott und euer Gott ist Einer, und wir sind ihm ergeben" (Quran 29:46).

وَقُولُوٓاْ ءَامَنَّا بِٱلَّذِىٓ أُنزِلَ إِلَيْنَا وَأُنزِلَ إِلَيْكُمْ وَإِلَٰهُنَا وَإِلَٰهُكُمْ وَٰحِدٌ وَنَحْنُ لَهُۥ مُسْلِمُونَ

Oder: „Sag: O Leute der Schrift, kommt her zu einem zwischen uns und euch gleichen Wort (...)" usw. (Quran 3:64) (...) قُلْ يَٰٓأَهْلَ ٱلْكِتَٰبِ تَعَالَوْاْ إِلَىٰ كَلِمَةٍ سَوَآءٍ بَيْنَنَا وَبَيْنَكُمْ

KAPITEL VIII
ISLAM UND RELIGION

Abschnitt 1

DER DUALISMUS DER FÜNF FUNDAMENTALEN GEBOTE

1.

Namaz/Ṣalā – das islamische Gebet – ist nicht nur ein Ausdruck des islamischen Weltverständnisses, sondern auch der Weise, auf die der Islam die Welt zu ordnen wünscht. Das *Namaz/Ṣalā* verkündet zwei Dinge: (1) es gibt nicht eine, sondern zwei ursprüngliche menschliche Bestrebungen und (2) diese Bestrebungen können und sollen, wenn auch logisch getrennt, im menschlichen Leben vereint werden: weder besteht das Gebet ohne Reinheit, noch geistige ohne gleichzeitig physische und gesellschaftliche Bemühungen. Das *Namaz/Ṣalā* ist der vollendetste Ausdruck von jenem, das wir „bipolare Einheit" des Islams nennen. Durch seine Einfachheit führt das *Namaz/Ṣalā* dieses Verhältnis zur Abstraktion, so wird es eine Formel, fast ein Symbol.

Namaz/Ṣalā ist ohne *Abdest/Wuḍū*, ohne Reinigung nicht möglich, ein pures Gebet hingegen kann mit dem „Vermächtnis der Unreinheit", einem Vermächtnis, dem wir bei manchen Mönchsorden im Christentum und im Hinduismus begegnen, einhergehen. Nach dem Gefühl dieser Orden – einem Gefühl das authentisch religiös ist – betont das Verwahrlosen, das aktive Vernachlässigen des Körpers sogar die geistige Komponente im Gebet. Es wurde vertreten, dass das wahre Gebet, mit Hinblick auf das Prinzip, auf dem es gegründet ist, umso wahrhafter sein würde, je mehr es von physischen „Überbleibseln" „gereinigt" wäre. Je mehr in ihm der antikörperliche Standpunkt betont wird, umso höher wird allein dadurch der geistige Standpunkt betont.[170] Im Waschen (*Abdest/Wuḍū*) und den Bewegungen befinden sich die rationalen Elemente des *Namaz/Ṣalā*. Demgemäß ist *Namaz/Ṣalā* nicht nur Gebet, sondern auch Disziplin (oder Hygiene), es ist nicht nur Mystik, sondern auch Nüchternheit. Es gibt tatsächlich etwas Soldatenhaftes in jenem morgendlichen Erfrischen mit kaltem Wasser und danach im Beten in gemeinsamen, dichten Reihen. Als ein persischer Späher bei der Schlacht von Qādisiyya in der Ferne muslimische Krieger beim Morgengebet erblickte, meldete er seinem Vorgesetzten: „Die muslimische Armee ist gerade bei einer Einheit militärischer Übungen."[171] Die Bewegungen im Gebet sind sowohl einfach als auch starr und sie scheinen äußerlich wie Gymnastik. Fünfmal *Namaz/Ṣalā* im Laufe des Tages mit dem Waschen der äußersten Körperteile (oder durch Baden), von denen das erste vor dem Sonnenaufgang und das letzte tief in der Nacht verrichtet wird, stellen einen kraftvollen, fast rüden Eingriff in die Gemütlichkeit und Gelassenheit dar.

Wenn wir diese „rationale" Seite des *Namaz/Ṣalā* jetzt unter die Lupe nehmen, werden wir vorfinden, dass nicht einmal diese eindeutig ist. Die Dualität wiederholt sich: *Abdest/Wuḍū* ist Hygiene, aber Hygiene „ist nicht nur Wissen, sondern auch eine Tugend" (Rousseau, Emile). Der Islam musste in der Hygiene etwas erkannt haben, das ihm von innen gesehen entspricht, das „methodologisch" islamisch ist. Das Resultat: der Islam hebt die Hygiene in den Rang einer Idee und bindet sie organisch an das Gebet, und der Quran ruft unerwarteterweise – unerwartet vom Standpunkt der puren Religion – aus: „Gott liebt die Reumütigen, und Er liebt die, die sich rein halten." (Quran 2:222[172]). Dass die Reinheit eine Form des Glaubens ist – diese Aussage konnte nur im Islam auftauchen. Ansonsten fällt der Körper bei jeder anderen bekannten Religion „in Ungnade".[173]

---

[170] Unter den kirchlichen Autoritäten, die diesen Aspekt besonders hervorgehoben haben, ist der entschiedenste der Apostel Jakob. Wie weit diese absichtliche körperliche Vernachlässigung gegangen ist, kann man aus folgenden Zeilen zusammenrechnen: „Auf die Reinheit wurde mit Grausen gesehen (...) Die Heiligen, sowohl die männlichen als auch die weiblichen, haben sich damit gerühmt, dass ihre Füße nie Wasser berührt haben, außer wenn sie einen Fluss überqueren mussten" (B. Russell, *Istorija zapadne fil zofi e*, S. 370 – Anm. d. Übersetzers: *Philosophie des Abendlandes*).

[171] zitiert J. Risler in *La civilisation arabe*, S. 35

[172] Quran 2:222 إِنَّ ٱللَّهَ يُحِبُّ ٱلتَّوَّٰبِينَ وَيُحِبُّ ٱلْمُتَطَهِّرِينَ.

[173] Wir bemerken, wie die öffentlichen Bäder und Thermen, welche die römische Zivilisation begründet hat, mit dem Aufstieg des Christentums verschwinden. Und nicht nur das. Die Kirche wird Bäder

Das freiwillige Gebet im Ramadan (*Tarāwīḥ*) hat durchaus einen medizinischen Zweck.

Dadurch, dass das *Namaz*/*Ṣalā* an eine bestimmte Tageszeit und an eine bestimmte geographische Richtung (zur *Kāʿba*) gebunden ist, wird das Gebet – entgegengesetzt zur religiösen Logik – mit der Natur und ihrer Bewegung in Verbindung gebracht. Die Zeit des *Namaz*/*Ṣalā* ergibt sich, im Übrigen wie auch beim Fasten und dem Ḥaddsch, aus der Funktion einiger astronomischer Tatsachen. Vielleicht war Folgendes viel religiöser: „Nicht darin liegt Güte, dass ihr eure Gesichter gegen Osten oder Westen wendet (...)" (Quran 2:177[174]), doch im Islam siegte am Ende dennoch das islamische Konzept des Gebets, d.h. das Konzept, das auch physische (natürliche) Elemente gleichberechtigt miteinschließt. Das *Namaz*/*Ṣalā* ist so ein Phänomen unserer Raum-Zeit-Welt. Die Notwendigkeit, diese Orientierung in Zeit und Raum ausreichend genau zu bestimmen, hat stark auf die schnelle Entwicklung der Astronomie in den ersten Jahrhunderten des Islams eingewirkt, wenn sie sie nicht sogar bedingt hat.

Dieser Sinn des *Namaz*/*Ṣalā*, nennen wir ihn den diesseitigen, praktischen, natürlichen, bekommt durch das gemeinschaftliche *Namaz*/*Ṣalā* noch eine Dimension: eine gesellschaftliche. Durch die Moschee, die *Dschamʿa*, werden wir in die Öffentlichkeit eingebunden. Das Gemeinschafts-*Namaz*/*Ṣalā* ist das Versammeln von Menschen wegen des Gemeinschaftsgebets, aber auch wegen des persönlichen, unmittelbaren Kontakts, und als solcher befindet er sich in ausdrücklicher Opposition zur negativen Individualität und zur Isolation. Das Leben segregiert die Menschen. Die Moschee versammelt und mischt sie immer wieder. Sie ist die alltägliche Schule der Einheit, der Gleichheit, der Gemeinschaft und des guten Willens.

Diese gesellschaftliche Tendenz des *Namaz*/*Ṣalā* (dieser Prozess der Vergesellschaftung des Gebetes) vollendet das *Dschum'a* Gebet. Das Freitagsgebet ist bereits ein ausgesprochen städtisches, „politisches" *Namaz*/*Ṣalā*. Es wird am Freitag in der Zentralmoschee verrichtet, und ein staatlicher Funktionär führt es. Sein wichtigster Teil ist die *Ḥuṭba* (die Predigt vor dem Freitagsgebet), die damals eine hauptsächlich politische Botschaft[175] vermittelte. Die Christen würden sagen, dass das Gebet damit zu seiner Negation geführt wurde, ein

---

schließen und Klöster errichten. Nichts davon ist zufällig.

[174] Quran 2:177 (...) لَيْسَ ٱلْبِرَّ أَن تُوَلُّواْ وُجُوهَكُمْ قِبَلَ ٱلْمَشْرِقِ وَٱلْمَغْرِبِ

[175] Anm. d. Übersetzers: Diese Form der Verrichtung des Freitagsgebets zeigt die damalige Praxis in der Islamischen Welt.

vom Standpunkt des Christentums verständlicher, aber vom Standpunkt des Islams unverständlicher Schluss.

2.

Diese Metamorphose der Religion zum Islam kann gleichermaßen klar am Beispiel der *Zakā* nachvollzogen werden. Die *Zakā* war am Anfang (in der mekkanischen Periode) von Muhammads Predigem eine freiwillige Form des Spendens an Arme, sie war daher ein Almosen. So wie sich die medinensische Gemeinschaft gebildet hat – und dies ist der historische Moment des Überganges einer bis dahin rein geistigen Gemeinschaft in einen Staat – so hat Muhammad *a.s.* begonnen, die *Zakā* wie eine gesetzliche Verpflichtung, wie eine Steuer, die von den Reichen zugunsten der Armen entrichtet wird (soweit bekannt die erste historisch bekannte Steuer zugunsten der Armen), zu behandeln. Indem er vor das christliche Institut des Almosens das Vorzeichen des (staatlichen) Zwanges setzte, schuf der Islam die *Zakā*, ein „verpflichtendes Almosen", wie J. Risler sie geistreich in *La civilisation arabe* genannt hat. Dieselbe widersprüchliche Logik, die aus dem Gebet das *Namaz/Ṣalā* gemacht hat, hat aus dem Almosen die *Zakā* gemacht, beziehungsweise im letztendlichen Resultat aus Religion – den Islam.

Durch die Verkündung der *Zakā* ist der Islam als eine soziale Bewegung aufgetreten, nicht primär als Religion. Die *Zakā* hat ihre wahre Bedeutung erst durch die Schaffung der medinensischen Gemeinschaft bekommen. Eine ausgesprochene Indikation für einen solchen Charakter dieser Institution ist wohl die Tatsache, dass die Anordnung der *Zakā* im Quran acht Mal in den Kapiteln, die in Mekka, und zweiundzwanzig Mal in den Kapiteln, die in Medina offenbart worden sind, erwähnt ist.

Die *Zakā* ist die Antwort auf eine Erscheinung, die auch selbst nicht eindeutig ist. Denn Armut ist nicht nur eine soziale Frage. Ihre Ursache ist nicht nur Mangel, sondern auch das Übel. Mangel ist ihre äußere, und Sünde ihre innere Seite. Wie könnten wir sonst die Tatsache der Armut in den Ländern des Überflusses erklären? In der zweiten Hälfte des 20. Jahrhunderts ist ein Drittel der Menschheit chronisch unterernährt. Besteht ein Mangel an Gütern oder an Gefühlen?

Jede Lösung des Problems der Armut muss auch die Anerkennung der Schuld miteinschließen, sie muss im Wesentlichen auch Reue sein. Jede soziale

Lösung muss auch eine menschliche Lösung beinhalten. Sie muss daher nicht nur die Verhältnisse in der Gesellschaft, sondern auch die Verhältnisse zwischen Mensch und Mensch ändern. Sie muss genauso sehr eine Frage der gerechten Verteilung der Güter wie auch der Erziehung der Menschen sein, genauso sehr der gesellschaftspolitischen Maßnahmen wie auch der Erziehung, der Liebe, des Mitgefühls.

Armut ist ein Problem, sie ist aber auch eine Sünde. Sie wird durch Änderung des Eigentums an Gütern, aber auch durch den persönlichen Eifer, durch Strebsamkeit und dem guten Willen gelöst. Denn nichts ist erreicht, noch im wahrsten Sinne getan, wenn die Eigentümer an den Gütern dieser Welt ausgewechselt werden, der Hass und das Streben nach Ausnützung und Unterjochung aber in den Seelen der Menschen bleiben. Darin liegt das Wesen des Misserfolges sowohl christlich religiöser Umstürze als auch sozialistischer Revolutionen. „Bereits zweitausend Jahre lang hat sich die Menge an Übel in der Welt nicht verringert. Kein Königreich, weder ein göttliches, noch ein revolutionäres hat sich erfüllt" (A. Camus). Religiöse Umstürze waren allzu religiös, und soziale allzu sozial. Die Religion hat gemeint, dass sie umso mehr Religion sein wird, je mehr sie auf Politik und Gewalt verzichtet, und der Sozialismus hat es als seine größte Aufgabe erachtet, uns davon zu überzeugen, dass Gewalt der einzige Weg und Barmherzigkeit Blendwerk ist. Unser Sozialismus hingegen muss auch Religion sein. Der Mensch braucht eine Religion, die Politik ist und eine Politik, die auch Ethik ist, oder Almosen, das auch eine gesellschaftliche Verpflichtung, eine Steuer werden kann. Damit sind wir zur Definition der *Zakā* gelangt.

In der *Zakā* spiegeln sich die Menschen. Von ihnen hängt ab, ob sie eher eine Steuer sein wird oder eine freiwillige Handlung eines Menschen an einen Menschen. Denn die *Zakā* fordert, dass sich die Geldbörsen öffnen, aber auch die Herzen mit ihnen. Die *Zakā* ist ein enormer Fluss an Gütern, der sich von oben nach unten bewegt, aber gleichzeitig ein Geist des Mitgefühls und der Solidarität, der sich von Herzen in Herzen, von Menschen zu Menschen niederlässt. Die *Zakā* beseitigt die Armut der Armen, aber auch die Gleichgültigkeit der Reichen. Sie mildert die materiellen Unterschiede zwischen den Menschen, aber sie nähert sie einander auch an.[176]

---

[176] Natürlich kann eine direkte gesellschaftliche Intervention (daher nicht „von Mensch zu Mensch", sondern mittels der Gesellschaft oder des Staates) auch als ein effizienter Weg zur sozialen Gerechtigkeit erscheinen. Doch die gesellschaftlichen Institutionen begraben durch ihr unpersönliches

Das Ziel des Islams ist es nicht, den Reichtum, sondern die Armut abzuschaffen.
Und was ist Armut? Das ist ein Mangel an für ein normales Leben unverzichtbaren Dingen. Oder: das ist, noch weniger als das unverzichtbare Minimum zu haben. Das Lebensminimum ist eine natürliche (und historische) Kategorie und stellt die Summe der Güter dar, um dem Menschen und seiner Familie die Befriedigung physischer und kultureller Bedürfnisse im Einklang mit der Stufe der Entwicklung der Gesellschaft und des gesellschaftlichen Reichtums zu sichern. Es folgt, dass es nicht die Aufgabe der Gesellschaft ist, eine Nivellierung durchzuführen, sondern vor allem, jedem dieses unverzichtbare Minimum zu sichern. Die sozialen Maßnahmen des Islams begrenzen sich daher auf die Beseitigung der Armut, deren moralische und ökonomische Rechtfertigungen zweifelhaften Wertes sind.

Jede geordnete Gesellschaft steht abgesehen vom moralischen und humanen Imperativ auch unter dem Einfluss des Imperativs des Erhalts. Die islamische Gesellschaft muss, um diese zu sein, gleichzeitig maximal human und maximal effizient sein. Sie ist nicht islamisch, wenn die Rücksichtnahme der Humanität ihre Stabilität bedroht, umgekehrt aber auch, wenn die übertriebene Höherbewertung der Gründe der Effizienz und Macht zur Schädigung entscheidender Prinzipien der Freiheit, des Rechts und des Humanismus führt. Die Ideologie der islamischen Gesellschaft bestimmt sich durch den Schnittpunkt dieser zwei von Natur aus entgegengesetzten Tendenzen und Forderungen.

Die theologischen Diskussionen über die *Zakā* beschränken sich für gewöhnlich auf die Frage, wie viel man genau und wovon geben soll. Doch ist für die Institution der *Zakā* das bloße Prinzip der Solidarität viel wichtiger als die Prozente und Zahlen. Wichtig ist das Prinzip, nach dem der reichere Teil der Gesellschaft in der Pflicht gegenüber dem ärmeren Teil steht. Man zweifle nicht daran, dass eine wahrhaft islamische Ordnung, wenn sie eines Tages verwirklicht sein wird, sich nicht so sehr um die Prozente kümmernd, die unsere gelehrten Theologen so pedantisch diskutieren, sich bemühen wird, den bloßen Zweck dieses Prinzips zu erfüllen. Der Zweck dieses Prinzips wird aber nur dann erreicht sein, wenn der reichere Teil der Gesellschaft den Armen im Einklang mit den Bedürfnissen dieser Letzteren gibt. Insoweit die *Zakā* ein

---

Verhältnis und durch die Verbreitung einer allgemeinen Gleichgültigkeit die bloßen Fundamente, auf denen eine gesunde Gemeinschaft gründet.

Recht der Armen ist (Quran 70:24, 25), wird es wie jedes andere Recht bei Bedarf mit Zwang sichergestellt.[177] Dank der erzieherischen Gewohnheit des Spendens, die der Islam predigt und praktiziert (nach manchen Autoren ist im Quran die Pflicht oder Empfehlung des Spendens an 82 Stellen erwähnt), ist in der muslimischen Gesellschaft eine leise Revolution in Form der Einrichtung des *Waqf*[178] erfolgt. Diese Einrichtung hat ihrer Verbreitung und Bedeutung nach nichts Vergleichbares in den Gesellschaften anderer Zivilisationen. Es gibt fast kein muslimisches Land, in denen nicht enorme Güter dem *Waqf* übergeben wurden, damit sie nicht einem persönlichen, sondern dem Gemeinwohl dienen. Das *Waqf* ist nicht ausdrücklich im Quran erwähnt, doch ist es keinesfalls zufällig. Es ist spontan als Frucht des Geistes der gegenseitigen Hilfe und als Resultat der erzieherischen Rolle der *Zakā* entstanden. Diese humane Einrichtung gibt Hoffnung, dass manche wichtigen gesellschaftlichen Ziele ohne Zwang erreicht werden können. Als materielles Gut im Dienste eines ethischen Ziels zeigt das *Waqf*, dass bedeutende Änderungen im Bereich der Ökonomie sich ohne Vermittlung durch das materielle Interesse ereignen. Insofern steht die Einrichtung des *Waqf* entgegengesetzt zu den sogenannten „natürlichen Gesetzen der Ökonomie". Sie ist eine Anomalie vom Standpunkt der politischen Ökonomie, doch ist sie durch ihre Dualität (eine „ökonomische Kategorie mit Seele") eine typisch islamische Einrichtung.

Wird die *Zakā* negativ auf das Interesse der Menschen, ihre Lage durch persönliche Bemühungen zu verbessern, wirken, wie manche beanstanden? Zunächst gibt es so viele Nöte, die nicht durch irgendeine persönliche Anstrengung beseitigt werden können (natürliche Mängel, Invalidität, elementare Unannehmlichkeiten u.Ä.). Ansonsten unterscheidet sich die *Zakā* aus dieser Sicht in nichts von allen anderen Arten von Subventionen und Hilfen, die alle zivilisierten und in manchen Formen auch unzivilisierten Gesellschaften kennen. In den USA z.B. war im Budget für das Jahr 1965 eine Summe von einer

---

[177] Erwähnen wir hier – vergleichshalber – die interessante Idee der „Negativsteuer" des amerikanischen Ökonomen Milton Friedman, des Trägers des Nobelpreises für Ökonomie von 1976. Nach dieser Idee würden die Finanzabteilungen eine „Negativsteuer" allen, die nicht genug verdienen, auszahlen. „Die Armut in Amerika wäre seit langem ausgestorben, wenn das gesellschaftliche Geld nur jene bekämen, die es wirklich brauchen, anstatt es für ineffiziente und schrecklich teure soziale Dienste auszugeben", hat Friedman kundgetan. Die *Zakā* bleibt, was sie ist, doch erinnert uns Friedmans Negativsteuer überwältigend an die *Zakā*.

[178] Anm. d. Übersetzers: bedeutet „das Stehende (Vermögen)" und stellt den Ursprung des heutigen Rechtsinstituts der Stiftung (vor allem zu wohltätigen Zwecken) dar.

Milliarde Dollar „für die Hilfe an arme Amerikaner" vorgesehen.[179] Niemand hat Angst davor, dass diese bedeutende Summe sich negativ auf die Unternehmensfähigkeit der Menschen in der unternehmerischsten Nation der Welt auswirkt.[180]

3.

Diese einzelne Analyse des *Namaz/Ṣalā* und der *Zakā*, der bekanntesten islamischen Gebote, hat ihre innere Dualität aufgezeigt, doch wenn sie nun äußerlich betrachtet werden, sieht man ihren unterschiedlichen Platz im Bau des Islams. Dann erscheint das *Namaz/Ṣalā* als eine geistige und die *Zakā* als eine gesellschaftliche Komponente. Das *Namaz/Ṣalā* ist auf den Menschen, die *Zakā* auf die Welt ausgerichtet; das *Namaz/Ṣalā* hat einen persönlichen, die *Zakā* einen gesellschaftlichen Charakter; das *Namaz/Ṣalā* hat ein subjektives, die *Zakā* ein objektives Ziel; das *Namaz/Ṣalā* ist ein Instrument der Erziehung, die *Zakā* ein Bestandteil der Ordnung usw. Fast alle islamischen Autoritäten sind sich über die ausgesprochene Einheit des *Namaz/Ṣalā* als persönliches Gebet und der *Zakā* als gesellschaftliches Verhalten im Einklang mit dem *Namaz/Ṣalā* einig – eine Ansicht, die nach einstimmiger Meinung der Mehrheit der Gelehrten bis zur Behauptung führte, dass das *Namaz/Ṣalā*, das nicht von einer strikten Entrichtung der *Zakā* begleitet wird, wertlos ist.

Die Einheit des *Namaz/Ṣalā* und der *Zakā* hat der Quran bekräftigt, indem er ständig ihre Verbundenheit wiederholte. Abdullah ibn Masʿud sagt, dass Muhammad gesagt hat: „Befohlen ist euch, dass ihr das *Namaz/Ṣalā* verrichtet

---

[179] Die Kategorie der amerikanischen Bürger mit einem Einkommen unter $ 2.000 jährlich. Es wird gerechnet, dass in jenen Jahren zu dieser Kategorie um die 35 Millionen Amerikaner gezählt wurden.

[180] Professor Lester Turow vom Massachusetts Institut für Technologie beweist sogar das Entgegengesetzte. Dieser angesehene Ökonom behauptet, dass es keinen Konflikt zwischen dem sozialen Spenden und der ökonomischen Effizienz gibt und dass soziale Programme ökonomische Programme sein können, wie auch gesellschaftlich gerecht. Die These, dass ausgiebige soziale Spenden die ökonomischen Flüsse des Landes gefährden könnten, da sie „das Volk faul und verwöhnt machen" würden, verwerfend, behauptet Professor Turow sogar, dass die Länder, die den Graben zwischen den Reichsten und Ärmsten verringern und Programme mit einer starken sozialen Note verabschieden, eines nach dem anderen die Vereinigten Staaten überholen: Schweden, die Schweiz, Dänemark, Norwegen und bald West-Deutschland. Und hier zeigt sich der „dritte", kombinierte Weg als der dem Menschen nächste und demnach erfolgreichste.

und die *Zakā* entrichtet; wer von euch die *Zakā* aussetzt, der hat nichts vom *Namaz/Ṣalā*." Dieser Standpunkt kann nur als ein Verbot der Trennung des Glaubens vom Handeln, des Menschen von der Welt ausgelegt werden, ein von seinem Wesen her ausgesprochen islamisches Verbot. Dieselben Gründe hat auch Abū Bakr, der erste Khalīf, aufgegriffen, als er beschlossen hat, mit Gewalt gegen einen Stamm, der die Entrichtung der *Zakā* aufgekündigt hat, vorzugehen. Es wird gesagt, dass er damals sagte: „Bei Gott, ich werde gegen jeden, der einen Unterschied zwischen *Namaz/Ṣalā* und *Zakā* macht, kämpfen."

Diese Formel „Verrichtet das *Namaz/Ṣalā* und entrichtet die *Zakā*" ist nur eine spezifische Form einer anderen, fundamentalen und allgemeineren „bipolaren" Formel – glaubt und tut Gutes, die im Quran als Grundform religiösen, moralischen und gesellschaftlichen Befehls erachtet werden kann.[181] Sie nennt jene zwei unersetzbaren Säulen, auf denen der gesamte Islam gründet. Es wäre recht, sie als erstes und höchstes Gesetz des Islams zu erachten.

Der Islam steht ganz unter dem Zeichen dieser „bipolaren" Einheit.

Die Schahada – die Erklärung des Beitritts zum Islam – wird vor Zeugen gemacht, was eine Folge der dualen Bedeutung dieses Aktes ist. Mit dieser Erklärung tritt man in die geistige Gemeinschaft, wofür keine Zeugen notwendig sind, aber auch in eine gesellschaftlich-politische Gemeinschaft ein, die eine rechtliche und nicht nur eine moralische Bedeutung hat. Für die Annahme einer Religion – denn das ist die Beziehung zwischen dem Menschen und Gott – braucht man keinerlei Zeugen. Und nicht nur dies: in diesem Fall wäre die Absicht alleine ausreichend, der innere Entschluss. Eine Erklärung vor anderen Personen ist ein, vom Standpunkt jeder puren Religion, überflüssiges Element der Öffentlichkeit.

Eine ähnliche Komponente finden wir ohne Zweifel im islamischen Fasten. Die muslimischen Massen haben es immer als eine Manifestation der Gemeinschaft erachtet, womit man die scharfen Reaktionen des Volkes in Fällen der Verletzung dieser Verpflichtung deuten muss. Es wurde erachtet (in Wirklichkeit hat man es gefühlt), dass damit die innere gesellschaftliche Kohäsion beschädigt wird. Fasten ist demnach im Islam nicht ausschließlich eine Frage

---

[181] Ein bekannter Satz des Qurans weist auf diese Verbundenheit hin: „Gewiss, diejenigen, die glauben und rechtschaffene Werke tun, das Gebet verrichten und die Abgabe entrichten, die haben ihren Lohn bei ihrem Herrn, und keine Furcht soll sie überkommen, noch werden sie traurig sein" (Quran 2:277).

إِنَّ الَّذِينَ آمَنُوا وَعَمِلُوا الصَّالِحَاتِ وَأَقَامُوا الصَّلَاةَ وَآتَوُا الزَّكَاةَ لَهُمْ أَجْرُهُمْ عِنْدَ رَبِّهِمْ وَلَا خَوْفٌ عَلَيْهِمْ وَلَا هُمْ يَحْزَنُونَ.

des Glaubens und als solche eine Sache des Einzelnen, sondern eine gesellschaftliche Verpflichtung. Eine solche Behandlung einer Glaubensnorm ist in egal welcher anderen Religion undenkbar. Das islamische Fasten, das die Einheit von Askese und Freude, und in manchen Fällen auch von Genuss ist, ist die natürlichste und radikalste Erziehungsmaßnahme, die jemals in der Welt praktisch durchgeführt wurde. Sie werden es sowohl im königlichen Schloss als auch in der Bauernhütte, sowohl in den Häusern von Philosophen als auch im Arbeiterheim vorfinden. Sein größter Vorzug ist, dass es praktiziert wird.

Der Ḥaddsch – die Pilgerfahrt zur *Kāʻba* in Mekka – auch bekannt als fünfte islamische fundamentale Pflicht, was ist das: ein Glaubensritus, eine Handelsmesse, eine politische Versammlung oder alles zusammen? Offensichtlich ist es ein Ritus, aber „auf islamische Weise", demnach – alles zusammen.

Der Dualismus des Islams ist auf eine Vielzahl anderer Weisen ablesbar. Hören wir uns diese *Āya*[182] des Qurans an: „Die Sühne dafür besteht in der Speisung von zehn Armen in dem Maß, wie ihr eure Angehörigen im Durchschnitt speist, oder ihrer Bekleidung oder der Befreiung eines Sklaven. Wer aber keine (Möglichkeit) findet, (der hat) drei Tage zu fasten. Das ist die Sühne für eure (falschen) Eide, wenn ihr schwört" (Quran 5:89[183]).[184] Man gibt den nützlichen, sozialen Taten in der äußeren Welt den Vorzug, und erst im Falle der Unmöglichkeit dessen kommt, als Ersatz, der rein geistige Akt (Hier ist das Fasten so ein geistiger Akt der Reue, der Sühne, des Gebetes).

Oder: das Alte Testament schreibt die Vergeltung vor. Das Neue Testament die Vergebung. Betrachten Sie, wie der Quran aus diesen „Atomen" eine Verbindung schafft, ein „Molekül": „Vergeltung werde aber nur im gleichen Ausmaße geübt. Wer jedoch vergibt und Frieden schließt, dessen Lohn ist bei Allah" (Quran 42:40). An anderer Stelle ist die Synthese fast buchstäblich mechanisch: „Und Wir hatten ihnen darin (Thora) vorgeschrieben: Leben um Leben, Auge um Auge, Nase für Nase, Ohr für Ohr, Zahn um Zahn; und Wiedervergeltung

---

[182] Anm. d. Übersetzers: arabisch *Āya* bedeutet „Zeichen", sinngemäß ist damit auch ein Quranvers gemeint.

[183] Quran 5:89

فَكَفَّارَتُهُ إِطْعَامُ عَشَرَةِ مَسَاكِينَ مِنْ أَوْسَطِ مَا تُطْعِمُونَ أَهْلِيكُمْ أَوْ كِسْوَتُهُمْ أَوْ تَحْرِيرُ رَقَبَةٍ فَمَنْ لَمْ يَجِدْ فَصِيَامُ ثَلَثَةِ أَيَّامٍ ذَالِكَ كَفَّارَةُ أَيْمَنِكُمْ إِذَا حَلَفْتُمْ.

[184] Muhammad a.s. wird auch diese Aussage zugeschrieben: „Wer von euch etwas Übles sieht, soll es mit eigener Hand ändern, und wenn er dies nicht vermag, so soll er es mit seiner Zunge verändern, und wenn er dies nicht kann, dann mit seinem Herzen, und dies ist die schwächste Form des Glaubens." – Hadith bei Muslim Nr. 177 (*Sahih*)

auch für Wunden. Wer dies aber mildtätig vergibt, dem soll das eine Sühne sein" (Quran 5:45[185]). Oder: „O ihr, die ihr glaubt! Verbietet nicht die guten Dinge, die Allah euch erlaubt hat, aber übertretet auch nicht. Siehe, Allah liebt nicht die Übertreter" (Quran 5:87[186]).

Der Islam ist daher nicht jene Religion, die dem Menschen „irdische Früchte" verbietet, oder die „lehrt, dass es immer mehr verbotene Sachen gibt". Der Islam anathemisiert die Erde nicht. Im Gegenteil, wenn du kein Wasser hast, kann die Erde dich reinigen. Die Symbolik des *Tayammum*, der symbolischen Reinigung dadurch, dass man die reine Erde mit den Händen berührt und darauf über das Gesicht und die Arme bis hinter die Ellbogen streicht, kann nur diese Bedeutung haben.

Manche islamische Postulate sind nur der Bezeichnung, der Form oder dem Ursprung nach religiös. In Wirklichkeit wird man feststellen, dass sie, im besten Sinne des Wortes, islamisch sind.

Solche sind z.B. die Verordnung der Reinheit oder das Verbot des Alkohols. Solche und ähnliche Anordnungen haben ihren Ursprung oder ihre Grundlage nicht einfach in der Religion, da sie aus der Sorge um das äußere, physische oder gesellschaftliche Leben stammen. Sie sind nicht einmal Bestandteil der Kultur.

Ihre vollkommene Bedeutung bekommen sie erst in der Zivilisation. Große bevölkerungsreiche Städte der heutigen Zeit sind undenkbar ohne eine bestimmte Stufe der persönlichen und öffentlichen Hygiene, und Alkoholismus wird sich als das größte Problem gerade im Jahrhundert der Technik und Urbanisierung erweisen.

Die Logik dieser Betrachtungen wird uns zum grundsätzlichen Schluss weisen, dass der Islam von Natur aus nach der Integration von Kunst und Technik strebt. Und diese Synthese verwirklicht sich am folgerichtigsten in der Architektur. Und tatsächlich schaut man von den großen Künsten des Islams mit größtem Wohlwollen auf die Architektur, da sie am wenigsten „pure Kunst" ist, oder da sie eine „generelle Kunst" ist (Kenneth Clark).[187] Die Kunst betont zu sehr das Individuelle, Geistige, Jenseitige im Menschen, was im Widerspruch

---

[185] Quran 5:45

وَكَتَبْنَا عَلَيْهِمْ فِيهَآ أَنَّ ٱلنَّفْسَ بِٱلنَّفْسِ وَٱلْعَيْنَ بِٱلْعَيْنِ وَٱلْأَنفَ بِٱلْأَنفِ وَٱلْأُذُنَ بِٱلْأُذُنِ وَٱلسِّنَّ بِٱلسِّنِّ وَٱلْجُرُوحَ قِصَاصٌ ۚ فَمَن تَصَدَّقَ بِهِۦ فَهُوَ كَفَّارَةٌ لَّهُۥ ۚ

[186] Quran 5:87

يَٰٓأَيُّهَا ٱلَّذِينَ ءَامَنُوا۟ لَا تُحَرِّمُوا۟ طَيِّبَٰتِ مَآ أَحَلَّ ٱللَّهُ لَكُمْ وَلَا تَعْتَدُوٓا۟ ۚ إِنَّ ٱللَّهَ لَا يُحِبُّ ٱلْمُعْتَدِينَ ۚ

[187] Kenneth Clark nennt sie an einer Stelle sogar „soziale Kunst (...) die es den Menschen ermöglicht, mit einem erfüllterem Leben zu leben" (Kenneth Clark, *Civilizacija*, S. 242).

zum Gleichgewicht, auf dem der Islam insistiert, steht. Die Architektur ist „interessiert", funktional und eine Antwort auf die menschlichen Bedürfnisse (Am anderen Pol ist auf jeden Fall die Musik, die „bestialischste aller Künste" – Schopenhauer).

Gerade dieser „zweifache" Charakter der Architektur ist so, als hätte er sie als typisch islamische Kunst vorherbestimmt. Wie der Islam, hat auch sie eine Seele und einen Körper.[188] Die außerordentlichen Leistungen des Islams in der Architektur sind demnach kein Zufall. Sie sind eine Art Gesetzmäßigkeit.

Auch die Quellen des Islams sind durch diese unausweichliche Dualität gekennzeichnet. Das sind vor allem zwei fundamentale Quellen: Quran und Ḥadīth[189], von denen jede für sich Inspiration und Erfahrung, Ewigkeit und Zeit, Idee und Praxis oder Idee und Leben, repräsentiert. Der Islam ist weniger eine Denkweise, mehr eine Lebensweise. Alle Deutungen des Qurans zeigen, dass er ohne den Ḥadīth, daher ohne ein Leben, unverständlich ist. Nur in der Interpretation eines Lebens, Muhammads *a.s.* Leben, hat sich der Islam als eine praktische Philosophie, eine umfassende Lebensrichtung erwiesen. Schließen wir die dritte Quelle des Islams in die Beobachtung mit ein – den Idschmāʿa, so bleiben wir auf derselben Position. Idschmāʿa ist eine einstimmige Meinung der Gelehrten (nach Imam Schāfiʿi aller, nach Tabarī und Al-Ghāzī der Mehrheit von ihnen) über eine *Scharīʿa*-rechtliche Frage. Der Islam wäre nicht er selbst, wenn er in ein elitäres Prinzip nicht eine Zahl, eine Quantifizierung einbringen würde. Im *Idschmāʿa* befindet sich zugleich ein qualitativer (aristokratischer, elitärer) und ein quantitativer (demokratischer) Grundsatz.

In dieser Reihe der „Dualitäten" wird man auch die Stadt Mekka und die Höhle *Hirāʾ*, da sie in der Entstehung des Islams den Gegensatz zwischen der wirklichen und der inneren Welt, zwischen Tätigkeit und Meditation reprä-

---

[188] Die Dualität spiegelt sich auch in der Bezeichnung: Archi-Tektur bedeutet etwas Höheres als Tektur, ein gewöhnliches Bauwerk für rein praktische Bedürfnisse, sei es nach den Dimensionen, dem Stil oder der Bestimmung. Daher ist eine absolut funktionale Architektur nicht möglich – das wäre eine Widersprüchlichkeit in der Definition, denn Architektur kann nicht auf die bloße Funktion degradiert werden, ohne dass sie aufhört zu sein, was sie ist. Andererseits gibt es eine sogenannte „pure Architektur", eine Architektur ohne Funktion, nicht.

Aus dieser Sicht ist die Tatsache indikativ, dass fast alle großen Architekten der Renaissance Künstler waren (Maler oder Bildhauer), und dass auf der anderen Seite z.B. der große englische Architekt Ch. Wren primär Mathematiker und Astronom war. „Wrens Bauwerke zeigen uns, dass die Mathematik, das Messen, die Beobachtung – all das, was die Wissenschaft macht – sich nicht der Architektur feindlich entgegenstellt" (Kenneth Clark, *Civilizacija*, S. 212).

[189] Anm. d. Übersetzers: arabisch „Ḥadīth" bedeutet „Erzählung" und ist auch eine Bezeichnung für alle Überlieferungen, die das Leben des Propheten Muhammad *s.a.s.* betreffen.

sentieren, vorfinden. In der zweiten Phase der Entwicklung des Islams, das wird Mekka und Medina sein, in Wirklichkeit in zwei Perioden, deren unterschiedlichen Geist und Bedeutung jedes Geschichtsbuch des Islams registriert. Es geht um den gleichen Gegensatz (und die gleiche Einheit), doch nun in Form des Glaubens und der Politik, der Glaubensgemeinde und der politischen Gemeinschaft.

Letztendlich ist die höchste Figur im Islam der *Schahīd*[190], ein „Kämpfer auf dem Weg Gottes", ein Priester und Kämpfer in einer Person. Was im europäischen Christentum ins Mönchische und Ritterliche zerschlagen wurde, wird hier in der Figur des *Schahīd* vereint. Es handelt sich um die Einheit von Geist und Blut, um zwei Grundsätze, die ansonsten zwei unterschiedlichen Sachordnungen angehören.

Abschnitt 2
EINE DER NATUR ZUGEWANDTE RELIGION

1.

Der Quran setzt fort, seine duale Forderung zu wiederholen, indem er ihr immer wieder neue Formen gibt: Nun ist das die Forderung, dass sich zur Meditation die Beobachtung gesellt. Die Religion hat gegenüber der Wissenschaft Vorrang oder besser gesagt: der Beginn oder die Verheißung der Wissenschaft.

Der Quran enthält keine fertigen wissenschaftlichen Wahrheiten – noch soll er sie enthalten. Stattdessen enthält er eine wichtige wissenschaftliche Position, ein für die Religion ungewohntes Verhältnis zur äußeren Welt. Der Quran weist auf so viele Tatsachen aus der Natur hin und ruft den Menschen dazu auf, ihnen zu antworten. Die Forderung nach Wissenschaft (nach dem „Lesen" – vergleiche im Quran) erscheint jetzt nicht im Gegensatz zu Gott,

---

[190] Anm. d. Übersetzers: arabisch *Schahīd* – bedeutet „Märtyrer" bzw. „Zeuge" und ist ein Begriff für einen selbstlosen und aufopfernden Kämpfer (auf jeder Ebene) im Dienste der islamischen Werte.

sondern im Namen Gottes „Lies im Namen deines Herrn (...)" *(Quran 96:1[191])* – der Mensch beobachtet und erforscht hier nicht nur die selbstverwirklichende Natur, sondern die Welt, die Gottes Meister-Werk ist. Demnach ist dieses Beobachten nicht objektiv, indifferent, „des Wunsches beraubt". Es ist eine Mischung aus wissenschaftlicher Neugier und religiöser Bewunderung. Besungene Beschreibungen der Natur, zu denen der Quran ständig zurückkehrt, illustrieren diese Tendenz am besten. Hören wir uns manche von ihnen an: „Sehen sie denn nicht zum Himmel über sich empor: Wie Wir ihn erbauten und ausschmückten und dass er keine Risse hat? Und die Erde, Wir breiteten sie aus und setzten fest gegründete Berge darauf und ließen auf ihr (Pflanzen) von jeglicher schönen Art wachsen, zur Einsicht und Ermahnung für jeden sich reumütig bekehrenden Diener. Und Wir senden vom Himmel segensreiches Wasser herab und bringen damit Gärten und Korn zum Ernten hervor und hohe Palmen mit dicht stehenden Fruchtknöpfen als eine Versorgung für (Allahs) Diener." (Quran 50:6-11[192]) „Er ist es, Der vom Himmel Wasser herab kommen lässt; davon habt ihr zu trinken, und davon (wachsen) Bäume, unter denen ihr (euer Vieh) frei weiden lasst. Er lässt euch damit Getreide wachsen, und Ölbäume, Palmen, Rebstöcke und von allen Früchten. Darin ist wahrlich ein Zeichen für Leute, die nachdenken (...) Und Er ist es, Der euch das Meer dienstbar gemacht hat, damit ihr frisches Fleisch daraus esst und Schmuck aus ihm hervorholt (...) Und Allah lässt vom Himmel Wasser herab kommen und macht damit die Erde nach ihrem Tod wieder lebendig (...) Gewiss, auch im Vieh habt ihr wahrlich eine Lehre. Wir geben euch von dem, was in ihren Leibern zwischen Kot und Blut ist, zu trinken, reine Milch, angenehm für diejenigen, die (sie) trinken. Und (Wir geben euch) von den Früchten der Palmen und der Rebstöcke (zu trinken und essen) (...) Und dein Herr hat der Biene eingegeben: ‚Nimm dir in den Bergen Häuser, in den Bäumen und in dem, was sie an Spalieren errichten. Hierauf iss von allen Früchten, ziehe auf den Wegen deines Herrn dahin, die (dir) geebnet sind.' Aus ihren Leibern kommt ein Getränk von unterschiedlichen Farben, in dem Heilung für die Menschen ist. Darin ist wahrlich ein Zeichen für Leute, die nachdenken." (Quran *Sure* 16)

---

[191] Quran 96:1 (...) اقْرَأْ بِاسْمِ رَبِّكَ

[192] Quran 50:6-11

أَفَلَمْ يَنظُرُوٓا۟ إِلَى ٱلسَّمَآءِ فَوْقَهُمْ كَيْفَ بَنَيْنَٰهَا وَزَيَّنَّٰهَا وَمَا لَهَا مِن فُرُوجٍ. وَٱلْأَرْضَ مَدَدْنَٰهَا وَأَلْقَيْنَا فِيهَا رَوَٰسِىَ وَأَنۢبَتْنَا فِيهَا مِن كُلِّ زَوْجٍۭ بَهِيجٍ. تَبْصِرَةً وَذِكْرَىٰ لِكُلِّ عَبْدٍ مُّنِيبٍ. وَنَزَّلْنَا مِنَ ٱلسَّمَآءِ مَآءً مُّبَٰرَكًا فَأَنۢبَتْنَا بِهِۦ جَنَّٰتٍ وَحَبَّ ٱلْحَصِيدِ. وَٱلنَّخْلَ بَاسِقَٰتٍ لَّهَا طَلْعٌ نَّضِيدٌ. رِّزْقًا لِّلْعِبَادِ (...)

„Allah ist es, Der die Körner und die Kerne spaltet und das Lebendige aus dem Toten hervorbringt. Und (Er ist es) Der das Tote aus dem Lebendigen hervorbringt. Dies ist doch Allah – wie lasst ihr euch also abwendig machen? – Er, Der den Morgen anbrechen lässt. Er hat die Nacht zur Ruhe(zeit) und die Sonne und den Mond als (Mittel der) Berechnung gemacht. Das ist eine Anordnung des Allmächtigen und Allwissenden. Und Er ist es, Der euch die Sterne gemacht hat, damit ihr euch durch sie rechtleiten lasst in den Finsternissen des Festlandes und des Meeres. Wir haben ja die Zeichen ausführlich dargelegt für Leute, die Bescheid wissen. Und Er ist es, Der euch aus einem einzigen Wesen hat entstehen lassen. Dann gibt es einen Aufenthaltsort und einen Aufbewahrungsort. Wir haben die Zeichen ausführlich dargelegt für Leute, die verstehen. Und Er ist es, Der vom Himmel Wasser herab kommen lässt. Damit bringen Wir den Wuchs aller Arten hervor; aus ihnen bringen Wir dann Grün hervor, aus dem Wir übereinander geschichtete Körner hervorbringen – und aus den Palmen, aus ihren Blütenscheiden (entstehen) herab hängende Dattelbüsche -, und (auch) Gärten mit Rebstöcken und die Öl- und die Granatapfelbäume, die einander ähnlich und unähnlich sind. Schaut ihre Früchte an, wenn sie Früchte tragen, und (schaut) auf deren Reife! Seht, darin sind wahrlich Zeichen für Leute, die glauben." (Quran 6:95-99)

إِنَّ اللَّهَ فَالِقُ الْحَبِّ وَالنَّوَى يُخْرِجُ الْحَيَّ مِنَ الْمَيِّتِ وَمُخْرِجُ الْمَيِّتِ مِنَ الْحَيِّ ذَلِكُمُ اللَّهُ فَأَنَّى تُؤْفَكُونَ. فَالِقُ الْإِصْبَاحِ وَجَعَلَ اللَّيْلَ سَكَنًا وَالشَّمْسَ وَالْقَمَرَ حُسْبَانًا ذَلِكَ تَقْدِيرُ الْعَزِيزِ الْعَلِيمِ. وَهُوَ الَّذِي جَعَلَ لَكُمُ النُّجُومَ لِتَهْتَدُوا بِهَا فِي ظُلُمَاتِ الْبَرِّ وَالْبَحْرِ قَدْ فَصَّلْنَا الْآيَاتِ لِقَوْمٍ يَعْلَمُونَ. وَهُوَ الَّذِي أَنشَأَكُم مِّن نَّفْسٍ وَاحِدَةٍ فَمُسْتَقَرٌّ وَمُسْتَوْدَعٌ قَدْ فَصَّلْنَا الْآيَاتِ لِقَوْمٍ يَفْقَهُونَ. وَهُوَ الَّذِي أَنزَلَ مِنَ السَّمَاءِ مَاءً فَأَخْرَجْنَا بِهِ نَبَاتَ كُلِّ شَيْءٍ فَأَخْرَجْنَا مِنْهُ خَضِرًا نُّخْرِجُ مِنْهُ حَبًّا مُّتَرَاكِبًا وَمِنَ النَّخْلِ مِن طَلْعِهَا قِنْوَانٌ دَانِيَةٌ وَجَنَّاتٍ مِّنْ أَعْنَابٍ وَالزَّيْتُونَ وَالرُّمَّانَ مُشْتَبِهًا وَغَيْرَ مُتَشَابِهٍ انظُرُوا إِلَى ثَمَرِهِ إِذَا أَثْمَرَ وَيَنْعِهِ إِنَّ فِي ذَلِكُمْ لَآيَاتٍ لِقَوْمٍ يُؤْمِنُونَ.

„Haben sie nicht auf die Erde gesehen, wie viele edle Arten Wir auf ihr haben wachsen lassen?" (Quran 26:7)

أَوَلَمْ يَرَوْا إِلَى الْأَرْضِ كَمْ أَنبَتْنَا فِيهَا مِن كُلِّ زَوْجٍ كَرِيمٍ.

„Und Er ist es, Der die Nacht und den Tag, die Sonne und den Mond erschaffen hat; alles läuft in einer (jeweils eigenen) Umlaufbahn." (Quran 21:33)

وَهُوَ الَّذِي خَلَقَ اللَّيْلَ وَالنَّهَارَ وَالشَّمْسَ وَالْقَمَرَ كُلٌّ فِي فَلَكٍ يَسْبَحُونَ.

„In der Schöpfung der Himmel und der Erde; im Unterschied von Nacht und Tag; in den Schiffen, die das Meer befahren mit dem, was den Menschen nützt; darin, dass Allah Wasser vom Himmel herab kommen lässt, und damit dann die Erde nach ihrem Tod wieder lebendig macht und auf ihr allerlei Tiere sich ausbreiten lässt; und im Wechsel der Winde und der Wolken, die zwischen Himmel und Erde dienstbar gemacht sind, sind wahrlich Zeichen für Leute, die begreifen." (Quran 2:164)

إِنَّ فِي خَلْقِ السَّمَاوَاتِ وَالْأَرْضِ وَاخْتِلَافِ اللَّيْلِ وَالنَّهَارِ وَالْفُلْكِ الَّتِي تَجْرِي فِي الْبَحْرِ بِمَا يَنْفَعُ النَّاسَ وَمَا أَنْزَلَ اللَّهُ مِنَ السَّمَاءِ مِنْ مَاءٍ فَأَحْيَا بِهِ الْأَرْضَ بَعْدَ مَوْتِهَا وَبَثَّ فِيهَا مِنْ كُلِّ دَابَّةٍ وَتَصْرِيفِ الرِّيَاحِ وَالسَّحَابِ الْمُسَخَّرِ بَيْنَ السَّمَاءِ وَالْأَرْضِ لَآيَاتٍ لِقَوْمٍ يَعْقِلُونَ.

„Wie viele Städte, die Unrecht hatten, vernichteten Wir, so dass sie wüst in Trümmern lagen, und (wie viele nun) verlassene Brunnen und hoch ragende Schlösser! Reisen sie denn nicht auf der Erde umher, so dass sie Herzen bekommen, mit denen sie begreifen, oder Ohren, mit denen sie hören? Denn nicht die Blicke sind blind, sondern blind sind die Herzen, die in den Brüsten sind." (Quran 22:45-46)

فَكَأَيِّنْ مِنْ قَرْيَةٍ أَهْلَكْنَاهَا وَهِيَ ظَالِمَةٌ فَهِيَ خَاوِيَةٌ عَلَى عُرُوشِهَا وَبِئْرٍ مُعَطَّلَةٍ وَقَصْرٍ مَشِيدٍ. أَفَلَمْ يَسِيرُوا فِي الْأَرْضِ فَتَكُونَ لَهُمْ قُلُوبٌ يَعْقِلُونَ بِهَا أَوْ آذَانٌ يَسْمَعُونَ بِهَا فَإِنَّهَا لَا تَعْمَى الْأَبْصَارُ وَلَكِنْ تَعْمَى الْقُلُوبُ الَّتِي فِي الصُّدُورِ.

„Sind sie denn nicht auf der Erde umher gereist, so dass sie schauen (konnten), wie das Ende derjenigen war, die vor ihnen waren? Sie hatten eine stärkere Kraft als sie, pflügten und bevölkerten das Land noch mehr, als sie es bevölkerten. Und ihre Gesandten kamen zu ihnen mit den klaren Beweisen. Aber nimmer ist es Allah, der ihnen Unrecht getan hat, sondern sie selbst haben sich Unrecht zugefügt." (Quran 30:9)

KAPITEL VIII   ISLAM UND RELIGION

وَلَمْ يَسِيرُوا فِي الْأَرْضِ فَيَنْظُرُوا كَيْفَ كَانَ عَاقِبَةُ الَّذِينَ مِنْ قَبْلِهِمْ كَانُوا أَشَدَّ مِنْهُمْ قُوَّةً وَأَثَارُوا الْأَرْضَ وَعَمَرُوهَا أَكْثَرَ مِمَّا عَمَرُوهَا وَجَاءَتْهُمْ رُسُلُهُمْ بِالْبَيِّنَاتِ فَمَا كَانَ اللَّهُ لِيَظْلِمَهُمْ وَلَكِنْ كَانُوا أَنْفُسَهُمْ يَظْلِمُونَ.

„Schauen sie denn nicht zu den Kamelen, wie sie erschaffen worden sind, und zum Himmel, wie er empor gehoben worden ist, und zu den Bergen, wie sie aufgerichtet worden sind, und zur Erde, wie sie flach gemacht worden ist?" (Quran 99:17-20)

أَفَلَا يَنْظُرُونَ إِلَى الْإِبِلِ كَيْفَ خُلِقَتْ. وَإِلَى السَّمَاءِ كَيْفَ رُفِعَتْ. وَإِلَى الْجِبَالِ كَيْفَ نُصِبَتْ. وَإِلَى الْأَرْضِ كَيْفَ سُطِحَتْ.

„Was meint ihr denn zu dem, was ihr an Saatfeldern bestellt? (Quran 56:63[193]), (…) dem Wasser, das ihr trinkt(…) (Quran 56:68[194]), (…) dem Feuer, das ihr (durch Reiben) zündet(…)?" (Quran 56:71[195]) usw.

In diesen vollkommen der Natur zugewandten Sätzen fühlt man klar die Annahme der Welt, die Abwesenheit irgendeines Konflikts mit der Natur. Im Islam leiht die Materie sich selbst für viele schöne und edle Dinge (wie es der Fall mit dem Körper und dem *Namaz/Ṣalā*, dem Vermögen und der *Zakā* ist). Die materielle Welt ist nicht das Reich des Teufels, der Körper ist nicht der Sitz der Sünden. Sogar die zukünftige Welt, Gegenstand größter Hoffnungen des Menschen, scheut der Quran, nicht in irdischen Farben abzubilden. Die Christen werden ihn deswegen der einer Religion unwürdigen Sinnlichkeit anklagen. In Wirklichkeit enthüllt dies allein, dass die materielle Welt dem Islam nicht von sich selbst aus fremd ist und dass in ihm nicht der christliche Instinkt der Verwerfung dieser Welt lebt.

Einige Sätze des Qurans wecken die intellektuelle Neugier, unterstützen den Forschergeist: „Da haben Wir (…) aus dem Wasser alles Lebendige gemacht" (Quran 21:30[196]), oder: „Pflanzen und Palmen (…), die alle mit demselben Wasser bewässert werden. Wir zeichnen die einen von ihnen vor den anderen

---

[193] Quran 56:63. أَفَرَأَيْتُمْ مَا تَحْرُثُونَ.
[194] Quran 56:68. (…) اَلْمَاءَ الَّذِي تَشْرَبُونَ.
[195] Quran 56:71. (…) اَلنَّارَ الَّتِي تُورُونَ.
[196] Quran 21:30. (…) وَ جَعَلْنَا مِنَ الْمَاءِ كُلَّ شَيْءٍ حَيٍّ (…).

im Ernteertrag aus. Darin sind wahrlich Zeichen für Leute, die begreifen" (Quran 13:4[197]).

Der letzte Satz ist besonders interessant, da hier ein Problem thematisiert wird, das auch in den Grundlagen der gesamten Chemie zu finden ist. Das Resultat: gerade die Muslime beenden die endlosen Diskussionen über die substantiellen Fragen, mit denen das Christentum beschäftigt war, und wenden sich der Chemie (*Alchemie*) zu. Das war der Übergang von der mystischen Philosophie zur rationalen Wissenschaft.

Das gemeinsame Element aller zitierten Sätze des Qurans ist die Forderung nach dieser Aktivität des Menschen, mit dem all seine Macht über die Welt (Natur) beginnt.

Wenn man die Ursachen der Macht des Westens untersucht, wird man feststellen, dass sie nicht in ihren Armeen oder ihrer Ökonomie liegen. Das ist der äußere Anschein der Dinge. Im Grunde dieser Macht liegt eine experimentelle Denkmethode, welche die westliche Zivilisation schon von Bacon geerbt hat.[198] Jean Fourastié schreibt:

„Die Beobachtung der Natur, der Gesellschaft, der Menschen ist die erste Etappe der Grundbildung, die alle Kinder der westlichen Welt bekommen (...) Das Interesse für die äußere Welt ist entgegengesetzt zum Interesse der brahmanischen und buddhistischen Philosophie, die sich von der äußeren zur inneren Welt wendet(...) Vergeblich ist es zum Traum abzudriften, dass es irgendeinem Volk gelingen könnte, sich in den Weg des Fortschritts einzufügen, wenn es sich nicht die Prinzipien des experimentellen Denkens von Galileo, Pascal, Newton und Claude Bernard angeeignet hat. Bedingung jedes ökonomischen und sozialen Fortschritts ist die Änderung des intellektuellen Standpunktes, der Übergang vom Abstrakten zum Konkreten, vom Rationalen zum Experimentellen, von der Stagnation zur Innovation."[199]

Den Islam auf einer primitiven Stufe des Bewusstseins umzusetzen, ist unmöglich. Um das *Namaz/Ṣalā* korrekt auszuführen, muss man eine korrekte Orientierung in Zeit und Raum haben. Im *Namaz/Ṣalā* wenden sich die Menschen gegen Mekka, daher orientieren sie sich räumlich. Das Gebet wird zu einer

---

[197] Quran 13:4

(...) زَرْعٌ وَنَخِيلٌ صِنْوَانٌ وَغَيْرُ صِنْوَانٍ يُسْقَىٰ بِمَاءٍ وَاحِدٍ وَنُفَضِّلُ بَعْضَهَا عَلَىٰ بَعْضٍ فِى ٱلْأُكُلِ إِنَّ فِى ذَٰلِكَ لَآيَٰتٍ لِّقَوْمٍ يَعْقِلُونَ.

[198] Bacon hingegen von den Arabern – siehe Kapitel XI dieses Buches.

[199] Jean Fourastié, *Civilizacija sutrašnjice*, Zagreb, S. 47-48 (Anm. d. Übersetzers: *La civilisation de 1975. Histoire de demain*)

bestimmten Zeit verrichtet, die durch astronomische Tatsachen definiert ist. Das Fasten wird zu einer genau bestimmten Zeit im Jahr verrichtet, was bedeutet in einer bestimmten Stellung der Erde auf ihrer Bahn um die Sonne. Die *Zakā* erfordert eine Statistik, Evidenz und Berechnung. Die Pilgerfahrt (Ḥaddsch) ist mit Reisen und dem Kennenlernen von so vielen Tatsachen, die nur eine lange Reise auferlegen und bieten kann, verbunden. Mit einem Wort, alle Dinge beiseitelassend, hat die muslimische Gemeinschaft bereits an der Grundlage der Achtung der vier islamischen Grundgebote eine minimale Stufe der Zivilisation verwirklichen müssen. Sie kann nicht zugleich islamisch sein und auf der Stufe der Barbarei verbleiben.

Diese Tendenz ist weder zufällig noch unbeabsichtigt. Eine argumentierte Geschichtsdarstellung der islamischen Wissenschaft würde aufzeigen, dass die Entwicklung fast aller wissenschaftlichen Bereiche im ersten Jahrhundert des Islams ihren Ausgangspunkt in der Bemühung hatte, die islamischen Gebote umso strikter und folgerichtiger zu praktizieren. Erst später hat die Beschäftigung mit Wissenschaft sich vom Glauben getrennt, aber nie vollkommen.

Dies war auf jeden Fall zuallererst und am stärksten an der Astronomie zu erkennen. In Gunthers *Geschichte der Naturwissenschaften* werden wir Tatsachen vorfinden, welche das sehr lebendige astronomische Bewusstsein des islamischen Kulturkreises belegen, ein Bewusstsein, das es bei den Griechen nicht gegeben hat, da es infolge der Unveränderlichkeit aufgrund einer einzigen Vorstellung erstickt wurde.

Im Tal des Euphrat hat der Islam eine entwickelte fast 3.000 Jahre alte Astrologie entdeckt, die bedeutendes Wissen über Himmelserscheinungen angesammelt hat. Doch war dem Islam der Glaube in Zusammenhang mit den Sternen und dem menschlichen Schicksal fremd. Sein Monotheismus und Rationalismus musste diese Astrologie in Astronomie umwandeln. Indem er von der sogenannten Bagdader astronomischen Schule, die sich um die berühmten gleichnamigen Observatorien formiert hat, spricht, bestätigt Sedillot dies: „Was die Bagdader astronomische Schule von Anfang an charakterisiert hat, war ihr wissenschaftlicher Geist: vom Unbekannten zum Bekannten gehen und nie etwas als erwiesen annehmen, das nicht auch durch unmittelbare Beobachtungen (Überprüfung) bewiesen wäre." Abū l-Wafā hat die dritte lunare Phase 600 Jahre vor Tycho Brahe entdeckt. Khayyāms Kalender ist genauer als der gregorianische, dessen wir uns heute bedienen. Die theologischen Tafeln, deren Autor wahrscheinlich Ibrahim Az-Zarqāli ist, die sich auf die Bewegung der Planeten beziehen, blieben lange Grundlagen der europäischen Astronomie. Al-Bīrūnī hat die Hypothese aufgestellt, dass die Erde und nicht der Himmel sich um seine Achse dreht. Ibn Bāddscha hat sogar auf die Möglichkeit hingewiesen, dass die Bewegungen der Planeten elliptisch und nicht kreisförmig sind usw.

Die Astronomie hat infolge die restlichen Bereiche der Wissenschaft stark vorangebracht („Alle Wissenschaft ist die Tochter der Astronomie" – Bergson). Das war ein direktes Resultat des Qurans. Die der Natur zugewandte Religion hat ein neues großes Kapitel in der Entwicklung der Wissenschaft eröffnet, eines der glänzendsten in der Geschichte.

2.

Diese Tendenz der Integration von Religion und Wissenschaft, eine islamische Tendenz im besten Sinne des Wortes, hat im praktischen Leben ihren Ausdruck im gleichzeitigen Bauen von Moscheen und Schulen gefunden.[200] Diese Tendenz hat einen folgerichtigen Ausdruck in einem Phänomen, das nur der islamische Kulturkreis kennt, bekommen: in der „Moschee-Schule", einem einheitlichen Baugebilde mit zweifacher Funktion, das in den europäischen Sprachen nicht so einfach benannt werden kann (in der französischen Sprache finden wir sie in Form der mechanischen Verbindung *mosquée-école*). Dieses charakteristische Bauwerk ist eine Materialisation oder das technische Äquivalent jener ursprünglichen islamischen Forderung nach Vereinigung von Glauben und Wissenschaft, postuliert in den ersten Sätzen des Qurans: „Lies im Namen deines Herrn (...)" (Quran 96:1[201]).[202]

Dasselbe Konzept spiegelte sich in den Programmen der Schulen, beginnend mit jenen zur Erlangung von Grundwissen bis zu den höchsten. Die bekannte Bagdader *Niżāmiyya* war aus dieser Sicht lange Zeit der Prototyp der islamischen Schule. Für die Europäer ist sie eine „höhere Glaubensschule". In Wirklichkeit wurde an ihr gleichberechtigt und parallel das, was wir heute Theologie nennen würden, erforscht: *Tafsīr*, *Ḥadīth*, *Akhlāq* und *Aqā'id*, und

---

[200] Über dieselbe Frage schreibt Stefan Bianca in der Zeitschrift *Werk*, Schweiz, Nr. 9/1976. Das Phänomen, um das es geht, nennt der Autor die Polyvalenz islamischer Räume (Titel des Artikels: *Polyvalenz und Flexibilität in der Struktur der islamischen Stadt*).

[201] Quran 96:1. اقْرَأْ بِاسْمِ رَبِّكَ.

[202] Es gibt historische Beweise, dass die erste Moschee – Masdschid An-Nabiyy, die Muhammad *s.a.s.* selbst errichtet hat, gleichzeitig eine Schule war (genannt *Suffah*).

danach als Bestandteil eines integralen und unteilbaren Programms: Recht, Philosophie, Literatur, Mathematik, Astronomie, Musik und die Grundkenntnisse der Medizin (siehe: J. Risler, Dasselbe). Als Vorbild für viele ähnliche Hochschulen dienend, wurde die *Niżāmiyya* der herrschende Schultyp in allen größeren Städten der islamischen Welt.

Es ist fast allgemein, dass die Schulen in der muslimischen Welt nicht nach dem europäischen Maßstab weltlich – geistlich beurteilt werden können. Von besonderer Bedeutung ist jedenfalls, dass dies für jeden der natürliche Zustand oder das spontane Verständnis war, das aus dem Geist des Islams als führendes Gefühl der Welt stammte. Dieses Verständnis hat sich auch heute erhalten, und wo immer es anders ist, wird man feststellen, dass es am fremden Einfluss liegt. Der ursprüngliche Zustand entspricht dem fundamentalen islamischen Prinzip der Einheit von Glauben und Wissenschaft. Die größte und eine der ältesten islamischen Lehranstalten, die Al-Azhar in Kairo, bezeichnen die einen als Moschee, die anderen als Universität; von Anfang an war sie eine Lehranstalt allgemeinen Typs und nur in Zeiten höchster Dekadenz ist sie zu einer rein theologischen geworden.[203] Durch die Reform vom Jahr 1961 wurde die Al-Azhar zum ursprünglichen integralen Charakter durch die Gründung der medizinischen und technischen Fakultät in ihrem Gefüge zurückgeführt. In Pakistan hat der Staat die Alphabetisierung der Bevölkerungsmassen den Imamen und Moscheen anvertraut, ein im Wesentlichen vollkommen korrekter aber folgeunrichtig und nicht energisch genug beschrittener Weg. Eine ähnliche Erscheinung finden wir im Iran, wo gebildete Wehrdienstverpflichtete ihren Wehrdienst durch die Alphabetisierung der Menschen am Lande erfüllen. Als Schulen dienen die Moscheen. Die Moschee-Schule ist eines jener Symbole, wo es nichts beizufügen oder zu entfernen gibt.

3.

Dieses Hinwenden zur äußeren Welt hat einen besonderen Realismus des Islams im Verständnis des Menschen zum Resultat gehabt. Die Annahme der Natur im Allgemeinen bedeutete auch die Annahme der menschlichen Natur.

Die Verwerfung dieser Welt (und das bedeutet auch des Körpers) wird sich selbst von jeder Religion auferlegt. Diese Welt anzunehmen bedeutet für die

---

[203] Die Lehranstalt ist über tausend Jahre alt (gegründet im Jahr 972).

Religion, sich selbst zu beherrschen, zu überwinden. Der Islam stellt die verwirklichte unmögliche Herausforderung dar, eine Art Christentum der Annahme der Realität der Welt anzunähern. Einige Sätze des Qurans klingen fast unglaublich (z.B. jene über die Annahme des Genusses, die geschlechtliche Liebe, den Kampf, die Hygiene). Diese Tatsache stellt das entscheidendste Faktum in der Geschichte der Religion dar und so auch in der Geschichte des menschlichen Bewusstseins allgemein. Sie hat die Erscheinung der Religion der „zwei Welten" gekennzeichnet, das allumfassende System des menschlichen Lebens, die Erkenntnis, dass der Mensch die Religion nicht im Namen der Wissenschaft und den Kampf für ein besseres Leben nicht im Namen der Religion verwerfen muss. Den Urgrund des Schmerzes und den Kampf gegen den Schmerz, die in jeder Weise den Inhalt der menschlichen Geschichte darstellt, hat der Islam nicht übersehen und darin liegt seine epochale Bedeutung

Während er die Größe und Würde des Menschen allgemein bekräftigt, ist der Islam in der Frage des konkreten Menschen ziemlich realistisch, fast antiheroisch.

Der Islam strebt nicht danach, Eigenschaften im Menschen, die nicht seiner Natur entsprechen, zu fördern. Er strebt nicht danach, uns zu Heiligen oder zu Engeln zu machen, da eine solche Forderung illusorisch ist. Er will uns zu dem machen, was wir sind – Menschen. Auch wenn er eine Art Askese kennt, trachtet der Islam überhaupt nicht danach, das Leben, die Gesundheit, den Intellekt, die Geselligkeit, das Streben nach Glück und Genuss zu vernichten. Diese Askese ist vor allem dazu da, um ein Gegengewicht gegenüber den Neigungen zu bilden, um die Erhaltung des Gleichgewichts zwischen Blut und Geist, zwischen animalischen und ethischen Bestrebungen zu ermöglichen. Durch *Abdest/Wuḍū*, Gebet, Fasten, *Dschamʻa*, Aktivität, Beobachtung und Meditation erweitert der Islam die Arbeit der Natur an der Formung des Menschen. Nirgends gibt es ein Entgegensetzen gegenüber der Natur. Sogar wenn die Ziele nicht dieselben sind, bleibt die Kontinuität überall erhalten.

Gerade ein solcher Standpunkt einer Religion war die Ursache für Missverständnisse, die bis heute andauern.

Den Islam hat man wegen seiner vermeintlichen Sinnlichkeit angegriffen, indem man einige Stellen aus dem Quran zitierte und Beispiele aus Muhammads Leben anführte. Wir müssen uns nicht allzu sehr gegen diese Vorwürfe verteidigen. Wir müssen klar und offen sagen: dass der Islam für das natürliche Leben und gegen Asketismus[204], für Reichtum und gegen Armut, für die Macht des

---

[204] „Es gibt kein Mönchtum im Islam." (Muhammad *a.s.*)

Menschen über die Natur nicht nur auf diesem Planeten, sondern, wenn es möglich ist, auch inmitten der Gestirne ist. Doch den Islam wahrhaft zu verstehen – bedeutet diese Begriffe der Natur, des Reichtums, der Politik, der Wissenschaft, der Macht, des Wissens, der Freude auf eine etwas andere als auf jene Weise, welche die Menschen der westlichen Zivilisation in diesen Begriffen sehen, zu verstehen.

Der Islam hat in Wahrheit vom Menschen verlangt, alle Verantwortung zu übernehmen und hat kein Ideal der Armut und des leidvollen Asketismus aufgestellt. Er hat ihm nicht verboten „das Salz der Erde und das Salz des großen salzigen Meeres" (Andre Gide) zu kosten. Er hat für den Menschen ein ganzes, vollständiges Leben verlangt.[205] Und dieses Leben liegt an den Koordinaten, von denen die einen das natürliche Streben nach Glück und Macht, und die anderen die innere moralische Vollendung, „die ununterbrochene Selbsterschaffung" darstellen. Diese Bestrebungen widersprechen und schließen sich gegenseitig nur in der Logik aus; im wirklichen Leben verbinden sie sich und ihre wechselseitige Vereinigung verwirklicht sich alltäglich auf zahllose Arten in unserem Leben oder vor unseren Augen. Solch eine Möglichkeit ist nur dem Menschen gegeben und anhand ihrer könnte dieses kontroverse Geschöpf definiert werden.

Das *Evangelium* hat die Instinkte anathemisiert und sprach nur von der Seele. Der Quran führt jene erneut auf die Szene, denn, auch wenn sie nicht so edel sind, so sind sie wahrhaftig und wirklich. Von ihnen spricht der Quran mit Verständnis und ohne Zeichen der Verurteilung. In der Ergebung der Engel vor dem Menschen (Quran 2:34) liegt der Standpunkt, dass das Menschliche dem Engelhaften gegenüber höherstehend ist, so wie das Drama tiefer und wahrhaftiger als die zweifelhafte Erhabenheit einer Idylle ist.

Die Menschen sind nicht sanfte, freudige, nur zum Guten programmierte Geschöpfe. Sie sind körperlich, grob, widersprüchlich, auseinander gerissen zwischen Bestrebungen und Versuchungen. Im unnatürlichen Wunsch, aus diesen Menschen fehlerlose und unfehlbare Wesen zu machen, sehen wir auf einmal, dass wir blutlose, sentimentale und unechte Typen, so sehr zum Schlechten wie auch zum Guten unfähige, bekommen haben. Indem wir sie

---

[205] „O die ihr glaubt, verbietet nicht die guten Dinge, die Gott euch erlaubt hat, und übertretet nicht! Allah liebt nicht die Übertreter" (Quran 5:87).

يَا أَيُّهَا الَّذِينَ آمَنُوا لَا تُحَرِّمُوا طَيِّبَاتِ مَا أَحَلَّ اللَّهُ لَكُمْ وَلَا تَعْتَدُوا إِنَّ اللَّهَ لَا يُحِبُّ الْمُعْتَدِينَ.

Anm. d. Übersetzers: im Original stand irrtümlicherweise die Angabe 5:90, die hier korrigiert wurde.

von Mutter Erde trennen, trennen wir sie vom Leben, wo es aber kein Leben und keine Kraft gibt, gibt es auch keine Tugend. Freud hat bewiesen, dass die Sexualität nicht zerstört werden kann, sondern nur unterdrückt, und dass der unterdrückte Sexualtrieb zu noch schwereren Übeln führt. So sehr sich die christliche Forderung der Keuschheit und Enthaltsamkeit auch als erhaben gezeigt hat, so entspricht das islamische Konzept des kontrollierten und gemäßigten Sexuallebens mehr dem Menschen und berücksichtigt die reale, diesseitige Seite der Angelegenheit. In dieser Angelegenheit tritt der Islam nicht als Religion auf, sondern als die Wahrheit des vollkommenen Lebens. Alle Gründe, die zugunsten des Sexuallebens sprechen sind rational, diesseitig, von praktischer Natur, nicht religiös und nicht ethisch, denn religiöser und moralischer wäre die vollkommene Enthaltsamkeit.

Die Frage, die wir behandeln, betrifft das Problem der Übereinstimmigkeit des Menschen mit sich selbst, oder anders gesagt, der Übereinstimmigkeit seiner Ideale mit dem natürlichen menschlichen Streben, dem physischen, dem gesellschaftlichen und intellektuellen. Der Konflikt in diesem fundamentalen Verhältnis ist die erste bedeutende Quelle von Neurosen. Eine andere solche Quelle ist der Konflikt zwischen dem Menschen und seiner Mitte.

Der Quran wendet sich seltener dem Menschen, öfter den Menschen, und diesen nicht selten nur als Bürgern zu. Der Mensch als Mitglied der Gesellschaft ist von dieser Welt, nur als Persönlichkeit ist er ein Bewohner des Himmels. Er ist demnach ein gesellschaftliches Wesen, das er mit anderen Menschen gemein hat, nicht daher, weil er etwas Individuelles und Persönliches hat. Wenn sich der Einzelne von der einen, und die Gesellschaft von der anderen Seite nach verschiedenen, unabhängigen Vorbildern und Idealen formieren, so ist der Missklang unausweichlich und wir haben einen Konflikt von Einzelnen mit ihrer Mitte, mit all seinen Folgen. Indem er die Gerechtigkeit – anstatt der evangelischen Liebe – als höchste Anordnung (Quran 4:135, 5:8, 5:45, 6:52, 7:29, 7:85, usw.) hervorhob, hat der Islam es offensichtlich gewollt und erreicht, dass die Erziehung der Muslime als Menschen und als Bürger identisch ist. Denn Gerechtigkeit ist zugleich eine persönliche und gesellschaftliche Tugend (Aristoteles bezeichnet sie sogar als eine „politische Tugend").[206] Real ist es demnach zu erwarten, dass der Muslim, da er der Ausdruck des Gleichgewichts der physischen und moralischen Forderungen ist, sich im Einklang mit der

---

[206] Thomas von Aquin hingegen erachtet die Gerechtigkeit als „irdische Tugend", und die Liebe als „höchste himmlische Tugend" (*Summa Theologiae* II, 191). Die Liebe ist offensichtlich nicht „nach dem Maßstab" dieser Welt.

Mitte und den Imperativen der Erhaltung, einem größeren Ideal des Menschen als irgendeinem anderen, befinden wird. Die christlichen und idealistischen Lehren allgemein haben, wegen der offensichtlichen Widersprüchlichkeit zwischen dem, was sie uns darüber lehren, was die Menschen sind, und dem, was wir im wirklichen Leben antreffen, Einfluss auf die Erscheinung der Enttäuschung und Unsicherheit.[207] Die Neurosen und Deformationen, wie die westliche Welt sie kennt, entstehen teilweise auch als Folgen eines inneren Risses, einer Wunde zwischen dem christlichen Ideal des Menschen und den politischen Mustern der Gesellschaft, die selbstständig und unabhängig von christlichen Idealen formiert werden. Das ist eine Situation, in der die Kirche die Seelen erzieht und der Staat über die Körper herrscht, nach der Formel: Gib Gott, was Gott gehört, dem Kaiser, was dem Kaiser gehört. Den westlichen Menschen hat man gelehrt, dass er privat ein Christ, als öffentlicher oder arbeitender Mensch hingegen auch ein Machiavellist sein kann. Jene, die nicht in der Lage sind, diesen Konflikt zu lösen oder auszuhalten, werden zu Opfern von Neurosen. Alle, welche die muslimische Welt kennen gelernt haben, sind einstimmig im Eindruck von der außerordentlichen Harmonie zwischen Mensch und Umfeld, von der Integration des Einzelnen im gesellschaftlichen Gewebe, von einer Kohäsion, die überhaupt nicht künstlich, äußerlich, politisch, rechtlich, sondern innerlich, organisch ist. Diese Tatsache ist sogar trotz der Armut und Rückständigkeit, die vorherrschen, präsent.

Der Sinn vieler Aussagen von Muhammad *a.s.* war die Verurteilung extremer Lösungen. „Vor zwei Dingen grause ich mich: vor dem Nichtswisser, der gottesfürchtig ist, und vor dem Gelehrten, der nicht glaubt" (führt R.W. Emerson im Buch *Die Führung des Lebens* an). Muhammad *a.s.* hat sich zweifellos auch vor vielen anderen „zwei Dingen" gegraust: vor den Gläubigen, die machtlos, und vor den Mächtigen, die gottlos sind; vor reinen Seelen mit schmutzigen Körpern; vor Gerechtigkeit ohne Macht, und vor Herrschaft ohne Gerechtigkeit. Er war nicht gegen Reichtum und Überfluss, doch war er entschieden für den Reichtum in der Tugend und fast sicher gegen die bloße Tugend ohne Macht und Schutz. In dieselbe Ordnung mit moralischen Werten stellt er den Kampf für ein besseres Leben und gegen Unwissen, Krankheiten, Armut und Schmutz. Denn die Muslime sind, wenn sie beten und fasten, keine Heiligen. Sie sind gewöhnliche Menschen, Ehemänner und Ehefrauen, die von Liebe und dem Zauber des Lebens träumen. Wenn das *Namaz*/Ṣalā und das Fasten sie Richtung Himmel ziehen, so sind sie bis ins Mark Menschen, Teil-

---

[207] Siehe, z.B.: Karen Horney, *Les Voies nouvelles de la psychoanalyse*, Paris, 1951

nehmer am wirklichen Leben und kehren immer wieder zu ihm zurück. Sie ziehen sich weder in Höhlen außerhalb der Gesellschaft zurück, noch vernachlässigen sie sich, sie verlassen sich weder auf die Barmherzigkeit oder Unbarmherzigkeit der Feinde, noch entsagen sie der „guten Dinge, die Allah (…) erlaubt hat" (Quran 5:87[208]).

Ihnen reicht es nicht nur innerlich frei zu sein (denn der, der an Gott glaubt, ist sowieso innerlich frei); sie wollen auch physisch frei sein und akzeptieren es nicht, Sklaven zu sein. Sie glauben, dass dieses auf der Erde nicht das einzige Leben ist, aber sie wollen sich nicht von ihm abwenden und es verlieren. Der Quran wendet sich an die wahrhaften Kinder der Erde, „die heiter und fröhlich auf ihr herum gehen, keine Gewalt anrichten, aber Gottes Segnungen und Wohlgefallen suchen".

Indem man den Islam so als die Forderung definiert, gleichzeitig ein körperliches wie auch ein geistiges Leben zu leben, eine äußere und eine innere Welt, oder, wie es der Quran sagt, für das ewige Leben zu leben, „ohne deinen Anteil an dieser Welt zu vergessen" (Quran 28:77[209]), kann man sagen, dass alle Menschen, oder der Großteil von ihnen, bewusst oder unbewusst Muslime sind.[210]

Das ist der wahrscheinliche Sinn jener Aussage (sie wird Muhammad, *s.a.s.* zugeschrieben), dass jedes Kind als Muslim geboren wird, und danach seine Eltern oder die Umstände ihn zu etwas anderem machen. Der Mensch kann kein Christ sein, denn „Gott erlegt keiner Seele mehr auf, als sie zu leisten vermag" (Quran 2:286[211]).

Doch der Mensch kann auch nicht nur als eine biologische Tatsache, als Erzeuger und Verbraucher, als Staatsbürger, als Subjekt rechtlicher Angelegenheiten, als Gesellschaftsmitglied existieren – er kann daher auch nicht antichristlich leben. Der Mensch kann weder nach dem Kreuz noch dagegen leben. Er muss es annehmen und verwerfen. Zwischen diesen beiden gegensätzlichen Tatsachen entwickelt sich all jenes, das wir als das Schicksal des Menschen auf Erden bezeichnen. Der Islam entspricht dem Menschen, da er nach seiner Gestalt gebaut ist (Quran 30:30); oder anders gesagt, weil er die Dualität seiner Natur zufrieden stellt. Jede andere Antwort vernachlässigt oder bevorzugt nur eine Seite der Existenz des Menschen und macht auf diese Weise die volle

---

[208] Quran 5:87. طَيِّبَٰتِ مَآ أَحَلَّ ٱللَّهُ (...)

[209] Quran 28:77. وَلَا تَنسَ نَصِيبَكَ مِنَ ٱلدُّنْيَا

[210] „Wenn Islam gottergeben heiß, im Islam leben und sterben wir alle." (J.W. Goethe)

[211] Quran 2:286. لَا يُكَلِّفُ ٱللَّهُ نَفْسًا إِلَّا وُسْعَهَا

Entfaltung der menschlichen Gewalten unmöglich oder führt zu ihrem inneren Konflikt. Der Mensch bleibt das offensichtlichste Argument des Islams.

ABSCHNITT 3

DER ISLAM UND DAS LEBEN

1.

Dualismus ist nicht die höchste menschliche Philosophie, doch Dualismus ist die höchste Form des Lebens. Das Gedicht ist im Grunde eine Sache des Herzens, doch die größten Dichter – Homer, Firdausī, Dante, Shakespeare, Goethe haben im Gedicht den Verstand und das Gefühl, die Wissenschaft und die Schönheit vereint. Gedichte betreffen den Menschen und nicht die Gesellschaft; aber die Gedichte Homers haben zur Formierung der griechischen Nation und die zornigen Gedichte von J.G. Whittier zur Abschaffung der Sklaverei in Amerika beigetragen. Mathematik ist eine Sache des Verstandes, aber „ein guter Mathematiker muss in gewissem Maße auch ein Dichter sein" (Weierstrass). Die herausragendsten Physiker und Astronomen waren auch alle Mystiker (Kopernikus, Newton, Kepler, Einstein, Oppenheimer). Die Strafe – wenn auch eine Regression – kann ein starker moralischer Faktor sein. Wenn sie gerecht ist, hat sie eine erzieherische Wirkung, wie auf den Schuldigen, so auch auf andere Menschen. Für den Menschen ist Angst der Anfang von Moral, so wie Gottesfurcht der Anfang der Liebe zu Gott ist. Sport, wenn auch eine rein physische Aktivität, hat offensichtlich eine starke erzieherische Funktion. Einer der größten Geister aller Zeiten, Plato, hat seinen Namen nach der Breite seiner Schultern bekommen. In einem kraftvollen Körper hat sich der edelste Geist gebildet usw. In dem Punkt, welcher die größten Tragweiten des Lebens kennzeichnet, verbinden sich Körper und Geist, Verstand und Herz, Wissenschaft und Religion, Physik und indische Philosophie. Nackte Ratio oder pure Inspiration sind immer sichere Zeichen für Degeneration und Verfall. Das säkulare Prinzip kann daher dem Sakralen helfen, die Reinheit des Körpers der Reinheit der Seele dienen und das *Namaz/Ṣalā* die höchste Form des menschlichen Gebets sein.

Entwickeln wir noch manche Phänomene aus dieser Perspektive.

Was ist das Ziel der sogenannten natürlichen Erziehung? – Auf diese Frage gibt Rousseau eine charakteristische Antwort: „Das Ziel ist es, eines Tages das zu erreichen, das für unvereinbar gehalten wird, was aber alle großen Menschen vereint haben, nämlich körperliche und seelische Stärke, den Verstand eines Weisen und die Kraft eines Athleten" (J.J. Rousseau, *Emile*).

Von der Erziehung des Kindes sprechend schreibt Montaigne: „Um seinen Geist zu stärken, müssen wir seine Muskeln stärken", und Rousseau konstatiert, dass sich in diesem Punkt, trotz solch großer Unterschiede, Locke, Fleury, De Kruza einig sind, während er selbst immer zurück zu seinen Behauptungen in seinem *Emile* kehrt.

„Der Körper muss Kraft haben, wenn er sich der Seele unterwerfen will: Ein guter Diener muss kraftvoll sein. Ich weiß, dass Maßlosigkeit Begierde weckt; sie schwächt mit der Zeit auch den Körper. Doch umgekehrt rufen das Quälen des Körpers und das Fasten oft dieselbe Folge durch eine entgegengesetzte Ursache aus. Je schwächer der Körper ist, umso mehr befiehlt er. Je stärker er ist, umso gehorsamer ist er. Alle sinnlichen Begierden wohnen in verweichlichten Körpern: je weniger ich sie zufrieden stellen kann, desto mehr leiden sie unter ihrem Einfluss."

Im Prinzip hat Gewalt nichts mit Moral zu tun. Doch im wirklichen Leben gibt es keine Gerechtigkeit ohne Gewalt. Sie ist die Einheit der Idee der Rechtschaffenheit und der Gewalt. Haben politische Bewegungen nicht auf diese Weise viel Ungerechtigkeit, welche Kirche und Religion über Jahrhunderte geduldet haben, abgewandt? Egalité, Liberté, Fraternité sind der Idee nach religiös, als Wirklichkeit hingegen (insoweit sie Wirklichkeit sind) sind sie das Resultat von Revolution, daher von Politik und Gewalt. Die Machtlosigkeit der Religion, im praktischen Leben etwas von den großen Ideen, die sie gepredigt hat, zu verwirklichen, hat ihre Forderungen in den Augen der Unterdrückten und Erniedrigten kompromittiert. Umgekehrt haben Gewalt und Politik eine gewisse Rechtfertigung bekommen, da sie die Mittel zur Verwirklichung der Ideen gebracht hat, welche die Religion entdeckt und inspiriert, über die sie aber nur gesprochen und geträumt hat.

Oder nehmen wir die Arbeit des Menschen. In der Arbeit bemerkt man bereits auf den ersten Blick seine zwei Seiten: die bloße Aktivität, die menschliche und die nichtutilitäre; und das Resultat der Arbeit, ein Produkt, das durch

Nützlichkeit und Notwendigkeit motiviert ist. Die erste Seite hat die Religion im Blick, die zweite die Zivilisation.

Die Religion hat das Schicksal des Menschen durch eine Devise bestimmt. „Im Schweiße deines Angesichts sollst du dein eigen Brot essen", und die Wissenschaft und der Materialismus versprechen ein Königreich ohne Arbeit, in dem die mechanische Arbeit den Menschen immer mehr ersetzen und wo der Arbeitstag ununterbrochen verkürzt werden wird. Dies ist deswegen so, weil die Religion die Arbeit schon der bloßen Arbeit wegen, die Arbeit als moralisches Mittel gegen die Sünde, fordert, denn „das Gehirn des arbeitslosen Menschen ist der liebste Wohnort des Satans", und da „die Produktion und Reproduktion des materiellen Lebens" nicht ihr Ziel ist. Die Zivilisation hat umgekehrt das Resultat der Arbeit oder sogar nur die Produktion im Blick. Über dieses Thema sprechend, findet es der bekannte marxistische Autor Henri Lefebvre wichtig, ausdrücklich zu betonen, dass es im marxistischen Sinne des Wortes nicht um Arbeit als moralischen Faktor, sondern um Arbeit als Produktionsfaktor geht (in einem Vortrag bei den internationalen Genfer Treffen). Der Kult der Arbeit in Europa ist ursprünglich protestantisch, und nicht sozialistisch, wie man das für gewöhnlich denkt. Religion verlangt, dass der Mensch selbst – ich, du, er – sich kein bisschen für das Resultat interessierend, arbeitet. Umgekehrt strebt die Zivilisation, indem sie nur den Effekt im Blick hat, danach, dass die Arbeit selbst soweit es möglich ist auf die Arbeit anderer, auf Sklaven im Altertum, auf Maschinen in der Neuzeit, übergeht.

In dieser Betrachtung ist die Arbeit aufgeteilt, entwickelt. Als Ganzes genommen, als nützliche Aktivität, als Einheit, hat Arbeit eine genauso moralische wie auch ökonomische Funktion. Sie ist ebenso sehr ein Faktor des Kampfes gegen schlechte Gedanken und Begierden, wie auch gegen Armut. Insoweit ist Arbeit ein typisch islamisches Phänomen.

Dieser Parallelismus des Nützlichen und Moralischen kann sehr klar an einer Erscheinung, die gleichermaßen der Natur des Menschen wie auch dem gesellschaftlichen Leben angehört, mitverfolgt werden. Das ist die Prävention von Inzest (der Blutschande), oder die ständige Beschränkung von Inzest im Laufe der Evolution der Familie des Menschen. Es handelt sich um eine Forderung, die sowohl medizinisch als auch moralisch indiziert ist. Die Forderung der Wissenschaft und die Forderung der Ethik sind hier auf wundersame Weise übereinstimmend.

Das Verbot, das sich auf die Unzulässigkeit von ehelichen Beziehungen zwischen Verwandten bezieht – ein Phänomen, das fast universelle Bedeutung hat, da wir ihm an fast allen Enden der Welt und in allen Zeiten begegnen – ist ein Beispiel für jenes, das wir als „natürlichen" Islam bezeichnen könnten. Es ist so, als hätte das Leben selbst seinen islamischen Weg gefunden.[212]

Ist das Verbot des Inzests ausschließlich moralischer Natur oder ist es durch biologische Gründe motiviert? Eine einfache Antwort, inwieweit es um den Ausschluss eines dieser Gründe geht (egal welchen), kann fast nicht gegeben werden. Die biologischen Gründe stehen außer Zweifel. Der bekannte Biologe Timirjazew schreibt:

„Es gibt beileibe viele Tatsachen, die beweisen, dass nähere Verwandtschaft zwischen den Eltern sich schlecht auf die Gesundheit der Kinder auswirkt. Heute haben wir fast keinen Bedarf nach ähnlicher Beweisführung, denn die gesamte Untersuchungsreihe beweist, dass dieses Gesetz seine Anwendung hat, dass es nicht nur den Menschen betrifft, nicht nur das Tierreich, sondern ebenso sehr auch das Pflanzenreich, dass dies ein allgemeines Gesetz für die gesamte organische Welt ist, und nirgendwo werden wir so offensichtlich davon überzeugt werden wie bei den Pflanzen." (Timirjasew, *Život biljke*, S. 134[213])

Andererseits würde das Alter dieses Verbotes uns eher zum Schluss führen, dass es um ein durch moralische Rücksichtnahme motiviertes Verbot geht. Berechtigterweise fragen wir uns, ob die Menschen in diesen fernen Zeiten klare Verständnisse über die Bedeutung der biologischen Vererbung haben konnten, so sind wir eher dazu geneigt, uns für den moralischen Charakter des Verbotes zu entscheiden, so wie es heute die Mehrheit der Menschen als ein ausschließlich moralisches Verbot erachtet. Ein Verstoß gegen dieses ruft bei der öffentlichen Meinung ein Urteil moralischer Natur hervor. Auf jeden Fall handelt es sich um ein vollendetes Beispiel der Übereinstimmung von Moral und Wissenschaft, von einem Prinzip, welches das Wesen davon ausmacht, was wir als islamischen Zugang bezeichnen.

So weisen auch einige interessante Erscheinungen, die im Laufe der historischen Entwicklung die Medizin begleitet haben, auf ihre „duale" Natur hin. Weder in der Vergangenheit noch heute war sie jemals eine pure Wissenschaft. Sie war sowohl Weisheit als auch Ethik wie auch seelische Disziplin. Wenn sie

---

[212] Es ist interessant, wie primitive Völker einfache, aber sehr effiziente Vorgehensweisen gegen unabsichtliche Verletzungen dieses Verbots gefunden haben. So gehört z.B. bei den Pygmäen in Afrika und bei den Ureinwohnern Australiens jede Familie einer bestimmten Totem-Gruppe an, die aus mehreren verbundenen Familien besteht. Mehrere nahe verbundene Totem-Gruppen gehören einer Eheklasse an, deren Symbol irgendeine Pflanze oder ein Tier ist. Wenn ein Jüngling heiraten möchte, dann kann er die Ehe nur mit einem Mädchen aus einer anderen Eheklasse schließen. Verletzungen des Verbotes sind fast unbekannt.

[213] Anm. d. Übersetzers: *Das Leben der Pflan en*

das hingegen nicht war, hat sie nur den Körper geheilt, doch nicht auch die Seele und die Kraft. In jüngerer Zeit wurden Erkrankungen bemerkt, bei denen nicht einmal die gründlichsten Untersuchungen irgendwelche organischen Veränderungen in der Konsistenz der erkrankten Organe feststellen konnten. Die Störungen, welcher der Kranke fühlt, scheinen direkt mit seinem psychischen Leben verbunden zu sein. Die psychosomatische Medizin, ein junger Zweig der Medizin, welcher die wechselseitige Wirkung des Körpers und der Psyche erforscht, erachtet z.B. Magengeschwüre, rheumatische Erscheinungen, einige Formen von Allergien, bronchiales Asthma, Fettsucht, Diabetes, Migräne als primär psychische Erkrankungen. Untersuchungen haben gezeigt, dass am Grunde dieser und einiger anderer Erkrankungen psychische Konflikte oder Erschütterungen liegen und dass organische Veränderungen sekundärer Natur sind. Diese Veränderungen können sogar vollkommen ausbleiben.

Eine wahrhafte Heilung der Menschen kann nicht auf physische Therapie oder Chirurgie, daher auf rein mechanische Eingriffe und Operationen reduziert werden. In der modernen Medizin dringt schrittweise das Verständnis von der absoluten Unzulänglichkeit der „industrialisierten Medizin" und der anonymen Therapie durch, denn „es gibt keine Krankheiten, es gibt nur Kranke". Die Medizin beschäftigt sich nicht mit Erscheinungen, sondern Menschen, sogar Persönlichkeiten in gewissem Sinne. Dieselbe Ursache zieht hier weder ständig dieselbe Folge mit sich, noch ist dieselbe Krankheit oder auch die Heilung bei zwei verschiedenen Menschen gleich. Demnach müssen wir annehmen, dass in den Geschichten aus der Vergangenheit über das Heilen von Menschen mit Hilfe von Reliquien, Gebeten, Opfern, Fasten und Überzeugungen ein Körnchen Wahrheit liegt. Alle Propheten aus alten Zeiten waren Wunder-Heiler. Diese Tendenz dauert bis heute an. In manchen Krankenhäusern in Paris wird die sogenannte Musiktherapie angewandt – Heilung durch Musik.[214] Denn Krankheit ist nicht nur ein physischer Zustand, eine physisch-chemische oder physiologische Störung. Im Unterschied zur Alchemie und Astrologie, die sich in ihrer progressiven Entwicklung in Chemie und Astronomie verwandeln, daher Wissenschaften werden, wird die Medizin, insoweit es um ihre besten Tendenzen geht, immer zwischen zwei Polen schwanken. Denn während Chemie und Astronomie an der Materie operieren, hat die Medizin das Leben als ihren Gegenstand oder noch eher das menschliche Leben.

---

[214] Der ehrenhafte Präsident des Komitees für Heilung mittels Musik, das seinen Sitz in Paris hat, ist der Violinist von Weltruhm Yehudi Menuhin.

Wie alles Menschliche, so muss auch die Medizin daher im Zeichen der Integration von Wissenschaft und Religion bleiben. Wenn wir die Erörterung aus diesem Blickwinkel fortsetzen, werden wir bemerken, dass jede Kunst zugleich auch ein Handwerk ist. Niemand kann den Unterschied zwischen Handwerk und Kunst bestreiten, aber auch nicht die klaren gemeinsamen Schnittpunkte zwischen ihnen. Viele Künstler haben sich selbst als große Handwerksmeister erachtet. Aus den Regeln einer Maler- und Bildhauerzunft in Paris aus dem Jahr 1391, die bis zu uns gelangt sind, ist ersichtlich, dass sie sich in nichts von den ähnlichen Regeln anderer damaliger Handwerke unterscheiden. Da finden wir Verordnungen über die Handwerkslehre, über die Dienstzeit von Hilfsarbeitern, über das Recht zur Eröffnung einer Werkstatt u.a. Immer sehen wir zwei gegensätzlichen Erscheinungen ins Auge: die erste, es kam und musste zur Trennung der Kunst vom Handwerk kommen, und die zweite, diese Trennung ist nicht vollständig: Kunst und Handwerk behalten manche gemeinsame Linien. Was der Mensch macht, ist nie ein vollkommen mechanischer Akt, und umgekehrt ist, was der Mensch macht, nie ein rein schöpferischer Akt. Es gibt weder ein Handwerk, das nicht gleichzeitig auch ein Schaffen ist, noch eine Kunst, die nicht zugleich auch eine Technik ist. Zwei entgegengesetzte Pole können auch auf einer anderen Ebene gesehen werden: Auf der einen Seite gibt es Maler, auf der anderen Bildhändler – der ständige Beweis, dass ein Bild gleichzeitig auch ein Produkt, ein ökonomisches Gut ist, das seinen Preis hat. Auf dieselbe Weise steht der Herausgeber dem Schriftsteller gegenüber, der Investor (Besteller) dem Architekten, der Produzent dem Filmregisseur usw.

Die Geschichte der Musik bietet uns wieder eindrucksvolle Beispiele der Abhängigkeit zwischen Technik und Idee. Mit den Problemen der Musiktechnik und der Organisation von Orchestern haben sich solche Größen der Musik wie Beethoven, Bach, Mozart beschäftigt. Die Symphonien von Beethoven, welche die bloße Spitze der westlichen Musik kennzeichnen, lassen sich nicht ohne die fortschrittliche Musiktechnik, die ihnen vorangegangen ist, vorstellen: Wichtig ist eine erhöhte Zahl von Instrumenten, ihre Individualisation und die Sammlung von Gruppen innerhalb des Orchesters, das heute auch je 150 Musiker zählt. Die Symphonie wäre ohne Orchester als äußere, technische Grundlage undenkbar.

2.

Das wirkliche Leben ist daher überall das Resultat der gegenseitigen Verflechtungen zweier unabhängiger Faktoren. In der Biologie wird das die Einheit des physisch-chemischen Hintergrundes und eines (nennen wir es „entelechischen") Prinzips der Geschichte, in das gemeinsame Wirken der materiellen Grundalge und des schöpferischen Einflusses des menschlichen, bewussten Faktors (der starken Persönlichkeit, der herrschenden Idee und Ideale) sein. Die historische Situation ist in jedem Moment das Resultat dieser zwei im Grunde unabhängigen Gewalten.

Der Einfluss des Menschen auf den Lauf der Geschichte ist verschieden und abhängig von der Stufe des Willens und Bewusstseins. Je größer die geistige Kraft der am historischen Geschehen teilnehmenden Menschen ist, umso größer ist auch ihre Unabhängigkeit von den Gesetzen der äußeren Welt. Die Bedingtheit steht hier im umgekehrten Verhältnis zum Bewusstsein und der Aktivität des Subjekts. Prinzipiell ist der Mensch vollkommen frei und die äußeren Gesetze haben keine Macht über ihn. Kraft des Willens haben es die Menschen geschafft, sich Krankheiten und Gefahren entgegen zu stemmen. Der Mensch, der sich alleine unter mehreren Löwen vorfinden würde, wäre verloren. Doch dieses vollkommen verständliche Gesetz gilt nicht für den Dompteur. Die Geschichte ist eine ununterbrochene Erzählung davon, wie kleine Gruppen entschlossener, mutiger und kluger Menschen unauslöschliche Spuren hinterlassen und den Lauf der Ereignisses geändert haben.[215] Sogenannte objektive Umstände haben eine umso größere Macht, je weniger subjektiv der subjektive Faktor ist, je inaktiver er ist, mit einem Wort, je weniger das Subjekt selbst ein Mensch und je mehr er eine Sache unter Sachen ist. Wir haben Macht über die Natur – so auch über die Geschichte – wenn wir Macht über uns selbst haben. Das ist ungefähr der Standpunkt des Islams der Geschichte.

Eine solche, im Wesen islamische Sicht auf die historischen Abläufe kann nicht nur den Lauf der Ereignisse erfolgreich erklären, sondern auch den realen Einfluss der Menschen auf die historischen Geschehnisse bestimmen, worunter man ihre Macht und ihre Machtlosigkeit, ihre Kontrolle über diese Ereignisse und die Grenzen dieser Kontrolle, die Unterschiede zwischen dem, was der Mensch machen will und kann, und dem, was der Mensch als Akteur der historischen Ereignisse machen muss, versteht. Ein solches Verständnis

---

[215] Quran 2: 65, Quran 2: 249

erklärt die Möglichkeit des schöpferischen Wirkens von Ideen in der historischen Wirklichkeit und die Möglichkeit der Veränderung dieser Wirklichkeit durch den Willen und die Energie der Menschen. Andererseits erklärt es uns die Rolle objektiver Faktoren, die Unerlässlichkeit, sich auf Tatsachen zu stützen. Es verwirft den historischen Determinismus gleichermaßen wie auch den leeren, der Beziehung zur Wirklichkeit beraubten Idealismus. Tatsachen und Ideen, die Wirklichkeit und der Mensch, haben in einer solchen Beobachtung ihren realen Platz.

KAPITEL VIII ISLAM UND RELIGION

KAPITEL IX
DIE ISLAMISCHE NATUR DES RECHTS

ABSCHNITT 1
DER DUALISMUS DES RECHTS

1.

Wenn das Rechtssystem das in Form von Recht geschützte Interesse des Menschen ist, wie wir es für gewöhnlich definieren, dann sind sowohl Religion als auch Sozialismus für das Recht als Rechtssystem unpassend. Die Religion versteht das Interesse nicht, der Sozialismus versteht das Recht nicht. Auf der bloßen Grundlage des Interesses kann keinerlei Recht gegründet werden. Noch kann es auf dem Gemeininteresse (oder dem famosen staatlichen Grund) gegründet werden, denn die Gründe des Gemeininteresses und die unveräußerlichen Rechte des Einzelnen schließen sich von ihrer Natur her aus. Wenn der Mensch keine Persönlichkeit ist (wenn er nur ein Gesellschaftsmitglied wie im Sozialismus ist), dann hat er überhaupt kein absolutes, apriorisches, natürliches Recht. Er kann nur ein „Recht" haben, das der Staat ihm zuerkennt. Außerhalb dieser Gesellschaft hat das Mitglied kein anderes Recht.

Rechte sind nur dann unveräußerlich, wenn sie selbsterwachsen sind, wenn sie nicht der Wille eines Monarchen, Parlaments oder einer Klasse sind, wenn sie eine Gabe der Natur oder eine Gabe Gottes sind, mit einem Wort, wenn sie mit dem Menschen geboren und entstanden sind. Sie sind ein Aspekt der menschlichen Würde und als solche übersteigen sie Zeit, Umstände und Geschichte und reichen bis zum Schöpfungsakt. Darin liegt die Verbindung

zwischen Naturrecht und Religion und das Auseinandergehen zwischen Naturrecht und Materialismus. In *Zur Judenfrage* (1884) schreibt Marx:
„Die Menschenrechte, *droits de l'homme*, sind im Unterschied zu den *droits du citoyen* nichts anderes als die Rechte des Mitglieds der bürgerlichen Gesellschaft, d.h. des egoistischen Menschen, des vom Menschen und der Gesellschaft getrennten Menschen."

Und ein anderer materialistischer Autor, Jeremy Bentham, spricht mit Geringschätzung über die Menschenrechte: „Die Rechte des Menschen sind purer Unsinn, und die unveräußerlichen Rechte sind Unsinn zum Quadrat." In einer Schrift bezeichnet Bentham die französische Deklaration der Menschenrechte als „metaphysisches Gebilde", was sie in gewissem Sinne auch ist. Jellinek behauptet, dass die „Deklaration der Menschenrechte ein Werk der Reformation, und nicht der Revolution"[216] ist, und die Suche nach dem Ursprung der Tricolore: Freiheit – Gleichheit – Brüderlichkeit in Europa weist uns auf J.J. Rousseau und auf die amerikanische Deklaration der Unabhängigkeit von 1776, welche die religiöse Freiheit des Gewissens als ihren Vorläufer hatte. Ernst Bloch, der den Marxismus und das Naturrecht auszusöhnen versucht, ist genötigt zu folgern: „Es ist unhaltbar, dass der Mensch von Geburt an frei und gleich ist. Es gibt keine angeborenen Rechte, sie sind alle erworben oder müssen noch immer im Kampfe erworben werden."[217]

Deswegen liegt, von diesem Standpunkt aus betrachtet, der Sinn der Geschichte nicht im Konflikt des Rechts sondern im Konflikt der Interessen. Das ist der Inhalt des „Klassenkampfes". Jener, der in diesem Kampf siegt, gibt sein Interesse durch das Recht bekannt, erklärt seinen Willen zum Recht. Deswegen sagen die Marxisten: Das Recht ist der in Gesetz verwandelte Wille der herrschenden Klasse. Da gibt es daher kein Recht und Unrecht, Gerechtigkeit und Ungerechtigkeit, Moralisches und Unmoralisches. Es geht nur um das Interesse, das sich in diesem Kräftemessen als stärker erwiesen hat.[218]

---

[216] Jellinek, *Die Erklärung der Menschenrechte*, 1904

[217] E. Bloch, *Prirodno pravo i ljudsko dostojanstvo*, Belgrad 1977, S. 178 (Anm. d. Übersetzers: *Naturrecht und menschliche Würde*)

[218] Hier ist eine solche Definition von Recht: „Recht ist die Summe der Verhaltensregeln, die den Willen der herrschenden Klasse ausdrückt (...), die Anwendung dieser Regeln übt die Staatsmacht durch Zwang zum Zwecke der Sicherheit, der Festigung und Entwicklung der gesellschaftlichen Verhältnisse und des Zustandes aus, die nach dem Willen und von Nutzen für die herrschende Klassen ist" (A. Višinski im Buch *Hauptaufgaben der Wissenschaft zum sowjetischen sozialistischen Recht*, 1938). Dem Autor dieser Definition bot sich als oberstem Staatsanwalt der UdSSR im Zeitraum der „Säuberungen" 1936-1939 eine Gelegenheit, in der Praxis zu zeigen, wozu sie führt.

Aber das ist nur das Recht des Stärkeren. Doch jedes Recht ist etwas dem Entgegengesetztes: das Recht des Schwächeren, denn der Stärkere braucht gar kein Recht. Das Recht war seit jeher eine Art und Weise des Schwächeren, sich vor dem Stärkeren zu schützen, so wie die Meinungs- und Glaubensfreiheit erstrangig das Recht ist, das Entgegengesetzte zu meinen und zu glauben. Ein Gesetz, das den Bürgern das „Recht" garantieren würde, der herrschenden Clique jederzeit zu applaudieren und sie zu preisen, würde eine zynische Verhöhnung und nicht Recht darstellen. Der Prüfstein der Rechtmäßigkeit einer gesellschaftlichen Ordnung ist gerade ihr Verhältnis zu Gegnern und Minderheiten. Die Herrschaft des Stärkeren ist eine Tatsache und kein Recht. Recht beginnt dann, und nur dann, wenn auch irgendeine Begrenzung dieser Herrschaft, natürlich nicht zugunsten des Stärkeren, sondern des Schwächeren beginnt. „Jede Diktatur ist die Suspension des Rechts" (Bloch). Das gilt auch für die Diktatur des Proletariats. Ist die Diktatur des Proletariats nicht „die nicht durch Gesetze beschränkte und auf Gewalt gestützte Herrschaft" (Lenin)? Die Praxis zeigt, dass sich die Diktatur des Proletariats überall in eine Diktatur des Sekretariats verwandelt hat.[219] Die Behauptung, dass Recht der Wille der herrschenden Klasse ist, ist demnach die Negation des Rechts als solches. Dieselbe Bedeutung hat auch die Definition, dass „Recht ein Mittel der Politik" (Lenin) oder dass „jedes Rechtsbewusstsein ein Teil des politischen Bewusstseins" (Višinski) ist. Es gibt keinen Zweifel, dass diese Negation des Rechts in Verbindung mit der Negation der Religion, ein unmittelbarer Schluss der materialistischen Philosophie ist. Denn worauf könnte irgendeine Beschränkung des stärkeren gegründet werden, außer auf den Vorstellungen, welche die Religion aufgestellt hat? Weswegen und wofür sollte ein Volk eine Minderheit, die es mit Leichtigkeit vernichten und sich ihr Vermögen aneignen könnte, dulden? Was für und welche Prinzipien haben die weißen Einwanderer mit Füßen getreten, als sie die einheimische Bevölkerung in Amerika unterdrückten und

---

[219] In einer von *„Sechs Thesen über die verordneten Aufgaben der sowjetischen Regierung"* aus 1920 schreibt Lenin: „Die Untergebenheit, und dies ohne Widerrede, zur Zeit der Arbeit gegenüber den persönlichen Befehlen sowjetischer Funktionäre, von sowjetischen Ämtern gewählten oder ernannten, mit diktatorischen Befugnissen ausgestatteten Diktatoren ist immer noch zu ungenügend gesichert" (Lenin, *سočinenija*, IV. Auflage, Moskau 1955, Band 29, S. 162). Und im Juni 1979 macht die größte chinesische Tageszeitung *Ženmin Žibao* so unerwartet wie auch mutig das Eingeständnis: „Das, was man unter der Diktatur des Proletariats in den letzten zehn Jahren und mehr verstand, war in Wirklichkeit eine feudale, faschistische Diktatur." Wäre Mao Tse-Tung nicht gestorben, wäre dies immer noch eine „authentische Herrschaft des Arbeitervolkes".

vernichteten? Wenn Recht der Wille der herrschenden Klasse ist, dann haben sie das mit Recht gemacht, denn sie waren stärker und historisch fortschrittlicher, weswegen sie die „herrschende Klasse" waren. Welche und was für Prinzipien haben die Kapitalisten im Zeitalter, das Marx als die Periode der ursprünglichen Akkumulation des Kapitals beschreibt, mit Füßen getreten? – Wenn Recht der Wille der herrschenden Klasse ist, dann waren die Kapitalisten – da sie die herrschende Klasse waren und die Ausbeutung der Arbeitskräfte ihr Wille war – nicht gewalttätig, sondern sie haben Recht ausgeübt. Daraus würde resultieren, dass die Arbeiter, die sich der Ausbeutung widersetzt haben, Unrecht verübt hätten, da sie sich entgegengesetzt zum famosen „Willen der herrschenden Klasse" verhalten haben. Diese „reductio ad absurdum" bestätigt, dass Recht – dort, wo es dieses gibt – nicht der Wille der herrschenden Klasse, sondern ein beschränkendes Prinzip dieses Willens, daher ein unabhängiges Prinzip ist.[220]

Die Untersuchung der Natur dieses Grundsatzes stellt uns vor dieselben Schwierigkeiten, vor die uns die Untersuchung der Natur des Lebens, der Kunst oder der Freiheit stellt. Wahre Gesetze in der menschlichen Gesellschaft sind nur jene, die neben der Angst vor Sanktionen auch das Bewusstsein der Bürger verpflichten. Jede Rechtsordnung ist entweder eine solche oder sie gibt vor, eine solche zu sein. Sogar dort, wo die Staatsmacht oder das Recht in der Theorie von allen moralischen Komponenten befreit ist, neigt es in der Praxis dazu, sich moralischen, humanen Attributen zuzuwenden. Die Diktatur des Proletariats neigt in der Praxis dazu, sich als Demokratie darzustellen. Recht, das „der in Gesetz verwandelte Wille der herrschenden Klasse" ist, hört auf, nur ein „Wille" zu sein, sondern stellt sich als Gerechtigkeit, als Rechtmäßigkeit, demnach als Recht dar. Diese „Zweiteilung" lässt sich nicht vermeiden und ist in Wirklichkeit nur der Ausdruck oder die Imitation des natürlichen, ursprünglichen Dualismus jedes Rechts.[221]

---

[220] Ein eindrucksvoller Beweis dafür ist die Tatsache, dass sogar das sklavenhalterische römische Recht den Grundsatz der Freiheit des Menschen deklarieren musste: „Ab initio omnes homines liberi nascebantur" (Vom Beginn an sind alle Menschen frei geboren worden). Ohne dies wäre es kein Recht, sondern ein „Mittel der Politik".

[221] Jedes Recht hat als Gewohnheitsrecht begonnen. Zwischen Gewohnheit und Moral gab es keinen Unterschied, was sogar Spuren in der Sprache hinterlassen hat (z.B. im Französischen: les moeurs – die Gewohnheit). Als der Richter nach Gewohnheitsrecht urteilte, hat er praktisch geltende, moralische Verständnisse angewandt. Diese Situation war die Ursache der späteren endlosen Polemiken, um die Trennung von Recht und Moral zu beweisen. Nun ist es – wie wir sehen – notwendig, die vollkommen entgegengesetzte These zu beweisen: den Unterschied zwischen

Durch die Zerstörung dieses Dualismus würde das Recht aufhören, zu bestehen. In einem Fall wird es zu seinem Gegenstand degradiert, daher zu Interesse, Gewalt, Politik, zur römischen *utilitas*; im anderen Fall wird es zur Idee der abstrakten Gerechtigkeit oder zum moralischen Appell sublimiert. In beiden Fällen hört es auf, Recht zu sein.

2.

Gerade deswegen können weder das Christentum noch der Materialismus Recht schaffen. Denn Recht ist nicht auf einem Prinzip gegründet. Das Christentum kann im Recht nur einen illusorischen Versuch des Ordnens dieser Welt sehen, einen Versuch, der unausweichlich mit einem Misserfolg endet. Denn Christus kommt, um statt der alttestamentarischen Gerechtigkeit Liebe zu errichten, und Liebe ist nicht eine irdische, sondern eine himmlische Tugend (Thomas von Aquin, *Summa theologiae* II, 1, 91). Christus verwirft den Richterdienst (*Lukas*, 12, 13-15), und Hugo Grotius beendet die frühere Verbindung des Naturrechts mit der Bergpredigt wegen ihrer, wie er erklärt, „höheren Heiligkeit". Der Materialismus sieht, umgekehrt, im Recht etwas Idealistisches, Statisches, sogar „Reaktionäres". Einerseits ist Recht interessiert, gesellschaftlich, politisch, objektiv, ganz dieser Welt zugewandt; andererseits ist es normativ, ethisch. Es versucht das Prinzip der Gerechtigkeit, das Prinzip der moralischen Ordnung, daher etwas, das „nicht von dieser Welt" ist, in die Beziehungen dieser Welt einzuführen. So bemerken wir, Recht ist eine „bipolare Einheit", wie der Mensch, wie der Islam.

Recht kann demnach nicht mit Hilfe der Religion oder des Materialismus errichtet werden. Das kann es aber auch nicht gegen sie.

Ohne die christliche Festigung des Wertes der menschlichen Persönlichkeit, der Absicht der Gerechtigkeit, der unveräußerlichen Menschenrechte, ohne all das, was das Christentum bekräftigt und aufgestellt hat, gibt es kein Recht. Andererseits, ohne die Anerkennung des Wertes und der Bedeutung dieser äußeren Welt, ohne Interesse und Macht, ohne all das, was das Judentum bekräftigt und aufgestellt hat, hätte Recht keinen Sinn. Ohne den christlichen

---

Recht und Interesse. Diese Kontroverse in Zusammenhang mit Recht ist nur deswegen möglich, weil Recht zugleich Moral als auch Interesse ist, was im gleichen Maße „Mathematik der Ethik" (Hermann Cohen) wie auch ein „Mittel der Politik" (Lenin) ist.

Zugang wäre Recht nicht möglich, ohne den jüdischen wäre es nicht notwendig. Aus diesen zwei Prämissen geht hervor, dass jedes Recht seiner Natur nach islamisch ist. Deswegen haben weder das Christentum noch das Judentum ihr eigenes, authentisches Recht geschaffen. Solch ein Recht hat der Islam geschaffen.

Historisch betrachtet ist Recht das Phänomen eines reifen Zeitalters im Leben der Kultur. Es entsteht in der Zeit des Gleichgewichts religiöser und gesellschaftlich-politischer Bestrebungen im Bewusstsein der Menschen. Das ist der Moment, in dem die religiösen Vorstellungen die Anschauungen und das Verhalten der Menschen immer noch stark beeinflussen, in dem sie aber bereits in großem Ausmaß durch rationalistische und utilitaristische Betrachtungen des zivilisierten Zeitalters, das herannaht, beschränkt sind. In diesem Moment sind dies zwei gleichberechtigte Werte, deren Gleichgewicht (islamisches Gleichgewicht) die Entstehung und die volle Entwicklung des Rechts ermöglicht.

Diese Veränderung kann an der Entstehung der drei bekanntesten Rechtssysteme in der Geschichte beobachtet werden: des römischen, islamischen und europäischen.

Die erste ursprüngliche Phase des römischen Rechts, in der Geschichte als die Periode des Zivilrechts bekannt (Zeitalter des Königtums und der ersten drei Jahrhunderte der Republik), wird durch die vollkommene Einheit von Recht und Religion, sowohl des *ius* als auch des *fas*, charakterisiert. Die rechtliche Regel, *ius*, hat die Natur der religiösen Norm, *fas*, und umgekehrt. Später kommt es zur natürlichen Trennung dieser beiden Grundsätze, doch musste die römische Zivilisation und das römische politische (staatliche) Denken durch die stoische Moral, religiöse Philosophie, befruchtet werden, um die Entwicklung des römischen Rechts fortzusetzen. Zum römisch empirischen Prinzip der *utilitas* hat sich der stoische, idealistische Begriff der *lex universalis* gesellt.[222] Weder die römische Zivilisation noch die bloße stoische Philosophie konnten eine ohne die andere, das römische Recht erzeugen.[223]

---

[222] Der Stoa können wir auf jeden Fall für jene erhabenen Stellen danken, an denen sich das römische Recht in wahrhafte Höhen des Rechts erhebt. Z.B.: „iuris praecepta sunt haec: honeste vivere, alterum non laedre, suum cuique tribuere" (dies sind die Rechtsregeln: anständig zu leben, den anderen nicht zu verletzen, jedem seines zu geben).

[223] Die römischen Juristen kamen mit dem stoischen Naturrecht um 150 v. Chr., als Panaitius, einer der bedeutendsten Stoiker dieser Zeit, in Rom ansässig war, in Berührung. Die fruchtbarsten Resultate dieser Synthese sind auf jeden Fall die Werke Ciceros. Zum Einfluss des Stoizismus auf das römische Recht siehe: P. Barth, *Die Stoa*, S. 120 ff

Im Falle des Islams haben wir eine Art „Personalunion", wenn es um Recht und Theologie geht. Fast alle großen Gelehrte des Islams haben rechtliche Werke geschrieben.[224] In der Mehrheit der Fälle ist es für einen Europäer unmöglich, in diesen Werken Recht von Theologie zu trennen (der Islam erkennt diese Trennung auch nicht an). In gewissem Sinne ist Recht das natürliche Gebilde des Islams. Alfred V. Kremer schreibt: „Die Araber sind das einzige Volk des frühen Mittelalters, das in der Entwicklung und wissenschaftlichen Bearbeitung von Rechtsgedanken bedeutende Erfolge erreicht hat. Ihre Resultate stehen von ihrer Großartigkeit her direkt neben den Werken der Römer, der Gesetzgeber der Welt."

In der europäischen Geschichte beginnt die Entwicklung des Rechts mit der Überwindung der Suprematie der Kirche und dauert bis zum Auftauchen der sozialistischen Lehren und des Sozialismus im europäischen Raum. Diese einige Jahrhunderte dauernde Periode ist, während nebeneinander Elemente sowohl der europäischen Kultur als auch der europäischen Zivilisation koexistieren, das Zeitalter großer europäischer Urkunden und Gesetze. Diese – im Wesen islamische – Dualität drückt das große rechtliche Opus von Hugo Grotius, der zentralen Figur des europäischen Rechtsdenkens, sehr plastisch aus. Gegen Ende der Periode der Reformation summiert er die Lehren katholischer und protestantischer Rechtsautoren und zeigt, wie sehr Recht zugleich abhängig als auch unabhängig von Ethik und Religion ist. Dank dieses Dualismus wird eine Zahl von Autoren später (z.B. K. Werner und Ahrens) die Trennung von Recht und Moral als großen Verdienst Grotius' zu beweisen versuchen, während andere (z.B. Kirchmann) das Gegenteil behaupten werden. Durch die Aussage aber, dass Gott die letztendliche Quelle des Rechts ist (*De Iure Belli*, Buch I, Kap. 10.2), wird Grotius noch einmal unzweifelhaft die Abhängigkeit jedes Rechts von Religion bestätigen.

3.

Die Unabhängigkeit des Rechts lässt sich nicht vollkommen vernichten, nicht einmal in der extremsten Form des marxistischen Staates. Trotz der sehr klaren

---

[224] So hat z.B. der bekannte Imam Abū Jusuf ein Werk über Finanzen *(Kitābu-l-kharādsch)*, und ein anderer großer „Glaubens"-Autor, Asch-Schaybānī, ein Buch über Kriegsrecht *(Kitābu-s-siyar)*, geschrieben.

theoretischen Standpunkte, erweist es sich in der Praxis als unmöglich, Recht mit dem Willen der Staatsmacht gleichzusetzen, und da bleibt immer ein, größerer oder kleinerer, aber unüberwindbarer Abstand. Es hat sich gezeigt, dass sich Sozialismus und ein entwickeltes, unabhängiges und freies Rechtssystem nicht dulden.[225] Jedes Recht erfordert einen Abstand, eine Distanz, eine Norm. Dem Sozialismus gefällt Unmittelbarkeit, Objektivität, „action direct".

Im Sozialismus, der die Verständnisse der Physik (oder Biologie) auf das gesellschaftliche Leben überträgt, gibt es keinen Platz für Recht, denn Recht ist gerade entgegengesetzt zur Physik, die kein „soll" kennt, in der alles „ist".[226]

Das geringe Ansehen der Gerichte in den Staaten der sogenannten „Volksdemokratie" ist eine Folge des ideologischen Verhältnisses zum Recht, das trotz allem Druck im gewissen Ausmaß Naturrecht und nicht der Wille der herrschenden Klasse bleibt. Das Gericht als unmittelbarer Vollzieher und Realisator des Rechts muss das Schicksal des Rechts allgemein teilen und als solches in „Ungnade" fallen. (Wie man leicht bemerken kann, ist es derselbe Fall mit dem gesellschaftlichen Ansehen der Anwaltschaft). Jede Staatsmacht dieser Art tendiert dazu, das Recht auf den Rang der Politik und das Gericht auf den Rang eines Sekretariats zu reduzieren, doch weil sie darin nie zur Gänze Erfolg hat, vernachlässigt sie das Gericht und im Falle des Bedarfs weicht sie auf die außerordentliche Verfolgung durch die Polizei, die administrativen Einrichtungen und Konzentrationslager, daher außergerichtliche, außerrechtliche Mittel aus. Der Staat und die Staatsmacht sind Ausdruck der physischen, das Gericht und das Recht hingegen der moralischen Gewalt. Anzuerkennen, dass die moralische Gewalt des Gerichts (Rechts) das Gegengewicht zur physischen Gewalt des Staates erhalten könne, bedeutet im höchsten Maße, die Überlegenheit der Idee über die Materie, des Geistes über die Dinge anzuerkennen. Die Unabhängigkeit des Gerichtes ist, wenn sie Gleichberechtigung mit oder sogar Vorrangstellung vor der physischen Gewalt der Staatsmacht bedeutet,

---

[225] Noch 1978 hat die VR China, 30 Jahre nachdem sie begründet worden war, weder ein bürgerliches noch ein Strafgesetzbuch. Die Arbeit an der Herausarbeitung eines Gesetzes wurde lange als „verbotene Zone" (nach der Erklärung des bekannten chinesischen Juristen Han Ji Tung auf einer Versammlung des Jahres 1978) erachtet.

[226] „Jevgenij Pašukanis, der bekannteste sowjetische Rechtstheoretiker zwischen den beiden Kriegen (während Stalins Säuberungen verschwunden) behauptet überaus konsequent, dass es weder proletarisches Recht gibt, noch soll es irgendein sozialistisches Recht geben" (J.P., *Allgemeine Rechtslehre und Marxismus*, 1929, S. 33). Diesen Standpunkt muss man mit der umgekehrten aber „gleichartigen" christlichen Negation des Rechts durch Rudolf Sohm vergleichen: „Das *Kirchenrecht* steht im Widerspruch zum bloßen Wesen der Kirche" (Rudolf Sohm, Kirchenrecht).

ein unlogisches Prinzip, das in jeder Kultur und natürlich in jeder Religion, aber nicht im System des atheistischen Staates anerkannt wird, da es entgegengesetzt zum bloßen Prinzip, ist auf dem sich dieses System gründet.[227] In derselben Reihe steht auch der pure Formalismus und die Nichtachtung der eigenen Gesetze, wie auch die übermäßige Produktion, Inflation untergesetzlicher Akte.[228] Das ist die Folge der *action direct*, beziehungsweise der Neigung, die Gesetze durch politische Aktionen oder rein politische Akte, Briefe, Nachrichten oder sogar Reden der Funktionäre auszutauschen, die in der Folge wichtiger werden als die Verfassung oder das Gesetz (erinnern wir uns an das Zitat von Mao Tse-Tung). In allen Staaten dieses Typus bemerkt man die unzureichende, eher formale Autorität der Repräsentationsorgane und die große Macht der vollziehenden Gewalt und der Verfolgungsorgane auf Kosten der Gerichte und Anwaltschaft. Der Versuch jedes Staates dieser Art, das Gericht auf den Rang einer gehorsamen Administration zu degradieren und seine Machtlosigkeit, diesen Versuch mit vollkommenem Erfolg zu vollenden – diese beiden Sachen sprechen, jede für sich, gerade von der Natur des Rechts und der Relation Religion – Recht – Atheismus.

4.

Alle Menschen glauben, fast ohne Unterschied, im Falle der Gerechtigkeit stillschweigend an die Seele und handeln danach. Wenn irgendein Mensch gesteht, dass er jemanden getötet hat, er aber behauptet, dass er die Tat unabsichtlich getan hat, wofür engagieren sich dann alle Beteiligten im Prozess, der Ankläger und Verteidiger, die Zeugen, der Sachverständige und das Gericht? Womit beschäftigen, worum bemühen sie sich dann in Wirklichkeit, halten gebildete Reden, machen pedantische Analysen, wenn die Erfüllung der Tat

---

[227] Man bemerke, wie in diesen Staaten überall das Prinzip der Ständigkeit der Richter – die Garantie der Unabhängigkeit der Richter und der Rechte der Bürger – durch das entgegengesetzte Prinzip – der Wiederwahl – ausgetauscht ist. Das System der Wiederwahl setzt die Richter in ein Verhältnis der vollkommenen Abhängigkeit von der Staatsmacht. Die Richter müssen sich ständig darum sorgen, „in der Gunst" jener zu stehen, die über ihre erneute Wahl entscheiden. Es erübrigt sich zu erklären, wie sehr diese Situation den Richterberuf degradiert hat.

[228] So wurden z.B. in der UdSSR in der Periode 1937-1974 um die 370 Gesetze verabschiedet. In derselben Zeit hat die Exekutive (der Ministerrat, einzelne Ministerien und ähnliche Verwaltungsinstitutionen) über 700.000 untergesetzliche Akte erlassen.

durch Geständnis festgestellt ist und ihre Folgen in der äußeren Welt bekannt und unbestritten sind? – All ihr Bemühen betrifft in keinster Weise die objektiven, äußeren Tatsachen, sondern ein inneres Problem: die Frage der Absicht, nicht daher irgendetwas, das die äußere Welt betrifft, das sich außen ereignet, sondern etwas, das sich innen abgespielt hat. Auch wenn es Gegenstand der Beweisführung von Fakten ist, so sind sie das nur, insofern sie uns helfen, die Absicht zu erkennen. In Wirklichkeit untersuchen wir die Fakten nur als eine Art und Weise, um das Wesentliche zu erkennen, und dies ist der Zustand der Seele. Und nicht nur das: jeder der Akteure in dieser Handlung der Gerechtigkeit meint spontan, dass das, was die Absicht, das Wollen, den Willen betrifft, in diesem Moment unvergleichlich wichtiger ist als die Tat und ihre Folgen in der äußeren Welt. Demnach geben sie alle, auch wenn sie sich dessen nicht einmal bewusst sind, der Seele den Vorrang vor der Wirklichkeit. Ein Arbeiter, der durch Unachtsamkeit einen Unfall im Bergwerk hervorruft und den Tod Hunderter Bergwerkarbeiter verursacht, wird weniger verantwortlich und geringer bestraft werden als ein Mensch, der aus Eigennutz eine alte Frau umbringt, die bereits mit einem Fuß im Grab steht. Bedeutet ein solch „unlogisches" Urteil, das für uns immer vollkommen verständlich sein wird, solange wir Menschen sind, nicht das Eingeständnis, dass es die Seele gibt, und dass wir in Wirklichkeit nicht nach dem, was sich in der wirklichen Welt, sondern nach dem, was sich in der Seele des Täters ereignet hat, urteilen?

Das menschliche Gericht, die menschliche Gerechtigkeit streben danach, versuchen, das Göttliche Gericht, die Göttliche Gerechtigkeit zu imitieren. Die menschliche Gerechtigkeit ist aber der Göttlichen Gerechtigkeit um so näher, je mehr Bedeutung sie der Absicht, dem Bestreben, dem Motiv gibt. „Es ist für euch keine Sünde in dem, was ihr an Fehlern begeht, sondern was eure Herzen vorsätzlich anstreben" (Quran 33:5). Die auch noch so geringe Erhöhung der Bedeutung der Absicht schließt die Anerkennung Gottes mit ein und demnach die Verwerfung des Materialismus. Sogleich werden wir sehen, wie diese Logik durch den umgekehrten Schluss die materialistische Philosophie zur Negation des Begriffes der Verantwortlichkeit, daher der Gerechtigkeit und Schuld, und zur Affirmation eines entgegengesetzten, objektiven Prinzips führen musste: dem gesellschaftlichen Schutz. Diese Entwicklung war gesetzmäßig.

Abschnitt 2
STRAFE UND GESELLSCHAFTLICHER SCHUTZ

1.

Das Problem, von dem die Rede ist, bezieht sich auf die Frage der Rechtfertigung der Sanktion gegenüber dem Täter und steht auf jeden Fall im Zusammenhang mit der klassischen Frage, ob die Tat frei oder bedingt ist (sei es durch die Konstitution des Täters oder durch die Umstände, in denen er lebt, oder sowohl des einen als auch des anderen). Auf der einen Seite stehen jene, welche die Anwendung der Sanktion durch die Freiheit der Wahl, die jeder Mensch habe, rechtfertigen; auf der anderen Seite sind jene, die behaupten, dass die Strafe keinen Zweck hat, da der Täter in seinem Verhalten determiniert (bedingt) sei. Verhält er sich so, wie er sich verhalten muss, so ist die Strafe ebenso ineffizient (ungerechtfertigt) wie auch gegenüber einem Kranken. Für sie gibt es keinen Platz für die Strafe, doch gibt es Platz für den „gesellschaftlichen Schutz", *défense sociale*, durch Maßnahmen, um die Gesellschaft vor dem schuldlosen Täter zu schützen. Die ersten gehen daher von der Freiheit, die zweiten vom Determinismus oder von der Persönlichkeit und der Gesellschaft aus.

Das Dilemma Strafe – gesellschaftlicher Schutz ist so alt wie die Strafgesetzgebung, und ihre Betrachtungen ermöglichen es, einige Fragen, mit denen sich dieses Buch beschäftigt, aus einem neuen Blickwinkel zu betrachten.

Den Begriff der Schuld (dolus) und Strafe finden wir bereits im *Codex Hammurabi*, dem ältesten bekannten Gesetzbuch, und R. Van der Made hat gezeigt, dass man die Ideen vom gesellschaftlichen Schutz auch bei den alten Griechen finden kann.[229]

Individualisten glauben, dass der Mensch am Delikt schuld ist. Positivisten glauben, dass sich die Schuld auf der Seite der Gesellschaft, der Umstände, mit einem Wort außerhalb des Menschen befindet. Weder bedeutet das erste, dass der Mensch a priori schlecht ist, noch das zweite, dass er gut ist. Man kann nur

---

[229] R. van der Made: „Contribution a l'Etude de'lhistorie de la defensessociale", *Revue de criminologie et de droit pénal*, 1949-1950, S. 944

sagen, dass das bedeutet, dass der Mensch entweder ein Subjekt, eine freie und verantwortliche Persönlichkeit oder dass er eine Sache unter Sachen, eine den unausweichlichen Gesetzen der Natur unterworfene biologische Tatsache und machtlos frei zu wählen ist. In Wirklichkeit beruht die erste Ansicht auf dem Glauben, dass es dem Menschen gewährt wurde, gut und schlecht zu sein, dass er unausweichlich immer das eine oder das andere ist, während die zweite in sich den Standpunkt trägt, dass er selbst weder gut noch schlecht ist, das es Gelegenheiten sind, die sein Verhalten bestimmen, die wir dann nach irgendeinem moralischen Kodex als gut oder schlecht qualifizieren. Der Positivist glaubt weder, dass es eine freie Persönlichkeit, die selbstständig Träger der Wahl ist, noch einen freien Träger der Verantwortlichkeit gibt.

Es ist falsch anzunehmen, dass sich im Strafrecht selbst eine der zwei Richtungen als brutaler oder milder als die andere erwiesen hätte. Wie wir sehen werden, hängt dies von vielen anderen Umständen ab.

Vom Prinzip des gesellschaftlichen Schutzes ausgehend ist es möglich hinsichtlich des Maßstabes gegenüber dem Täter zu verschiedenen, sogar zu gegensätzlichen Schlüssen zu kommen.

Möglich ist der Schluss, dass Brutalität keine Rechtfertigung hat, da die Tat ein Resultat der gegebenen Umstände ist, so ist dann jede Strafe sinnlos. Doch ist ebenso auch der Schluss möglich, dass der Maßstab für die Höhe der Strafe die objektive Gefahr oder der Aspekt der Prävention ist, was zu sehr brutalen und maßlosen Strafmaßen führen kann.

Auf dieselbe Weise zeigt die Geschichte des Strafrechts, dass die Idee der individuellen Strafe in sehr brutalen Strafen (z.B. Inquisition), wie auch in sehr humanen Verständnissen des Strafens endete. So merken wir auch in Debatten um die Rechtfertigung der Todesstrafe, dass es Anhänger der schwerwiegendsten Strafe unter den Protagonisten beider Seiten gibt.[230] Die Todesstrafe kann von der Position sowohl der einen als auch der anderen sowohl verteidigt als auch angegriffen werden. Nur wird sie bei den Individualisten eine Sanktion gegen eine freie Persönlichkeit sein, letztendlich wegen des Ausdrucks eines schlechten Willens, und bei den Anhängern des gesellschaftlichen Schutzes die „Demontierung" eines beschädigten, defekten Teils des gesellschaftlichen Mechanismus darstellen. Im ersten Fall wird man daher eine humanere Begründung, und im zweiten eine inhumane, mechanische bekommen. In diesen Begründungen werden bereits klar die fernen philosophischen und metaphy-

---

[230] Der Schweizer M. Graven z.B., aktiver Vertreter der Bewegung des gesellschaftlichen Schutzes, setzt sich für die Wiedereinführung der Todesstrafe in der Schweiz ein.

sischen Grundlagen sichtbar, die man im ersten Fall mit dem *Prolog im Himmel* assoziiert, und im zweiten Fall mit Darwin und dem Evolutionismus. Eines ist dennoch vollkommen sicher: Jeder individualistische Standpunkt wird immer das Institut der Strafe als Vergeltung miteinschließen, während die materialistische Ansicht immer gewisse, vielleicht auch sehr brutale und schwere Maßnahmen voraussetzen wird, aber immer nach dem Prinzip der außerstraflichen Natur, deren Ziel es ist, wie M. Ancel sagt, „den Delinquenten zu neutralisieren" (man achte auf den aus der Physik entliehenen Ausdruck), sei es durch seine Eliminierung oder Ausschluss, sei es durch Anwendung von Methoden, deren Ziel die Heilung oder Umerziehung ist.[231]

Allgemein genommen liegt der Unterschied zwischen der Strafe und der Schutzmaßnahme darin, dass die erste die Gerechtigkeit, die zweite das Interesse im Auge hat; die erste die Persönlichkeit, die zweite die Gesellschaft. Die Gewichtung der Strafe steht im Verhältnis zur Schuld; die Art der Maßnahmen steht in Abhängigkeit zur objektiven Gefährlichkeit des Täters. Da sowohl die Strafe als auch die Schutzmaßnahme auf der Entziehung oder Begrenzung von Rechten des Täters beruhen, ist es möglich, sich bei Schutzmaßnahmen große Rechtsbeschränkungen ohne irgendeine Schuld der Person, gegen welche die Maßnahmen vorgenommen werden, vorzustellen. Dies kann besonders brutale und ungerechte Formen bei Maßnahmen annehmen, die aus dem Grund der Sicherheit oder der Allgemeinprävention vorgenommen werden, wenn man durch beispielgebende Strafen die potentiellen Täter abschrecken möchte – eine oft gebrauchte, in Wirklichkeit missbrauchte Maßnahme, um politische Delikte zu unterbinden. Ein drastisches Beispiel sind Stalins „Säuberungen", in denen nach manchen Angaben um die 10 Millionen Menschen aus der Gesellschaft „gesäubert" wurden. Bemerken wir, dass die „Säuberung" nicht eine Bestrafung ist, sondern eine Säuberung der Gesellschaft von Elementen, die jemanden oder etwas stören. Sowohl die Neutralisation als auch die „Säuberung" sind mechanische Vorgehensweisen, mechanische Termini. Umgekehrt ist die Strafe ein moralischer Begriff und taucht das erste Mal in Glaubensbüchern auf, wenn sie von göttlichen Strafen sprechen, was auf die ebenso terminologische wie auch historische Verbindung zwischen Religion und der Theorie der Strafe hinweist. Hinter der Gesetzgebung, die das Prinzip der Strafe mehr betont,

---

[231] Aus dieser Sicht gibt es in der Theorie fast keine Ausnahmen. Der Idealist Kant (auch Hegel) vertritt fast wörtlich „Zahn um Zahn (…)" und der Materialist Holbach verwirft das Prinzip der Vergeltung im Strafrecht vollkommen (Holbach, *Systeme de la nature*).

steht die idealistische Philosophie, hinter jenen, die das Prinzip des Schutzes vertreten, befindet sich hingegen der Positivismus.

Mit der Strafe geht das Richten einher, so wie mit den Maßnahmen des gesellschaftlichen Schutzes die Behandlung einhergeht. Das Richten ist aber ein Drama, das sich nach den Gesetzen der aufregenden und erhabenen Fragen der Freiheit, Verantwortlichkeit, Gerechtigkeit und Ungerechtigkeit abwickelt. Das Richten war schon immer an eine bestimmte Zeremonie gebunden, die uns ans Drama oder einen Ritus erinnert.[232] Umgekehrt ist die Schutzmaßnahme eine Frage der Zweckmäßigkeit, und sie bestimmt der Arzt, Psychologe, Soziologe oder die Obrigkeit, auf jeden Fall nicht der Richter. Prinzipiell genommen, ohne die Folgeunrichtigkeiten, welche der Praxis immer folgen, sind Schutzmaßnahmen Bestandteil der allgemeinen Manipulation von menschlichen Individuen in der Utopie. In der Utopie gibt es aber weder das Gericht noch das Richten, denn es gibt weder Freiheit noch Verantwortlichkeit, keine Ethik und kein Recht.

Deswegen sagen wir: Den freien Menschen erklären wir für verantwortlich und daher urteilen wir, vor einem Gesellschaftsmitglied verteidigen, schützen wir uns aber. Das Gesellschaftsmitglied hat weder Schuld noch Verantwortung. Er kann nur schädlich oder nützlich sein, doch ist das nicht eine Angelegenheit der Wahl, sondern des Faktums, der Tatsache, Tatsachen sind aber sinnlos. Humanismus ist nicht verpflichtend dasselbe wie Erbarmen. „Du hast Mitleid mit den Lahmen und Blinden; warum hast du kein Mitleid mit den Verdorbenen? Sie sind verdorben gegen ihren Willen" – in diesem Satz von Epiktet gibt es Erbarmen, doch es gibt keinen Humanismus, so wie es keine Religion gibt. Humanismus ist die Affirmation des Menschen als freies Wesen, und das bedeutet des Menschen als verantwortliches Wesen. Nichts degradiert den Menschen mehr als die Proklamation der Unverantwortlichkeit. Der Mensch ist verantwortlich; nur das Tier und die Sache sind dies nicht. Hier ist der Unterschied zwischen Stoizismus (Stoa) und Religion. Der Stoizismus stellt das Mitleid und die Vergebung an die erste Stelle; Religion die Verantwortung.[233] Die Religion ist die folgerichtigste Proklamation der Verantwortung des Menschen, demnach auch seines Wertes als Mensch. Defense sociale ist im Grunde

---

[232] E. Bloch hat gezeigt, dass das Drama einen doppelten Ursprung hat: einen gerichtlichen und einen mysteriösen (E. Bloch, ibid, S. 238), und Benjamin, dass es auch seine berühmten drei Einheiten hat: die Plätze, Zeiten und Handlungen stammen vom gerichtlichen Ursprung der Tragödie (Benjamin, *Ursprung des deutschen Trauerspiels,* 1928, S. 111).

[233] Quran (75:36, 23:16 u.a.)

eine inhumane Theorie, sogar wenn sie den Menschen befreit oder sanfte Maßnahmen anwendet, da sie den Menschen als nicht verantwortlich für seine Taten erklärt hat. Umgekehrt ist die Theorie der Schuld human, menschlich, auch wenn sie brutale Strafen verhängt. Die Strafe ist ein Menschenrecht des Schuldigen und ihre Negation steht in Zusammenhang mit der Negation anderer Menschenrechte. Hegel behauptet völlig konsequent, dass nur die Strafe als Vergeltung im Einklang mit der Menschenwürde des Übeltäters steht und dass sie kein anderes praktisches Ziel haben darf (Abschreckung und Umerziehung). Verantwortung ist die höchste Form der Manifestation des Wertes des Menschen und hat seine moralische, daher jenseitige Bedeutung. Die Verantwortung des Menschen, vor den Menschen, auf Erden, besteht nur deswegen, weil seine Verantwortung im absoluten Sinne, seine Verantwortung in der Ewigkeit, vor Gott besteht. Anders gesagt ist diese ewige Verantwortung der freien Persönlichkeit für ihre Taten oder, besser gesagt, für ihre Wahl die Bedingung der Verantwortung des Menschen in der Welt, vor den Menschen. Alle Gesetzgebungen sind ein blasser Versuch eines Göttlichen Gerichts auf Erden.

In dieser Argumentation liegt die Erklärung, warum der Materialismus immer zu anderen Argumenten neigen wird, wie der gesellschaftlichen Nützlichkeit oder der gesellschaftlichen Schädlichkeit, und nicht zur Verantwortung des Subjekts. Die Kategorie der Verantwortung so auch der Strafe und des Richtens gehören nicht zum Inventar des Materialismus.

2.

Das Ziel der Strafe ist weder die Vorbeugung noch der Schutz noch die Entschädigung noch die Prävention, ja nicht einmal die Verbesserung des Täters, daher kein einziges irdisches Ziel. Ihr Ziel ist die Herstellung des Gleichgewichts in der moralischen Ordnung, das durch die Ausführung einer verbotenen Handlung durcheinander gebracht wurde. Die Strafe ist die Negation des Zuganges, der die Negation des Rechts darstellt. Sie ist daher die „Negation der Negation" (Hegel), *remedium peccati*. Auch wenn diese Definition sich zu grundsätzlich und leblos anhört, so ist sie unausweichlich, denn ungeachtet aller späteren Entwicklung, die das Strafen mit einer Reihe anderer Tatsachen in Verbindung gebracht hat, insbesondere jener, welche die Prävention und den Schutz betreffen, wird die Strafe, wo auch immer eine solche besteht, immer ihren ursprünglichen Sinn beibehalten: Übrig bleiben wird die Vergeltung, die moralische Antwort auf einen unmoralischen Akt, oft nutzlos und auch praktisch schädlich. Umgekehrt ist die Schutzmaßnahme immer durch die Nützlichkeit, den Schutz des größeren Interesses durch das Opfern des geringeren, durch die Unterordnung des Interesses des Einzelnen unter die Interessen der Gesellschaft motiviert. Die Strafe zielt auf den moralischen Effekt, die Schutzmaßnahme hingegen immer auf den gesellschaftlichen Nutzen.

Die Idee der Vergeltung, der Strafe stammt aus der Glaubensvorstellung, dass der Übeltäter die Empörung Gottes hervorruft. Ungeachtet aller späterer Beschränkungen und Korrekturen wird diese Idee nie völlig aus dem Verständnis der strafrechtlichen Gerechtigkeit ausgetilgt werden. Irgendwo wird man sich statt auf das Göttliche, die Göttliche Empörung, auf die verletzte moralische Ordnung berufen, was auch keinerlei wesentliche, sondern eine terminologische Änderung darstellt, denn Gott ist der Schöpfer und Beschützer der moralischen Ordnung.

Alles Vorgebrachte ist, natürlich, nur der theoretische Schein der Dinge. Für den Gegenstand, den dieses Buch behandelt, sind zwei Tatsachen charakteristisch: die erste, dass entgegengesetzt zum Grundsatz der Schuld die Theorie der gesellschaftlichen Verteidigung als ihr umgekehrtes Äquivalent auftauchen musste, und die zweite, dass positive Gesetzgebungen in der wirklichen Lebenspraxis, in der Verabschiedung von Gesetzen, ungeachtet der Philosophie, auf die sie sich berufen, nie „pure" Gesetze verabschieden. In jedem positiven Gesetz fühlt man die Anwesenheit auch von jenem anderen Prinzip, das für gewöhnlich in der Theorie verworfen wird. Soviel wir wissen, gibt es in der Praxis keine Strafgesetzgebung, die zur Gänze auf dem Prinzip der Schuld, noch auf einem anderen, in dem die Ideen des gesellschaftlichen Schutzes folgerichtig durchgesetzt werden würden, beruht. Man kann nur von einer mehr oder weniger großen Prävalenz eines der zwei Grundsätze sprechen.[234]

Auch die bloße Bewegung der *defense sociale*, entstanden im 19. Jahrhundert, die von Anbeginn extreme Standpunkte vertreten hat, hat eine unausweichliche Evolution durchlebt. Einer der herausragenden Protagonisten dieser Bewegung, Marc Ancel, schreibt:

„Zwischen zwei großen Kriegen hat in der positiven Gesetzgebung letztendlich der Standpunkt vom Mittelweg (*media via*) zwischen den klassischen Doktrinen

---

[234] Als Beispiel der Prävalenz des Prinzips der Schuld kann das italienische Strafgesetzbuch dienen. Das gegenteilige Beispiel könnten die Strafgesetzbücher der skandinavischen Länder und insbesondere das neue Strafgesetzbuch von Island darstellen.

der Schuld – Vergeltung und der Doktrin des gesellschaftlichen Schutzes triumphiert. (…)Folgt indessen, dass die Konzeption des gesellschaftlichen Schutzes notwendigerweise in sich die Verwerfung jedes gewaltsamen Vorgehens und am Ende die Verwerfung der Strafe allgemein miteinschließt? Muss man sich hier letztendlich für das Schuldstrafrecht oder den gesellschaftlichen Schutz entscheiden? Viele entschiedene Anhänger des gesellschaftlichen Schutzes verstehen, im Gegenteil dazu, dass eine Vereinigung des Schuldstrafrechts und des gesellschaftlichen Schutzes in einer neuen Perspektive unternommen werden sollte."[235]
Von der Notwendigkeit einer Synthese spricht auch die Evolution der Internationalen Union des Strafrechts (*L'Union internationale de droit penal*), die seit ihrer Gründung im Jahr 1889 ein ausgesprochener Protagonist der Idee des gesellschaftlichen Schutzes ist. Indem sie in der späteren Entwicklung schrittweise die Idee der moralischen Verantwortung übernahm, konnte diese Institution 1914 anlässlich des 25.Jahrestags ihres Bestehens in öffentlichen Dokumenten konstatieren, dass sie „nun beide Doktrinen repräsentiert". Das Resultat war in der Rechtstheorie die sogenannten relative Straftheorie, und in der praktischen Gesetzgebung tauchte die Formel der „Schutzstrafe" auf, eine Form der „bipolaren Einheit" in der Domäne der Gerechtigkeit. Im Leben hat der „dritte Weg" gesiegt.

Was den Islam angeht, geht er vom Prinzip der Vergeltung aus, doch als islamisierte Religion nimmt er auch Elemente des gesellschaftlichen Schutzes an. Das ist im Wesen dieselbe Entwicklung – im Einklang mit der „Schuld gegenüber dieser Welt" die aus dem Gebet das *Namaz/Ṣalā* geschaffen hat, aus dem Almosen die *Zakā*, aus einer rein geistigen Gemeinschaft die *Umma*, eine geistig-politische Gemeinschaft. Das islamische Strafrecht kannte ein besonderes System der Umerziehung von Minderjährigen, ein den heutigen Verständnissen völlig nahestehendes System, darauf das Prinzip der freien gerichtlichen Beweiswürdigung und in gewissem Ausmaß ein soziologisches Verständnis von Delikten und Delinquenten.

Der bereits erwähnte Marc Ancel schreibt:
„Das islamische Recht aus dem 14. Jahrhundert, das die Nichtverantwortlichkeit von Kindern unter 7 Jahren anerkannt und für Minderjährige über 7 Jahren bis zur Pubertät nur Erziehungsmaßnahmen, die keinen Strafcharakter hatten, vorgesehen hat, hat für die volljährigen Rechtsübertreter ein System, das bereits in gewissem Maße als ein System des gesellschaftlichen Schutzes erachtet werden kann, organisiert: mit der Ausnahme von fünf im Quran gefestigten und vor-

---

[235] M. Ancel, *La defense sociale nouvelle*, Paris, 1954

gesehenen Schlüsselverbrechen ist eine Zahl von Delikten der freien Beurteilung des Gerichtes überlassen, das verpflichtet war, gleichzeitig auf das begangene Delikt, die Umstände, unter denen das Delikt begangen wurde, und auf die Persönlichkeit des Delinquenten zu achten."[236]

---

[236] Dazu siehe mehr in: Said Mustapha El Said Bey, *La notion des responsabilite penal*, Travaux de la semaine internationale de droit musulman, Paris, 1951 und L. Miliot, *Introduction a l'etude du droit musulman*, Paris, 1953

KAPITEL X
VON DER UNMÖGLICHKEIT PURER RELIGION UND PUREN MATERIALISMUS

ABSCHNITT 1
IDEE UND WIRKLICHKEIT

Sowohl Religion als auch Utopie deformieren sich, wenn sie in das Leben eintreten, wenn sie zur Lebenspraxis werden. Ihre puren und folgerichtigen Formen befinden sich nur in Büchern. In der Anwendung des Menschen in der wirklichen menschlichen Praxis „naturalisiert" sich Religion, sie nimmt etwas von der niedrigeren, animalischen Natur des Menschen an, die Utopie hingegen „humanisiert" sich, bekommt einige moralische Züge. Die Deformation sowohl des Christentums als auch des Materialismus ist immer eine Annäherung an den Menschen, an seine wahre, animalisch-humane Gestalt. Im ersten Fall ist das das Herabsinken vom Göttlichen; im zweiten Fall ist das die Erhebung weg vom Animalischen; in beiden Fällen ist es eine Bewegung zum Menschlichen.

Einige bekannte Erscheinungen aus der Geschichte des Christentums sind nur Formen der unausweichlichen Deformation dieser Religion in der Konfrontation mit dem Leben. Das sind vor allem: die Institutionalisierung der Religion (Schaffung der Kirche), die Anerkennung der Ehe (statt der geschlechtlichen Reinheit), die Anerkennung der Arbeit (Hl. Augustin), das geänderte Verhältnis zum Eigentum, der Staatsmacht, der Bildung, der Wissenschaft (entgegengesetzt zum evangelischen Satz: „Selig sind die, die da geistig arm sind."), die Anerkennung der Macht und der Gewalt (Inquisition) usw. Hierunter fällt auch das aussöhnende Verhältnis zum Marxismus in der neuesten Zeit, wovon später mehr die Rede sein wird.

Ähnliche Abweichungen, aber in der entgegengesetzten Richtung, bemerken wir auch in der Praxis des Marxismus, daher des Materialismus: die Annahme (sei sie auch nur deklarativ) gewisser humanistischer Grundsätze, welche die Französische Revolution verkündet hat (die Menschen- und Bürgerrechte) und einiger „Vorurteile" aus dem kulturellen Erbe der früheren Epochen (die Freiheit der Persönlichkeit, die Meinungsfreiheit, die Unverletzlichkeit von Briefen und Wohnungen u.Ä.); „moralische" Stimulanzen als Belohnung für Arbeit (entgegengesetzt zum Prinzip, dass der Mensch ausschließlich durch Interesse motiviert wird); die entscheidende Rolle der politischen Partei als subjektiver und bewusster Faktor; Personenkult, die Darstellung des eigenen Urteils und der eigenen Gesetzgebung als objektiv, gerecht, allgemeingesellschaftlich (im Gegensatz zu den Definitionen des Rechts als „Wille der herrschenden Klasse"); die Annahme der Ehe und der Familie, des Eigentums und des Staates (entgegengesetzt zu den Standpunkten des klassischen Marxismus), die Beibehaltung des Grundsatzes der Schuld im Recht, das Ausrufen von Helden, die Beibehaltung der Begriffe der Brüderlichkeit und des Patriotismus („brüderliche" Hilfe, „brüderliche" Parteien), patriotische Kriege (sind Brüderlichkeit und Patriotismus nicht bourgeoises Blendwerk?); das Insistieren in der Praxis auf einigen Normen der öffentlichen Moral (Kritik der Pornografie, Entblößung und sexuellen Freizügigkeit); der Appell, für den Ruhm des „sozialistischen Vaterlandes" zu leben und zu arbeiten, die Einverleibung der heroischen Literatur, ideologischer und theoretischer Dogmatismus (gibt es denn „ewige Wahrheiten"?) usw.

Ungeachtet dessen, dass der Glaube in seinem Wesen immer und nur der Aufruf ist, für die zukünftige Welt zu leben, haben die Menschen mit dem Glauben immer auch ihre alltäglichen Hoffnungen und Bestrebungen verbunden – sie wollten daher den Islam. Historisch ist es bewiesen, dass für die Bekehrung zum Christentum in den ersten Tagen dieser Religion die gemeinsamen Mittagessen, genannt *Agape*, eine entscheidende Rolle gespielt haben. Es gibt auch Beweise, dass das Gebet für die Verzeihung der Sünden sich leicht in die Forderung des Erlasses von Schulden verwandelt hat, und so musste einer der Kirchenväter, Tertullian, mit seiner Autorität zugunsten der authentischen Bedeutung – der Verzeihung der Sünden – intervenieren. Viele Bewegungen im Mittelalter hatten zugleich einen religiösen als auch einen sozialen Charakter, so ist es schwer, ihre Natur eindeutig zu deuten, und einige heutige soziale Bewegungen berufen sich auf Texte aus den Hl. Schriften. Diese Tatsachen bestätigen den allgemeinen Standpunkt des Islams, dass pure Religion und pure Politik nur als Idee bestehen, während im Leben nur Mischungen, deren verschiedene Komponenten man in manchen Fällen kaum isolieren kann, bestehen.

Abschnitt 2
JESUS UND DAS CHRISTENTUM

Wenn wir von der Unmöglichkeit der Verwirklichung purer Religion in der Welt sprechen, darf man nicht an einem kapitalen Beispiel vorbeigehen: das ist der historische Misserfolg des Christentums.

Beim Phänomen des Christentums muss man zum richtigen Verständnis des weiteren Geschehens zwischen der Geschichte Christi und der Geschichte des Christentums unterscheiden. Auf der einen Seite steht Jesus, und auf der anderen das gesamte Christentum. Im Laufe der Zeit hat sich dieser Unterschied im menschlichen Bewusstsein in den Unterschied zwischen dem Göttlichen und dem Menschlichen verwandelt, was er in gewissem Sinne auch ist. Er hat Anlass gegeben zur Erhaltung des Dogmas von Jesus als Sohn Gottes und hat sie auch beeinflusst. Im christlichen Mythos vom Gott-Menschen liegt das überdeckte Eingeständnis von der Unmöglichkeit des Christentums im realen Leben. „Der letzte Christ starb am Kreuz." (Nietzsche)

Es gibt Autoren, die meinen, dass die Nichtverwirklichbarkeit des Christentums die verborgene Idee des gefeierten Buches von Cervantes ist. Don Quijote ist ein karikierter Christus. Manche haben dieses Buch das „Schwarze Evangelium" genannt. Bereits seinen ersten Nachfolger Petrus hat Jesus darauf verwiesen: „Denke nicht über das Göttliche nach, sondern das Menschliche." Petrus ist aber der „Eckstein, auf dem die Kirche errichtet ist". Mit dieser Erklärung hat Jesus vor allem den Sinn der Geschichte des ganzen späteren Christentums gekennzeichnet, des Christentums als Kirche: die Entfremdung von Christus.

Der historische Prozess, durch den sich das Christentum aus der Lehre Jesu, der puren Religion, in eine Ideologie, die Kirche, eine Organisation verwandelt hat, ist eines der dramatischsten und bedeutendsten Ereignisse in der Menschheitsgeschichte. Nach den Verfolgungen, die fast drei Jahrhunderte gedauert und die in der Geschichte das hartnäckigste Ringen zwischen der Religion und der Gottlosigkeit dargestellt haben, begann der griechisch-römische Staat, sich mit dem Stand der Dinge anzufreunden. Dies musste seinen Niedergang bedeuten, was anscheinend einzig Diokletian völlig klar sah und vorhersah. Der römische Staat und die politische Obrigkeit sanken dieselbe steile Ebene herab, entlang welcher der siegreiche Glaube empor geklettert ist. Im Jahr 311 wurde ein Edikt zur Toleranz des Christentums (Kaiser Galerius) erlassen, und gleich darauf (313) erlässt Konstantin ein Edikt über die Anerkennung des Christentums. Indem er aus einer geistigen Gemeinschaft eine gefestigte Organisation, aus der Kirche eine politische Macht schafft, macht Kaiser Konstantin den entscheidenden Schritt in der historischen Deformierung des Christentums. Im 4. Jahrhundert legen die Synoden die Lehren fest und die Liturgie bereichert sich durch Zeremonien und Kulte, die in manchen Fällen heidnischen Ursprungs sind. Der Heiligenkult und der Jungfrauenkult tauchen auf. Anfang des 5. Jahrhunderts erklärt Kaiser Theodosius II das Christentum zur Staatsreligion und 435 folgt ein Edikt gegen Verfolgungen. Die Schaffung des Klerus beginnt und die Berufung des Metropoliten taucht auf.

„Das Christentum hat die Synthese zweier großer Typen von Priestern, die in der antiken Gesellschaft bekannt waren, durchgeführt: des hellenischen und des orientalischen Typus des Priesters – der erste ist ein gewählter Magistrat und Diener Gottes, der zweite ist den Mysterien gewidmet, ein echter Mittler." (Lucien Henri, Ursprung der Religion)

Das Neue Testament wurde hauptsächlich Ende des 2. Jahrhunderts kodifiziert, und das Kreuz als Symbol des Glaubens wurde letztendlich im Jahr 325 in Nicäa festgelegt. Die strenge Disziplin des Verständnisses und der Deutung des Glaubens und der Glaubenstexte wird anstatt der freien, persönlichen Interpretation eingeführt. Der Bischof übernimmt die geistlichen Funktionen und wird eine absolute Autorität in Fragen des Glaubens. Er wird bereits aus dem Kirchenschatz bezahlt. Zu einem Mitglied der Kirche wird man durch die Zeremonie der Taufe und der Eucharistie. Die Dogmen und die Regeln der Lehren legen die regionalen Bischofssynoden fest, die sich nach dem Vorbild einer Ratsversammlung zusammensetzten usw. Der Prozess der Bildung der Kirche war damit im Großen und Ganzen vollendet.

Alle großen und wahrhaften Christen – ungeachtet der Zeit, in der sie aufgetaucht sind – haben gefühlt, dass die Lehre Christi nicht eine Wissenschaft im wahrsten Sinne des Wortes werden kann, so wie dies kein einziges Drama oder künstlerisches Bild kann.[237] Denn „persönlicher Glaube entspringt aus

---

[237] In dieser Hinsicht finden wir sehr klare und ausdrückliche Zeilen in einem modernen Werk von Romano Guardini: „Es gibt weder ein System moralischer Werte, noch gibt es einen religiösen Standpunkt oder ein Lebensprogramm, das sich von der Persönlichkeit Christi trennen lässt

Ekstase, Theologie aus Mathematik" (Russell), die Kirche hat aber aus dem Christentum eine systematisierte Lehre, wie die Mathematik oder Biologie, gemacht.[238]

Der zeitgenössische katholische Theologe Barth schreibt (in seinem Werk *Kirchliche Dogmatik*): „Die Dogmatik ist eine Wissenschaft, durch welche die Kirche sich selbst auf dem Wissensniveau, über das sie verfügt, den Gehalt ihres Predigens erklärt. Das ist eine kritische Disziplin." Als wenn die Idee der Liebe und der allgemeinen Brüderlichkeit Gegenstand wissenschaftlicher Analyse werden kann, ohne aufzuhören, jenes zu sein, was sie war. So begann das geistige Umherirren des Christentums: Die endlosen Dispute über Dogmen und heilige Geheimnisse, die darauf folgten, haben den Schwerpunkt vom moralischen Kern zur scholastischen Seite der Lehre Jesu verrückt. Auf dem Untergrund der Theologie als Wissenschaft, daher eines Prozesses der Objektivierung und Entpersönlichung, entstanden aus den Lehren Christi kirchliche Organisationen mit ihrer Gelehrsamkeit, ihren Formen, ihrer Hierarchie, ihrem Reichtum und all jenen tragischen Irrtümern und Fehlern. Doch deswegen wird man feststellen, dass z.b. die Mönchsbewegung, die Ausdruck der authentischen religiösen Inspiration ist, überall außerhalb der kirchlichen Organisation entstanden ist.[239] Die Lehre Christi ist eine lebendige Quelle, die Kirche ist ein bracher See; die erste erscheint wie ein künstlerisches Bild der wilden Schönheit, die zweite wie eine Fotografie in einem goldenen, luxuriösen Rahmen.

Der Gegensatz von dem die Rede ist, ist mehr als der Unterschied zwischen Vision und Realität. Seine verschiedenen Aspekte betreffen nur das Wesen. Der Begründer des Christentums ist Jesus; der Begründer der Kirche ist Paulus (oder Augustin). Vom ersten stammt die christliche Ethik, vom zweiten die christliche Theologie. So ist auch jenes Schwanken zwischen Platon und Aris-

---

und über das man sagen könnte: Das ist das Christentum. Das Christentum ist Er selbst (...) Ein doktrinärer Inhalt ist in dem Maße christlich, in dem er aus Seinem Mund herauskommt (...) Die Persönlichkeit Jesu Christi in ihrer historischen Einheit und ewigem Glanz ist die bloße Kategorie, welche das Wesen, die Aufgabe und die Lehre des Christentums bestimmt" (R.G., *Das Wesen des Christentums*).

[238] B. Russell behauptet, dass die Theologie ihr Vorbild zu gleichen Teilen in Griechenland, dem Mittelalter in Europa bis zu Kant in der Mathematik hatte (B.R., *Istorija zapadne fil zofi e*, S. 56 – Anm. d. Übersetzers: *Philosophie des Abendlandes*).

[239] Der Hl. Franz von Assisi, Gründer des Franziskaner-Ordens, war ein Laie ohne theologische Bildung. Doch sein Hauptvermächtnis – das Vermächtnis der Armut – hat die Kirche später auch offiziell verworfen.

toteles, durch welche das kirchliche Denken des Mittelalters gekennzeichnet ist, eine Folge desselben Widerspruchs. Erneut ist die Lehre Christi als Religion Platon näherstehend und die christliche Theologie Aristoteles. Russell äußert die Meinung, dass diese Auswechslung von Platon durch Aristoteles ein Fehler war,[240] womit wir auf jeden Fall übereinstimmen können. Jodl schreibt in *Istorija etike*[241]:

> „In der Beziehung zur praktischen Lebensstimmung unterscheidet sich die Lehre des ursprünglichen Christentums, insofern es in den Evangelien zum Ausdruck kommt, wie von den späteren kirchlichen Lehren (bereits seit der Theologie Pauli), so auch von der umgebenden Welt, sei sie nun religiös oder heidnisch.
>
> Das Christentum als ethische Religion wurde zu allen Zeiten in den Evangelien gesucht und gefunden; das Christentum als Mysterium, als Religion und Errettung – in den Apostolischen Schriften."

Die Kirche hat sich immer auf Paulus und seine Briefe berufen; der Glaube und die Moral immer auf Jesus und das Evangelium. Mit Paulus endet die erhabene und einfache Geschichte über Christus und es beginnt die Geschichte der priesterlichen Religion, der Kirche. Im Unterschied zum Evangelium bestätigt Paulus das Eigentum, die Arbeit, das Wirtschaften, die Stände, die Ehe, die Unterwerfung unter die Obrigkeit, die Ungleichheit, so auch die Sklaverei. Auf der einen Seite steht das Evangelium und Christus, auf der anderen Seite die Theologie und die Kirche. Das erste ist eine Idee, das zweite eine Realität.

Abschnitt 3

MARX UND DER MARXISMUS

1.

Der Marxismus ist im Großen und Ganzen in der Theorie folgerichtig und notwendigerweise in der Praxis folgeunrichtig. Der Marxismus behauptet

---

[240] B. Russell, *Ebenda*, S. 464
[241] Anm. d. Übersetzers: *Geschichte der Ethik*

konsequenterweise: Der Mensch ist sowohl als biologisches als auch gesellschaftliches Wesen das Produkt des äußeren Umfelds; das Wesen bestimmt das Bewusstsein und nicht umgekehrt; unsere Gedanken, unsere Überzeugungen und unsere Psychologie sind Abbild unserer sozialen Stellung; historische Geschehnisse sind nicht das Resultat von Ideen und bewusstem Wirkem von Menschen, sondern von objektiven, vom Willen des Menschen unabhängigen Faktoren; sie sind dem unerbittlichen Determinismus unterworfen.

Der Feudalismus wurde nicht deswegen gestürzt, weil das jemand gewollt oder erstrebt hätte, so sehr er das auch gewollt und erstrebt haben mag. Er ist als Folge der Änderung (der Entwicklung) der Produktionsfaktoren, daher der materiellen, unbewussten, objektiven Faktoren, die sich außerhalb der menschlichen Macht und des Willens befinden, verschwunden. Die Entwicklung des Kapitalismus als gesellschaftliches System steht vollkommen außerhalb des Einflusses von Theorien, die von sich selbst überzeugte Denker, Ökonomen, Juristen und Ethiker über ihn schreiben. Diese Entwicklung ist ausschließlich Funktion der ökonomischen Grundlage, der Produktionsfaktoren usw.

Es wäre nun logisch anzunehmen, dass auch die Errichtung der sozialistischen Ordnung, der sozialistische Umsturz, in keinster Weise vom Einfluss politischer Parteien, Literatur, Polizei, staatlichen und politischen Maßnahmen sondern viel mehr, oder noch genauer, ausschließlich von der Entwicklung der Produktionsfaktoren abhängt. Denn der sozialistische Umsturz erfolgt dann, wenn die Entwicklung der Technik und die Armeen an Industriearbeitern das bestehende Produktionsverhältnis übersteigt, sodass es zu einer Störung des Gleichgewichts und damit zum unvermeidlichen Einsturz kommt. Gerade so wird dies auch in den marxistischen Lehrbüchern behauptet, demnach nur in der Theorie.

Im realen Leben glauben auch Atheisten nicht allzu sehr an den eigenen Lauf der Dinge, wie die Gläubigen sich nicht besonders auf die Intervention Gottes verlassen. Sie überlassen wenig diesen objektiven Faktoren, sondern versuchen durch bewusste Aktion, die Menschen und den Lauf des Geschehens zu lenken. Sie warten nicht darauf, dass die Ideologie spontan und als Abbild der materiellen Bedingungen der Produktion aufkeimt. Dort, wo es nicht genug von solch einer selbst aufgekeimten Ideologie gibt, führen sie sie ein, sodass es die kommunistische Ideologie und Obrigkeit auch dort gibt, wo es keine entsprechende Grundklasse – die Arbeiterklasse – gibt. Jene, die behaupten, dass Persönlichkeiten nicht Geschichte machen, machen aus gewöhnlichen, oft lasterhaften Sterblichen unfehlbare, allweise, „im Vergleich zu anderen um einen Kopf höhere" Führer-Götter, deren Weisheit wir alles zu verdanken haben, angefangen von den Siegen am Schlachtfeld bis zur revolutionären Entwicklung der linguistischen Wissenschaft. Nach dem marxistischen Schema müssten wir folgende Reihenfolge erwarten: entwickelte Industrie – Arbeiterklasse – politische Partei. In Wirklichkeit ist diese Reihenfolge für gewöhnlich umgekehrt, so finden wir unter den Beschlüssen kommunistischer Regierungen in unter- und halbentwickelten Ländern auch solche, wo die Partei beschließt, eine Industrie und mit ihr die Arbeiterklasse aufzubauen. Die Dinge verdrehen sich daher: Das Bewusstsein macht das Wesen, die Politik die Geschichte und der Oberbau die Basis. Von Marx' Schema ist nichts geblieben außer der politischen Herrschaft der kommunistischen Partei, und diese ist in einer solchen Situation meistens auch überhaupt nicht aus der Arbeiterklasse, sondern aus sozial heterogenen, aber der Obrigkeit ergebenen Elementen zusammengesetzt.

Nach Marx erfolgt Entwicklung schrittweise und notwendigerweise und sie kann weder verhindert noch aufgezwungen werden. Und trotzdem drängen die Marxisten überall auf der Welt ein und dasselbe Rezept für die gesellschaftliche und ökonomische Ordnung auf, ohne besonders auf die Tatsache zu achten, dass sich die bestehende ökonomische und gesellschaftliche Entwicklung auf völlig verschiedenen Stufen befindet. Das Programm der Kommunistischen Partei der USA unterscheidet sich nicht entscheidend vom Programm der kommunistischen Partei in Costa Rica oder Indonesien. Heute gibt es in der Welt über 80 kommunistische Parteien, die unter sehr verschiedenen Bedingungen der gesellschaftlichen und ökonomischen Entwicklung, von der Stammesordnung in einem Land Afrikas bis zu den entwickeltsten Formen des Kapitalismus in Europa wirken, doch propagieren sie alle fast dasselbe ökonomische und gesellschaftspolitische Modell. Wenn die Lehre von der Basis und dem Oberbau richtig ist, wie kann dann verschiedenen Basen immer und überall ein und derselbe kommunistische Oberbau entsprechen: Gesellschaftseigentum bei den Produktionsmitteln, Kollektivierung in der Landwirtschaft, ein Einparteiensystem der politischen Staatsmacht, eine ideelle und politische Monopolisierung? Wie kann der Sozialismus auf irgendeine beliebige gesellschaftsökonomische Struktur aufgesetzt werden, wenn die Prämissen des historischen Materialismus natürlich richtig sind?

Die Unzulänglichkeit der materialistischen Erklärungen zu historischen Ereignissen kann geprüft werden, indem man irgendeine Periode der Geschichte als Gegenstand der Prüfung heranzieht. Trotzdem liegt eine gewisse historische Ironie in der Tatsache, dass die offensichtlichsten Dementis der Ausgangspunkte des historischen Materialismus Erscheinungen darstellen, die mit dem Auftreten der kommunistischen Bewegung und Staaten in der ersten Hälfte dieses

Jahrhunderts zusammenhängen. Die kommunistischen Umstürze und die mit ihnen zusammenhängenden kommunistischen Regierungen tauchen nicht dort auf, wo man es nach den Theorien des historischen Materialismus (konkret: der Theorie des Kapitalismus und der sozialistischen Revolution) erwarten müsste. Im Gegenteil, es passiert alles entgegengesetzt. Die Geschichte kommunistischer Umstürze ist eine Reihe von unerklärlichen Anomalien vom Standpunkt des historischen Materialismus aus gesehen. Die kommunistischen Bewegungen hatten nicht dort Erfolg, wo sich die objektiven, materiellen Voraussetzungen der sozialistischen Revolution verwirklicht haben, sondern vor allem dort, wo notwendige subjektive Voraussetzungen erreicht wurden: eine starke politische Partei oder eine äußere, daher bewusste Intervention.

Es geht darum, dass der Marxismus als Theorie die Idee des historischen Determinismus annehmen, und als Praxis diese Idee verwerfen musste. Sowohl diese Annahme als auch dieses Verwerfen sind gleichermaßen symptomatisch für den Gegenstand, den wir behandeln. Diese Erscheinung versteht nur jener richtig, der begreift, dass sie unausweichlich war.

Engels hat zugegeben, dass wegen der allzu folgerichtigen Anwendung marxistischer Theorien aus der Bedingtheit der Ideen von der ökonomischen Seite des Lebens „manchmal verwunderlicher Unsinn entstanden ist" (Brief an Conrad Schmidt vom 05.08.1890). Er polemisiert gegen das Buch von Paul Barth *Die Geschichtsphilosophie Hegels und der Hegelianer bis auf Marx und Hartmann*, in welchem der Autor behauptet, dass der Marxismus jeglichen Einfluss des Bewusstseins auf die Ökonomie verwirft. Engels spricht für eine nicht allzu folgerichtige Anwendung der Theorie der Bedingtheit und spricht von dem sogenannten reflexiven Einfluss der Ideen auf die Basis, um dies sogleich durch den Zusatz „aber nur innerhalb der Grenzen ihrer allgemeinen Abhängigkeit von den ökonomischen Bedingungen" zu zerstören. Von einer unabhängigen Wirkung des Bewusstseins auf das Wesen ist nichts übriggeblieben, doch ist das charakteristische Schwanken, die Abweichung des Materialismus von den klaren Tatsachen des Lebens übriggeblieben. Viele dieser Tatsachen musste der Marxismus auf Kosten seiner inneren Folgerichtigkeit annehmen. Die positivistischen Denker haben dem Marxismus den Charakter einer Wissenschaft aberkannt, da er viele ideelle, politische, ethische, aber sogar mythische Elemente enthalte. Doch der Positivismus ist Literatur geblieben, der Marxismus hingegen hat sich auf den Weg zur Eroberung der Welt gemacht. Er konnte dies, denn er war nie pure Wissenschaft – oder ist es nicht geblieben.

2.

Die Lehre von der Entfremdung, die den frühen Arbeiten von Karl Marx angehört, ist im Wesen idealistisch. Ihren Ursprung muss man in dem starken Einfluss von Hegels Philosophie suchen, deren Eindruck in Marx' Seele immer noch überaus kraftvoll war. Am wahrscheinlichsten haben sowohl Marx als auch seine Anhänger diesen unbestimmten Charakter der Theorie der Entfremdung eingesehen, und so haben sie sie nicht besonders oft erwähnt. Das ist der wahrscheinlichste Grund, warum Marx', übrigens schon 1844 geschriebenen *Ökonomisch-philosophischen Manuskripte*, in denen Marx diese Frage behandelt hat, erst in den Dreißigerjahren dieses Jahrhunderts veröffentlicht wurden (80 Jahre nach dem *Manifest* und über 60 Jahre nach dem ersten Band von *Das Kapital*). Das zweite Werk, in dem man einen ähnlichen Geist spürt, *Thesen über Feuerbach*, sind aus demselben Zeitalter wie auch die *Manuskripte*. Beide Werke, in denen man eine starke humanistische Note spürt, eine Phase von Marx' folgeunrichtigem Marxismus, sind dem jungen Marx zuzuordnen. Unter dem Marxismus muss man indessen die Werke aus Marx' reifer Phase verstehen. Das sind vor allem *Das Kapital* und *Zur Kritik der politischen Ökonomie*, insbesondere das Vorwort dieser Kritik, in dem Marx den Lauf des materialistischen Verständnisses der Geschichte vorgegeben hat.

Der Prozess der Einführung fremder, nichtmaterialistischer Elemente in den Marxismus wird gewählt und unausweichlich fortgesetzt, da der Marxismus der Versuch ist, sich aus Skizzen in eine lebendige Praxis zu verwandeln. In einigen Aspekten würde Marx selbst seine Lehren in einer Reihe von Gesellschaftssystemen, die sich auf seinen Namen berufen, schwer wiedererkennen. In dieser Hinsicht gibt es eine symptomatische Tatsache: Die protestantischen Länder, Länder, die sich durch den Prozess der Reformation von der katholischen Romantik befreit haben, sind gegen den Marxismus immun geblieben. Umgekehrt hatten die kommunistischen Ideen unter den romanischen Völkern, die schon immer eher Völker des Herzens als des Verstandes waren, und in unterentwickelten Ländern enormen Erfolg. Die protestantischen Völker haben den Kommunismus aus denselben Gründen abgelehnt, aus denen sie auch den Katholizismus abgelehnt haben. Wir kommen zum paradoxen Schluss, dass der Kommunismus seine Kraft aus den gleichen Gewalten geschöpft hat, aus denen auch die Religion und die Mystik sie schöpfen. Wo die Religion keine Voraussetzungen hat, hat der Kommunismus sie auch nicht.

3.

Vom Standpunkt des historischen Materialismus aus kann man nicht streng genommen von gerechten und ungerechten gesellschaftlichen Verhältnissen sprechen (dies kann man nur praktisch). Es gibt keine gerechten oder ungerechten Verhältnisse, es gibt nur nachhaltige, historisch gerechtfertigte, und nicht nachhaltige, historisch ungerechtfertigte Verhältnisse (man beachte, dass Gerechtigkeit ein moralischer, und Nachhaltigkeit ein physikalischer, mechanischer Begriff ist). Die kapitalistischen Verhältnisse sind, während sie im Einklang mit der technischen Basis sind, den Produktionsfaktoren im marxistischen Wortschatz, nachhaltig, und so könnten wir auch schließen, dass sie gerechte Verhältnisse sind. Sie werden ungerecht werden, wenn sie nicht mehr „nach dem Maßstab" der Produktionsfaktoren sind, daher nicht, wenn sie sich entgegengesetzt zu irgendwelchen moralischen Betrachtungen entwickeln, sondern zu objektiven, von der Moral vollkommen unabhängigen Maßstäben. Es folgt daraus, dass all ihre Gewaltanwendung vor diesem Moment nötig ist, daher ist sie nicht ungerecht, und so demnach auch nicht unmoralisch. Denn, so wie Marx dies ausdrücklich sagt, „insofern das gegebene System der Produktion nötig ist, ist auch die Ausbeutung des Menschen durch den Menschen nötig".

Doch selbst die Marxisten halten nicht besonders viel von dieser Definition, die tatsächlich brillant, aber auch leblos ist, da sie jede menschliche Aktion gegenstandslos macht. Der Platz glänzender und logischer Definitionen ist in Lehrbüchern, doch in der Praxis bedienen sich alle der Verständnisweisen, die weniger konsequent, aber näher am Menschen und am Leben sind. In seinen praktischen Erscheinungsbildern verwenden die Klassiker des Marxismus und noch mehr die Politiker und Staatsmänner den Terminus der Ausbeutung ausschließlich in seiner moralischen, menschlichen Bedeutung. Ausbeutung hört auf, nur die Aneignung fremder Arbeit zu sein, eine ökonomisch-technische Operation im Prozess der Produktion. In den Werken von Marx selbst (schauen Sie sich z.B. den Abschnitt *Der Arbeitstag* in *Das Kapital* an) bekommt die Ausbeutung eine klare menschliche, moralische Dimension. Das ist nicht mehr ein technisches (nacktes ökonomisches Verhältnis), das ist ein Verhältnis zwischen Gut und Böse. Die Ausbeuter werden zur Personifizierung des Bösen, und ihre Opfer die Personifizierung des Guten und der Gerechtigkeit (erinnern wir uns an den „Bund der Gerechten", der Marx' „Bund der Kommunisten" vorausgegangen ist – eine Spur in der Bezeichnung ist geblieben). Beispiele der

Ausbeutung des Arbeiters vorbringend ist Marx voller nicht verborgener Verurteilung, derselben, mit der die alttestamentarischen Propheten gegen das Schlechte und die Ungerechtigkeit gegrollt haben. Doch der Standpunkt der Glaubensreformatoren und der moralischen Prediger ist verständlich und konsequent, denn vom Standpunkt der Religion aus ist das Böse nicht unausweichlich. Die Verurteilung des Bösen setzt voraus, dass dieses Böse eine Frage der Wahl des Menschen ist, seines schlechten und guten Willens, sonst wäre diese Verurteilung gegenstandslos, so wie die Verurteilung eines Erdbebens oder einer Epidemie gegenstandslos wäre. Doch gerade die Tatsache, dass wir Ausbeutung verurteilen, dass wir moralisch auf sie reagieren, noch mehr, dass sogar Marx dies tut, zeigt, dass das Verhältnis zwischen den Menschen nicht auf die nackten ökonomischen Verhältnisse, wie dies der Marxismus behauptet, reduziert werden kann, und dass der moralische Aspekt dieses Verhältnisses auf seine Weise Realität ist.[242] In der Verurteilung der Ausbeutung liegt einer der widersprüchlichen Punkte von Marx' Lehre. In dieser Verurteilung ist Marx wahrhaft, aber er ist nicht konsequent. Der gefeiertste materialistische Denker war daher kein folgerichtiger Materialist, der Schwerpunkt der Probleme liegt aber darin, dass er das auch nicht sein konnte.[243] Wir können uns auch fragen, wie rein der Materialismus oder Atheismus selbst von Lenin war, wenn sein liebster Schriftsteller – nach eigenem Eingeständnis – Tolstoi war. Es scheint, dass die Lebenskraft des Marxismus teilweise aus diesen Folgeunrichtigkeiten, in Wirklichkeit aus der Anwesenheit moralischer und idealistischer Elemente, derer sich Marx nicht entledigen konnte, stammte. Denn der Marxismus wollte eine Wissenschaft sein, doch stellte er eher ein Messiastum (von seinem Ursprung her alttestamentarisch), einen Appell, eine Hoffnung, eine historische Gerech-

---

[242] Der Frau seines Freundes Kugelman, die sich über das schwierige Verstehen von *Das Kapital* beschwert hat, hat Marx empfohlen, das Lesen des Buches mit dem achten Kapitel zu beginnen – *Der Arbeitstag*. Dieser Teil von Marx' Hauptwerk ist in vielen Ländern als Separat gedruckt worden, da er den Menschen näher stand, da er einen moralischen und nicht historischen oder allgemein objektiven Zugang enthielt. Jedem Menschen wird immer die moralische Verurteilung der Ausbeutung näher stehen als eine Philosophie, welche diese Ausbeutung mit der historischen Notwendigkeit erklärt oder sie auf einen ökonomisch-technischen Aspekt der Produktion reduziert. Das „Ausklinken" aus der moralischen Betrachtung der Dinge ist dem Menschen nicht möglich. Grundsätzlich ist jedes Drama unvergleichbar eindringlicher als irgendeine mathematische Abstraktion. Jeder Mensch wird das Drama leichter „verstehen" als irgendein Gesetz der Physik oder Chemie. Das ist auch der Fall beim *Der Arbeitstag*.

[243] Ähnliches bemerkt auch Russell: „Marx hat sich selbst zum Atheisten erklärt, doch hat er einen kosmischen Optimismus beibehalten, der nur durch den Theismus gerechtfertigt werden kann" (B. Russell, *Istorija zapadne fil zofi e*, S. 754 – Anm. d. Übersetzers: *Philosophie des Abendlandes*).

tigkeit und in gewissem Sinne Humanität dar. Entgegengesetzt zu dem Gewollten und den Absichten sind der Kapitalist und der Arbeiter bei Marx nicht nur Funktionen, Bezeichnungen für zufällige Stellungen von Subjekten im Arbeitsprozess, sondern moralische Gestalten, der Gegensatz zwischen Böse und Gut. Der eine ist der Unterdrücker, der andere ist der Unterdrückte, diese Klassifikation aber engagiert die Menschen moralisch. Im Gegensatz zwischen Arbeiter und Kapitalist erlebt der Europäer erneut den ursprünglichen jüdischen Antagonismus zwischen dem Gerechten und dem Ungerechten.

Interessant ist, dass im Sozialismus die Verurteilung des sogenannten Ökonomismus, der die Ökonomie auf den Gesetzen der Ökonomie, d.h. dem Interesse gründen will, aufgetaucht ist. Entgegengesetzt zum Ökonomismus verlangt man die Genügsamkeit der jetzigen Generationen zugunsten der zukünftigen. Die Anerkennung bestimmter moralischer Prinzipien in der Praxis des Marxismus (entgegen den sehr klaren Standpunkten der Klassiker des Marxismus zu dieser Frage) ist in Wirklichkeit die Anerkennung der Unmöglichkeit der Verwirklichung des folgerichtigen Marxismus in der Lebenspraxis. Bekannt ist es, dass bereits die II. Internationale von der marxistischen Negation der Moral zurückgetreten ist und das Prinzip der Gerechtigkeit, entgegen der Devise, dass der Zweck die Mittel heiligt, reaffirmiert hat. Später finden wir Aufrufe zur Aufopferung und Enthaltung von allem Persönlichen zugunsten der Partei als Kollektiv. In China wird zur Zeit der sogenannten Kulturrevolution der Standpunkt, dass „jeder vor allem sich selbst am wichtigsten" ist, angegriffen. In der politischen und gesellschaftlichen Praxis der UdSSR und Chinas finden wir die Erscheinung der sogenannten „moralischen" anstatt der materiellen Stimulanzen in der Belohnung der Arbeit, was für ein auf materialistischer Philosophie gegründetes, kommunistisches Land ein unerklärliches Paradoxon darstellen musste. Wir können keine folgerichtigen Atheisten und Materialisten sein, auch wenn wir das mit ganzem Herzen wollen.

Abschnitt 4

DIE EHE

Wir haben diese alte Institution (so alt wie die Menschheit) gewählt, da man in ihr mit außerordentlicher Klarheit den Konflikt der Ideen und der Lebensrealität, oder – was dasselbe ist – der puren Ideen und des Islams verfolgen kann.

Pure Religion verlangt Keuschheit, Materialismus lässt grundsätzlich vollkommene sexuelle Freiheit zu, doch da sie sich von den Höhen der Theorie in das Leben herab begeben und vielen Schwierigkeiten in der Praxis ins Auge sehen, evolvieren beide Lehren der Institution der Ehe als mittlerer Lösung entgegen.

In den ursprünglichen christlichen Lehren gibt es keinerlei Grundlage für die Institution der Ehe. Christus hat vollkommene Keuschheit gefordert. „Ihr habt gehört, dass gesagt ist (2. Mose 20, 14): 'Du sollst nicht ehebrechen.' Ich aber sage euch: Wer eine Frau ansieht, sie zu begehren, der hat schon mit ihr die Ehe in seinem Herzen gebrochen." (*Mat.*, V, 27-28) Diese Worte können nichts anderes bedeuten, als dass der Mensch nach der Lehre Christi nach der vollkommenen Keuschheit streben soll – meint Tolstoi, und schließt daraus: „Es irren sich sehr jene, die glauben, dass die Zeremonie der Ehe sie von der geschlechtlichen Enthaltsamkeit, um eine umso größere Reinheit zu erreichen, befreit." Und der Hl. Paulus empfiehlt in einem seiner Briefe: „Wer ledig ist, der sorgt sich um die Sache des Herrn, wie er dem Herrn gefalle; wer aber verheiratet ist, der sorgt sich um die Dinge der Welt, wie er der Frau gefalle." (I. *Kor.*, VII, 38)[244] Allgemein wird auf die Ehe gesehen wie auf ein notwendiges Übel, auf eine unausweichliche Degradierung des Vollkommenen: „Es ist gut für den Mann, keine Frau zu berühren. Aber um Unzucht zu vermeiden, soll jeder seine Frau haben und jede Frau ihren eigenen Mann." (I. *Kor.*, VII, 1-2) In der letzten Botschaft von Paulus beginnt man eine Schwächung des klaren christlichen Grundsatzes, einen Kompromiss, eine Wendung des ursprünglichen Christentums zur Realität des Lebens und der Praxis zu spüren. Vom christlichen Standpunkt gesehen ist die Ehe keine grundsätzliche, sondern eine praktische Lösung („um Unzucht zu vermeiden" – Hl. Paulus).

Am anderen Pol finden wir gleichermaßen die Ablehnung der Ehe, aber aus vollkommen entgegengesetzten Gründen. „Die individuelle Ehe erweist sich als die Unterjochung des einen Geschlechts unter das andere."

---

[244] Anm. d. Übersetzers: Izetbegović hat hier entweder einen inhaltlich ähnlichen Bibelvers mit den falschen Versangaben versehen, da diesen folgender entspricht: „Also, wer seine Jungfrau heiratet, der handelt gut; wer sie aber nicht heiratet, der handelt besser" (revidierte Lutherbibel von 1984), oder er zitierte aus einer Bibel mit einer anderen Verszählung. Der von ihm zitierte Vers entspricht I. *Kor.*, VII, 32 und 33 gemäß der revidierten Lutherbibel von 1984.

KAPITEL X VON DER UNMÖGLICHKEIT PURER RELIGION UND PUREN MATERIALISMUS

„Der erste Klassengegensatz stimmt mit dem Antagonismus zwischen Ehemann und Ehefrau in der Einzelehe überein (…) Durch den Übergang der Produktionsmittel in Gemeinschaftseigentum hört die solitäre Familie auf, eine wirtschaftliche Einheit zu sein. Der private Haushalt wird in gesellschaftliche Industrie umgewandelt (…), die Gesellschaft kümmert sich um alle Kinder gleichermaßen, seien sie eheliche oder außereheliche. Damit fällt die Sorge um die „Folgen" weg, die heute das wichtigste gesellschaftliche, moralische und ökonomische Moment darstellen, das verhindert, dass sich ein Mädchen ohne irgendwelche Bedenken einem geliebten Mann hingibt. Wird das nicht ausreichend Anlass dazu sein, dass sich schrittweise ein freies Geschlechtsleben und damit eine großzügigere öffentliche Meinung hinsichtlich der jungfräulichen Ehre und der weiblichen Schande verwirklicht?" (F. Engels, *Der Ursprung der Familie, des Privateigentums und des Staates*)
Man wird eine klare Verbindung zwischen der christlichen Weltanschauung und der Forderung nach geschlechtlicher Enthaltsamkeit feststellen.[245] Im Westen sehen manche Schriftsteller materialistischer Orientierung diese Verbindung als eine Abhängigkeit zwischen der Unterdrückung der Sexualität und rückständigen Gesellschaftssystemen. Hierunter fallen die Theorien von Wilhelm Reich, Trotzkij und der „Frankfurter Schule". Herbert Marcuse präsentiert die Idee, dass der Kapitalismus die sexuelle Freiheit erstickt, um die sexuelle Energie in anderer Funktion auszubeuten usw.

Das Zölibat, „das Testament der Unschuld", gründet sich weder ausschließlich auf göttlichen Befehl, noch auf einer ursprünglich kirchlichen Tradition (eingeführt wurde es erst mit einem Konzilsdekret 1139). Doch ungeachtet dessen ist das Zölibat eine logische Forderung des Christentums, so wie die Freiheit der Geschlechtsbeziehungen eine Forderung des Materialismus ist. Auf dem letzten Vatikanischen Konzil gab es Versuche, eine Diskussion über die Abschaffung des Zölibats in Gang zu setzen, doch wurde diese Polemik glatt abgewiesen. Jedenfalls ist es eine besondere Frage, warum in der Lebenspraxis kein einziger von diesen Grundsätzen folgerichtig durchgesetzt und der andere unterdrückt werden kann. So ist das Zölibat die Praxis nur einer kleinen Zahl Auserwählter, und in der UdSSR ist man nicht lange nach Revolution

---

[245] Diese Forderung hat in manchen Fällen extreme Formen angenommen. Im Christentum war die Tendenz zur Kastration immer lebendig und stark. Origenes hat eine Selbstkastration zum Zwecke der Reinigung des Körpers vollzogen. Die Anhänger der christlichen Sekte des Valerian in Arabien haben die Eunuchisierung angewandt und es sogar Reisenden, die durch ihre Länder durchreisten, aufgedrängt. Die Kastration war auch in einigen anderen Religionen bekannt. Erst Ende des 19. Jahrhunderts hat die Kirche die Eunuchisierung verboten.

und nach den sehr negativen Erfahrungen mit der völligen Freiheit zu der Institution der Ehe zurückgekehrt.

Die Institution der Ehe hat demnach weder eine Grundlage in einer streng religiösen, noch in einer streng materialistischen Sicht der Dinge. Sie ist weder „nach dem Maßstab" des Christentums noch des Kommunismus. Doch konfrontiert mit dem wirklichen Menschen und getrieben vom Wunsch, dass sie aus Literatur Praxis werden, beginnen beide Lehren sich zur Institution der Ehe zu bewegen, doch von völlig verschiedenen Ausgangspositionen aus: das Christentum von der Forderung der vollkommenen geschlechtlichen Keuschheit, der Kommunismus hingegen vom entgegengesetzten Pol aus: von der unbegrenzten geschlechtlichen Freiheit. Dabei kommt das Christentum zu jenem Punkt, der die Ehe als Sakrament kennzeichnet, der Materialismus hingegen zur Ehe als Vertrag und sogar bis zum feierlichen, streng formalen Vertrag (für Letztere ist die Entwicklung des sowjetischen Eherechts indikativ). Der Abstand zwischen der katholischen und der bürgerlichen Ehe bleibt, wegen der unlösbaren Frage der Ehescheidung, unüberwindbar. Die heilige eheliche Verbindung ist untrennbar, da sie sonst ein gewöhnlicher Vertrag wäre, und umgekehrt: Eine absolut untrennbare Ehe würde den Charakter eines Vertrages verlieren und sich in einen Fetisch verwandeln, was jeder Positivismus ablehnen muss.

Diese beiden Typen der Ehe hat die islamische Ehe in einem Typus verbunden. Für die europäische Sichtweise ist die islamische Ehe religiös und bürgerlich. Von der gleichen Grundlage behaupten die einen, dass sie ein Vertrag ist, so wie die anderen zu beweisen versuchen, dass sie ein feierlicher religiöser Akt ist. Sie wird vor einem „Geistlichen" und vor einem staatlichen Funktionär geschlossen, doch das ist – ein und dieselbe Person. Dies ist eine „Registrierung" und eine religiöse Zeremonie, aber gleichzeitig und in demselben Akt. Die islamische Ehe ist trennbar – da sie ein Vertrag ist, doch befindet sich die Scheidung an der Grenze des Erlaubten („die meist verhasste von allen erlaubten Sachen" – Muhammads a.s.) was Ausdruck ihres religiös-moralischen Zuganges ist. In Wirklichkeit ist die Ehe eine typisch islamische Institution. Wie auch der gesamte Islam, ist die Ehe eine Lösung, die darauf abzielt, die geistigen Bestrebungen und die körperlichen Bedürfnisse zu befrieden, die Keuschheit ohne Ablehnung der Liebe zu retten, das sexuelle Leben eines Tieres, das zu einem Menschen, aber nicht zu einem Engel werden kann, herzustellen. Dieses Ziel ist in seinem Wesen ein islamisches.

Die Ehe fällt unter dieselbe Aufzählung wie die Gerechtigkeit; das sind jene Ideen gröberer Zusammensetzung, welche mehr Keuschheit und Güter dieser

Welt retten werden, als ihre christlichen Äquivalente: Keuschheit und allgemeine Liebe. Warum das so ist, fällt unter die besonderen Rätsel menschlicher Existenz. Tolstoi sieht dieser Tatsache ins Auge, auch wenn er aus ihr nicht den richtigen Schluss zieht:
„Da es in der wahren christlichen Lehre keinerlei Grundlage für die Institution der Ehe gibt, wissen die Menschen unserer christlichen Welt, die fühlen, dass diese Institution keine Grundlage in der christlichen Lehre hat, aber das Ideal Christi – die geschlechtliche Keuschheit – nicht vor sich sehen, da es von der Lehre, die nun herrscht, versteckt wird, nicht, wie sie hinsichtlich der Ehe eingestellt sein sollten. Von daher kommt auch die Erscheinung, die auf den ersten Blick wundersam erscheint, dass bei Völkern, die viel niedrigere religiöse Lehren als die christlichen anerkennen, die aber klare äußere Überzeugungen haben, familiäre Grundsätze und eheliche Treue unvergleichlich gefestigter sind als bei den sogenannten Christen. Bei Völkern, die niedrigere Lehren als die christlichen anerkennen, gibt es innerhalb bestimmter, festgelegter Grenzen bestimmte Konkubinate, Polygamie, Polyandrie, aber es gibt nicht jene spontane Zügellosigkeit, die sich im Konkubinat, der Polygamie und Polyandrie zeigt, welche unter den Menschen der christlichen Welt im Hinblick auf die angebliche Monogamie vorherrschen." (Tolstoi, *Das Leben*)

Abschnitt 5

DIE ZWEI ARTEN DES ABERGLAUBENS

Wenn unsere Erörterung richtig ist, dann gibt es zwei Arten von Aberglauben: die erste, wenn die Wissenschaft versucht, die innere Welt des Menschen zu erklären, die zweite, wenn die Religion versucht, natürliche Erscheinungen zu erklären.

Indem sie die geistige Welt deutete, hat die Wissenschaft sie objektiviert (so hat sie aus der Seele die „Psyche" und aus Gott den Urgrund gemacht, die Religion hingegen hat die Natur unermüdlich personalisiert, sie demnach in Nicht-Natur verwandelt. Es geht um Irrtümer derselben Art, aber um reziproke, im umgekehrten Verhältnis.

Primitive Religionen mit ihren Magiern, Tabus, ihrem Glauben an die wundersame Macht mancher Handlungen und Sachen stehen dem Aberglauben nahe, können sich kaum von ihm unterscheiden. Oder anders gesagt drücken diese Religionen noch einmal auf ihre Weise den inneren Missklang des Menschen aus, seine Dualität. Sie entspringen aus zwei grundlegenden Beschäftigungen des frühen Menschen und der frühen Menschheit. Die ersten, die geistigen, in denen der Mensch sich seiner selbst als von der Natur, in die er gelangt ist, in die er „geworfen" wurde, verschiedenes Wesen bewusst wird; und die zweiten, die mit den physischen Erhaltungstrieben in dieser feindlich gesinnten Welt voller Gefahren. Primitive Religionen sind das Resultat dieser beiden gegensätzlichen, starken und lebendigen Tendenzen, aber entgegengesetzter Richtung. Das religiöse Bewusstsein wurde unter dem Druck der Bedürfnisse (Erhaltungstriebe) dieser Welt zugewandt, so ist das Ziel natürlich diesseitig (Erfolg in der Jagd, Geburt, gute Ernte, Schutz vor Naturgewalten, Krankheiten), die Weise hingegen bleibt inadäquat, religiös: Akte, Zauberei, Riten, Spiele, geistliche Lieder, Symbole, Bilder. Primitive Religion ist falsch orientiertes religiöses Bewusstsein: Statt nach innen, zum Menschen, ist es nach außen gerichtet, zur Welt und Natur. Da sie nichts auf dieser realen (natürlichen) Ebene erreichen kann, hinterlässt die primitive Religion bei der kritischen Vernunft den Eindruck der Machtlosigkeit oder des menschlichen Irrtums, was sie auch ist.

In Wirklichkeit steht die Religion, welche ein Ersatz für die Vernunft, die Wissenschaft und Aktivität sein will, im Konflikt mit dem Verstand. Dieser Konflikt lässt sich nicht vermeiden, wenn die Religion dazu tendiert, mit ihren Dogmen wissenschaftliche Wahrheiten, mit ihrem Mystizismus die freie Resonanz und mit ihren Riten die persönliche und gesellschaftliche Aktion zu ersetzen. Umgekehrt kann wahrhafte Religion – eine Form der Religiosität oder des bei Astronomen, Mathematikern und Physikern berühmten Theismus die Wissenschaft begleiten. Umso mehr kann die Wissenschaft die Religion unterstützen, indem sie ständig die Horizonte der Welt erweitert oder das Unkraut des Aberglaubens, das um die Religion natürlich entsteht, ausräumt. Wenn sie getrennt sind, zieht Religion zur Rückständigkeit, die Wissenschaft zum Atheismus.

In ähnlicher Weise hat auch die Wissenschaft ihre Formen des Aberglaubens. Wissenschaftlicher Aberglaube entsteht, die Wissenschaft schafft ihn, wenn sie den Bereich der Natur, der ihr gesetzmäßiger Weise entspricht, verlässt. Unfehlbar in der anorganischen Welt (Physik, Mechanik, Astronomie) verhält sich die Wissenschaft unsicher und unbeholfen auf dem Terrain des Lebens (in der Biologie und Psychologie z.B.) und erweist sich als vollkommen unfähig, wenn sie die sogenannte Lebensphilosophie definieren soll. Indem sie ihren Methoden der Analyse und Quantifikation im Bereich des Menschlichen folgte, ist die Wissenschaft zur Negation einiger wichtiger Lebens- und Geistesphänomene und zu ihrer Reduktion auf Formen der rein äußeren Manifestation gelangt. Der Soziologie der Religion ist das bloße Wesen der Religion, der Biologie das Leben, der Psychologie die Seele und der Geschichte ihr innerer menschlicher Sinn verborgen geblieben.[246] Berufen, um die Welt und die Geschehnisse in ihr zu erklären, wird die Wissenschaft immer eine vollkommen mechanische Sicht rekonstruieren.

Der sogenannte dialektische und historische Materialismus bietet auffallende Beispiele der Verfehlung wissenschaftlicher Methoden im Bereich des Lebens und der Geschichte. So z.b. „Religion ist Opium fürs Volk", Recht ist „der Wille der herrschenden Klasse", die Abschaffung der Sklaverei ist „ein ökonomisches Interesse des Kapitalismus in Entwicklung", Kant und Goethe sind „Philister, welche das kapitalistische System verteidigt haben", die Philosophie des Absurden ist Ausdruck der inneren Krise und Ausweglosigkeit der kapitalistischen Ordnung. Ein marxistischer Schriftsteller erklärt, dass Sartres Philosophie mit ihren Themen der Grenze, der Befürchtung und des Todes in Wirklichkeit nur die Krise des Kapitalismus aufrecht erhält, die Krise einer Art der Produktion.[247] Es wurde behördlich festgelegt, dass der sozialistische Realismus die einzig richtige Methode in der Kunst ist, genauso wie einst ein Kirchenkonzil festgestellt hat, dass die Erde das Zentrum des Weltalls ist usw.

Auch ein großer Kenner des „menschlichen Materials", Balzac, hat seinen Beitrag zu den Irrtümern dieser Art gegeben, als er in seine gefeierten Romane ein weniger gefeiertes Vorwort geschrieben hat und versuchte, auf die Fragen, welche die Persönlichkeit des Menschen betrifft, scientistische und positivistische Methoden anzuwenden. In dieser Hinsicht ist Balzacs *Vorwort* ein eindrucksvolles Beispiel des Misserfolges der wissenschaftlichen Methode im humanen Bereich. Die Wahrheit über die menschlichen Geschöpfe, die der Autor *Die menschliche Komödie* so lebendig und wahrhaft in seinen Romanen beschrieben hat, hat wenig mit den intellektuellen Erklärungen ihres Schicksals im *Vorwort* zu tun.

---

[246] Die Entwicklung der Psychologie als Wissenschaft ist in dieser Hinsicht sehr inadäquat. Der Behaviourismus, der den letztendlichen Schluss dieser Entwicklung darstellt, verkündet die „Austreibung der Seele aus der Biologie", beziehungsweise die Begründung der „Psychologie ohne Seele". Logisch ist das Resultat dieser Sicht des Menschen „von jener Seite der Freiheit und der Würde" gesehen. Gerade unter diesem Titel erschien kürzlich ein Buch eines Psychologen dieser Richtung (B. F. Skinner, *Beyond Freedom and Dignity*, New York, 1971).

[247] Lucien Goldmann in einer Umfrage der Zeitschrift *Art* zu Fragen des Existentialismus.

Wenn die Wissenschaft ein künstlerisches Werk erklärt, reduziert sie es auf das „psychologische Phänomen". Für die Wissenschaft ist der Künstler das Opfer einer Psychose. Der Psychoanalytiker Stekal hat behauptet, dass seine Untersuchungen zur unumstößlichen Überzeugung geführt haben, dass es keinen Unterschied zwischen einem Dichter und einem Neurotiker gibt. Vom Standpunkt der Wissenschaft gesehen könnte erneut eine Wissenschaft – die Psychoanalyse – das Phänomen des künstlerischen Schaffens am besten untersuchen. Das Resultat dieser Untersuchung wird mit dem paradoxen Schluss der Übereinstimmung von Schaffen und Neurose vollendet.[248]

Wenn man nur rationalistisch herangeht, kann man weder etwas gegen künstliche Städte haben, noch ist irgend ein Argument gegen Kasernen und für eine authentische Architektur möglich. „Wenn wir redlich bauen, kann eine Kathedrale nicht von einer Fabrik unterschieden werden", schließt Mies van der Rohe, ein Ideologe des Funktionalismus, konsequent wie absurd.

In der Biologie hat die Wissenschaft mit der Konstatierung geschlossen, dass der Mensch kein Mensch, sondern ein Tier ist, dass das Tier kein Tier, sondern eine Sache, dass das Leben letzten Endes Mechanik, d.h. Unleben, ist. In der Ethik hat sich eine ähnliche Handhabung eingebürgert: Der Verstand hat gefolgert, dass Moral nur eine subtile, aufgeklärte Form des Egoismus ist, d.h. dass die Moral die Negation der Moral ist. Die Psychoanalyse hat das Schaffen mit der Krankheit gleichgesetzt usw. So wird die Aktivität der Wissenschaft in diesem humanen (außernatürlichen) Bereich mit einer Reihe von Negationen geschlossen. Die Intelligenz hat zuerst Gott verneint und dann, nach einem System der absteigenden Gradierung, den Menschen angefochten und darauf das Leben und hat letztendlich behauptet, dass alles ein Mechanismus, ein Spiel und gegenseitige Interaktion von molekularen Gewalten sei. Die Intelligenz konnte in der Welt nicht mehr als sich selbst enthüllen: Mechanismus und Kausalität.

---

[248] Dazu siehe das überaus interessante Buch von Dr. Vladeta Jerotić *Bolest i stvaranje*, Belgrad, 1976

KAPITEL XI

DER „DRITTE WEG" AUSSERHALB DES ISLAMS

ABSCHNITT 1

DER DUALISMUS DER ANGELSÄCHSISCHEN WELT

Seine grundlegenden Vorstellungen hat Europa durch die brutale Schule des Mittelalters formiert. Als Kindheitserlebnis konnten sie nie aus dem europäischen Geist ausgelöscht werden und sind zu der Art und Weise, wie Europa denkt, geworden. Ungeachtet, ob Europa religiös ist oder nicht, wird es immer in den Kategorien des Christentums denken: die Seele oder diese Welt, das Göttliche Königreich oder das irdische. Europa wird entweder erbittert, unbefriedbar die Wissenschaft verwerfen oder ebenso erbittert und unbefriedbar die Religion verwerfen. Keine Glaubensrichtung in Europa wird auch ein soziales Programm haben. Sowohl die Religion der Europäer als auch ihr Atheismus hatten einen radikalen, ausschließlichen Charakter.

Dennoch blieb ein Teil der westlichen Welt, dank der Geographie und Geschichte, außerhalb des Einflusses des mittelalterlichen Christentums und so auch außerhalb des Komplexes dieses starken Zeitalters. Dieser Teil der Welt hat nach einem mittleren Weg, der sehr an den islamischen Mittelweg erinnert, gesucht und ihn gefunden. Die Rede ist natürlich von England, und in weiterer Folge in gewissem Maße von der angelsächsischen Welt allgemein.[249]

England ist ein besonderer Abschnitt der europäischen Geschichte, der getrennt betrachtet werden muss. Ohne England hat Europa nur zwei Zeitalter: das Zeitalter der Kirche und das Zeitalter des Staates. Das mittlere, islamische

---

[249] Etwas später werden wir sehen, dass man abgemilderten Formen dieses Phänomens in der Mehrheit der Länder des reformierten Christentums begegnet.

Zeitalter besteht in der Geschichte Europas nur als Zeitalter Englands.[250] Die Demokratie, diese Mischung säkularer und metaphysischer Prinzipien, ist in Europa eine englische Erfindung. Die Geschichte Englands ist die Geschichte der europäischen Demokratie. Nietzsche, der zu Europa gehörte wie kaum ein anderer, hat diesen Unterschied zwischen dem englischen und dem europäischen Geist hervorragend gespürt, wovon sein bekannter Satz Zeugnis gibt: „Wer wird Europa vor England retten, und England vor der Demokratie!" Aus der Sicht der Philosophie der Geschichte entspricht die Erscheinung Englands und des angloamerikanischen Geistes in der Geschichte des Westens allgemein der Erscheinung des Islams in der Geschichte des Ostens. Das ist der Sinn von Spenglers Parallele Muhammad – Cromwell (*Der Untergang des Abendlandes*) als Persönlichkeiten, die in seiner welthistorischen Vision „gleichzeitig" sind. Mit Cromwell beginnt die Geschichte der Einheit der englischen Kirche und des englischen Staates und das englische Weltreich. Mit Muhammad *a.s.* beginnt die Geschichte der Einheit des islamischen Glaubens und Staates und das islamische Weltreich. Beide waren feste, puritanische Gläubige und Begründer von Weltimperien. Für den islamischen und den angelsächsischen Geist ist dies natürlich, ebenso wie dies für den europäischen Geist fremd ist. Ludwig „der Fromme" hat das Frankenreich ruiniert, im Islam hingegen hat jeder politische und gesellschaftliche Fortschritt mit der religiösen Erneuerung begonnen. Sobald der europäische Staat erstarkt ist, hat er die Forderung nach dem Primat gestellt – gleich wie die Kirche einige Jahrhunderte zuvor. Das ist das zweite Canossa in Europa (das erste war jenes aus dem Jahr 1077, als Heinrich IV sich Papst Gregor unterworfen hat). Die Inquisition, die über Europa gewütet hat, ist in England niemals eingedrungen. England kennt weder ein Canossa noch die Inquisition, so wie auch der Islam sie nicht kennt. Durch die englische Reformation wurden – nach einer inneren Logik – zugleich zwei Extreme zerstört: die päpstliche und die kaiserliche Dominanz. Für das Europa des 15. und 16. Jahrhunderts war England konservativ. Im Unterschied zu Europa, hat das Wort Konservativismus in England einen positiven Klang. Hier bedeutet es die Forderung, den authentischen englischen Geist zu bewahren (*conserve*), und dieser stellt eine mittlere Position im weitesten Sinne des Wortes dar.

---

[250] Das Christentum musste die Geschichte der westlichen Welt in zwei vollkommen getrennte und entgegengesetzte Perioden aufspalten: das Mittelalter und die Neuzeit, die sich wie Religion und Wissenschaft, Kirche und Staat zueinander verhalten. Dieses historische Schema gilt nicht für England oder zumindest nicht in jenem Sinne wie am Kontinent.

KAPITEL XI   DER „DRITTE WEG" AUSSERHALB DES ISLAM

Bereits das Vorwort der offiziellen englischen Übersetzung der Bibel beginnt mit den Worten: „Die Weisheit der Anglikanischen Kirche war es, schon seit der ersten Schaffung ihrer Liturgie, den mittleren Weg zwischen zwei Extremen einzuhalten." Es scheint, als sei dieses Vermächtnis zur „zweiten Natur" der Engländer geworden.

Dieser Dualismus der englischen Denkweise wird uns verständlich sein, wenn wir uns daran erinnern, dass gerade Roger Bacon der Begründer und Vorläufer der gesamten späteren rationalen Entwicklung in England war. Das Gebäude des englischen Denkens, das später nur erweitert wurde, hat er von Anfang an auf zwei getrennten Fundamenten gegründet: der inneren Erfahrung, durch die man zur mystischen Illumination oder Religion, und der Beobachtung, durch die man zur wahren Wissenschaft gelangt (*scientia experimentalis*). Auch wenn, wie im Islam, die religiöse Komponente sogar betont wird, bleibt Bacon ein folgerichtiger Dualist und versucht nie, die wissenschaftlichen und religiösen Beobachtungen aufeinander zurückzuführen. Er belässt sie im Gleichgewicht. Diesen und einen solchen Bacon betrachtet die Mehrheit der Engländer als den besten und authentischsten Ausdruck des englischen Geistes und Empfindens, und viele haben die klassisch englische Philosophie nur als die Entwicklung von Bacon'schen Denkprinzipien betrachtet. Sein enormer Einfluss auf die Entwicklung und die Wege der englischen Philosophie und Wissenschaft kann man nur durch diesen, auf den ersten Blick kontroversen Zugang, deuten.

Dennoch ist eine bedeutende mit Bacon zusammenhängende Tatsache weder genug bekannt noch anerkannt, und dies ist, dass der Vater der englischen Philosophie und Wissenschaft in Wirklichkeit ein arabischer Schüler war. Auf Bacon haben gerade die islamischen Denker, insbesondere Ibn Sina, den Bacon als den größten Philosophen nach Aristoteles betrachtet, einen enormen Einfluss ausgeübt.[251] Diese Tatsache könnte vielleicht nicht nur den Charakter von Bacons Denken, sondern dadurch auch den Ursprung des Dualismus, durch den das englische Denken allgemein gekennzeichnet ist, erklären.[252]

---

[251] Hierzu siehe: B. Russell, *Istorija zapadne fil zofi e*, S. 452-453 (Anm. d. Übersetzers: *Philosophie des Abendlandes*). Eine ähnliche Behauptung trägt auch der Autor der umfangreichsten *Geschichte der Logik*, Karl Prantl, vor: „Roger Bacon hat alle Resultate, die ihm auf dem Felde der Naturwissenschaften zugeschrieben werden, von den Arabern übernommen" (K.P., Geschichte der Logik, III, Leipzig, 1972, S. 121).

[252] Wenn wir versuchen, dieses Phänomen zu erklären, ist es interessant auch Russells Erklärung zu hören. Ihm zufolge ist die Abneigung der Engländer gegenüber verallgemeinernden Theorien die Folge ihrer negativen Erfahrung aus dem Bürgerkrieg: „Der Konflikt zwischen dem König und

Dass sich in dieser Hinsicht wenig geändert hat und dass England seinem Geist treu geblieben ist, dafür kann als Beweis die Persönlichkeit eines anderen, auch großen Engländers, der unser Zeitgenosse war, dienen – Bernard Shaw. Shaw war ein Dichter und Politiker, der zugleich sozialistische Ideen und einen Anarcho-Individualismus predigte. Jemand hat ihn als die „unwiederholbare Einheit der Gegensätze" bezeichnet, auf jeden Fall darauf abzielend, dass er zugleich ein Satiriker und Mystiker, scharfer Kritiker der Gesellschaft und ein unverbesserlicher Idealist war.

Oder: am Kontinent wird der Empirist regelmäßig ein Atheist sein. In England setzt der Ideologe des Empirismus, John Locke, den Begriff Gottes in das Zentrum seiner ethischen Theorien, und die Wichtigkeit der diesseitigen Sanktion (Belohnung und Strafe) zur Grundlegung moralischer Grundsätze vertritt er mit dem Feuer eines Priesters.

„Wenn die Hoffnung des Menschen nur in diese Welt gesetzt wird, wenn das Leben nur hier genossen werden kann, dann ist es weder wunderlich noch unverständlich, wenn das Glück im Ausweichen von allen Dingen, die hier unangenehm sind, und im Verfolgen von allen, die erfreulich sind, gesucht wird (…) Wenn es keine Perspektive nach dem Grab gibt, dann ist der Schluss gerechtfertigt: Trinken und essen wir; genießen wir, denn morgen sind wir tot."[253]

Dieser bekannte Empirist hat sogar erschöpfend seine Beweise für die Existenz Gottes dargelegt,[254] und Hobbes, ansonsten ein Positivist und Materialist, hat den Versuch unternommen, den Einklang zwischen seinem Begriff des Naturrechts und der Bibel zu beweisen (*Quod lex naturalis est lex divina*).[255] Das ist die typisch englische Denkweise. Später werden die europäischen Denker einig und vollkommen logisch konstatieren, dass „die Lock'sche Position" unhaltbar ist. Dennoch ist es eine Tatsache, dass seine, wie auch Bacons und Hobbes' widersprüchliche Philosophie, der Ausgangspunkt nicht nur der intellektuellen, sondern auch der gesellschaftlichen Entwicklung in England war.

Das scharfe Entgegensetzen des Natürlichen und Moralischen, charakteristisch für das Verständnis des Christentums, hat bei einer Reihe von englischen

---

dem Parlament im Bürgerkrieg hat den Engländern, ein für allemal, die Liebe zum Kompromiss und zur Mäßigung und die Angst davor, irgendeine Theorie bis zu ihren logischen Konsequenzen zu treiben, eingepflanzt, eine Angst, die sie bis heute noch festhält" (B. Russell, angeführtes Werk, S. 578).

[253] John Locke, *Essay on Human Understanding,* Band II, Kapitel 28, Par. 10 ff

[254] John Locke, Kapitel 10 *Unser Wissen über Gottes Existenz.*

[255] Hobbes, *De Cive,* Kapitel 4

Denkern seinen Platz der Annäherung und bei Shaftsbury der vollkommenen Gleichstellung überlassen. Shaftsburys Moral ist ein Gleichgewicht egoistischer und nicht egoistischer Gefühle und sie kann nicht nur durch das Durchdringen von egoistischen Neigungen, sondern auch durch allzu ausschließliches Betonen von altruistischen Gefühlen beschädigt werden (dies erinnert an Aristoteles' verständliche ethische Selbstliebe und an einige Botschaften des Quran). Hierunter fällt auch die sogenannten englische Philosophie des *commonsense*, eine Philosophie des gesunden Verstandes, wie J.S. Mills Formel der Aussöhnung des Individuums mit der Gesellschaft.

Das Ziel der bekannten Cambridge'schen Schule kann kürzest als die „Rationalisierung der Theologie" definiert werden. Über einen bedeutenden Vertreter dieser Schule, R. Cudworth, schreibt F. Jodl:

„Die intime Verbundenheit zwischen Philosophie und Religion, zwischen Spekulation und Glauben ist für die gesamte Cambridge'sche Schule charakteristisch, und so wird es begreifbar, dass derselbe Mensch, der als Philosoph so scharf das rein rationale Wesen der Moral betont hat, der von sich selbst ausgeht, als Prediger ebenso stark auf die Unerlässlichkeit der religiösen Erhebung hinweist.

Daher, eine Philosophie, die religiösen Bedürfnissen genug Mittel zur Zufriedenstellung verschafft und eine Religion, die sich in Einklang mit der Vernunft bringt und deren Erkenntnis durch die Wärme der belebenden Gefühle durchdringt. Darüber waren sich die Leute aus Cambridge einig."[256]

Indem er die Theorie der sogenannten Moral der Nützlichkeit schuf, eine überaus bedeutende Schule im 18. Jahrhundert, hat der englische Geist sich selbst übertroffen. Diese Quadratur des Kreises ist eine typische Schöpfung des englischen eklektischen Geistes. In der Literatur bezeichnet man sie auch als die englische Moral der Nützlichkeit. Besonders charakteristisch ist es, dass diese Theorie in der späteren Entwicklung in England theologisch gefärbt auftaucht, eine unter der Bezeichnung theologischer Utilitarismus bekannte Richtung. Hierunter fallen Butler, mit seiner Behauptung, dass „Gewissen und Selbstliebe, wenn wir unser Glück richtig verstehen, zum gleichen Weg führen"; Hartly mit der „friedlichen, vergleichenden Existenz seiner materialistischen Psychologie und dem Begriff Gottes und dem Glauben an die Unsterblichkeit" (Jodl); Worbarton, Pali, und zuletzt in gewissem Sinne auch Richard Price.

Palis Darlegung von der Ausrichtung des Göttlichen Willens zum Guten der Geschöpfe aufgrund von Beobachtungen der Natur ist eine rein islamische

---

[256] F. Jodl, *Istorija etike*, S. 145 (Anm. d. Übersetzers: *Geschichte der Ethik*)

Methode und erinnert an manche Stellen aus dem Quran (siehe: Pali, *Natura Theology*).

In dieser Plejade von Denkern („der mittleren Linie") wird vor allem der Name von Adam Smith hervorgehoben. Diese Tendenz drückt sich fast folgerichtig in der Tatsache aus, dass er zwei Bücher scheinbar gegensätzlichen, doch in Wirklichkeit sich deckenden Inhaltes geschrieben hat: *Theorie der ethischen Gefühle* und *Untersuchung über Wesen und Ursachen des Reichtums der Völker* fallen unter die einflussreichsten Werke des 18. Jahrhunderts. Das erste Buch, welches die Ethik begründet hat, ging vom Prinzip der Sympathie aus; das zweite, das sich auf die gesellschaftliche Ökonomie bezog, hat eine führende Idee im Prinzip des Egoismus gefunden, und es schien, dass diese beiden Bücher einander widersprechen. Doch Smith hat als Lektor der Glasgower Universität Ethik, Ökonomie und Politik als Teile eines verbundenen einheitlichen Kurses der praktischen Philosophie unterrichtet. Und nicht nur das: Smith hat, wie in den erwähnten Büchern, so auch in den eigenen späteren Schriften ausdrücklich auf die Verbindung zwischen Ethik und Wissenschaft im nationalen Wohlstand hingewiesen. In *Theory of moral sentiments* lesen wir folgende Aufzählungen:

„So wie Egoismus eine Tatsache ist, so sind dies ebenso auch ethische Gefühle. In der allgemeinen Ökonomie des Göttlichen Plans hat man mit ihnen auch gerechnet. Der Mensch ist eine Einheit; er kann im wirtschaftlichen Leben nicht etwas anderes sein, als er ansonsten ist."

Totomianc trägt uns sogar einige seiner, im Übrigen völlig logischen Eindrücke über die Widersprüchlichkeit einzelner Teile von Smiths Opus vor, ein Eindruck, den die Europäer immer vom Quran und Islam haben. So nötigt uns seine – wie auch Humes – Antipathie gegen den Klerikalismus, die priesterliche Religion und kirchliche Organisation unausweichliche Assoziationen zu ähnlichen Erscheinungen im Islam auf.

Spencers *Die Erziehung* hätte mit ruhiger Seele auch ein Muslim geschrieben haben können, und seine Lehre, dass das Abgleichen zwischen Individuum und Gesellschaft im Wesentlichen moralisch ist (*Principles of Ethics*) und dass die Entwicklung so fließt, dass gleichzeitig die Individualisation umso vollendeter, und die gegenseitige Abhängigkeit umso größer ist – sei dies richtig oder nicht – ist typisch englisch.

Während im katholischen Frankreich weiterhin der unbefriedbare Gegensatz zwischen der spiritualistischen und positivistischen Schule herrscht, überwiegen in der englischen Ethik das Verständnis von der Gleichsetzung des Prinzips der Wohlfahrt und des Prinzips des Gewissens. Die Gedanken von J.S.

Mill über die Ökonomie, sein Insistieren auf der Befriedung des individuellen und gesellschaftlichen Prinzips, wie auch seine Zuerkennung gewisser moralischer Bedeutung gegenüber dem Reichtum haben wahrhaft etwas von der *Zakā* und vom Quran an sich. Hier muss auch die Erscheinung der Bewegung erwähnt werden, die unter der Bezeichnung des englischen Neoidealismus in der zweiten Hälfte des 19. Jahrhunderts nach der Periode eines starken Empirismus und natürlich nach dem bereits erwähnten englischen Muster bekannt war.[257]

Ich komme nicht umhin, hier einen längeren Passus über das englische politische Leben aus der Feder von R.H.S. Crossman, eines zeitgenössischen englischen Schriftstellers sozialistischer Orientierung zu zitieren. Da er betont hat, dass jede einfache Aussage über das englische politische Leben fast sicher unrichtig und irreführend ist, fährt Crossman fort:

„Der viktorianische Arbeitgeber gründete, im Gegensatz zu utilitaristischen Theoretikern, seine Politik auf religiösen Fundamenten. Er hasste die Oligarchie, nicht nur weil sie Großgrundbesitzer schützte, sondern auch deswegen, weil sie offensichtlich moralische Grundsätze verletzte. (…) Da er im neuen Industrialismus ein riesiges potentielles Werkzeug für das gesellschaftliche Wohl sah, empfand er die Entwicklung seiner Branche als göttliche Berufung. (…) Diese theologische Inszenierung der kapitalistischen Wirtschaft gab ihr eine unwiderstehliche Kraft im englischen Leben. (…) Die intellektuelle Energie des viktorianischen Zeitalters war nicht auf die Kritik der utilitaristischen Ökonomie, sondern auf die theologische Spekulation ausgerichtet. Gladstone hat aufrichtig gespürt, dass es ebenso gut war, ein Politiker zu werden wie auch ein Priester. (…) Die großartige, moralische Beharrlichkeit und Selbstsicherheit im 19. Jahrhundert kann nur verstanden werden, wenn man diese religiöse Überzeugung ausreichend in Betracht zieht. (…) So war alle Kraft des evangelischen Eifers auf das Fortschreiten guter Taten ausgerichtet, und die grausame kapitalistische Wirtschaft wurde durch die neue menschenfreundliche Philosophie, die geglaubt hat, dass christliche Liebe und Großherzigkeit allein schon den Kapitalismus in ein göttliches Königreich umkehren könnten, gemildert. Die Abschaffung der Sklaverei, die Wiederbelebung missionarischer Unternehmungen, die Brandmarkung der Kinderarbeit, die Ausweitung öffentlichen Unterrichts und einer

---

[257] Dafür, dass „mittlere" Lösungen nicht „mittlere" Resultate zur Folge haben, kann gerade England als Beweis dienen. Dieses Land hat der Welt Shakespeare gegeben, einen Dichter, „der über den Menschen alles gewusst hat", und Newton, der das fundamentale Gesetz, das in unserem Weltall herrscht, definiert hatte.

Vielzahl anderer Bewegungen sind nicht aus politischer Überzeugung, sondern aus einem christlichen Gemeinschaftsbewusstsein hervorgegangen. (…) Eine große Mehrheit der reformatorischen Bewegungen des 19. Jahrhunderts ging von dieser Quelle aus, und erst als sie die Fantasie des Volkes angeregt hatte, wurden sie zu einem Teil des Programms der Politiker. Großteils war es dann eine Frage des Zufalls und des Opportunismus, welche von den zwei Parteien sie geleiten würde. (…) Nur in der Perspektive dieser religiösen Überzeugung kann man ein richtiges Bild von den englischen, politischen Ideen bekommen. Die britische Demokratie stand in enger Verbindung mit dem Kampf um Glaubensfreiheit. (…) So konnte auch das religiöse Motiv, in seiner primitiven christlichen Form, in den Dienst der Demokratie eingespannt werden, und der Triumph des Liberalismus führte zu einer Glaubenserneuerung im viktorianischen England. Nirgendwo war dies noch möglich außer in Amerika. (…) Doch für die deutschen und italienischen Liberalen waren Fortschritt, die Nation und die Demokratie Gegenstand eines weltlichen Kultes. (…) Ein hingebungsvoller Katholik fühlte, dass ein unteilbarer Graben den Glauben an Christus vom Glauben an den Fortschritt teilt, und ein hingebungsvoller Liberaler, dass die klerikale Dominanz über den Geist unvereinbar mit Demokratie und Freiheit ist."[258]

Auch der englische Sozialismus ist spezifisch. Am Kontinent ist Sozialismus eng an die materialistische und atheistische Philosophie gebunden, „bei labouristischen Rednern in England hört man ebenso oft Zitate aus der Bibel wie von kirchlichen Predigern in diesem Land", schreibt ein überraschter Reporter eines französischen Blattes.

Ebenso drückt auch Bertrand Russell ohne Zweifel ein authentisch englisches Verständnis aus, wenn er sagt, dass „das Problem einer Gesellschaftsordnung, die langfristig zufriedenstellend sein soll, einzig durch die Verbindung der Festigkeit des Römischen Kaiserreiches mit dem Idealismus von Augustinus' Göttlichem Staat gelöst werden kann", oder wenn er über die Frage, ob Ideen die Welt gestalten oder umgekehrt, schreibt: „Was mich angeht, ich glaube, dass die Wahrheit zwischen diesen beiden Extremen liegt. Zwischen Ideen und dem praktischen Leben, wie auch überall, gibt es eine wechselseitige Wirkung."[259]

In diesen und ähnlichen Ansichten ist es nicht schwer, geistige Quellen des amerikanischen Pragmatismus zu erkennen. Mit seinem Dualismus der

---

[258] R.H.S. Crossman, *The Gouvernment and the Governed,* bei uns in der Übersetzung: *Izmedu anarhije i diktature,* Zagreb, 1940

[259] B. Russell, *Istorija zapadne fil zofi e,* S. 473 (Anm. d. Übersetzers: *Philosophie des Abendlandes*)

Annahme sowohl der Religion als auch der Wissenschaft, „sofern sie ihren praktischen Wert beweisen", mit seinem Postulieren der Lebenspraxis als Maßstab der Wahrheit ist der Pragmatismus eine typisch angelsächsische, gleichzeitig eine vollkommen uneuropäische Philosophie. Das Wesen dieser Richtung hat William James in seinem Hauptwerk *Der Pragmatismus* dargestellt.

Unerlässlich ist es, aus diesem außerordentlichen Werk zumindest drei charakteristische Stellen anzuführen:

„Die Mehrheit von uns wünscht sich gute Dinge von beiden Seiten des Spektrums. Tatsachen sind gut, natürlich, gebt uns genug Tatsachen; Prinzipien sind gut, gebt uns einen Überfluss an Prinzipien. Die Welt ist unzweifelhaft eine, wenn sie auf eine Weise betrachtet wird, doch ebenso ist sie eine Vielzahl, wenn wir sie auf eine andere Weise betrachten. Sie ist in einem Atemzug eine und eine Vielzahl, machen wir uns daher eine Art pluralistischen Monismus' zu eigen. Alles ist natürlich notwendigerweise bestimmt, und dennoch ist unser Wille frei: Eine Art des Determinismus des freien Willens wäre die richtigste Philosophie. Das Übel von Teilen ist unbestreitbar, doch das Ganze kann nicht übel sein: Und so ist es möglich, praktischen Pessimismus mit metaphysischem Optimismus zu verbinden."[260]

James zeigt hier sehr gut die natürliche Neigung der Menschen zum Dualismus auf, zu einer Form des natürlichen Islam. Seine philosophische Richtung hat er mit *Der neue Namen für einige alte Denkweisen* (*The new name for some old ways of thinking*) – im Untertitel des Buches *Der Pragmatismus* – bezeichnet. James fährt fort:

„Aber, welche Arten der Philosophie bieten sich Ihnen in Ihrer Not an? Sie finden eine empiristische Philosophie vor, die Ihnen nicht religiös genug ist, und eine religiöse Philosophie, die Ihnen nicht empiristisch genug ist für das, was Sie mit ihr wollen.[261] (…) Ihr Dilemma liegt demnach im Folgenden: Sie erkennen, dass die zwei Systeme, nach denen Sie streben, hoffnungslos getrennt sind. Sie erkennen Empirismus aber auch Inhumanismus und Areligiosität; oder Sie erkennen zumindest eine rationalistische Philosophie, die sich durchaus als religiös bezeichnen kann, die sich aber von jeder bestimmten Berührung mit realen Tatsachen, sowohl Freude als auch Leid, enthält."[262]

Eine sehr annehmbare Formel für das Verstehen des Pragmatismus hat Bertrand Russell gegeben, indem er zwei Grundlagen des philosophischen Dilemmas

---

[260] William James, *Pragmatizam*, S. 16 (Anm. d. Übersetzers: *Der Pragmatismus*)
[261] William James, *Pragmatizam*, S. 17
[262] Ebenda, S. 19

der Begründer dieser Richtung markierte: „Das philosophische Interesse von William James war zweifach: wissenschaftlich und religiös. Das Studium der Medizin gab seinen Gedanken – von der wissenschaftlichen Seite her– eine gewisse materialistische Richtung, die indessen durch seine religiösen Empfindungen gezügelt wurde.[263] Erinnern wir uns hier daran, wie die englische (hier bedeutet dies auch die amerikanische) Denkweise von zwei gleichen Prämissen ausgehend mit Roger Bacon sieben Jahrhunderte früher begonnen hat. In dieser Zeit hat Europa alle Segmente des Kreises von Thomas von Aquin am einen Ende bis Lenin am anderen passiert. Wir wissen nicht, welchen Eindruck der Pragmatismus in der Seele der Europäer hinterlassen hat, sicher sind wir uns aber, dass er eine Art Ablehnung hervorgerufen hat. Für den Europäer ist Pragmatismus unlogisch, heterogen, folgeunrichtig – Attribute, die er für gewöhnlich dem Islam zugeschrieben hat. Doch der Pragmatismus ist das erste große philosophische System, das Amerika beigetragen hat, und für das Europa a priori unfähig ist. Sicher war die pragmatische Philosophie entweder ein Anreiz oder Ausdruck, oder, was am wahrscheinlichsten ist, beides – der außerordentlichen Lebensfähigkeit und Aktivität der Amerikaner.

Dieser Parallelismus zwischen englischem und islamischem Geist kann auch an einer Reihe von symptomatischen Tatsachen, die eine besondere Analyse verdienen würden, verfolgt werden. Die englische Revolution (1688) war nicht allzu radikal („die maßvollste und erfolgreichste aller Revolutionen" – Russell), und viele Dinge in der englischen, politischen Geschichte gingen nicht bis zum Ende, bis zu ihrer reinen Form, sondern haben auf der Mitte des Weges halt gemacht. Die Rebellion gegen die Monarchie hat in England nicht zu ihrer Abschaffung geführt, und die Elemente der Aristokratie sind erhalten geblieben, um mit den demokratischen Institutionen gemeinsam zu existieren. In der englischen Sprache bedeutet das Wort „Minister" auch Priester. Im Unterschied zur Mehrheit der europäischen Staaten hat England eine bedeutende Art von Steuer zugunsten der Armen, etwas der *Zakā* Ähnliches gekannt. Ein ähnlicher Geist musste ähnliche Lösungen in der Lebenspraxis schaffen.

So kann man auch in Zukunft erwarten, dass Europa alle Konsequenzen der Wissenschaft, einschließlich ihrer letztendlich inhumanen Aspekte annehmen wird, während England und Amerika auch hier am wahrscheinlichsten bei mittleren pragmatischen Standpunkten bleiben werden. Denn in Europa ist Glaube Glaube, Wissenschaft hingegen Wissenschaft (übereinstimmend mit dem christlichen Zugang in dieser Angelegenheit), während in England auch

---

[263] B. Russell, angeführtes Werk, S. 774

zu dieser Frage die Praxis beziehungsweise das Leben der oberste Schlichter sein wird.

Abschnitt 2
DER „HISTORISCHE KOMPROMISS" UND DIE SOZIALDEMOKRATIE

Der Tendenz zum „mittleren Weg" begegnen wir auch in anderen Teilen der Welt. Doch im Unterschied zu England, wo wir sie auch als Theorie, daher in der Domäne des Empfindens und Denkens vorfinden, begegnet man ihnen in Europa nur in praktischer Hinsicht und sie erscheinen nicht als eine Sache der Überzeugung, sondern der praktischen Notwendigkeit. Die Erscheinung selbst äußert sich verschieden in katholischen und protestantischen Ländern. In Ländern, die unter einem starken katholischen Einfluss standen, ist die ideologische Polarisation stärker ausgeprägt, und die Bestrebungen nach einer mittleren Lösung entsetzlich, dramatisch und hinsichtlich des Ergebnisses ungewiss. In gewissem Sinne sind diese Länder zu einem dritten Weg unfähig oder unfähig gemacht worden. Italien, Frankreich, Spanien, Portugal waren oder sind auch jetzt Beispiele ausgesprochen polarisierter Gesellschaften. Die öffentliche Meinung ist unbefriedbar geteilt zwischen christlichen (rechten) und marxistischen (linken) Parteien und Bewegungen. Das Zentrum ist entweder ausgesprochen begrenzt oder sogar völlig zerstört. Hier haben sich die zwei berühmtesten Dogmatismen der Geschichte einander gegenüber gefunden – der katholische und der kommunistische, ermüdet von der erschöpfenden Konfrontation, in der es von der Natur der Dinge aus keine Gewinner gibt. Typisches Beispiel dieser Situation war Spanien unmittelbar vor dem Bürgerkrieg. Bei den Wahlen von 1936 bekamen die linken Parteien in Spanien insgesamt 51,9% der Stimmen, die rechten 43,24%, während das Zentrum nur 4,86% der Stimmen vereinigt hat.[264] Das heutige Italien hat sich der „spanischen

---

[264] Während wir das schreiben (1977) bereitet sich Spanien auf die ersten freien Wahlen vor. Manche schätzen, dass das spanische Volk sich dieses Mal für das Zentrum entscheiden wird, zum ersten Mal in seiner Geschichte. Wenn dies passiert, sollten sowohl die rechten als auch die linken Dogmatiker aus dem spanischen Beispiel eine Lehre ziehen.

Proportion", also der Polarisation von 50%:50% fast angenähert. Ähnlich ist die Situation in Frankreich.

Der innere Abbau dieser beiden Dogmatismen kann anhand einer Reihe vom Symptomen verfolgt werden. Eines von ihnen ist auch die Praxis des Dialogs zwischen Marxisten und Katholiken, die in der Mitte der Sechzigerjahre dieses Jahrhunderts vorsichtig begonnen hat.[265]

Diese Dialoge sind charakteristisch für die Lage der Denkweisen in Europa und für die Verhältnisse an der Front des ideologischen Kampfes zwischen Marxismus und Religion, eines Kampfes, der ohne Ende und wechselseitige Eingeständnisse länger als ein Jahrhundert andauert. Sie sind Zeichen der Ermüdung und des Misserfolgs, das menschliche Leben nur auf einem Prinzip zu organisieren. Denn die Marxisten mussten von ihrer klassischen Formel, dass Religion „Opium fürs Volk" sei, zurücktreten, die Katholiken hingegen haben den Marxisten eingestanden, dass sie im Aufbau gesellschaftlicher Verhältnisse eine gerechte Gesellschaftsordnung zum Ziel hätten.

Bei einem der Dialoge der Marxisten und Katholiken, welche die Vereinigung *Paulus Gesellschaft* organisiert hat, wurde ein Referat abgehalten, dessen Titel für sich selbst spricht: *Christliche Menschenliebe und marxistischer Humanismus*, und bei der Versammlung rief der bekannte marxistische Schriftsteller Roger Garaudy[266] aus:

„Mit der Entstehung des Christentums taucht zum ersten Mal in unserer Geschichte der Appell zu einer Gemeinschaft ohne Grenzen auf, zur Totalität, die alle Totalitäten umfasst. (...) In ihm gibt es eine Glorifizierung der Idee der Liebe, nach welcher der Mensch sich selbst verwirklicht und sich selbst nur mit Hilfe des anderen und im anderen erkennt, und diese Idee stellt das höchste Bild dar, das der Mensch von sich und dem Sinn des Lebens schaffen konnte."

Auch der Führer der italienischen Kommunisten, Palmiro Togliatti, hat in seinem bekannten prämortalen Dokument (*Promemoria*) die Notwendigkeit nach einer Änderung des Standpunkts des Marxismus gegenüber der Religion ausgedrückt und hat die Marxisten dazu aufgerufen, diese Unerlässlichkeit umso früher zu begreifen. In den päpstlichen Enzykliken *pacem in terris* und *populorum progressio* finden wir einige für die katholische Kirche vollkommen

---

[265] Soweit mir bekannt ist, wurde der erste Dialog 1965 dieser Art in Salzburg auf Initiative liberaler katholischer Theologen aus Westdeutschland abgehalten. Diese Praxis wurde später fortgesetzt.

[266] Anm. d. Übersetzers: Was der Autor (Izetbegović) insofern zu dem Zeitpunkt nicht wissen konnte, ist, dass Roger Garaudy einige Jahre später zum Islam konvertiert ist, was geradezu exemplarisch für die hier vom Autor dargelegte Annäherung zur ideologischen Mitte ist.

neue Verständnisse vor: die Anerkennung des Primats gesellschaftlicher Güter vor dem Privateigentum, das Recht der Intervention der öffentlichen Gewalt im ökonomischen Feld, das Recht auf Agrarreformen und die Verstaatlichung im öffentlichen Interesse, die Unterstützung hinsichtlich des Beitrags der Arbeiter an der Verwaltung von Unternehmen usw.[267]

Das 21. Konzil der katholischen Kirche (II. Vatikanisches Konzil) hat den Vorschlag der Traditionalisten, eine Verurteilung des Marxismus auszusprechen, abgelehnt. Nach den Äußerungen aller Maßgeblichen zu urteilen, ist dieses Konzil unter dem Zeichen der Anerkennung der Unhaltbarkeit extremer, spiritualistischer Positionen des Christentums abgelaufen. Kardinal de Chardin hat erklärt: „Ich denke, dass die Welt sich den Hoffnungen des Christentums einzig dann anpassen wird, wenn sich das Christentum den Hoffnungen der Welt anpasst. Nur so wird es sie divinisieren." Ist das keine „Islamisierung" des Christentums?

Die Tendenzen sind meistens gemischt, überlappend, wie einige Symptome der neuesten Entwicklungen in Frankreich zeigen. Unlängst (1977) hat der *Ständige Beirat des französischen Episkopats* eine Mitteilung unter dem Titel *Marxismus, der Mensch und der christliche Glaube* kundgemacht. In dieser Mitteilung konstatieren die französischen Bischöfe den Misserfolg der sozialen Politik des Liberalismus, um am Ende zu folgern, dass der „Marxismus in sich einen Teil der Wahrheit trägt, den wir ignorieren".

Ein Jahr früher erklärt der Führer der französischen Kommunisten George Marchais in seinem bekannten *Lioner Appell*: „Unser Ziel ist es, dass Kommunisten und Christen einander anerkennen und sich auf derselben Ebene der Achtung ihrer Originalität, Schulter an Schulter in der Aktion zum Aufbau einer humaneren Gesellschaft finden."

Die Erscheinung, von der die Rede ist, kann am Beispiel Italiens mit dramatischer Klarheit verfolgt werden. Nach einer unbefriedbaren Konfrontation, die Jahre andauert, entschließt sich die Kommunistische Partei Italiens zu einem vielleicht unerwarteten, aber einzig logischen Ausweg: Sie ruft zum „historischen Kompromiss" auf. Wenn unsere Erörterungen richtig sind, dann ist dieser Aufruf überhaupt kein taktischer Aufruf mit vorübergehenden Zielen. Das ist ein ehrlicher Vorschlag, hervorgegangen aus der Erkenntnis, dass es

---

[267] Papst Paul II. hat kürzlich (anlässlich des Besuches der USA 1979) erklärt, dass „die systematische Bedrohung der Menschenrechte mit der Verteilung der materiellen Güter in Zusammenhang steht". Nur jener, der die wahre Natur des Christentums kennt, kann einschätzen, was für eine Wende diese Erklärung darstellt.

einen anderen Ausweg nicht gibt. Dieser Aufruf ist an die Christen gerichtet und konnte an niemanden anderen gerichtet sein. Nach der Klärung aller Rechnungen und dem Ausgleich der Argumente verschwinden alle schrittweise oder ziehen sich zurück, und auf der chaotischen Szene bleiben nur zwei Gewalten einander gegenüber, man kann frei sagen: zwei unzerstörbare Gewalten. Oberflächlich gesehen sind dies die christliche Demokratie und der Kommunismus, doch vertieft betrachtet sind dies Religion und Materialismus. Italien ist ein Experiment für die Zukunft eines Teiles der Welt.[268]

Auch der „Eurokommunismus" ist Ausdruck derselben, für die Polarisation der Gesellschaft charakteristischen Tendenz, beziehungsweise für die Länder des europäischen Katholizismus, Italien, Frankreich und Spanien. Die Erscheinung ist allzu neu, doch ist bereits jetzt ziemlich klar, dass dies ein um die Diktatur des Proletariats verringerter und die Demokratie vergrößerter Kommunismus sein sollte. Das ist ein Durchbruch aus dem linken, durch die Barriere der Dogmen ummauerten und verteidigten Extrem Richtung Zentrum.[269] Der Kommunismus verlässt unter dem Druck der Realität seine dogmatische Position und nimmt die, im Wesentlichen idealistischen Ideen der Freiheit und des Pluralismus an. Diese Tatsache gibt dem Eurokommunismus einen klaren Stempel.

Der Unterschied zwischen der Konzeption des Eurokommunismus und des historischen Kompromisses liegt darin, dass es sich im ersten Fall um einen korrigierten, modifizierten Kommunismus und im zweiten um den Kommunismus und das Christentum als zwei gleichberechtigten Mächte handelt.[270]

---

[268] Im Statut der KP Italiens finden wir die früher undenkbare Definition vor, dass Mitglieder der Partei „all jene, die das Programm der Partei annehmen, unabhängig von ihrer religiösen und philosophischen Überzeugung" (Artikel 2 des Statuts der KPI) sein können. Auch wenn die KP Italiens hinsichtlich des geänderten Standpunktes zur Religion nicht alleine ist, sind die KPs immer noch mehrheitlich Parteien, die eine Art des betonten, sogar kämpferischen Atheismus vertreten. Dies ist besonders in rückständigen, unaufgeklärten Milieus der Fall. Dennoch, die Ablehnung ist offensichtlich und muss fortgesetzt werden.

[269] Dieselbe Bedeutung hat auch das Zurücktreten von der „Kulturrevolution" in China, unlängst nach dem Tod von Mao Tse-Tung. Dieser bisher energischste und weitreichendste Versuch, eine Utopie herzustellen, hat offensichtlich mit einem Misserfolg geendet. „Das Stehen auf einem Bein", anders gesagt die ultra-linke Position, hat China kaum zehn Jahre ausgehalten. Gefolgt ist eine unausweichliche Rückkehr zu einem natürlichen Zustand. Wenn wir die gewohnte Terminologie Links-Rechts annehmen, dann ist China in einer Bewegung von links zum Zentrum begriffen.

[270] Eine Anzahl von kommunistischen Parteien Europas hat den Terminus der „Diktatur des Proletariats" aus den Parteidokumenten gelöscht.

Die Suche nach einem „mittleren Weg" in anderen, mehrheitlich protestantischen (nicht-katholischen) Ländern spiegelt sich im immer größeren Einfluss der Parteien des Zentrums oder dem Zentrum nahestehender im politischen Leben dieser Länder wieder. Dieser Teil Europas lehnt rein christliche und rein kommunistische Regierungen ab, und auf diese oder jene Weise zeigt er ständig die Tendenz zu mittleren Lösungen. Diese Stimmung spiegelt sich praktisch in der immer größeren Zustimmung für die Sozialdemokratie wieder. Der Ausweg, den die katholischen Gesellschaften traditionell in einem „historischen Kompromiss" zu finden versuchen, haben die protestantischen Länder in der Sozialdemokratie gefunden. Diese Bewegung, die in Europa einen Kompromiss zwischen Freiheit und gesellschaftlicher Intervention, zwischen den europäisch christlichen Traditionen und dem Marxismus darstellt, markiert einen Fortschritt in der gesamten Nachkriegsperiode – eine Erscheinung, die verlässlich eine tiefere Bedeutung hat und die symptomatisch für allgemeine Entwicklungen in der gesamten Welt ist.[271] Wenn man die Wahlresultate gleich nach dem Krieg mit den 25 oder 30 Jahre später abgehaltenen Wahlen vergleicht, bemerkt man den Anstieg der sozialdemokratischer Stimmen in fast allen Ländern mit freien Wahlen. Dieser Anstieg beträgt 22% in Schweden, 36% in Dänemark, 54% in Holland, 27% in Norwegen, über 100% in der DDR und sogar 38% auf Malta usw. In England beträgt er nur 5%, doch muss man im Blick haben, dass dieser Prozess in England weit früher begonnen hat und dass dieses Land vor allen anderen europäischen Ländern bis zum Punkt des Gleichgewichts gelangt ist. Die Sozialdemokratie ist eine „stabile Vereinigung", sie ist Ausdruck des gesellschaftlichen und politischen Gleichgewichts in Europa.

Und die zwei stabilsten Länder in der ansonsten instabilen Sphäre Latein- und Südamerikas sind gerade Mexiko und Venezuela, der Sozialdemokratie sehr nahestehende Länder. Auch in Japan bewegt sich die Entwicklung nicht Richtung Polarisation, sondern Richtung Stärkung des Zentrums.[272] Sowohl

---

[271] Der ideologisch unverbesserliche Teil der Welt sieht die Dinge natürlich nicht auf diese Weise. Die Moskauer Zeitschrift *Der Kommunist* z.B. (Juli-Ausgabe 1978) behauptet, dass Entwicklung auf einem „dritten Weg" objektiv gesehen unmöglich ist. Dieser Zeitschrift zufolge gibt es keinerlei Alternative in Hinblick auf einen „dritten Weg". Es existieren real nur zwei antagonistische gesellschaftspolitische Systeme. Der Prozess der Polarisation wird nicht schwächer, sondern nur noch bestärkt, so werden sich alle Länder früher oder später dem kapitalistischen oder dem sozialistischen System zuwenden.

[272] Die Resultate der Wahlen im Dezember 1976 wie auch die Aufspaltung der sozialistischen Partei in Japan (der Austritt von Sabure Eda und einer größeren Anzahl seiner Anhänger aus der sozialistischen Partei) kommen dem Zentrum zugute.

in Mexiko als auch in Japan hört man immer öfter in politischen Polemiken den Terminus „dritter Weg". Der Gipfel der Sozialdemokraten in Caracas 1976 wurde als historisch bezeichnet, nicht wegen der Bedeutsamkeit der Entscheidungen, umso mehr wegen des Gefühls, dass er der erste Schritt zur Formulierung einer neuen Doktrin sein könnte. Um was für eine neue Doktrin es sich handelt, kann man klar aus der Erklärung des mexikanischen Funktionärs Gonsales Sosa schließen: „Kapitalismus, Kommunismus und die Sozialdemokratie sind jetzt drei große politische Optionen in der Welt und zwischen diesen drei Möglichkeiten soll Mexiko nun wählen."

Die innere Anspannungen, die sich in den Staaten sozialistischen Typs äußern, betreffen im Großen und Ganzen nicht den Sozialismus als ökonomisches System, sie stellen daher nicht die Forderung nach einer Restauration des privaten kapitalistischen Unternehmens dar. Alle ernsthaften Widerstände beziehen sich auf das Problem der Menschenrechte. Es ist so, als wenn die Menschen sich überall nach einem Christentum mit einem sozialen Programm oder einem Sozialismus ohne Atheismus und Diktatur („Sozialismus menschlicher Gestalt") sehnen.[273] In China wird z.b. nach dem Tode Mao Tse-Tungs schrittweise und bedacht das Verbot von Beethoven und Shakespeare gelockert, so wie in der UdSSR zuvor, sei es zumindest auch nicht gewollt und überzeugt, das Verbot von Dostojewskij, Chagall und Kafka aufgehoben wurde. Die Forderung nach Freiheit wird man in den Ländern des europäischen Ostens immer lauter hören. Die Dinge gehen, ungeachtet wie langsam sie sich bewegen, in diese Richtung. Die Tendenz ist klar.

Umgekehrt wird die Krise in den kapitalistischen Ländern durch die Forderungen nach einem größeren Ausmaß an gesellschaftlicher Intervention verfolgt, was manchmal eine gewisse Begrenzung der Freiheit darstellt. Das praktische Leben zieht die amerikanischen Firmen Richtung Sozialisierung, so wie die sowjetischen wirtschaftlichen Unternehmen umgekehrt vom derben Zentralismus Richtung Autonomie drängen. Prof. M.L. Weidenbaum bezeichnet die heutigen amerikanischen Korporationen, wobei er ihre umfassende Abhängigkeit vom Staat im Auge hat, als „polynationalisiert". Auf der Versammlung herausragender Politiker und Staatsbeamter aus den USA, Europa und Japan, die 1975 in Kyoto abgehalten wurde („Trilaterale Kommission"),

---

[273] Das ist jenes, das Maurice Diverger als den zwingenden Prozess der „Liberalisierung im Osten und der Sozialisierung im Westen" (M.D., *Introduction a la politique,* Gallimard, Paris, 1970, S. 367) bezeichnet hat. Anders gesagt ist die westliche Lebensweise nicht sozial genug, und die östliche nicht frei genug.

wurde das Problem der übertriebenen Demokratie in den entwickelten kapitalistischen Ländern erörtert. Im Bericht dieser Versammlung wurde, unter dem Titel Krise der Demokratie, die Mäßigung in der Demokratie verfochten und sogar die Notwendigkeit gewisser Korrekturen im Verhältnis zur übertriebenen und durch nichts kontrollierten Freiheit der Presse hervorgehoben. Im Dokument wird der ökonomischen Planung Unterstützung zugesprochen und die Forderung nach einer effizienteren Verwaltung aufgestellt. Ein angesehenes amerikanisches Blatt hat diesen Bericht durch die Konstatierung kommentiert, dass es nicht um einen fertigen Rahmenplan der öffentlichen Politik geht, sondern eher um die Andeutung eines neuen ideologischen Klimas.

Die Tendenzen der zeitgenössischen Gesellschaften sind daher nicht gleich gerichtet, aber sie sind konvergent. Fortgesetzt zielen sie auf eine mittlere Position, ähnlich der Position des Islams, ab.

Doch wie sehr diese Tendenzen auch symptomatisch sind, so sind sie nicht der Islam und führen auch nicht zu diesem, da sie selbst sich erzwungen, folgeunrichtig, defekt fühlen. Der Islam ist das bewusste Verwerfen der einseitigen religiösen oder sozialen Forderung, die bewusste Annahme des doppelseitigen Grundsatzes, des „bipolaren Grundsatzes". Dennoch stellt das bemerkte Schwanken, Zurückweichen und der unausweichliche Kompromiss einen Sieg der Realität des Lebens und des Menschen über einseitige und ausschließliche Ideologien und damit den mittelbaren Sieg der islamischen Konzeption dar.

ZUSATZ

HINGABE

Die Natur hat einen Determinismus, der Mensch hat ein Schicksal. Die Annahme dieses Schicksals ist die höchste und letztendliche Botschaft des Islams.
Existiert überhaupt das, was wir als Schicksal bezeichnen? Beziehen wir uns auf unser eigenes Leben und schauen wir uns an, was von unseren liebsten Plänen oder unseren Jugendträumen geblieben ist. Sind wir denn nicht ohne unseren Willen zur Welt gekommen und haben uns selbst mit unserer ganzen Natur vorgefunden, einer höheren oder niedrigeren Stufe der Intelligenz, mit unserem Auftritt, der sympathisch oder abstoßend sein kann, mit unserer Statur, die zierlich oder athletisch sein kann; im Heim eines Königs oder eines Bettlers, in stürmischen oder friedlichen Zeiten, für Regierungen von Tyrannen oder einen edlen Fürsten, und allgemein unter politischen, geografischen und gesellschaftlichen Umständen, zu denen uns niemand gefragt hat? Wie begrenzt ist das, was unser Wille ist, hingegen wie enorm und unfassbar ist das, was unser Schicksal ist!
Der Mensch wurde in die Welt geworfen und ist abhängig von einer Vielzahl von Tatsachen, über die er keinerlei Macht hat. Selbst die fernsten wirken auf sein Leben wie die allernächsten. Im Laufe der Alliierten-Invasion in Europa im Jahr 1944 kam es zu einer allgemeinen Störung der Radio-Verbindungen, was für die im Laufen begriffenen Operationen schicksalhaft gewesen sein könnte. Später wurde festgestellt, dass die Störung die Folge einer ungeheuerlichen Explosion im Sternbild des Andromeda war, das von uns einige Millionen Lichtjahre entfernt ist. Eine Art der katastrophalen Erdbeben auf unserem Planeten sind die Folge von Veränderungen auf der Sonnenoberfläche. Mit

unserem Anstieg an Wissen über die Welt steigt auch unser Bewusstsein an, dass wir nie vollkommen Herrn unseres Schicksals sein werden. Selbst unter der Vorstellung des größtmöglichen Fortschritts der Wissenschaft wird das Ausmaß der beherrschbaren Umstände im Vergleich zu den unbeherrschbaren und unüberwindbaren unbedeutend sein. Der Mensch und die Welt stehen in keinem Verhältnis. Der Maßstab des Gangs der Dinge ist nicht der Mensch und seine Lebenszeit. Von daher kommt die ewige Unsicherheit des Menschen, die sich psychologisch in Pessimismus, Rebellion, Verzweiflung oder Hingabe in das Schicksal und den Willen Gottes ausdrückt.

Der Islam als das Bemühen zur Ordnung der Welt – mit Hilfe der Erziehung und des Gesetzes – ist ein engerer, ein weiterer Plan der Lösung.

Individuelle Gerechtigkeit kann niemals vollkommen unter den Voraussetzungen der Existenz zufriedengestellt werden. Wir können alle islamischen Vorschriften befolgen, die uns letztlich Glück in beiden Welten sichern sollen; wir können darüber hinaus auch alle anderen Normen befolgen, medizinische, gesellschaftliche und moralische, und dann trotzdem, wegen der erschreckenden Vielschichtigkeit des Schicksals, bewussten Wollens und unkontrollierter Zufälle, geistig und körperlich zugrunde gehen. Was kann eine Mutter, die ihren Sohn als einziges Kind verloren hat, trösten? Welchen Trost kann ein Mensch, der durch einen unvorhersehbaren Unfall ein Krüppel geworden ist, finden?

„Vergewissern wir uns unserer menschlichen Lage. Wir befinden uns immer in Situationen. (…) Ich kann bewirken, dass sich eine Situation ändert. Doch es gibt Situationen, die in ihrem Wesen unveränderlich sind, sogar wenn ihre Erscheinung eine andere Form bekommt und sich ihre siegreiche Macht hinter Schleiern versteckt: Ich muss sterben, ich muss leiden, ich muss kämpfen, ich bin dem Zufall untergeordnet, unausweichlich versinke ich in Verantwortung. Diese grundlegenden Situationen unseres Bestehens nennen wir ‚Grenzsituationen' (…)". (Karl Jaspers, *Uvod u fil zofij* [274])

„Der Mensch soll in der wirklichen Welt das verbessern, das sich verbessern lässt: Nach dem werden auch weiterhin Kinder ungerechtfertigter Weise sterben, sogar in einer vollendeten Gesellschaft. In seiner größten Bemühung kann der Mensch es sich selbst zur Aufgabe machen, das Leid der Welt arithmetisch zu verringern. Doch Ungerechtigkeit und Leid werden bleiben und, so sehr sie auch begrenzt würden, werden sie nicht aufhören, ein Ärgernis zu sein." (Albert Camus, *L'Homme revolte*)

---

[274] Anm. d. Übersetzers: *Einführung in die Philosophie*

Hingabe oder Rebellion – das sind zwei gegensätzliche Antworten auf dasselbe Dilemma.

In der Hingabe befindet sich etwas von jeder menschlichen Weisheit, außer einer: dem seichten Optimismus. Sie ist die Geschichte über das menschliche Schicksal und demnach atmet sie unausweichlich Pessimismus aus, denn „jedes Schicksal ist tragisch und dramatisch, wenn man bis zu seinem Grunde geht" (Gasset).

Die Hingabe an das Schicksal ist eine erschütternde Antwort auf das große menschliche Thema des Leidens, dem man nicht ausweichen kann. Sie ist die Erkenntnis des Lebens, so wie es ist, und die bewusste Entscheidung, dass man alles aushalten und ertragen muss. In diesem Punkt unterscheidet sich der Islam bedeutend vom seichten Optimismus der europäischen Philosophie und ihrer naiven Geschichte von der „besten aller möglichen Welten". Hingabe ist ein mildes Licht von der anderen Seite des Pessimismus.

Doch aus einem Gefühl der Ohnmacht und Unsicherheit entstanden, wird Hingabe selbst eine neue Macht und eine neue Sicherheit. Der Glaube an Gott und seine Vorsehung gibt uns ein solches Gefühl der Sicherheit, das sich durch nichts anderes ersetzen noch ergänzen ließe. Alle heldenhaften Geschlechter haben an das Schicksal geglaubt, behauptet Emerson. Denn Hingabe bedeutet nicht Passivität, wie viele irrtümlich glauben. Es geht nicht darum, dass wir uns „dem Schicksal ergeben", da unser Verhältnis zum Schicksal nur eine moralische Bedeutung hat. Hingabe ist der innere Standpunkt des Menschen gegenüber der Gesamtheit der Welt und gegenüber den Resultaten seines eigenen Wirkens. Hingabe gegenüber dem Willen Gottes bedeutet Unabhängigkeit gegenüber dem Willen der Menschen. Das ist das neue Verhältnis zwischen Mensch und Gott, und daher auch ein neues Verhältnis zwischen Mensch und Mensch.

Demnach bedeutet das Schicksal anzunehmen sich im größten Maße frei zu fühlen. Doch dies ist eine Freiheit, die man durch Erfüllung seines Schicksals, durch Übereinstimmung mit diesem Schicksal erreicht. Was unser Engagement und unseren Kampf menschlich und verständlich macht, was ihm den Stempel der Zurückhaltung und Gelassenheit gibt, das ist die Überzeugung, dass das Ergebnis aller Dinge nicht in unseren Händen liegt. Uns obliegt es, uns zu bemühen und zu wirken, das Resultat liegt in den Händen Gottes.

Deswegen: das eigene Leben auf dieser Welt wahrhaft zu verstehen bedeutet anzufangen, Einsatz zu zeigen, ohne die Ambition, alles zu erfassen und zu überwinden, aber zusammen mit der Bereitschaft, den Ort und die Zeit, in der wir geboren sind, anzunehmen, einen Ort und eine Zeit, die unser Schicksal und die der Wille Gottes sind. Hingabe – das ist der einzige menschliche, würdevolle Ausweg aus der Unlösbarkeit und Sinnlosigkeit des Lebens, ein Ausweg ohne Rebellion, Verzweiflung, Nihilismus, Selbstmord. Das ist das heroische Gefühl nicht eines Helden, sondern eines gewöhnlichen Menschen in den unausweichlichen Bedrängnissen des Lebens, das tragische Gefühl des Schahid, der seine Pflicht erfüllt hat und der sein Schicksal annimmt.

Der Islam hat seinen Namen nicht nach seinen Gesetzen, nach seinen Anordnungen und Verboten, nach dem Einsatz des Körpers und der Seele, den er fordert, bekommen, sondern nach etwas, das all dies umfasst und übertrifft, nach einem Moment der Erkenntnis, nach der Kraft der Seele, sich mit der Zeit zu messen, nach der Bereitschaft, alles auszuhalten, das die Existenz überhaupt bieten kann: nach der Wahrheit der Hingabe.

Hingabe, dein Name ist Islam!